经以济世
建行尚本
贺教育部
产教融合项目
心至金融

李志林
研究方向

教育部哲学社會科学研究重大課題攻關項目

"十四五"时期国家重点出版物出版专项规划项目

面向2035我国高校哲学社会科学整体发展战略研究

RESEARCH ON THE OVERALL DEVELOPMENT STRATEGY OF PHILOSOPHY AND SOCIAL SCIENCES IN CHINESE INSTITUTIONS OF HIGHER EDUCATION FACING 2035

任少波

等著

中国财经出版传媒集团

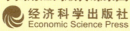

经济科学出版社
Economic Science Press

·北京·

图书在版编目（CIP）数据

面向 2035 我国高校哲学社会科学整体发展战略研究/
任少波等著 . -- 北京：经济科学出版社，2022.11
教育部哲学社会科学研究重大课题攻关项目 "十四
五" 时期国家重点出版物出版专项规划项目
ISBN 978 - 7 - 5218 - 4247 - 0

Ⅰ.①面… Ⅱ.①任… Ⅲ.①高等学校 – 哲学社会科
学 – 发展战略 – 研究 – 中国 Ⅳ.①C12

中国版本图书馆 CIP 数据核字（2022）第 212965 号

责任编辑：孙丽丽 撖晓宇
责任校对：杨 海
责任印制：范 艳

面向 2035 我国高校哲学社会科学整体发展战略研究
任少波 等著
经济科学出版社出版、发行 新华书店经销
社址：北京市海淀区阜成路甲 28 号 邮编：100142
总编部电话：010 - 88191217 发行部电话：010 - 88191522
网址：www.esp.com.cn
电子邮箱：esp@ esp.com.cn
天猫网店：经济科学出版社旗舰店
网址：http://jjkxcbs.tmall.com
北京季蜂印刷有限公司印装
787 × 1092 16 开 27 印张 520000 字
2022 年 11 月第 1 版 2022 年 11 月第 1 次印刷
ISBN 978 - 7 - 5218 - 4247 - 0 定价：108.00 元
（图书出现印装问题，本社负责调换。电话：010 - 88191545）
（版权所有 侵权必究 打击盗版 举报热线：010 - 88191661
QQ：2242791300 营销中心电话：010 - 88191537
电子邮箱：dbts@ esp.com.cn）

课题组主要成员

首席专家　任少波
主要成员　盛世豪　周谷平　郁建兴　黄华新
　　　　　　徐小洲　张　彦　孙元涛

总　序

哲学社会科学是人们认识世界、改造世界的重要工具，是推动历史发展和社会进步的重要力量，其发展水平反映了一个民族的思维能力、精神品格、文明素质，体现了一个国家的综合国力和国际竞争力。一个国家的发展水平，既取决于自然科学发展水平，也取决于哲学社会科学发展水平。

党和国家高度重视哲学社会科学。党的十八大提出要建设哲学社会科学创新体系，推进马克思主义中国化、时代化、大众化，坚持不懈用中国特色社会主义理论体系武装全党、教育人民。2016 年 5 月 17 日，习近平总书记亲自主持召开哲学社会科学工作座谈会并发表重要讲话。讲话从坚持和发展中国特色社会主义事业全局的高度，深刻阐释了哲学社会科学的战略地位，全面分析了哲学社会科学面临的新形势，明确了加快构建中国特色哲学社会科学的新目标，对哲学社会科学工作者提出了新期待，体现了我们党对哲学社会科学发展规律的认识达到了一个新高度，是一篇新形势下繁荣发展我国哲学社会科学事业的纲领性文献，为哲学社会科学事业提供了强大精神动力，指明了前进方向。

高校是我国哲学社会科学事业的主力军。贯彻落实习近平总书记哲学社会科学座谈会重要讲话精神，加快构建中国特色哲学社会科学，高校应发挥重要作用：要坚持和巩固马克思主义的指导地位，用中国化的马克思主义指导哲学社会科学；要实施以育人育才为中心的哲学社会科学整体发展战略，构筑学生、学术、学科一体的综合发展体系；要以人为本，从人抓起，积极实施人才工程，构建种类齐全、梯队衔接的高校哲学社会科学人才体系；要深化科研管理体制改革，发挥高校人才、智力和学科优势，提升学术原创能力，激发创新创造活力，建设中国特色新型高校智库；要加强组织领导、做好统筹规划、营造良好学术生态，形成统筹推进高校哲学社会科学发展新格局。

哲学社会科学研究重大课题攻关项目计划是教育部贯彻落实党中央决策部署的一项重大举措，是实施"高校哲学社会科学繁荣计划"的重要内容。重大攻关项目采取招投标的组织方式，按照"公平竞争，择优立项，严格管理，铸造精品"的要求进行，每年评审立项约 40 个项目。项目研究实行首席专家负责制，鼓励跨学科、跨学校、跨地区的联合研究，协同创新。重大攻关项目以解决国家现代化建设过程中重大理论和实际问题为主攻方向，以提升为党和政府咨询决策服务能力和推动哲学社会科学发展为战略目标，集合优秀研究团队和顶尖人才联合攻关。自 2003 年以来，项目开展取得了丰硕成果，形成了特色品牌。一大批标志性成果纷纷涌现，一大批科研名家脱颖而出，高校哲学社会科学整体实力和社会影响力快速提升。国务院副总理刘延东同志做出重要批示，指出重大攻关项目有效调动各方面的积极性，产生了一批重要成果，影响广泛，成效显著；要总结经验，再接再厉，紧密服务国家需求，更好地优化资源，突出重点，多出精品，多出人才，为经济社会发展做出新的贡献。

作为教育部社科研究项目中的拳头产品，我们始终秉持以管理创新服务学术创新的理念，坚持科学管理、民主管理、依法管理，切实增强服务意识，不断创新管理模式，健全管理制度，加强对重大攻关项目的选题遴选、评审立项、组织开题、中期检查到最终成果鉴定的全过程管理，逐渐探索并形成一套成熟有效、符合学术研究规律的管理办法，努力将重大攻关项目打造成学术精品工程。我们将项目最终成果汇编成"教育部哲学社会科学研究重大课题攻关项目成果文库"统一组织出版。经济科学出版社倾全社之力，精心组织编辑力量，努力铸造出版精品。国学大师季羡林先生为本文库题词："经时济世 继往开来——贺教育部重大攻关项目成果出版"；欧阳中石先生题写了"教育部哲学社会科学研究重大课题攻关项目"的书名，充分体现了他们对繁荣发展高校哲学社会科学的深切勉励和由衷期望。

　　伟大的时代呼唤伟大的理论，伟大的理论推动伟大的实践。高校哲学社会科学将不忘初心，继续前进。深入贯彻落实习近平总书记系列重要讲话精神，坚持道路自信、理论自信、制度自信、文化自信，立足中国、借鉴国外，挖掘历史、把握当代，关怀人类、面向未来，立时代之潮头、发思想之先声，为加快构建中国特色哲学社会科学，实现中华民族伟大复兴的中国梦做出新的更大贡献！

教育部社会科学司

前　言

当今世界正经历百年未有之大变局：人类文明激荡、全球治理失衡、伦理价值重塑等重大挑战呼唤思想理论突破性创新；当今中国正处于加快实现中华民族伟大复兴中国梦的关键期：坚持和完善中国特色社会主义制度，加快国家治理体系和治理能力现代化，以中国式现代化推进中华民族伟大复兴，深化文明交流互鉴，构建人类命运共同体，对我国高校哲学社会科学提出了前所未有的期待和要求。面对世界格局的深刻变化我国高校哲学社会科学面临新的发展机遇，需要自觉承担新的历史使命。百年未有之大变局一方面是对当代中国发展"生境"的研判；另一方面也是对中国当前发展水平和未来前景的概括：中国道路、理论、制度和文化的全面自信百年未有；中国综合国力发展和世界影响力提升之快百年未有；中国对世界政治多元化和经济增长模式转型的贡献百年未有；中国作为负责任大国在国际事务上的影响力百年未有……新时代的高校哲学社会科学必须在理论上对诸多百年未有的重大理论和现实问题的内生逻辑作出回答，更需要对如何应对百年未有之大变局做出战略上的规划和论证，为世界上那些既希望加快发展、又希望保持自身独立性的国家和民族提供中国方案、中国智慧，主动助推中国立场、中国理论的全面出场。

2016 年 5 月 17 日，习近平总书记在哲学社会科学工作座谈会上发表重要讲话，提出了加快构建中国特色哲学社会科学的要求。习近平总书记指出：社会大变革的时代，一定是哲学社会科学大发展的时代。当代中国正经历着我国历史上最为广泛而深刻的社会变革，也正在进行着人类历史上最为宏大而独特的实践创新。这种前无古人的伟大实践，必将给理论创造、学术繁荣提供强大动力和广阔空间。这是一个需要理论而且一定能够产生理论的时代，这是一个需要思想而且一定能够产生思想的时代。我们不能辜负了这个时代。①

为了更好地回应时代要求，我们在 2018 年申报了教育部重大课题攻关项目"面向 2035 我国高校哲学社会科学整体发展战略研究"，尝试以项目带动科研攻关，自觉以回答中国之问、世界之问、人民之问、时代之问为学术己任，探究中国特色哲学社会科学学科体系、学术体系、话语体系的内涵特征、逻辑关系与建构路径等一系列重要问题。课题组经过三年多时间的攻关研究，形成了目前这本专著。

从结构上说，本书分为四大部分：第一章、第二章是前提性基础研究，主要聚焦我国高校哲学社会科学发展的成就与经验、问题与挑战、使命与愿景。第三章至第六章是学理性体系研究，主要聚焦哲学社会科学的学科体系、学术体系、话语体系的内涵特征、逻辑关系和发展演变。第七章、第八章是比较研究，主要聚焦国际哲学社会科学的前沿政策与国际一流高校哲学社会科学发展经验与动向。第九章、第十章是战略与政策研究，主要聚焦我国高校哲学社会科学战略重点与发展路径、政策支持与生态建构等问题。全书力求体现问题导向、实践导向、战略导向、未来导向。

2022 年 4 月 25 日，习近平总书记在中国人民大学考察调研时指出："加快构建中国特色哲学社会科学，归根结底是建构中国自主的知识体系。要以中国为观照、以时代为观照，立足中国实际，解决中国问题，不断推动中华优秀传统文化创造性转化、创新性发展，不断推进知识创新、理论创新、方法创新，使中国特色哲学社会科学真正屹立于世界学术之林。"中华民族伟大复兴、中华民族现代文明的创造，既不能没有中国特色哲学社会科学的参与，也不能没有中国特色哲学社会科学的贡献。作为新时代的高校哲学社会科学从业者，将自我的学术生命融入民族国家复兴的宏愿与伟业中，这是幸事，更是使命！

---

① 习近平：《在哲学社会科学工作座谈会上的讲话》，人民出版社 2016 年版，第 8 页。

摘　要

学科是哲学社会科学的基础依托，学术是哲学社会科学的创新源泉，育人是哲学社会科学的根本任务，话语是哲学社会科学的表征系统，它们有机结合，形成整个哲学社会科学体系的基石。在"两个大局"交织激荡的时代背景下，新时代高校哲学社会科学应主动担当立德树人、培根铸魂的根本任务，以人为本、守正创新、自主构建、引领未来，探索中国特色哲学社会科学学科体系、学术体系、话语体系，逐步形成中国自主的知识体系，推动中华优秀传统文化创造性转化、创新性发展，使中国特色哲学社会科学真正屹立于世界学术之林，为文化传承创新、文明交流互鉴、中华文明复兴作出新贡献。为此，高校哲学社会科学应主动实现四大战略转型：学科体系建设要从服务于学术研究的"小逻辑"转向服务于经济社会发展的"大逻辑"；学术体系建设要从对西方学术的路径依赖转向扎根伟大实践的范式创新；话语体系建设要从适应国际规则的跟随状态转向基于文化自信自强的价值引领；育人体系建设要从局限于知识传授的偏狭状态转向德育为先、全面发展的时代新人培育。

与"需要思想、创造思想"的伟大时代精神相对照，我国高校哲学社会科学催育理论诞生、助力实践发展的能力整体上仍落后于经济社会的变革需求。高校哲学社会科学理论创新与新时代的伟大实践相比仍然滞后，高校哲学社会科学研究水平和影响力与我国国际地位的提升并不相称，高校哲学社会科学育人功能与党和人民赋予高校的战略使命存在差距，迫切需要增强文化传承、知识创新、思想创造和育人实效。

　　面对社会思潮纷纭激荡、思想观念和价值取向日趋活跃的新形势，高校哲学社会科学应主动担当新的历史使命，深入发展21世纪马克思主义，推动马克思主义中国化时代化，把马克思主义基本原理同中国具体实际、同中华优秀传统文化相结合，进一步聚焦习近平新时代中国特色社会主义思想研究，全方位服务党的全面领导和党中央治国理政。切实担负起铸魂育人的历史使命，聚焦培育时代新人、理论武装人民的核心目标，进一步提升民众的道德水平、文化认同和理论素养，培养德智体美劳全面发展的社会主义建设者和接班人。从理论上对诸多百年未有的重大理论和现实问题的内生逻辑作出深刻回答，阐明中国特色社会主义道路的价值内涵和制度优势，并针对如何应对世界百年未有之大变局作出系统性、战略性的规划研究，为全世界提供中国方案、中国智慧、中国理论。增强国际性议题设置能力，善于利用话语领先优势积极布局研究，力争在新世界秩序、全球正义、全球治理等领域打造一批高水平原创研究成果，为促进文明交流互鉴、增进文化理解认同提供丰富的理论支撑，让世界更好地认识中国、了解中国，为探索人类文明新形态贡献中国力量。

　　面向2035建构富有中国特色的高校哲学社会科学体系，坚持以马克思主义为指导，对习近平新时代中国特色社会主义思想等马克思主义最新成果加强学理化阐释和学术化表达，在马克思主义立场观点方法和马克思主义中国化理论成果的指导下加快构建中国特色哲学社会科学，坚持扎根中国、铸魂育人、范式迭代、文明互鉴，促进中国特色高校哲学社会科学体系的自主性、引领性构建；坚持融通古今中外，利用好马克思主义、中华优秀传统文化和革命文化、国外哲学社会科学等多方面的学术资源，实现学科体系、学术体系、话语体系的协同发展，建构中国自主的知识体系；强化制度设计、组织保障和文化建设，培育批判创新的研究氛围，营造更有创新创造活力的学术生态，为新时代高校哲学社会科学的大繁荣固本培元，提供不竭动力。

Abstract

The complete system of philosophy and social sciences is sustained by the organic integration of discipline, academics, education and discourse. Discipline is the foundation, academics the source innovation, education the fundamental task and discourse the representation system. In the context of "realizing the great rejuvenation of the Chinese nation" and experiencing "the major changes unseen in the world in a century", the philosophy and social sciences of Chinese institutions of higher education (IHE) in the new era should be committed to the fundamental task of fostering virtue through education, cultivating roots and ethos, follow the people-oriented principle, pursue innovation while keeping integrity, construct the independent and future-oriented discipline, academic, and discourse systems of philosophy and social sciences with Chinese characteristics so as to develop China's independent knowledge system and boost the creative transformation and innovative development of excellent traditional Chinese culture. Therefore, the philosophy and social sciences with Chinese characteristics will truly have a standing in the world of academia, making new contributions to the inheritance and innovation of culture, civilization exchanges and mutual learning, as well as the rejuvenation of Chinese civilization. To this end, the philosophy and social sciences of Chinese IHE should take the initiative to work for four strategic transformations. The discipline system should transform from serving the "minor logic" of academic research to the "major logic" of economic and social development, the academic system from path dependence on western academics to paradigm innovation rooted in great practices, the discourse system from following international rules to value leadership based on cultural confidence and improvement, the education system from parochialism confined to imparting knowledge to cultivating new talents of the times with the priority on moral education and all-around development.

Against the backdrop of the great spirit of the times "in need of ideas and creating ideas", the capacity of philosophy and social sciences of Chinese IHE generally still fails to meet economic and social transformations. There is an urgent need for cultural inheritance, knowledge innovation, ideological creativity, and education effectiveness as the theoretical innovation lags behind the great practice of the new era, the research and impact incommensurate with the elevation of China's international standing, and there existing a gap between the role of Chinese IHE's philosophy and social sciences in education and the strategic mission entrusted to Chinese IHE by the Communist Party of China and the Chinese people.

In the face of the new situation where there are diverse and volatile trends of social thought, active ideological concepts and values, the philosophy and social sciences of Chinese IHE should play an active role in taking on a new historical mission, advancing Marxism in the 21st century, facilitating the sinicization and modernization of Marxism, integrating the fundamental principles of Marxism with China's realities and excellent traditional Chinese culture. Besides, more studies should focus on Xi Jinping Thought on Socialism with Chinese Characteristics for a New Era and more efforts should be exerted to serve the overall leadership of the Communist Party of China and the governance and administration of state affairs by the Central Committee of the Communist Party of China. They should also undertake the historical mission of nurturing ethos and educating, highlighting the core objectives of cultivating a new generation for the times and arming the people with theories, upgrading public morality, cultural identity and theoretical literacy, and cultivating socialist builders and successors who develop morally, intellectually, physically, aesthetically and labor in an all-round way. Besides, from a theoretic perspective, the philosophy and social sciences of Chinese IHE should give insightful answers to the endogenous logic of major theoretical and practical issues unseen before, elucidate the value connotation and institutional advantages of the path of socialism with Chinese characteristics, conduct systematic and strategic planning and research on how to address the world's great changes that have not been experienced in a century, so as to provide the whole world with Chinese solutions, wisdom, and theories. Moreover, the philosophy and social sciences of Chinese IHE should help enhance China's international agenda setting capacity, take advantage of discourse leadership to actively map out research, and endeavor to turn out an array of high-level original research fruits in such fields as new world order, global justice and global governance, so as to render solid theoretical support for civilization exchanges and mutual learning, cultural understanding and identity; therefore, the world can know and understand

China better, and contribute China's strength to exploring a new form of human civilization.

For constructing a philosophy and social science system of Chinese IHE with Chinese characteristics facing 2035, the philosophy and social sciences of Chinese IHE should, guided by Marxism, reinforce the theoretic interpretation and academic expression of the latest achievements of Marxism, including Xi Jinping Thought on Socialism with Chinese Characteristics for a New Era, step up the construction of philosophy and social science with Chinese characteristics under the guidance of the Marxist stance, viewpoints and methods as well as the theoretical achievements of the Sinicization of Marxism, facilitate the independent and future-oriented leading construction of the system of Chinese IHE's philosophy and social sciences with Chinese characteristics by standing firm in China, fostering ethos and educating, iterating paradigms, and learning among different civilizations, fulfill the synergistic development of the discipline, academic and discourse systems for constructing China's independent knowledge system by merging the past and the present, modern and Chinese elements as well as making good use of the academic resources in Marxism, excellent traditional Chinese culture and revolutionary culture, foreign philosophy and social sciences. Furthermore, unremitting drive should be made to the consolidating basis for the prosperity of Chinese IHE's philosophy and social sciences in the new era by cementing institutional design, organizational support and cultural awareness, creating a critical and innovative research atmosphere as well as a more innovative and creative academic ecology.

目　录

Contents

Contents

3

第一章

我国高校哲学社会科学发展的
成就、经验与问题

改革开放四十多年来，在毛泽东思想、邓小平理论、"三个代表"重要思想、科学发展观和习近平新时代中国特色社会主义思想的引领下，我国在政治、经济、文化等各个领域实现了全方位和跨越式发展。哲学社会科学作为推动时代发展、社会变迁、文化传承和文明延续的强力"助推剂"，对我国全方位发展做出了不可磨灭的贡献。高校是我国哲学社会科学"五路大军"中的重要力量，在党的坚强领导下，我国高校哲学社会科学自改革开放以来取得了一系列发展成就，积累了具有中国特色的发展经验，探索了独特的发展路径，同时也存在一些需要进一步关注与改进的问题。2022 年 4 月 25 日，习近平总书记在中国人民大学考察时强调，"加快构建中国特色哲学社会科学，归根结底是建构中国自主的知识体系。要以中国为观照、以时代为观照，立足中国实际，解决中国问题，不断推动中华优秀传统文化创造性转化、创新性发展，不断推进知识创新、理论创新、方法创新，使中国特色哲学社会科学真正屹立于世界学术之林"。在构建中国特色哲学社会科学的道路上，高校哲学社会科学任重而道远。

第一节　我国高校哲学社会科学发展的成就

改革开放以来，在党的坚强领导下，高校哲学社会科学发展取得了显著的成

1

就：理论基础更加厚实、中国特色更加鲜明、育人成效更加显著、服务大局作用展现、国际影响日趋广泛。

一、理论基础更加厚实

新中国成立 70 多年来，哲学社会科学工作者始终将推进马克思主义中国化作为重要任务。党的十八大以来，哲学社会科学界将学习研究阐释习近平新时代中国特色社会主义思想作为首要任务，努力推出一批有思想穿透力的精品力作。[①]高校层面，马克思主义在高校哲学社会科学领域的指导地位更加巩固，习近平新时代中国特色社会主义思想全面贯穿有机融入高校哲学社会科学研究。

（一）坚持和发展马克思主义，实现理论持续创新

我国高校哲学社会科学始终坚持以马克思主义为指导思想，坚持辩证唯物主义和历史唯物主义，遵循社会主义国家高校哲学社会科学内在发展逻辑，聚焦我国经济社会发展与改革开放事业的重大命题，取得了一系列原创性的理论成果，形成了具有鲜明中国特色的社会主义高校哲学社会科学体系。坚持以马克思主义为根本指导思想，广泛吸引世界各国先进理论研究成果，立足国家改革开放实践进程，以伟大事业为研究对象，一直是我国高校哲学社会科学繁荣发展的优秀传统和真实写照。新中国成立以来，我国高校哲学社会科学广大研究者以马克思主义为指导思想，吸收国外哲学社会科学的理论成果，立足中国具体实际，理论与实践相结合，构建起了哲学社会科学各个学科的话语体系，中国特色高校哲学社会科学的知识谱系日渐清晰，学科理论体系与理论阐释能力日益强大，实现了我国高校哲学社会科学持续繁荣的理论创新。

同时，作为我国高校哲学社会科学指导思想的马克思主义也与时俱进，实现了繁荣与创新性发展。马克思主义基本原理与中国具体实际有机结合，实现了马克思主义中国化的三次伟大飞跃，结出了毛泽东思想、邓小平理论、三个代表重要思想、科学发展观、习近平新时代中国特色社会主义思想的累累硕果，既丰富了世界马克思主义思想体系，也为我国高校哲学社会科学的发展与繁荣奠定了扎实的指导思想基石。尤其是改革开放 40 多年来，马克思主义不断提出和研究一系列重大理论和实际问题，攻克了一个又一个理论难关，为重大改革实践问题提供了答案，指明了方向。在中国大地上发展起来的马克思主

---

① 姜卫平、邢科：《新中国哲学社会科学的成就与经验》，载于《经济日报》2019 年 9 月 16 日第 14 版。

义思想理论体系，已经成为引领世界马克思主义理论研究和学科发展的标杆和旗帜。

（二）学习和阐释习近平新时代中国特色社会主义思想，学术研究现新貌

党的十八大以来，在习近平新时代中国特色社会主义思想指引下，我国高校哲学社会科学研究的指导思想更加坚强有力，研究方法更加科学，研究对象更加明确，研究成果更加丰富，哲学社会科学研究话语体系的中国特色更加明晰，呈现了理论体系与理论成果双丰收的良好发展态势。近年来，我国高校哲学社会科学研究在习近平新时代中国特色社会主义思想的指导下，遵循习近平总书记关于哲学社会科学发展的系列重要指示精神，体现出越来越强烈的问题意识和使命意识，立足研究和解决中国问题、讲好中国故事、构建中国特色哲学社会科学话语体系成为高校哲学社会科学研究的主旋律。在中华民族伟大复兴历史使命的感召引领下，广大高校哲学社会科学研究者的研究目的越来越明确，结合我国改革开放伟大实践开展理论创新的意识和能力不断增强。特别是自 2013 年习近平总书记提出建设"中国特色新型智库"目标以来，高校充分发挥自身的学科、学术、人才、身份四大优势，培养了大批哲学社会科学优秀研究人才，搭建了一系列以问题为导向的哲学社会科学研究平台，在国际交流方面也不断深入。[1] 据研究统计，目前我国大学智库聚集了80%以上的社科力量、近半数的两院院士、60%的千人计划入选者和庞大的学生队伍，具备了开展战略和政策研究的资源、视野和实力。[2] 未来，随着我国改革开放事业的进一步发展，高校哲学社会科学研究的研究队伍与研究力量将得到进一步的发展壮大，理论与话语体系将更加完善，能更好地为应对各种挑战和难题提供对策建议与理论答案，实现中国高校哲学社会科学长久繁荣。

二、中国特色更加鲜明

改革开放之初，我国高校哲学社会科学借鉴特色较为明显，这也是发展之初所必须经历的路程。在借鉴的基础上，我国高校哲学社会科学发展逐渐走向自主

---

[1] 梅新林：《中国特色新型高校智库建设的思考与对策》，引自：全国高校社会科学科研管理研究会：《哲学社会科学学术话语体系建设》，武汉大学出版社 2016 年版，第 23~36 页。

[2] 南荣素：《提升我国智库影响力的关键因素分析》，引自：全国高校社会科学科研管理研究会：《哲学社会科学学术话语体系建设》，武汉大学出版社 2016 年版，第 141~146 页。

建构之路。坚持中国道路、弘扬中国精神、凝聚中国力量①，我国高校哲学社会科学在学科、学术和话语体系的建设上更加成熟，中国特色高校哲学社会科学发展特点更加鲜明。

（一）学科体系构建取得新进展

1. 马克思主义理论学科建设取得重大进展

马克思主义的中国化和时代化是这一学科的基本研究特征，如何巩固马克思主义在意识形态领域的指导性地位，找到我国发展问题的根源并加以解决，是这一学科不断面对的基本问题。② 在这样的背景下，高校建设相对完整和与时俱进的马克思主义学科体系，既符合发展马克思主义、建设有中国特色的哲学社会科学体系等理论需要，也有助于进一步提升思想政治教育质量，从而贯彻落实高校立德树人根本任务，培养德智体美劳全面发展的社会主义建设者和接班人。

具体来看，1996 年，"马克思主义理论与思想政治教育"二级学科建立，马克思主义学科建设进入快车道。2005 年，在已有二级学科的基础上，又成立了马克思主义理论一级学科。经过十数年的不断发展，今天这个领域已经形成由一个一级学科（马克思主义理论）和七个二级学科（马克思主义基本原理、马克思主义发展史、马克思主义中国化研究、国外马克思主义研究、思想政治教育、中国近现代史基本问题研究、党的建设）组成的完整学科体系。其中，党的建设虽然是在 2017 年开始建设的最新二级学科，但却在积极构建中国特色、中国风格、中国气派的哲学社会科学学科体系方面发挥了至关重要的作用。

2. 基础学科的学科体系日趋完善

高校作为构建高水平、有中国特色哲学社会科学的主阵地，必须完善一大批相关基础学科，充分发挥其支撑作用。在哲学社会科学工作座谈会上，习近平总书记指出了起到支撑哲学社会科学作用的部分学科，分别是哲学、历史学、经济学、政治学、法学、社会学、民族学、新闻学、人口学、宗教学、心理学等。③我国高校根据学科各自特点和面临的问题，统筹考虑立足本土、与时俱进和接轨国际三个要素，不断完善上述基础学科的学科体系建设。在"十三五"期间，基

---

① 习近平总书记提出实现中国梦，必须坚持中国道路、弘扬中国精神、凝聚中国力量。所谓中国道路指的是中国特色社会主义道路，中国精神指的是以爱国主义为核心的民族精神和以改革创新为核心的时代精神。中国力量指的是中国各族人民大团结的力量。中共中央宣传部理论局编：《中国特色社会主义学习读本》，学习出版社 2013 年版，第 166 ~ 168 页。

② 《新时代马克思主义理论学科建设年笔谈》，求是网，http://www.qstheory.cn/llqikan/2019 - 07/04/c_1124711782. htm，2019 年 7 月 4 日，2021 年 11 月 30 日。

③ 习近平：《在哲学社会科学工作座谈会上的讲话》，载于《人民日报》2016 年 5 月 19 日第 1 版。

础学科研究的问题意识不断增强，研究综合性不断提升，国际影响力也都有不同程度的扩大。

3. 新兴学科和交叉学科建设成为新的突破点

新兴学科和交叉学科作为新的突破点，并不是最近才提出的概念。真实世界问题的综合性要求我们打破学科间界限，从不同的层次和维度来思考应对方略。刘大椿等主编的《中国高校哲学社会科学发展报告（1978~2008）：交叉学科》确定了改革开放三十年来的 11 个交叉学科，分别是系统科学与复杂性、认知科学、决策学、信息伦理学、生命伦理学、生物信息学、信息经济学、金融工程学、教育技术学、创造学和可拓学。[①] 这些学科的研究对象和问题与日常生活和实际问题更加贴近，相比之下更符合今天高校哲学社会科学研究的问题导向趋势。在今天的学科建设中，可以清晰地看到，很多一级学科内的二级学科间，以及不同一级学科的二级学科间，都存在重叠和交叉的部分。这些学科可能共享研究对象、问题、方法，甚至在研究粒度上也趋同；飞速发展的新技术也在不断为哲学社会科学研究赋能，"互联网+"、人工智能几乎已融入哲学社会科学各个领域。近年来，随着《新文科建设宣言》的颁布，各高校不断推陈出新，为探索中国特色的大学文科教育贡献智慧。例如，上海大学依托学校优势学科和特色学科，积极建设"城市社会治理""考古与文保""新海派文化""艺术技术"和"数字经济与管理"五个相互渗透和支撑的研究领域；复旦大学提出要"超越文科场域"，基于实际问题融汇文社理工医五大学科领域；浙江大学关注文科数字化转型这一"文科新基建"工程，认为要形成"古今会通、东西互动、中外相知、文理交融"的文科发展新路径[②]……可以预见，未来新兴学科和交叉学科将进入范围更广、质量更高、速度更快的新发展期，成为我国高校哲学社会科学发展的新高地。

4. 具有重要文化价值和传承意义的"绝学"、冷门学科得到重点扶持

冷门"绝学"相关研究不对当今社会产生直接价值，但具有重要文化价值和传承意义，因此必须保证"有人做、有传承"。近年来，我国高校基于学科优势、人才优势、平台优势，在开展冷门"绝学"研究方面取得了显著成果。从课题立项方面来看，高校是冷门"绝学"研究"主力军"。全国哲学社会科学工作领导小组批准国家社科基金自 2018 年起设立冷门"绝学"和国别史等研究专项，[③] 2020 年，以高校为责任单位的课题数量占总立项数量

---

① 刘大椿：《中国高校哲学社会科学发展报告（1978~2008）：交叉学科》，广西师范大学出版社 2008 年版，第 5~7 页。

② 《新文科怎么建？听听他们怎么说》，https://mp.weixin.qq.com/s/DOzu1KaVXGka0IAeXVl3Qw，2021 年 10 月 14 日，2021 年 11 月 30 日。

③ 《关于组织实施冷门"绝学"和国别史等研究专项的通知》，全国哲学社会科学工作办公室，http://www.nopss.gov.cn/n1/2018/0606/c219469-30040343.html，2018 年 6 月 6 日，2021 年 11 月 30 日。

的八成左右。① 2021 年底，国务院学位委员会《关于对〈博士、硕士学位授予和人才培养学科专业目录〉及其管理办法征求意见的函》中拟新增六个交叉学科的一级学科，区域国别学赫然在列。在国家的大力支持和高校学者的努力奋斗下，在短短三年间，甲骨学、简帛学、敦煌学、考据学、古籍及特色文献整理与研究、非物质文化遗产研究等冷门"绝学"领域成就斐然，相关史料的整理和出版速度明显加快，传世史籍的新整理本频频问世。②

（二）学术体系构建取得新成就

1. 学术原创力进一步增强

创造性地使用本民族的语言来表达中国特色社会主义和民族复兴的理想图景，以凝聚民心，共同奋斗，是当代中国哲学社会科学所必须面对的重大问题。③目前，中国哲学社会科学在学术命题、学术思想、学术观点、学术标准、学术话语上的能力和水平同我国综合国力和国际地位还不太相称。④ 但与以往相比，学术原创意识有了提升，具有原创力的学术探索逐渐增加，特别是对我国本土实践进行原创性理论解释的意识和行动均有所增加。少数民族地区学术能力提高。⑤

2. 学术成果日渐丰富，涌现出一批高水平代表性成果

据统计，习近平总书记在哲学社会科学工作座谈会上的重要讲话发表 5 年来，哲学社会科学界完成高质量研究成果超过 100 万项。⑥ 我国高校哲学社会科学的研究队伍不断扩大，同时也涌现出了一批高水平代表性学术研究成果，如2020 年第八届高等学校科学研究优秀成果奖（人文社会科学）部分一等奖成果：《中国共产党纪念活动史》《"碳政治"的生态帝国主义逻辑批判及其超越》《中国道路为世界贡献了什么?》《东亚道教研究》《多模态话语分析理论与外语教学》等。

---

① 《2020 年度国家社科基金冷门绝学研究专项立项名单公布》，全国哲学社会科学工作办公室，http：//www. nopss. gov. cn/n1/2020/1225/c219469 - 31979534. html，2020 年 12 月 25 日，2021 年 11 月 30 日引用。

② 全国哲学社会科学工作办公室编：《中国特色哲学社会科学发展报告》，中国社会科学出版社 2021 年版，第 904～905 页。

③ 韩喜平：《构建具有中国特色的哲学社会科学学术话语体系》，载于《红旗文稿》2014 年第 22 期。

④ 李友梅：《中国特色社会学学术话语体系构建的若干思考》，载于《社会学研究》2016 年第 5 期。

⑤ 全国哲学社会科学工作办公室编：《中国特色哲学社会科学发展报告》，中国社会科学出版社 2021 年版，第 746 页。

⑥ 谢伏瞻：《中国哲学社会科学百年发展成就及经验》，载于《光明日报》2021 年 6 月 16 日第 6 版，http：//news-gmw-cn-s. vpn. sdnu. edu. cn/2021 - 06/16/content_34924643. htm。

3. 学术研究队伍日渐壮大

在党中央的正确指引下，我国高校哲学社会科学研究队伍建设成效显著，培养了一大批有视野、有胆识、有才干的专业研究人才。总体来看，首先，研究力量不断增强，各学科博士点和硕士点单位数量都有所增长，如高校马克思主义理论学科点单位在 2015～2018 年的三年间增长了 28 家（9%）。[①] 其次，在师资队伍建设方面，教师队伍不断壮大[②]、结构不断优化，青年教师渐渐成为研究主力军，教师的学位结构也不断优化[③]，一些学科积极引进青年人才和海外人才取得良好成效[④]。最后，研究队伍的建构路径越来越多元，通过创建学术机构、政府合作支持、国际合作交流等方式，研究者加强共同协作、提升问题意识、开拓国际视野，实现了个人发展和研究质量提升"双丰收"。此外，学术制度（包括评价）建设进一步完善，学术共同体建设取得显著进步。

（三）话语体系构建取得新突破

1. 话语建构的意识和能力进一步增强

话语体系是"学术体系的反映、表达和传播方式"，[⑤] 要发展中国特色哲学社会科学，就绝不能搞"从这里搬一点、从那里借一点"的拼拼凑凑，必须结合中国的社会实际，运用本土话语开展中国特色哲学社会科学研究，构建中国特色哲学社会科学理论。从 20 世纪末开始，党中央就已关注到哲学社会科学在新时代可能发挥的巨大作用，并对高校哲学社会科学发展进行战略布局。1999 年，教育部在全国 66 所高校设立了 151 个人文社科重点研究基地；[⑥] 2003 年、2007 年、2010 年、2011 年、2012 年，国家又先后五次在重要文件中提出要促进哲学社会科学发展，发挥哲学社会科学"思想库"作用；[⑦] 2013 年，习近平总书记首

---

① 全国哲学社会科学工作办公室编：《中国特色哲学社会科学发展报告》，中国社会科学出版社 2021 年版，第 4 页。

② 全国哲学社会科学工作办公室编：《中国特色哲学社会科学发展报告》，中国社会科学出版社 2021 年版，第 1355 页。

③ 全国哲学社会科学工作办公室编：《中国特色哲学社会科学发展报告》，中国社会科学出版社 2021 年版，第 5 页。

④ 全国哲学社会科学工作办公室编：《中国特色哲学社会科学发展报告》，中国社会科学出版社 2021 年版，第 321、335 页。

⑤ 谢伏瞻：《加快构建中国特色哲学社会科学学科体系、学术体系、话语体系》，载于《中国社会科学》2019 年第 5 期。

⑥ 梅新林：《中国特色新型高校智库建设的思考与对策》，引自全国高校社会科学科研管理研究会：《哲学社会科学学术话语体系建设》，武汉大学出版社 2016 年版，第 23～36 页。

⑦ 朱艳、谢卫红、钟科：《地方重点工科院校智库的内涵属性、发展现状及对策性研究》，引自全国高校社会科学科研管理研究会：《哲学社会科学学术话语体系建设》，武汉大学出版社 2016 年版，第 49～59 页。

次提出的建设"中国特色新型智库"目标，使关于新型智库及其话语权的研究成为新的焦点议题；2020年，全国哲学社会科学话语体系建设协调会议办公室编写的《构建新时代的中国特色哲学社会科学话语体系》一书正式出版，其中收录了经济学、社会学、政治学、法学、民族学、新闻学、哲学和宗教学等哲学社会科学学科关于话语体系建构之成效、问题与方略的重要论述。

2. 对中国特色社会主义建设的伟大实践作出了富有创造力的理论阐释

习近平总书记指出，"中国仍然是世界上最大的发展中国家……发展依然是当代中国的第一要务"。① 我国独特的国情决定了我国的哲学社会科学研究必须与人民对美好生活的向往结合起来。这就需要我们创新方式方法，构建能够有效解释中国特色社会主义实践的概念和理论。这项工作十分庞大，因此在实践中，往往要求各哲学社会科学学科或领域从各自视角出发，对大的概念进行不同层次的理论阐释。例如对于"扶贫"这个概念，民族学领域开展了关于精准扶贫、特色村寨建设的一系列研究，② 教育学领域围绕教育扶贫、基础教育均衡化、远程教育进行了大量理论和实证研究等。另一方面，这些理论上的创新不断反哺实践，形成了理论建构与实践探索的双向互动。在这个意义上，我国高校哲学社会科学"摸着石头过河"的发展过程，不是"盲目过河""任性过河"，而是"有针对性地过河""在不断反思中过河"。

三、育人成效更加显著

立德树人是高校的根本任务。高校哲学社会科学育人功能更加突出，育人成效更加显著。各类课程和思政课同向同行、协同建设，教材体系建设实现突破，人才培养成效显著。

（一）各类课程和思政课同向同行、协同建设

习近平总书记在2016年的全国高校思想政治工作会议上指出，"要用好课堂教学这个主渠道，思想政治理论课要坚持在改进中加强，提升思想政治教育亲和力和针对性，满足学生成长发展需求和期待，其他各门课都要守好一段渠、种好责任田，使各类课程与思想政治理论课同向同行，形成协同效应"③。党的十八

---

① 习近平：《中国梦必须同人民对美好生活的向往结合起来才能取得成功》，人民网，http：//theory. people. com. cn/n1/2018/0103/c416126－29742906. html，2015年9月22日，2021年11月30日引用。

② 全国哲学社会科学工作办公室编：《中国特色哲学社会科学发展报告》，中国社会科学出版社2021年版，第748～750页。

③ 习近平：《把思想政治工作贯穿教育教学全过程》，人民网，www. moe. gov. cn/jyb_xwfb/s6052/moe_838/201612/t20161208_291306. html，2016年12月8日，2021年12月2日引用。

大以来，思想政治理论课改革创新不断深化，课程思政建设稳步推进。思想政治理论课改革不断进行改革创新，2020 年 12 月，中共中央宣传部和教育部印发《新时代学校思想政治理论课改革创新实施方案》，方案提出了新时代学校思政课程教材改革创新的基本要求，并详细阐述了课程目标体系、课程体系、课程内容、教材建设和组织领导。这个方案为我国新时代学校思想政治理论课改革创新提供了强有力的指引和组织保障。各级各类学校思政理论课的课程目标和内容更加明晰、教材建设不断推进、教学手段和形式不断丰富、教学趣味性不断提升，学生对思想政治理论课学习的兴趣极大增长，对课程教学的接受度和满意度急速提升。

"课程思政其实质不是增开一门课，也不是增设一项活动，而是将高校思想政治教育融入课程教学和改革的各环节、各方面，实现立德树人润物无声。"[①] 自"课程思政"提出之初对其概念、内涵、实施路径等方面的摸索，到当前课程思政理念深入人心，经历了一个较为快速的发展过程。这一方面固然得益于政策与制度层面的宣传与保障，更是因为理念本身的科学性和强大的生命力。高校最重要的功能是育人，"又红又专、德才兼备、全面发展"是高校人才培养的根本要求。[②] 经过几年的发展，课程思政的理念已经扎根人心，高校教育的各个环节已经形成育人合力，即重视学生知识、技能等的掌握，更注重教育教学过程中的价值引领。课程思政在实践探索过程中不断实现创新。

（二）教材体系建设实现突破

党的十八大以来，以习近平同志为核心的党中央高度重视和关心教材建设，先后出台了"一规划"（《全国大中小学教材建设规划》）、"四办法"（《中小学教材管理办法》《职业院校教材管理办法》《普通高等学校教材管理办法》《学校选用境外教材管理办法》）。具体到高校哲学社会科学领域，2009 年，教育部共遴选 229 位首席专家、745 位主要成员，直接参与马克思主义理论研究和建设工程（简称"马工程"）重点教材编写工作；2013 年，96 种重点教材的编写团队中有 12 个课题组完成书稿撰写任务；2018 年，教育部再次组织专家学者，以将习近平新时代中国特色社会主义思想融入教材为最主要任务，对"马工程"重点教材进行全面修订。"马工程"重点教材的出版修订为构建有中国特色的哲学社会科学体系提供了完整、准确、科学的系统知识，是培养新时代社会主义建设者和接班人等方面具有重要现实意义的重大举措。

---

①②　高德毅、宗爱东：《从思政课程到课程思政：从战略高度构建高校思想政治教育课程体系》，载于《中国高等教育》2017 年第 1 期。

（三）人才培养成效显著

人才培养成效显著首先体现在塑造以人为本专注质量的科学育人体系。高校在育人体系构建上，坚持立德树人根本方向，实现全员育人、全程育人、全方位育人"三全育人"目标；回归质量初心，强调中国特色社会主义道路自信、理论自信、制度自信、文化自信"四个自信"；传承中华文明，融入世界潮流。科学育人体系的构建为新时代中国高校育人提供了方向性的指引，在此基础上，高校哲学社会科学在本科及研究生人才培养上取得了质的进步与飞跃。

育人成果丰硕也体现在高校哲学社会科学人才培养数量上的显著增长。依据教育部相关数据，以 1997 年、2002 年、2007 年、2012 年和 2017 年五个年份及法学专业为例，在纵向比较上，法学专业 2017 年本科招生人数是 1997 年的 11.5 倍，研究生招生人数则是 1997 年的 12.6 倍，在横向比较上，法学专业本科招生人数从 1997 年至 2017 年增长了 11.5 倍，理学和工学分别增长了 7.36 和 8 倍，法学专业研究生招生人数从 1997 年至 2017 年增长了 11.6 倍，理学和工学则分别增长了 1.5 和 2.65 倍（见图 1 - 1 ~ 图 1 - 2）。近二十年来，各个学科在人才培养的质和量上均有显著提升。而在哲学社会科学专业人才培养方面，除了质和量提升外，能紧密围绕国家战略需要，及时调整专业和招生人数，服务国家急需人才的培养。

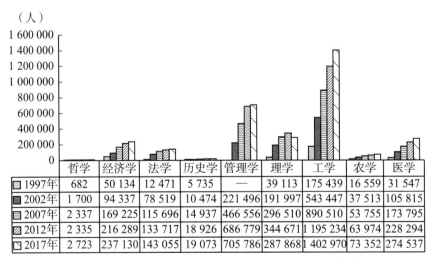

（人）

	哲学	经济学	法学	历史学	管理学	理学	工学	农学	医学
1997年	682	50 134	12 471	5 735	—	39 113	175 439	16 559	31 547
2002年	1 700	94 337	78 519	10 474	221 496	191 997	543 447	37 513	105 815
2007年	2 337	169 225	115 696	14 937	466 556	296 510	890 510	53 755	173 795
2012年	2 335	216 289	133 717	18 926	686 779	344 671	1 195 234	63 974	228 294
2017年	2 723	237 130	143 055	19 073	705 786	287 868	1 402 970	73 352	274 537

图 1 - 1　1997 ~ 2017 年不同学科本科生招生人数统计

资料来源：人民教育出版社出版的《中国教育年鉴 1997》《中国教育年鉴 2002》《中国教育年鉴 2007》《中国教育年鉴 2012》以及教育部官网"2017 年教育统计数据"。

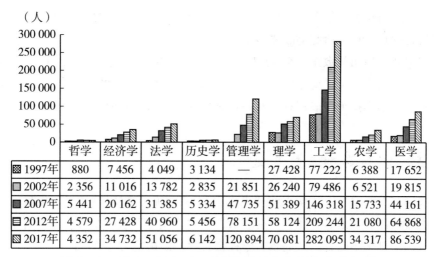

（人）	哲学	经济学	法学	历史学	管理学	理学	工学	农学	医学
1997年	880	7 456	4 049	3 134	—	27 428	77 222	6 388	17 652
2002年	2 356	11 016	13 782	2 835	21 851	26 240	79 486	6 521	19 815
2007年	5 441	20 162	31 385	5 334	47 735	51 389	146 318	15 733	44 161
2012年	4 579	27 428	40 960	5 456	78 151	58 124	209 244	21 080	64 868
2017年	4 352	34 732	51 056	6 142	120 894	70 081	282 095	34 317	86 539

图 1-2　1997~2017 年不同学科研究生招生人数统计

资料来源：人民教育出版社出版的《中国教育年鉴 1997》《中国教育年鉴 2002》《中国教育年鉴 2007》《中国教育年鉴 2012》以及教育部官网"2017 年教育统计数据"。

四、服务大局作用展现

我国高校哲学社会科学服务大局意识强烈，深入研究和回答了我国发展和党执政面临的重大理论和实践问题，推出一大批重要的标志性成果，咨政启民作用得到充分发挥。

（一）中国特色新型高校智库发展稳健

自 2014 年教育部印发《中国特色新型高校智库建设推进计划》之后，高校高端智库联盟进展顺利，智库咨政建言效果显著。依据上海社科院公布的 2018 年中国智库综合影响力排名，排名前 50 位的智库中，高校智库占 14 家。其中北京大学国际战略研究院同时入选 2018 年宾大智库排行榜第 26 位，当年有 29 家中国智库进入宾大智库排行榜前 100 位，北京大学国际战略研究院是唯一一家入选的高校智库。高校智库在咨政建言上起着越来越重要的作用。

（二）公共政策和社会变革实践对高校哲学社会科学的需求日益强烈

高校哲学社会科学在深入研究和回答我国发展和我们党执政面临的重大理论和实践问题上的成就还体现在社会变革实践对高校哲学社会科学的需求日益强烈上。以 2013~2017 年全国高校社科研究与发展课题的增长为例，从 2013 年到 2017 年，高校在课题总数、当年新开课题数、当年完成课题数、当年新开课题批准经费、当年拨入经费、当年支出经费上均呈逐年递增趋势，表现了实践领域对高校哲学社会科学研究的旺盛需求。

依据教育部相关数据，至 2017 年，高校人文社科研究经费已达 1 797 319.9 万元，政府经费投入（约为 916 478.4 万元）和非政府经费投入（约为 880 841.5 万元）已经基本接近，表明社会对高校哲学社会科学研究的需求在增加。

五、国际影响日趋广泛

我国高校哲学社会科学强调"走出去"，并实施了相应国家交流项目，对外国际交流活跃，学术、文化、平台、话语等"走出去"步伐加快，高校哲学社会各学科国际排名不断提升，高校哲学社会科学国际影响力日趋广泛。

（一）对外国际交流活跃

教育部《关于全面提高高等教育质量的若干意见》中强调实施高校哲学社会科学"走出去"计划。党的十八大以来，我国高校哲学社会科学的国际交流越来越频繁，在人才培养与交流、科学研究与服务社会方面的合作持续走向更深更广的领域，中国高校哲学社会科学的国际影响力得到了明显的提升。尤其是在服务"一带一路"等重大战略方面，高校哲学社会科学以学术研究、文化交流与教学合作为渠道，与沿线国家和地区进行了广泛的合作交流，在传播中华优秀文化传统，促进沿线国家相互了解，增加文化、政治互信方面做了大量的工作，取得非常好的成绩。既提升了高校哲学社会科学自身的国际意识与国际合作能力，也扩大了中国哲学社会科学的国际影响，高校哲学社会科学国际交流合作这一职能在不断加强并发挥重要作用。

（二）人才国际交流量与质齐升

党的十八大以来，高校哲学社会科学各个领域的人才国际交流与合作培养的数量与质量都有了极大的提升，中外合作机构的数量明显增长，研究成果的国际化程度与传播影响明显提高。越来越多的国外研究者愿意与中国学者交流，愿意到中国高校来进行学术研讨活动，越来越重视对中国问题的研究。借助国际化平台，中国高校哲学社会科学的学者及其研究成果越来越具备国际对话的水平与能力，留学生人数持续增长（见图 1 – 3）。据统计，2018 年共有来自 196 个国家和地区的 492 185 名各类外国留学人员在全国 31 个省（区、市）的 1 004 所高等院校学习，而 2003 年全年在华的各类外国留学人员共计 175 个国家的 77 715 人，各类外国留学人员总人数从 2003 年至 2018 年增长了约 6.3 倍，且自费来华留学生人数的增长速度要显著高于中国政府奖学金资助的来华留学人数（见图 1-4）。此外，孔子学院的数量与办学质量都有明显的提高，成为传播中国文化和中国哲学社会科学的重要平台。许多高校创办了外文期刊，面向全球传播中国哲学社会科学研究成果，中国特色的哲学社会科学话语体系开始为世界所广泛接受。

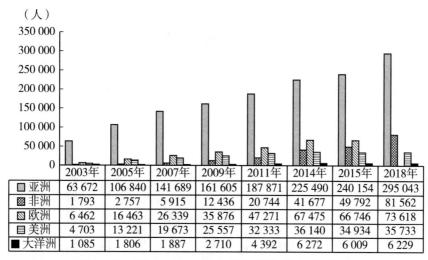

（人）

	2003年	2005年	2007年	2009年	2011年	2014年	2015年	2018年
亚洲	63 672	106 840	141 689	161 605	187 871	225 490	240 154	295 043
非洲	1 793	2 757	5 915	12 436	20 744	41 677	49 792	81 562
欧洲	6 462	16 463	26 339	35 876	47 271	67 475	66 746	73 618
美洲	4 703	13 221	19 673	25 557	32 333	36 140	34 934	35 733
大洋洲	1 085	1 806	1 887	2 710	4 392	6 272	6 009	6 229

图 1-3　2003~2018 年来华留学人数（按洲别）

资料来源：教育部官网新闻，《2003 年全国来华留学统计年鉴》《2005 年全国来华留学统计年鉴》《2007 年来华留学生人数突破 19 万 2008 年中国政府奖学金将大幅度增加》《2009 年全国来华留学生突破 23 万》《2011 年全国来华留学统计年鉴》《2014 年全国来华留学生数据统计》《2015 年全国来华留学生数据发布》《2018 年来华留学统计》。

（三）话语的国际影响力持续提升

讲好中国故事，关键在于建构中国话语，这就要求我们不能光靠西方"舶来品"，必须从中国传统文化中汲取营养。党的十八大以来，习近平总书记多次谈及文化自信与建构本土话语间的关系，他在哲学社会科学工作座谈会上指出："要推动中华文明创造性转化、创新性发展，激活其生命力，让中华文明同各国人民创造的多彩文明一道，为人类提供正确精神指引。要围绕我国和世界发展面临的重大问题，着力提出能够体现中国立场、中国智慧、中国价值的理念、主张、方案"。[①]"十三五"期间，李今主编 13 卷约 450 万字的《汉译文学序跋集（1894~1949）》作为"十三五国家重点出版物出版规划项目"，为现代文学翻译

---

① 习近平：《在哲学社会科学工作座谈会上的讲话》，载于《人民日报》2016 年 5 月 19 日第 1 版。

研究提供了重要史料；① 中国社会科学院民族文学研究所与中国科学院计算机网络中心合作开展的"中国少数民族口头传统专题数据库建设：口头传统元数据标准建设""中国少数民族神话数据库建设"等国家重大社科基金项目研究，为少数民族文化传承和发扬提供了技术和资料支持；② 黄霖领衔编撰的"马工程"重点教材《中国文学理论批评史》的出版，是古代文论研究摆脱"西方中心主义"、重构马克思主义指导下古代文论话语体系的又一伟大尝试。③ 类似的研究成果还有很多，它们的出版、发表和推广应用，展现出了我国新一代哲学社会科学学者不断增强的话语建构意识和能力，为发展有中国特色、中国气派的哲学社会科学提供了必不可少的资料基础和文化底气。

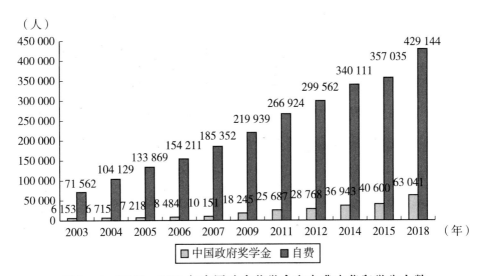

图 1-4　2003~2018 年中国政府奖学金和自费来华留学生人数

资料来源：教育部官网新闻，《2003 年全国来华留学统计年鉴》《2004 年全国来华留学统计年鉴》《2005 年全国来华留学统计年鉴》《2006 年全国来华留学统计年鉴》《2007 年来华留学生人数突破 19 万 2008 年中国政府奖学金将大幅度增加》《2009 年全国来华留学生突破 23 万》《2011 年全国来华留学统计年鉴》《2012 年全国来华留学生简明统计报告》《2014 年全国来华留学生数据统计》《2015 年全国来华留学生数据发布》《2018 年来华留学统计》。

《高等学校哲学社会科学繁荣计划（2011~2020 年）》《高等学校哲学社会科

---

① 全国哲学社会科学工作办公室编：《中国特色哲学社会科学发展报告》，中国社会科学出版社 2021 年版，第 1244 页。

② 全国哲学社会科学工作办公室编：《中国特色哲学社会科学发展报告》，中国社会科学出版社 2021 年版，第 1266 页。

③ 全国哲学社会科学工作办公室编：《中国特色哲学社会科学发展报告》，中国社会科学出版社 2021 年版，第 1221 页。

学"走出去"计划》等文件，明确了将增强中国国际话语权作为高校哲学社会科学的主要任务。近年来，我们围绕学术"走出去"、文化"走出去"、平台"走出去"，设立了一系列传播中国研究和文化的项目（如全国哲学社会科学规划办公室设立的"中华学术精品外译项目"），培养了一批国际化研究、翻译和市场推广人才（如上海外国语大学打造的"国际化特色人才培养创新平台"），建起了若干具有国际影响力的研究和传播平台（如联合国教科文组织创业教育教席在浙江大学落户）。

第二节 我国高校哲学社会科学发展的经验

改革开放以来，我国高校哲学社会科学取得飞跃式发展，诞生了一大批令人瞩目的成就。在这些发展和成就背后，可以总结出一些具有中国特色的发展经验，包括马克思主义的指导地位不断巩固、党的坚强领导下的政策性和制度性保障、学科体系的开放性演化、学术体系的创造性探索及人才队伍的竞争性发展等。这些经验不仅是对过去工作的总结，也是未来进一步发展有中国特色的高校哲学社会科学体系的参考指南。

一、马克思主义的指导地位不断巩固

我国高校哲学社会科学发展首先在于坚持和巩固了马克思主义的指导地位。在马克思主义中国化的过程中，马克思主义经历了多次意识形态的交锋，经验主义、教条主义、冒险主义、机会主义等，都是反马克思主义的思想作风，妨碍了马克思主义同中国革命和发展具体实践相结合，我们坚决与之进行斗争。我们党愈加坚定地认识到马克思主义必须与中国实际相结合，"马克思主义中国化"是我们赢得革命和发展胜利的理论选择。

马克思主义中国化的巩固提升为高校哲学社会科学发展提供了新思想。作为马克思主义中国化的最新理论成果，习近平新时代中国特色社会主义思想应运而生，其指引哲学社会科学发展的思想，充分体现了党中央站在巩固马克思主义指导地位培养社会主义合格建设者和可靠接班人、践行社会主义核心价值观、巩固全党全国各族人民团结奋斗共同思想基础的高度，对高校改革发展提出了战略要求。在党中央高度重视和坚强领导下，党的思想理论建设不断推进，为高校哲学社会科学在新时代的繁荣发展提供了科学理论指导和坚强政治保证。①

二、党领导下的制度性保障

习近平总书记指出，"加强和改善党对哲学社会科学工作的领导，是繁荣发展我国哲学社会科学事业的根本保证"。②纵览我国哲学社会科学发展历程，"有了党在思想上、政治上的正确领导，哲学社会科学事业就会健康发展，反之，削弱甚至放弃党对哲学社会科学的领导，则会导致严重的思想混乱，直至造成严重的社会后果"③。党的坚强领导作为一种制度优势，在开辟高校哲学社会科学发展的中国道路方面，起到至关重要的作用。

（一）统一、连贯的发展方向与灵活的政策

党中央一直以来高度重视高校哲学社会科学发展。以毛泽东同志为核心的第一代中央领导集体，强调马克思主义对哲学社会科学的指导地位，重视理论武器的作用。以邓小平同志为核心的第二代中央领导集体，强调哲学社会科学的重要性，对新时期哲学社会科学事业的发展给予了高度重视和大力支持。正是在这一时期，我国建立了一大批适应改革开放和社会主义现代化建设需要的哲学社会科学新兴学科。以江泽民同志为核心的第三代中央领导集体，极为重视哲学社会科学在中国特色社会主义伟大事业中的战略地位和作用，大力支持哲学社会科学。以胡锦涛同志为总书记的党中央，强调马克思主义、毛泽东思想、中国特色社会主义理论体系对哲学社会科学的指导地位，采取一系列重大举措支持哲学社会科学。党的十八大以来，以习近平同志为核心的党中央，强调马克思主义、毛泽东思想、中国特色社会主义理论体系、习近平新时代中国特色社会主义思想对哲学社会科学的指导地位，多次强调要大力加强中国特色新型智库建设，高度重视哲学社会科学的独特地位和重要作用。④习近平总书记指出，"一个国家的发展水平，既取决于自然科学发展水平，也取决于哲学社会科学发展水平""哲学社会科学具有不可替代的重要地位，哲学社会科学工作者具有不可替代的重要作用"。⑤高校哲学社会科学工作者作为其中的主力军，在构建中国特色哲学社会科

---

① 任少波：《高校哲学社会科学的时代担当》，载于《国家教育行政学院学报》2021 年第 7 期。
②⑤ 习近平：《在哲学社会科学工作座谈会上的讲话》，载于《人民日报》2016 年 5 月 19 日第 1 版。
③ 王京清：《繁荣中国学术　发展中国理论　传播中国思想——中国哲学社会科学 70 年的发展历程与经验启示》，载于《人民论坛》2019 年第 1 期。
④ 谭扬芳：《党中央高度重视是哲学社会科学繁荣发展的重要经验》，载于《国外社会科学前沿》2019 年第 6 期。

学方面发挥了越来越关键和重要的作用。

在政策和组织结构方面，同样能体现出我国对高校哲学社会科学研究的愈发重视。2002年，教育部就加强和改进高校哲学社会科学学报工作提出若干意见。[①] 2004年，党中央发布《关于进一步繁荣发展哲学社会科学的意见》，明确了新时期繁荣发展哲学社会科学的指导方针、主要任务和总体目标。[②] 为深化上述意见，进一步繁荣发展高等学校人文社会科学，2006年，教育部撤销了原社会科学研究与思想政治工作司，成立了思想政治工作司、社会科学司和直属高校工作司。其中，社会科学司的职责之一正是"统筹规划和协调教育系统的哲学社会科学研究、马克思主义理论和思想政治课教育工作"。[③] 这标志着我国高校哲学社会科学的重要性提升到了一个新的高度。同年，教育部印发《教育部人文社会科学研究项目管理办法》，以提高项目研究质量，[④] 并成立教育部社会科学委员会学风建设委员会。[⑤] 2011年，教育部印发《进一步改进高等学校哲学社会科学研究评价的意见》[⑥]《高等学校哲学社会科学"走出去"计划》[⑦]《高等学校哲学社会科学繁荣计划（2011～2020年）》[⑧] 三份文件，推动我国高校哲学社会科学步入新的发展"快车道"。党的十八大以来，我国制定了关于新型智库[⑨]和高

---

① 《教育部关于加强和改进高等学校哲学社会科学学报工作的意见》，教育部，http：//www. moe. gov. cn/jyb_xxgk/gk_gbgg/moe_0/moe_8/moe_28/tnull_495. html，2002年9月13日，2021年11月30日引用。

② 谭扬芳：《党中央高度重视是哲学社会科学繁荣发展的重要经验》，载于《国外社会科学前沿》2019年第6期。

③ 《教育部关于撤销社会科学研究与思想政治工作司设立思想政治工作司、社会科学司、直属高校工作司的通知》，教育部，http：//www. moe. gov. cn/s78/A12/s7060/201006/t20100610_179049. html，2006年1月23日，2021年11月30日引用。

④ 《教育部关于印发〈教育部人文社会科学研究项目管理办法〉的通知》，教育部，http：//www. moe. gov. cn/jyb_xxgk/gk_gbgg/moe_0/moe_1443/moe_1444/tnull_20589. html，2006年5月29日，2021年11月30日引用。

⑤ 《教育部办公厅关于成立教育部社会科学委员会学风建设委员会的通知》，教育部，http：//www. moe. gov. cn/srcsite/A13/moe_2557/s3103/200605/t20060516_80516. html，2006年5月16日，2021年11月30日引用。

⑥ 《教育部关于进一步改进高等学校哲学社会科学研究评价的意见》，教育部，http：//www. moe. gov. cn/srcsite/A13/s7061/201111/t20111107_126301. html，2011年11月7日，2021年11月30日引用。

⑦ 《教育部关于印发〈高等学校哲学社会科学"走出去"计划〉的通知》，教育部，http：//www. moe. gov. cn/srcsite/A13/s7061/201111/t20111107_126303. html，2017年11月7日，2021年11月30日引用。

⑧ 《教育部 财政部关于印发〈高等学校哲学社会科学繁荣计划年2011～2020年〉的通知》，教育部，http：//www. moe. gov. cn/srcsite/A13/s7061/201111/t20111107_126304. html，2017年11月7日，2021年11月30日引用。

⑨ 《教育部办公厅关于召开繁荣发展高校哲学社会科学推动中国特色新型智库建设座谈会的通知》，教育部，http：//www. moe. gov. cn/srcsite/A13/moe_2557/moe_2558/201305/t20130527_152458. html，2013年5月27日，2021年11月30日引用。

等学校人文社会科学重点研究基地建设①的相关政策。2016 年，习近平同志在哲学社会科学工作座谈会上的讲话，不仅点出在建设有中国特色的哲学社会科学的过程中还需努力之处，② 更是激励了广大哲学社会科学工作者继续不忘初心，为繁荣祖国哲学社会科学事业贡献力量。

（二）资源的统筹协调

推进高校哲学社会科学发展，必须加强资源的统筹协调。2004 年，中共中央《关于进一步繁荣发展哲学社会科学的意见》从教育教学、评审制度、国际合作、运行机制建设等维度对高校哲学社会科学发展提出更高要求。③ 2017 年，中共中央《关于加快构建中国特色哲学社会科学的意见》进一步从国际合作、科研财政、学术评价等维度出发，提出高校哲学社会科学在新的历史起点上应完成的使命。在国际合作方面，要"通过积极吸收借鉴国外有益的理论观点和学术成果，提升学术原创能力和水平，推动学术理论中国化"；在科研财政方面，"各级党委要统筹管理好重要人才、重要阵地、重大研究规划、重大研究项目、重大资金分配、重大评价评奖活动，处理好投入和效益、数量和质量、规模和结构的关系，增强领导哲学社会科学发展能力"；在学术评价方面，"坚持正确的学术导向，以学术质量、社会影响、实际效果为衡量标准，建立科研信用管理、评价结果公布等制度，建立健全分类评价机制，科学设置考核周期，引导教学研究人员潜心钻研、铸造精品"。④

三、秉承以人为本理念

发展的理念源于 20 世纪 70 年代以来西方发达国家经济增长所带来的一系列生态环境问题。《增长的极限》等著作一经问世，就产生巨大反响。在我国，中共十六届三中全会提出，"坚持以人为本，树立全面、协调、可持续的发展观，促进经济社会和人的全面发展"。党的十七大"确定'以人为本'是科学发展观

---

① 《教育部办公厅关于印发〈高等学校人文社会科学重点研究基地建设计划实施办法〉的通知》，教育部，http://www.moe.gov.cn/srcsite/A13/moe_2557/moe_2558/201212/t20121226_146418.html，2012 年 12 月 26 日，2021 年 11 月 30 日引用。

② 习近平：《在哲学社会科学工作座谈会上的讲话》，载于《人民日报》2016 年 5 月 19 日第 1 版。

③ 《中共中央发出关于进一步繁荣发展哲学社会科学的意见》，教育部，http://www.gov.cn/test/2005-07/06/content_12421.htm，2005 年 7 月 6 日，2021 年 11 月 30 日引用。

④ 《中共中央印发〈关于加快构建中国特色哲学社会科学的意见〉》，教育部，http://www.moe.gov.cn/jyb_xwfb/s6052/moe_838/201705/t20170517_304787.html，2017 年 5 月 16 日，2021 年 11 月 30 日引用。

的核心"。党的十八大报告进一步指出，"以人为本、执政为民是检验党一切执政活动的最高标准"，这个标准反映了中国共产党人的核心价值观，是中国共产党区别于其他政党的显著标志之一。[①]

我国哲学社会科学的发展历程表明，其"理论源于人民、为了人民、属于人民，脱离了人民大众，哲学社会科学就不会有吸引力、感染力、影响力、生命力。哲学社会科学工作者须到实地调查研究，了解百姓生活状况、把握群众思想脉搏，着眼群众需要解疑释惑、阐明道理，把学问写进群众心坎里；要坚持为人民做学问的理念，自觉把个人学术追求同国家和民族发展紧紧联系在一起，把人民对美好生活的向往作为奋斗目标，努力多出经得起实践、人民、历史检验的研究成果"。[②] 高校哲学社会科学同样秉承以人为本理念，服务民生建设。关注解决人民面临的现实问题，重视研究成果的实际价值和文化意义。逐步建立起一支为人民服务、用马克思主义武装自己的高校哲学社会科学队伍，避免哲学社会科学研究"上热下冷"的趋势，发挥高校哲学社会科学在服务民生建设方面的巨大作用。

四、坚持理论联系实际

哲学家们只是用不同的方式解释世界，而问题在于改变世界。马克思主义强调理论与实践的统一。理论联系实际是中国共产党三大优良作风之一，毛泽东同志在延安时期就指出，"人们为着要在社会上得到自由，就要用社会科学来了解社会、改造社会，进行社会革命"。[③] 当代马克思主义的立场要求我们，"首先要解决真懂真信的问题，核心要解决好为什么人的问题，最终要落实到怎么用上来，必须掌握真谛、融会贯通，坚持以人民为中心的研究导向，运用马克思主义立场、观点、方法，聚焦国家发展和党长期执政面临的重大理论和实践问题，提出解决问题的正确思路和有效办法"。[④] 习近平总书记也指出："我们党的历史反复证明，什么时候理论联系实际坚持得好，党和人民事业就能够不断取得胜利；反之，党和人民事业就会受到损失，甚至出现严重曲折"。[⑤]

对哲学社会科学来说，社会实践不仅是其发展的经验来源，而且是推动其发

---

① 张荣臣：《专家解读十八大报告——坚持以人为本、执政为民》，人民网，http://cpc.peo-ple.com.cn/n/2012/1123/c351890-19679368.html，2012年11月23日，2021年11月30日引用。

② 王京清：《繁荣中国学术 发展中国理论 传播中国思想——中国哲学社会科学70年的发展历程与经验启示》，载于《人民论坛》2019年第1期。

③④ 《党领导哲学社会科学繁荣发展的经验及启示》，人民网，http://theory.people.com.cn/n1/2017/0517/c40531-29280288.html，2017年5月17日，2021年11月30日引用。

⑤ 韩雪青：《坚持理论联系实际》，载于《人民日报》2021年6月2日。

展的重要动力。① 中共中央《关于加快构建中国特色哲学社会科学的意见》指出，要"推动哲学社会科学研究成果向决策咨询、教育教学转化，更好地服务社会、服务大众，开展形式多样的普及活动。坚持用中国理论阐释中国实践，用中国实践升华中国理论"。② 因此，对高校哲学社会科学工作者来说，必须"把理论和实际紧密结合起来，忌'空'重'实'，扎扎实实搞调查、实实在在抓落实、真真正正见实效"。③

五、尊重学术规律与发挥主观能动性相结合

哲学社会科学发展规律隐藏在人类社会发展的历史当中。习近平同志在哲学社会科学工作座谈会上的重要讲话，"深刻揭示了自然科学和哲学社会科学同等重要的地位及其紧密的内在联系，阐明了哲学社会科学的知识变革和思想先导是人类社会重大跃进、人类文明重大发展的前提；深刻揭示了哲学社会科学发展状况与其研究者坚持什么样的世界观、方法论紧密相关，阐明了世界观、方法论对于哲学社会科学发展的关键作用；深刻揭示了理论的生命力在于创新、理论创新只能从问题开始，找到了哲学社会科学理论创新的生长点；深刻揭示了哲学社会科学的现实形态是古往今来各种知识、观念、理论、方法等融通生成的结果，找到了哲学社会科学繁荣发展的正确路径"。④ 特别对于中国特色哲学社会科学体系的建设，要"在把握上述学科规律的同时，以本土性和世界性相结合的辩证逻辑以及开放性和前瞻性相统一的战略眼光，对其基本现状、主攻方向、价值目标、未来愿景进行客观分析"。⑤ 应该看到，"高校哲学社会科学研究的现状与我国经济社会快速发展的要求相比，与哲学社会科学所承担的时代责任相比还很不适应"。⑥ 对此，只有继续坚持以当代马克思主义为指导，遵循中国特色哲学社会科学的学术规律，才能更好地解决我国哲学社会科学研究数量多但质量有待提高、理论与实践相脱节、话语体系有待加强等实际问题。

---

① 郑长忠：《中国特色哲学社会科学的时代使命》，海外网，http：//news. haiwainet. cn/n/2018/1109/c3541083 - 31434093. html，2018 年 11 月 8 日，2021 年 11 月 30 日引用。

② 《中共中央印发〈关于加快构建中国特色哲学社会科学的意见〉》，教育部，http：//www. moe. gov. cn/jyb_xwfb/s6052/moe_838/201705/t20170517_304787. html，2017 年 5 月 16 日，2021 年 11 月 30 日引用。

③ 韩雪青：《坚持理论联系实际》，载于《人民日报》2021 年 6 月 2 日。

④ 杜飞进：《对繁荣发展哲学社会科学规律的深刻把握》，新华网，http：//www. xinhuanet. com/politics/2016 - 07/13/c_129141188. htm，2016 年 7 月 13 日，2021 年 11 月 30 日引用。

⑤ 方世南：《遵循学术规律推进学术体系建设》，中国社会科学网，http：//skpj. cssn. cn/xspj/xspj/201908/t20190814_4957113. shtml，2019 年 8 月 14 日，2021 年 11 月 30 日引用。

⑥ 周济：《以科学发展观为指导努力开创高校哲学社会科学工作新局面》，载于《中国高等教育》2006 年第 6 期。

另一方面，高校哲学社会科学工作者的潜心治学，也需要重视发挥其主观能动性。首先，要进行正确的价值引导。习近平总书记在《在知识分子、劳动模范、青年代表座谈会上的讲话》中指出，"党和人民需要广大知识分子发扬'修身齐家治国平天下'，'为天地立心、为生民立命、为往圣继绝学、为万世开太平'，以及'先天下之忧而忧，后天下之乐而乐'的担当精神"。① 其次，要对哲学社会科学工作者的观点持更加包容的态度。哲学社会科学工作者有思想、有主见、有责任，愿意对一些问题发表自己的见解。"即使一些意见和批评有偏差，甚至不正确，也要多一些包容、多一些宽容，坚持不抓辫子、不扣帽子、不打棍子。人不是神仙，提意见、提批评不能要求百分之百正确"。② 最后，要在制度设计上为知识分子"松绑"，"深化科技、教育、文化体制改革，深化人才发展体制改革，加快形成有利于知识分子干事创业的体制机制，放手让广大知识分子把才华和能量充分释放出来"；③ 要设计并实施科学和多元的评价机制，在尊重学科规律的基础上，最大限度地激发哲学社会科学工作者的研究热情和创新活力。

六、学科体系的开放性演化

学科和学术体系是哲学社会科学体系这一动态发展系统的基础性结构。虽然在借鉴和本土化、西方知识体系和我国实践问题解决、世界性和民族性等之间存在较多矛盾，但学科体系的包容开放性构建仍然是我国高校哲学社会科学发展的成功经验之一。

学科来源于知识的生产与分类，知识系统为学科，学科再系统化成为学科体系。学科一般被认为包含两种含义，一是作为知识的学科，二是制度化的学科。学科发展经历了三个不同阶段：19 世纪中叶，自然科学分化为许多各不相同的学科领域；19 世纪末，学科越来越多，各学科间出现交叉学科等；20 世纪中叶，知识发展出现了高度分化和高度综合的有机统一。④

近代西学东渐的浪潮，中国一定程度上"移植"了西方的新式学科体系。20世纪五十年代，对苏联的照搬性和移植性学习与模仿，几乎奠定了新中国学科体系的基础。改革开放之后，学科体系构建一方面借鉴西方，另一方面也开始了初步的本土摸索。新世纪，在移植借鉴的基础上，中国开始在学科发展上走出一条

①②③ 习近平：《在知识分子、劳动模范、青年代表座谈会上的讲话》，新华网，http://www.xinhuanet.com/politics/2016-04/30/c_1118776008.htm，2016 年 4 月 30 日，2021 年 11 月 30 日引用。
④ 宣勇、凌健：《"学科"考辨》，载于《高等教育研究》2006 年第 4 期。

自主探索之路。在学科体系构建的目标上，使基础学科更加扎实全面、重点学科优势突出、新兴和交叉学科创新成长、冷门学科良好传承。也有观点认为哲学社会科学中国范式的构建途径有两种：一是对近代以来从西方移植的内容进行本土化处理；二是对中华优秀传统文化进行创新性发展。[①] 无论是哪种构建途径，均是在良好借鉴的基础上，走出了一条独立的开放性演进的道路。

七、学术体系的创造性探索

"每个学科都要构建成体系的学科理论和概念。"成体系的学科理论形成了学术体系的基础，而成体系的概念体系则形成了话语体系的基础。[②] 改革开放以来，我国高校哲学社会科学以开放包容的心态积极吸收古今中外优秀的人类文化遗产，充分借鉴同时代世界各国哲学社会科学研究的先进知识和理论，在此基础上积极融合创新，实现学术体系的创造性探索。

中国的学术体系是受西方学术的影响建立起来的，这是不可否认的基础事实。但在借鉴的基础上，各学科都在探索构建创新性的学术体系。各学科的学术体系是对各学科的基本认识，如经济学是对中国经济的成体系认识。我国经济学科的发展规律和基本理论可能与西方有重合的地方，但更多的是区别，其他学科如历史、教育、法学等亦是如此。最初我们在构建各学科的学术体系时，以借鉴西方经验为主，之后逐渐进入自主探索阶段。首先强化问题意识，突出服务国家战略的意识与职责，努力实现哲学社会科学研究的本土化创新，加大对我国本土实践探索的原创性理论解读与诠释；其次，时刻关注科学技术的前沿发展动态，积极引进新的自然科学研究方法，加以整合与吸收，探索研究范式的创新与转型；最后大力推进哲学社会科学学科内部的交叉协同，从多角度深化研究的理论基础。

八、人才队伍的竞争性发展

近40年来，我国高校哲学社会科学能够得以快速发展，无论在成果数量还是影响力方面，都正从世界的边缘走向中心舞台，这其中与我国已初步建成一支

---

① 王学典：《中国话语形成之路：西方社会科学的本土化和儒家思想的社会科学化》，载于《济南大学学报》（社会科学版）2019年第6期。

② 田心铭：《学科体系、学术体系、话语体系的科学内涵与相互关系》，载于《光明日报》2020年5月15日。

有信仰、有情怀、有担当的专业人才队伍有直接的关系。

我国高校哲学社会科学人才队伍的建设之所以能够取得一定成效的经验主要有三点：

一是注重人才规划的导向引领作用。新中国成立以来特别是改革开放以来，党和国家提出了一系列加强人才队伍建设的政策措施，培养造就了各个领域的大批人才。进入新世纪新时代，党中央、国务院作出了实施人才强国战略的重大决策，将人才队伍建设作为各行各业加速发展的基本战略，紧密围绕学科领域布局，突出精准施策，着力构建种类齐全、梯队衔接的哲学社会科学人才体系。尤其是高度重视哲学社会科学的学科特点与规律，注重加强对广大哲学社会科学工作者的思想淬炼、政治历练、实践锻炼和专业训练，引导广大哲学社会科学工作者成为先进思想的倡导者、学术研究的开拓者、社会风尚的引领者，取得了显著成就。

二是重视领军人才培育的辐射效果。在人才队伍体系建设中，改革开放以来，国家突出事业需求，凝聚"高精尖缺"人才，以高层次人才培育为主要突破口，实施了一系列重点工程，如青年英才开发计划、文化名家工程、高素质教育人才培育工程等，通过造就一批高水平的哲学社会科学专家、文学家、艺术家、教育家，充分发挥高层次人才在经济社会发展和人才队伍建设中的辐射引领作用，以点带面，带动高校哲学社会科学队伍整体素质有了较大幅度的跃升。

三是合理运用激励评价机制，积极打造奋发向上的竞争氛围。20 世纪 80 ~ 90 年代以来，我国高校在加大学科学术体系建设的过程中，摸索出一套简便有效的考核评价机制。通过突出明确的目标导向设置，充分合理地交替运用正向的激励机制与企业化的末位淘汰机制，借助人的争强好胜的竞争心理，打造高校学术互赶互超的竞争性氛围，为人才队伍的快速成长与学术成果的井喷式爆发提供了强大的助推力。

第三节　我国高校哲学社会科学发展的路径特点

改革开放后，随着我国高等教育秩序的逐渐恢复，学术环境的逐步改善，哲学社会科学学者在中国特色社会主义理论的指导下，开始扎根中国大地做研究，促进理论联系实际，我国哲学社会科学发展也迎来属于自己的春天。我国高校哲学社会科学的发展经历了改革开放至 20 世纪 90 年代的恢复与探索阶段、20 世纪 90 年代至 21 世纪初的创新与发展阶段，在党的十八大以后逐渐走向自主建构。

23

习近平总书记在哲学社会科学工作座谈会上概括了有三大资源需要认真地继承和吸取：一是马克思主义及其中国化的资源，这是中国哲学社会科学得以发展的最大增量；二是中华优秀文化的资源，这是我们的根和民族特色，要不忘本来，否则无根；三是国外哲学社会科学的资源，这是有益的滋养。[①] 这一讲话也概括了我国高校哲学社会科学发展的主要路径呈现出借鉴性、传承性、实践性和创新性等特点。

一、借鉴性

改革开放前，我国高校哲学社会科学体系整体受到重创。改革开放初期，邓小平同志多次强调要引进外国先进技术、先进教材和先进方法。反思、恢复、重建、移植等概念一定程度上能够概括这一历史阶段很多哲学社会科学学科的发展历程。高校哲学社会科学在这一时期着力于恢复学科地位和建构新的思想理论体系，在实现自身发展的过程中以哲学社会科学研究成果来满足改革与经济社会发展在哲学、价值观和思想领域的需要。高校哲学社会科学思想理论体系的建设在当时背景下受限于基础条件薄弱，思想理念相对封闭，学科不健全等因素的困扰。借鉴学习国外先进经验和哲学社会科学发展的体系和制度，也成为这一时期我国高校哲学社会科学理论体系建构的主要方式之一。在哲学社会科学领域，这一阶段比较注重研究苏联的经济体制、社会主义理论等，产生了一系列有影响力的成果，例如，1982 年金挥、陆南泉、张楚著的《论苏联经济：管理体制与主要政策》，1985 年金挥、陆南泉、张康琴主编的《苏联经济概览》，1988 年刘国平著的《苏联东欧国家对社会主义道路的探索》，1989 年徐葵主编的《苏联概览》等。

20 世纪 90 年代后，高校哲学社会科学发展开始萌发自主重构的意识。但整体上看，哲学社会科学原创性理论不多，更多是用西方的理论与方法来解决中国实践中出现的问题。哲学社会科学各学科较少形成本土化、创新性、自构性的理论，哲学社会科学研究的理论基础很多是基于西方的，如自我效能理论、非理性决策理论、社会认知理论、计划行为理论等哲学社会科学引用率较高的理论均来自西方。在研究方法上也是借鉴西方为主，很少形成自己独特的研究方法及范式。

党的十九大报告在思想文化发展的指导思想上提出了"不忘本来、吸收外

---

① 刘峰、叶南客：《中国特色哲学社会科学的价值维度、取向与发展路径》，载于《哈尔滨工业大学学报》（社会科学版）2020 年第 4 期。

来、面向未来"的发展战略。① 这里的"吸收外来"表达了外国哲学社会科学"请进来"的发展态度与路径。一方面不唯洋是举，另一方面具有国际化视野。在我国高校哲学社会科学的发展历程中，善于向先进与领先学习，从而实现我们自身的跨越式发展是重要的发展路径之一。

二、传承性

习近平总书记指出要"坚持扎根中国大地办教育"。要建构中国特色、中国风格和中国气派的哲学社会科学体系，让世界知道"学术中的中国""理论中的中国"。② 习近平总书记指出，"中华优秀传统文化是中华民族的精神命脉，是涵养社会主义核心价值观的重要源泉，也是我们在世界文化激荡中站稳脚跟的坚实根基"。高校哲学社会科学一方面要"继承和发扬中华优秀传统文化，始终遵循立足中国、借鉴国外、挖掘历史、把握当代，关怀人类、面向未来的思路，重视发展具有重要文化价值和传承意义的绝学、冷门学科"；另一方面，应注意将研究成果向文化产业转化，"建立促进产学研一体化的现代文化投入产出机制"，从而使理论与实际相结合，进一步为把我国建设成为文化强国做出贡献。今天的中国哲学社会科学研究，不能再走过去照搬西方理论和模式的老路，要在继承中华优秀传统文化、秉持文化自觉和文化自信的基础上，发展适应中国社会的哲学社会科学理论体系，形成嵌入中华民族基因的话语体系，只有这样，才能使中华民族真正屹立于世界民族之林。

以冷门绝学为例，冷门"绝学"相关研究不对当今社会产生直接价值，但具有重要文化价值和传承意义，因此必须保证"有人做、有传承"。近年来，我国高校基于学科优势、人才优势、平台优势，在开展冷门"绝学"研究方面取得了显著成果。从课题立项方面来看，高校是冷门"绝学"研究"主力军"。自全国哲学社会科学工作领导小组批准国家社科基金自 2018 年起设立冷门"绝学"和国别史等研究专项以来，以高校为责任单位的课题数量占总立项数量的八成左右。在国家的大力支持和高校学者的努力奋斗下，在短短三年间，甲骨学、简帛学、敦煌学、考据学、古籍及特色文献整理与研究、非物质文化遗产研究等冷门"绝学"领域成就斐然，相关史料的整理和出版速度明显加快，传世史籍的新整理本频频问世。如"敦煌学"，敦煌学的发展已有百多年的历程，研究涵盖了人

①② 刘峰、叶南客：《中国特色哲学社会科学的价值维度、取向与发展路径》，载于《哈尔滨工业大学学报》（社会科学版）2020 年第 4 期。

文学科的各个领域。[1] 敦煌艺术相关研究对于中国建筑史、雕塑史、绘画史等各领域，均作出了不可磨灭的贡献。据调查，20 世纪上半叶的中国美术史著作几乎没有提到敦煌美术，而在 50 年代以后，逐渐有美术史著作记录敦煌石窟的内容，并且呈现越来越重视的倾向。[2]

"冷门不冷，绝学不绝"，推动冷门绝学大众化，做好中国文化的传承和继承，是我国高校哲学社会科学发展的主要路径。

三、实践性

我国高校哲学社会科学的发展始终与我国经济社会发展的实践相一致。1981年中国共产党第十一届六中全会指出：在社会主义初级阶段，我国社会的主要矛盾是人民日益增长的物质文化需要同落后的社会生产之间的矛盾，因此，在党的十九大之前，我国高校哲学社会科学主要围绕着或服务于这一主要矛盾的解决而展开。

改革开放之初，引进国外先进技术、教材和方法等是高校哲学社会科学快速发展的有效通路。这一阶段，大学教学、科研和生产"三位一体"职能确立，在改革开放背景下，科学技术对经济社会发展起着至关重要的作用，高校产学研合作的探索逐步开展。1992 年邓小平同志在南方谈话中提出的"发展才是硬道理"，社会主义也可以搞市场经济的论断，标志着中国的工作重心向创建中国特色社会主义市场经济的战略转变。1993 年中共中央、国务院印发的《中国教育改革和发展纲要》指出，高等教育有三大重要任务（功能），即培养高级专门人才、发展科学技术文化和促进现代化建设；其中对于高校哲学社会科学，要"以马克思主义和建设有中国特色社会主义为指导，紧密联系实际，努力研究和解决社会主义现代化建设中的理论和实际问题，为繁荣哲学社会科学，建设有中国特色的社会主义作出贡献"。在 21 世纪初，高校哲学社会科学已取得一定成就，但还存在一些问题，如整体研究力量较弱、问题意识不够强、缺乏创新环境、人才培养机制落后等。对此，教育部审时度势，抓住《意见》所带来的发展机遇，于2003 年 2 月启动实施了"高校哲学社会科学繁荣计划"。

党的十九大报告中提出，"中国特色社会主义进入新时代，我国社会主要矛盾已经转化为人民日益增长的美好生活需要和不平衡不充分的发展之间的矛盾"[3]。随着社会主要矛盾的转换，人民的主要需求不再是温饱的解决，而是

---

[1][2] 赵声良：《百年敦煌艺术研究的贡献和影响》，载于《中国社会科学》2021 年第 8 期。

[3] 习近平：《决胜全面建成小康社会 夺取新时代中国特色社会主义伟大胜利——在中国共产党第十九次全国代表大会上的报告》，新华社，www.xinhuanet.com/politics/19cpcnc/2017 – 10/27/c_1121867529.htm，2017 年 10 月 27 日，2021 年 12 月 5 日引用。

对美好生活的一种需要与期待。而高校哲学社会科学在这一新的社会主要矛盾的解决中，发挥着不可替代的重要作用。在习近平新时代中国特色社会主义思想的引领下，我国高校哲学社会科学在继续深入发展当代马克思主义、为中国特色社会主义培养时代新人、助推中国立场中国方案中国理论全面出场、为构建更具生命力的新世界秩序提供建构性的思想理论上均有较多可为之处。①

四、创新性

改革开放以来，我国高校哲学社会科学整体上实现了快速发展与繁荣，持续创新，产生了许多优秀的成果。在借鉴西方经验，继承中华优秀传统文化的同时，实现自身的不断创新，创新性是我国高校哲学社会科学发展的路径之一。改革开放以来我国高校哲学社会科学的创新是整体性的，具体体现在理论创新、方法创新和体制机制创新等方面。

理论创新方面，持续构建中国哲学社会科学话语体系与理论体系，成果丰硕。广大高校哲学社会科学工作者以马克思主义中国化的思想成果武装自己，积极面对改革开放以来我国经济社会发展各方面的巨大变化，透过现象看本质，创新开拓，形成了许多基于中国改革开放实践的哲学社会科学理论，建立起了具有中国特色的哲学社会科学话语体系。改革开放之初，我国高校哲学社会科学发展的理论较侧重介绍和借鉴西方有关理论，但随着我国经济社会的发展，高校哲学社会科学开始逐渐基于中国的经济社会发展实践、基于中国问题，提出普遍性的理论，形成了中国特色鲜明，具有普遍解释力的政治学、社会学与经济学等许多原创性的哲学社会科学理论。

方法创新方面，基于开放思维，建立了丰富多元的研究方法体系。在传承中国传统哲学研究方法的基础上，积极借鉴国外先进的哲学社会科学研究方法，深刻把握时代发展趋势和科技革命的成果，实现了研究方法的多元化、多样化。尤其是在吸收和运用当前人工智能、大数据技术等前沿科技成果于哲学社会科学研究方面，勇于尝试，勤于学习，形成了新时代哲学社会科学研究方法的繁荣气候，展现出了独具特色的研究方法，多元创新的中国景象。

体制机制创新方面，我国高校哲学社会科学发挥社会主义制度的优势，持续管理制度创新，形成了高效协同、跨界合作、多学科融合的管理机制与体制。改革开放以来，我国在高校哲学科学的管理制度上持续改革，极大地调动了广大研究者的积极性，充分体现了社会主义高校集中力量办大事的优势。在重大攻关课

---

① 任少波：《新时代高校哲学社会科学的历史使命》，载于《光明日报》2020年7月4日第11版。

题上，全国高校能整合资源，集体合作，形成了许多重大理论和标志性成果。做到了充分发挥各高校的研究特色与优势，克服不同研究主体在空间上的距离与学科的差异，实现了各类高校间的合作互动帮扶。

第四节　我国高校哲学社会科学发展存在的问题

经过改革开放四十多年的努力发展，高校哲学社会科学的地位不断提升和成就日益显著，经历了从小规模到大普及、从重数量到强质量的螺旋上升过程，为我国培养人才和服务经济社会发展贡献了与自然科学同等重要的作用。新形势下，国家面临诸多亟须哲学社会科学支撑解决的问题，同时也是推进经济社会高质量发展的切实需要，反观我国高校哲学社会科学在引领人才培育、支撑科学研究、服务实践、传承文化及讲好中国故事等方面还存在亟待解决的问题。

一、在人才培育上引领乏力

习近平总书记在哲学社会科学工作座谈会上指出："高校哲学社会科学有重要的育人功能，要面向全体学生，帮助学生形成正确的世界观、人生观、价值观，提高道德修养和精神境界，养成科学思维习惯，促进身心和人格健康发展。"高校推动哲学社会科学发展，必须围绕落实立德树人这一根本任务来展开，构筑起学生、学术、学科"三位一体"的综合发展体系。[①] 因此，高校哲学社会科学的首要功能就是培育人才。走向新时代，高校哲学社会科学的育人功能也会不断向更广、更深的领域扩展。从国际形势看，世界社会主义正处于低潮时期，西方敌对势力对我国的渗透从来没有改变，这不可避免地会对一些学生的理想信念产生影响。当前国际国内形势和大学生自身的特点给高校发挥哲学社会科学育人功能提出了更新更高的要求，而高校哲学社会科学在人才培养方面仍存在引领乏力的问题。

人才培养是高校其他功能的基础，直接事关高校整体功能的有效发挥和贡献。新时代对人才的要求日益提高，对高校哲学社会科学的人才引领功能更加期

---

① 焦扬：《把握五个着力点，系统推进高校哲学社会科学繁荣发展》，载于《复旦学报》（社会科学版）2017 年第 5 期。

盼，而对当前时代的需求而言，高校哲学社会科学在人才引领方面的乏力仍然存在。一是高校哲学社会科学课程设置不合理，在全部课程中所占比例较低。在"通识教育"理念下，人文社会科学基础课程所占比例还不够高，从而难以实现人文教育与科学教育的融合，培养"全人"。二是高校哲学社会科学课程教学在发挥育人功能上也存在一些问题。高校哲学社会科学天然具有强大的思想政治教育价值。哲学社会科学课程教学必须相应地承担起对大学生进行系统的人文知识和马克思主义科学理论教育的重任。可实际中，部分高校哲学社会科学课程教书育人的意识淡薄，过于注重课程的知识性、专业性，这就一定程度上造成了我国高等教育中存在着教书不育人、授业不传道的现象。三是高校哲学社会科学研究与现代大学精神建设尚未实现综合融通。四是中华优秀传统文化进课堂尚未成为高校的集体共识。五是高校哲学社会科学教学和研究的"立德树人"意识还需进一步强化。高校哲学社会科学在人才引领方面的乏力不仅在高校内部，也存在于高校外部的社会中，发挥高校哲学社会科学对整体社会的人才引领、人的思想引领上的功能亟须在推进哲学社会科学高质量发展进程中加以深入强化。

二、在科学研究上路径依赖

从目前我国高校哲学社会科学的现状来看，真正能够与世界同行进行对等交流、平等对话和优势互补的学术研究成果还不是很多。相反，各种外来思潮热浪迭起，各种译名词充斥报章，各种时尚理论和方法渐成标准，导致我国高校哲学社会科学被动回应、发展滞后，尤其是具有民族特色和历史特点的文化传统和本土经验不得不为自己存在的合理性提供证明，甚至面临自身生存的合法性危机。诚然，造成如此状况的原因是复杂的，但是，自主创新意识淡薄，以致自主创新的学术研究能力不强，应当是一个重要的原因。

在哲学社会科学研究学术评价方面也容易陷入独尊国外标准，社会各界围绕评价标准、评价原则、评价模型、评价方法和评价体系等内容提出的各种论说异彩纷呈。但是，高校哲学社会科学长期"以刊评文"、重数量轻质量和考核奖励功利化的倾向较为明显。2020年2月18日，教育部、科技部联合印发《关于规范高等学校SCI论文相关指标使用，树立正确评价导向的若干意见》明确要求"双一流"建设高校，特别是教育部直属高校，要根据准确理解SCI论文及相关指标、深刻认识论文"SCI至上"影响、建立健全分类评价体系、完善学术同行评价和规范各类评价活动等方面的意见，检查修改学校相关制度文件及"双一流"建设方案。近年关于我国学术寻租和学术不端的各种"学术丑闻"时有发生，也直接给哲学社会科学研究评价体系建设带来了严峻挑战。① 高校哲学社会科学评价正是在以学历论资格、以论文论质量、以帽子论水平的错误导向下，难以激发学术创新创造动力。具体体现在，一方面，高校哲学社会科学的自主性、原创性研究还相对薄弱；另一方面，学术评价体系的规范性、科学性、适切性还不够完善；再一方面，面向 2035 的学术梯队建设尚未引起足够的重视。

三、在社会服务上贡献不够

在高校中，许多哲学社会科学工作者闭门造车，只会在书本和网络中去掠取研究素材，或者凭空想象，较少深入社会、深入实际去调查、去研究，以至于发表文章、出版书籍数量多，但最终却没有得到广大读者的认可，脱离现实的研究及其成果对政府部门决策及实际应用也没有实质性作用，不断陷入"自娱自乐"的境地。在理论联系实际方面，高校哲学社会科学也存在学科的理论与我国当代的经济社会结合不够紧密，对于解释我国的实践还存在理论不足等问题。② 对于高校而言，发挥科技支撑创新型国家建设具有明显的优势和不可回避的责任。不仅需要高校的自然科学学科提供科技创新支撑，而且也同样需要哲学社会科学提供理念与模式等的创新支持，这就需要高校哲学社会科学要与国家需求、社会需要紧密结合。《国家中长期教育改革和发展规划纲要（2010～2020 年）》提出："充分发挥高校在国家创新体系中的重要作用，鼓励高校在知识创新、技术创新、国防科技创新和区域创新中作出贡献。大力开展哲学社会科学研究，牢固树立主动为社会服务的意识，全方位开展服务。推进产学研用结合，加快科技成果转化"。从高校获得代表创新的奖项指标来看，在国家科技三大奖中有至少二分之一出自高校，哲学社会科学领域的奖项高校则占据三分之二左右；加之高校哲学社会科学研究队伍总人数约占全国哲学社会科学研究队伍的 85%，因此当之无愧地成为国家哲学社会科学事业的主力军和国家创新体系建设的重要力量。③

但是，随着经济社会的升级发展和人民生活的需要，特别是服务型政府建设需求等与高校哲学社会科学在科研成果转化支撑创新方面的要求还有一定距离，

---

① 孟小军、彭援援：《高校哲学社会科学研究评价的本质要求及其制度建设》，载于《重庆大学学报》（社会科学版）2021 年第 1 期。
② 王爽、王晓滨：《高校哲学社会科学发展的困境与展望》，载于《继续教育研究》2016 年第 10 期。
③ 张东刚：《以科学发展观为指导，建设高校哲学社会科学创新体系》，载于《中国高等教育》2013 年第 1 期。

诸如低水平重复现象严重，理论脱离实际情况存在，服务社会发展能力不强，重大学术影响成果不够等，[1] 主要表现在：一是科研成果转化的理念不强。传统上，高校管理者及教师认为自然科学可以通过专利申请、技术创业等方式实现科研成果转化以提升社会的创新能力或产生直接的经济效益；对于哲学社会科学研究成果所产生的思想引领、决策咨询、模式推广等方面的科研成果转化的认识不足、关注不够。二是科研成果转化的机制不通畅。自然科学成果转化在国内顶尖高校基本上都有较为完备的体系和机制，但对于哲学社会科学的成果转化机制仍存在重视不足、机制不健全等问题，如管理哲学社会科学的校内机构中诸多高校未设有类似于智库成果管理办等科研成果转化部门，在制定和完善制度方面也仍有较大改进空间。三是科研成果评价体系不够多元。目前来看，高校哲学社会科学成果评价仍聚焦在课题项目、论文、奖励、专著等方面的实际科研成果本身，虽然对将成果的社会影响力、决策咨询的作用、企业服务的价值等内容纳入多元化的评价体系且提升评价比重的趋势有所转变，但对这类科研成果转化的价值成果及其评价和认可度仍有待进一步提升。

四、在文化传承与国际交流上失位缺声

高校哲学社会科学具备文化传承与交流等功能。我国历史文化丰厚，在世界文明进程中突显出重要的角色，我国高校哲学社会科学应该充分秉承文化自觉和文化自信，构建中国特色的哲学社会科学创新体系，对内有利于凝聚全中国人民的共同理想和精神文化基础，对外有利于提升中国的文化软实力。高校哲学社会科学的发展需要大力加强对中国历史和传统文化的研究，从中汲取营养，弘扬中国精神和中华传统美德。

自改革开放以来，随着我国经济社会发展与在国际上的重要性不断增强，高校哲学社会科学的学术交流与合作日益频繁、丰富，层次和水平均有显著提高，促进了哲学社会科学研究水平和创新能力的提升，增强了中国国际学术话语权。但是，我国高校哲学社会科学的开放合作程度与国际影响力仍落后于经济合作与发展，与其大国风范较为不匹配。不可否认的是，目前高校哲学社会科学领域闭塞现象仍较为严重。门户主义、小团体主义和行会思想仍有生存的土壤；高校与高校之间、研究机构与高校之间、研究机构与研究机构之间、师门与师门之间、课题组与课题组之间，甚至同一研究机构或课题组的不同研究人员之间，学术交流不多，跨领域、跨学科的交流更少；学科壁垒、院系行政壁垒等阻碍重重；

---

① 崔鹏：《提升高校哲学社会科学研究成果转化能力的思考》，载于《学术探索》2014 年第 5 期。

"山头主义式"的管理构架依然存在，尚未形成真正开放合作的创新文化氛围。仍然存在诸多问题：一是理论体系自主性建设不足；二是研究范式、研究方法、概念体系等存在简单移植现象；三是社会科学领域还存在"西方化越深，学科发展越好"的错误认知；四是传播议题设置的意识和能力还需进一步提升；五是理论传播的主动性和策略性还需要进一步优化；六是主动参与国际对话并着眼于引领国际学术风向的文化自觉和自信还不够强。

五、在区域发展上有待更加均衡

新时代我国面临着区域间经济社会发展不均衡、不充分难题，在高校哲学社会科学发展上也同样如此。破解高校哲学社会科学发展区域不均衡问题，提升高校哲学社会科学促进经济社会协同发展的能力，是当前和今后一段时期我国高校哲学社会科学发展和努力的方向与重点。

从高校哲学社会科学人才分布看，区域间人才规模差距加大，中西部地区留才较难。一是整体人员规模区域差距加大。2018 年，东部 10 省市有社科活动人员 329 541 人，占全国的 43.1%，省均 32 954 人，而中部省均 29 871 人，西部 15 220 人，东北 24 275 人。东部规模占全国的比例从 2009 年的 41.6%，增长到 2018 年的 43.1%，而中部和东北部占比都略有下降，西部基本持平，总体而言东部与其他地区的发展差距在拉大。二是中部地区高校哲社研发人才向东部集聚。2018 年，东部高校哲社研究发展人员规模占全国的比例为 49.0%，比 2009 年增长了 4.6 个百分点；同期，中部地区下降了 3.8 个百分点，西部地区和东北地区仅略有细微增长。三是高校高端哲社人才西部地区较为缺乏。2018 年，东部高校哲社研发人员中，高级职称占 46.7%，比 2009 年增长了 2.3 个百分点，东北增长了 0.3 个百分点，西部下降了 0.7 个百分点，中部下降了 1.9 个百分点。博士学历人员不断加入研发队伍，2018 年在研发队伍中，具有博士学位的高层次人才在各区域的比例差异大，东部地区高校哲社研发人员中，博士毕业研究发展人员占比为 29.0%，东北为 25.3%，中部为 25.2%　而西部仅为 21.5%。

从经费支持等政策看，高校哲社研发投入逐步向西部地区倾斜，但与西部地区发展的需求还有差距。一是西部地区高校哲社研发经费总投入占比增加，但体量仍较小。2018 年东部高校哲社研发总投入占比为 58.5%，东北高校为 5.6%、中部高校为 15.6%，西部高校为 20.4%，与 2009 年相比，东部高校下降了 3.6 个百分点，东北高校下降了 0.2 个百分点，中部高校下降了 0.6 个百分点，西部高校增长了 4.5 个百分点。尽管西部地区增长了 4.5%，但由于原来基础较薄弱，加之受限于地方经济发展水平，倾斜支持力度仍不足。从各区域的省均高校哲社研发投入来看，差距更加明显，东部地区省均高校研发投入分别是中部地区的5.19 倍、西部地区的 10.59 倍、东北地区的 7.21 倍。二是高校哲社课题经费逐步向中西部地区倾斜，但仍未满足需求。2009 年，东部高校哲社研发经费投入占全国的 65.0%、东北占 4.6%、中部占 15.0%、西部占 15.4%，到 2018 年，投入占比有所变化，东部下降 4.5 个百分点、东北增长 0.7 个百分点、中部下降0.7 个百分点、西部增长 5.6 个百分点。可见，高校哲社研发经费重点向西部地区有所倾斜。西部地区是全面建成小康社会的关键区域，对政策研究、决策咨询、文化旅游扶贫等方面的需求较大，而在针对西部地区脱贫攻坚①领域的高校哲社科研专项支持仍显不足。

从国际化发展看，西部地区高校哲社国际化与研发成果有较大进展，中部与东北地区仍需发力。一是国际会议参与度呈现"西增中降"。从参加哲社国际会议人次来看，西部地区高校增长较为迅速，西部地区高校从 2009 年的 10.1%，增长到 2018 年的 15.5%，而中部地区高校却从 13.4%，下降到 11.7%。二是哲社人员出国进修总量东部继续占主导，东北下降较大。近年来，东部高校加快推进国际化，特别重视对教师的出国学习。2018 年，东部高校哲社教师出国进修占全国总量的 58.1%、东北占 3.7%、中部占 20.7%、西部占 17.5%，与 2009年相比，东部高校增长了 6.7 个百分点、东北高校下降了 9.3 个百分点、中部高校增长了 1.3 个百分点、西部高校增长了 1.3 个百分点。三是西部在哲社学术成效上取得较大突破，东北的国际学术成果需加强。在出版专著方面，2018 年东部地区高校占 47.5%、东北占 8.1%，中部高校占 22.3%，西部高校占 22.1%，与 2009 年相比，西部地区高校增长了 5.7 个百分点、中部地区高校增长了 2.2个百分点，东北地区高校增长了 1.8 个百分点，东部高校下降了 9.7 个百分点。在国外学术刊物方面，2018 年，东部高校占 64.0%、东北高校占 4.6%、中部高校占 15.5%、西部高校占 15.9%，较 2009 年，东部高校基本持平，东北高校下降了 3.5 个百分点、中部高校下降了 1.3 个百分点，西部高校增长了 7.1 个百分点。

---

① 党的十九大报告指出：坚决打赢脱贫攻坚战。让贫困人口和贫困地区同全国一道进入全面小康社会是我们党的庄严承诺。引自习近平：《决胜全面建成小康社会　夺取新时代中国特色社会主义伟大胜利——在中国共产党第十九次全国代表大会上的报告》，人民出版社 2017 年版，第 47 页。

第二章

我国高校哲学社会科学发展的使命与愿景

著名经济学家凯恩斯指出，"从长远来看影响人类的不是既得利益，而是思想"。哈耶克也认为是观念和传播新观念的人主宰着历史发展的进程。人类社会或人类文明的每一次重大发展之前，都有哲学社会科学的发展所产生的思想和知识为之做准备。新时代，我们需要更加坚定不移地以马克思主义、习近平新时代中国特色社会主义思想为指导，坚持百花齐放、百家争鸣的方针，谋划中国特色高校哲学社会科学的新发展。当代中国正经历着我国历史上最为广泛而深刻的社会变革，也正在进行着人类历史上最为宏大而独特的实践创新。高校是我国哲学社会科学发展的重要力量，承担着国家主要的哲学社会科学研究工作，创造着大部分的哲学社会科学研究成果。中央关于加快构建中国特色哲学社会科学的重大决策，对当前高校提升哲学社会科学研究水平提出了更高要求，也提供了前所未有的发展机遇。面对国际国内形势和世界格局的深刻变化，中国高校哲学社会科学发展面临着新机遇和新挑战，也需要承担时代的新使命，为实现我国 2035 愿景目标贡献高校哲学社会科学的智慧力量。

第一节　我国高校哲学社会科学发展的机遇与挑战

从高校哲学社会科学发展的历史与现实、理论与实践来看，对当前我国经济社会发展的需求而言，既是大机遇，同时也面临新挑战。重视哲学社会科学是我们党历来的传统和优势，尤其关注高校哲学社会科学作为国家整体哲学社会科学的重要组成部分在对国家发展和社会进步方面的作用。党的领导人先后都对哲学社会科学的发展予以高度评价和指示，毛泽东同志曾经指出，全党都要注意思想理论工作，有计划地培养马克思主义理论家和评论家，把理论工作搞起来；邓小平同志指出，我们国家要赶上世界先进水平，要从科学和教育着手，科学当然包括社会科学；江泽民同志多次强调哲学社会科学在建设中国特色社会主义事业中的重要作用，提出哲学社会科学同自然科学"四个同样重要"，提出要做到"五个高度重视"，提出哲学社会科学"两个不可替代"；[①] 胡锦涛指出，要高度重视并切实抓好哲学社会科学学科体系、教材体系建设。特别是党的十八大以来，以习近平同志为核心的党中央对哲学社会科学给予了空前的重视和支持，在中央的领导下，先后出台了一系列重要政策文件，有力地推进了高校哲学社会科学的发展。党中央、学校及社会对高质量的高校哲学社会科学的需求日益迫切，也对高校哲学社会科学的学科体系、学术体系和话语体系的改革提出新的挑战。

从学科发展看，高校哲学社会科学在人才支撑、学科提质、武装人民等方面面临诸多机遇和挑战。高校哲学社会科学的学科发展，关键靠人才。哲学社会科学不同于自然科学的其中一个差异在于哲学社会科学领域的研究成果需要长期的学术积累和历史积淀，需要通过思想和观念的先导性变革以渗透方式间接转化为现实生产力，成果转化见效慢，有时还"看不见"，很难进行量化的测算。[②] 高校哲学社会科学作为我国哲学社会科学的重要组成部分，研究队伍不断壮大，占全国哲学社会科学力量的 80% 左右。但是，高层次创新人才、学科领军人才相对紧缺，有影响力的学术大师极其匮乏，难以形成有优势的世界一流学科和国际学术品牌。学科带头人的培养已成为我国高校共同倾力打造的重点工程，然而以国家级人才称号获得者为代表的高水平学科带头人主要集中于自然科学领域，哲学社会科学领域的数量明显偏低。高校哲学社会科学队伍中高水平人才的缺乏，导致学术梯队结构不合理，很难形成以学科带头人为核心的团队，单打独斗的"个体户"现象非常普遍，承担大项目的能力偏弱，不利于构筑一流的学科、产出卓著的成果、造就优秀的人才。[③]

学科是高校哲学社会科学发展的重要基础，构建完善高效的哲学社会科学学科体系，是保障高校哲学社会科学能够获得大发展的关键前提。从我国高校哲学社会科学自身的学科体系来看，重要的功能在于人才培养。而高校哲学社会科学人才培育不仅需要学科，也需要教材，且需要学科与教材形成良性的互动。在对

① 刘云山：《充分发挥高校哲学社会科学的重要作用》，载于《高校理论战线》2005 年第 3 期。
②③ 吴静、颜吾佴：《高校哲学社会科学人才队伍建设存在的主要问题及对策研究》，载于《北京交通大学学报》（社会科学版）2011 年第 2 期。

高校哲学社会科学教材体系建设的战略地位和意义的阐释中，习近平总书记强调："我们要坚持马克思主义在意识形态领域指导地位的根本制度，深入实施马克思主义理论研究和建设工程，把坚持以马克思主义为指导全面落实到思想理论建设、哲学社会科学研究、教育教学各方面"。① 对于高校来说，加强马克思主义思想文化建设，是推进高校哲学社会科学及其学科体系和教材体系建设的根本原则，其关键在于培养好哲学社会科学的有用之才。因此，哲学社会科学教材体系建设发挥着极其重要的作用，正如习近平总书记指出的，"培养出好的哲学社会科学有用之才，就要有好的教材。要抓好教材体系建设，形成适应中国特色社会主义发展要求、立足国际学术前沿、门类齐全的哲学社会科学教材体系"②。但是目前我国高校哲学社会科学学科体系与教材体系的双向互补面临一些挑战。一是学科体系建设没有很好地兼顾普遍意义和中国特色；二是学科体系与教材体系尚未形成双向滋养的内在机制；三是学科建设没有很好地处理稳定性与灵活性的关系；四是学科体系建设积极回应社会需求的意识和能力还偏弱；五是马克思主义学科体系建设还需要进一步改进。

此外，高校哲学社会科学与其他学科融合在传统思维观念上，也面临改革突破的挑战。一是人文教育与科学教育的相互融合度不够紧密。学科交叉是高校科学研究和人才培养的重要趋势，也是推动研究创新和复合型、创新型人才培养的关键模式。从当前高校哲学社会科学的人才培养来看，在课程设置、研究方法、教学方式等方面仍较为传统，哲学社会科学相关各学科之间以及哲学社会科学学科与理工农医学科交叉融合的模式较为不足，跨学科人才培养方式在哲学社会科学学科中有待进一步强化。二是思想政治理论课与其他哲学社会科学课程的相互配合有待进一步加强。高校思想政治理论课与其他哲学社会科学课程在关系上还存在融合度不够、配合不到位等问题，存在着认识上的片面性和操作中的简单化倾向。③ 三是高校哲学社会科学的实际教学效果有待进一步提高。相当一部分人文学科的大学生缺乏科学技能和科学素养，理工科大学生也存在着人文知识贫乏，人文精神淡薄的素质短板。这在一定程度上与高校哲学社会科学的实际教学效果有关。部分哲学社会科学课程存在体系不科学、课时偏少、班级规模过大、社会实践不够、教学方式不够灵活等问题。④ 在高校中，哲学社会科学科研与教学"两张皮"的现象十分严重，许多教师的研究方向与自己所讲授的课

---

① 《中共中央关于坚持和完善中国特色社会主义制度　推进国家治理体系和治理能力现代化若干重大问题的决定》，求是网，www.qstheory.cn/yaowen/2019－11/07/c_1125202003.htm，2019 年 11 月 7 日，2021 年 12 月 5 日引用。

② 习近平：《在哲学社会科学工作座谈会上的讲话》，载于《人民日报》2016 年 5 月 19 日第 2 版。

③④ 李卫红：《发挥高校哲学社会科学育人功能　提高人才培养质量》，载于《高校理论战线》2011 年第 3 期。

程毫无关系，就算有关系，许多教师在教学中也根本没有讲授过任何自己的研究成果。[1]

从学术提质看，哲学社会科学学术人才是人类历史发展进程中的知识变革者和思想先导者，是推动国家发展、民族振兴、社会进步的塔尖力量，其思想水平往往代表着一个民族的思维能力、精神品格和文明素养，体现着一个国家的综合国力和国际竞争力。当前，我国高校哲学社会科学师资队伍总体上来看还较为薄弱，一方面增长的数量与自然科学相比还较低；另一方面，在待遇方面也与自然科学相关较大；再一方面，创新与创造活力需要进一步激发。但从制度环境看，一些高校存在论资排辈的情况，重人才引进、轻培养使用的现象还比较普遍，青年优秀人才脱颖而出的激励机制、竞争机制等不够完善。与此同时，教师研究真问题、解决真问题的学术风气还需要进一步弘扬，学术伦理建设还需进一步强化，学术生态还需进一步优化。

近年来，由于受社会不良风气影响，高校哲学社会科学队伍中一些教师"专心治学、学术至上"的观念越来越淡薄，各种学术造假、学术腐败的现象愈发严重，弄虚作假、抄袭、剽窃、唯利是图的现象也屡见不鲜，影响了哲学社会科学队伍的学术形象，更不利于带动和营造高校学术诚信、学术自律、学术研究积极向上的氛围。[2] 高质量的学术成果往往很难一时呈现，思想的产生是一个较为漫长的知识生产过程。从直接的经济效益或现实价值来看，高校哲学社会科学往往容易被忽视。因此，国家、社会和学校对高校哲学社会科学和自然科学的功能认识存在较大差异，直接影响了高校的学科布局及其资源投入倾向于自然科学。

从话语体系看，高校哲学社会科学的研究实力和影响力提升滞后于我国国际地位的提升。习近平总书记指出，"文化是一个国家、一个民族的灵魂。坚定文化自信，是事关国运兴衰、事关文化安全、事关民族精神独立性的大问题。没有文化自信，不可能写出有骨气、有个性、有神采的作品"[3]。要坚持中国特色社会主义文化发展道路，激发全民族文化创新创造活力，建设社会主义文化强国。中国特色社会主义文化，源自中华民族五千多年文明历史所孕育的中华优秀传统文化，熔铸于党领导人民在革命、建设、改革中创造的革命文化和社会主义先进文化，植根于中国特色社会主义伟大实践。发展中国特色社会主义文化，就是以马克思主义为指导，坚守中华文化立场，立足当代中国现实，结合当今时代条

① 杜斌：《进一步繁荣高校哲学社会科学刍议》，载于《中央社会主义学院学报》2007 年第 5 期。

② 吴静、颜吾佴：《高校哲学社会科学人才队伍建设存在的主要问题及对策研究》，载于《北京交通大学学报》（社会科学版）2011 年第 2 期。

③ 习近平：《坚定文化自信，建设社会主义文化强国》，载于《求是》2019 年第 12 期。

件，发展面向现代化、面向世界、面向未来的，民族的科学的大众的社会主义文化，推动社会主义精神文明和物质文明协调发展。要坚持为人民服务、为社会主义服务，坚持百花齐放、百家争鸣，坚持创造性转化、创新性发展，不断铸就中华文化新辉煌。习近平总书记指出，"在解读中国实践、构建中国理论上，我们应该最有发言权，但实际上我国哲学社会科学在国际上的声音还比较小，还处于有理说不出、说了传不开的境地"①，这为中国高校哲学社会科学指明了未来工作的努力方向。

第二节　新时代我国高校哲学社会科学的历史使命

我国进入了中国特色社会主义新时代，继承了发展传统和成效，迎来了新的发展起点和任务。正处于百年未有之大变局的中国与追求中华民族伟大复兴交汇叠加，期待新的治理模式、机制、方略支撑新时代的经济社会发展，对高校哲学社会科学担当新的历史使命从未如此期待。

一、坚持中国特色社会主义，继续推进马克思主义中国化

习近平总书记在党的十九大报告中明确作出中国特色社会主义进入新时代的重大政治论断。习近平新时代中国特色社会主义思想就是作为马克思主义中国化的最新理论成果顺应时代而产生的，其中指引哲学社会科学发展的思想也集中体现了以习近平同志为核心的党中央，站在巩固马克思主义在意识形态领域的指导地位，培育和践行社会主义核心价值观，巩固全党全国各族人民团结奋斗的共同思想基础的高度，对高校哲学社会科学提出了新的使命要求。在马克思主义的指导和影响下，我们党的理论建设不断发展和丰富，并契合时代及我国经济社会发展的客观需求。毛泽东思想、邓小平理论、"三个代表"重要思想、科学发展观、习近平新时代中国特色社会主义思想都是我们党经过不断实践和创新，并在继承和发展马克思主义的基础上形成的、符合我们党执政要求的思想理论。坚持解放思想、实事求是、与时俱进在推进中国特色社会主义伟大事业的过程中不断推进理论创新和实践创新，成为党的思想理论建设的重要目标和任务。从高校哲学社

---

① 习近平：《在哲学社会科学工作座谈会上的讲话》，载于《人民日报》2016年5月19日第2版。

会科学事业的发展历程看，我们深切地感受到，必须始终坚持以马克思主义为指导，善于把马克思主义的立场、观点和方法贯穿到哲学社会科学事业中去，坚持用发展着的马克思主义武装头脑、指导实践、推动工作。

当前西方国家纷纷加快价值观输出步伐，别有用心者妄图诋毁、歪曲马克思主义，削弱马克思主义的指导地位；国内思想观念出现多样化趋势，功利主义、自由主义、享乐主义等思潮不断蔓延。而在高校的某些学科领域，则存在着马克思主义被边缘化、空泛化、标签化，在一些学科中"失语"、教材中"失踪"、论坛上"失声"的现象；一些同志对马克思主义理解不深、理解不透，在运用马克思主义立场、观点、方法上功力不足、高水平成果不多。面对社会思想观念和价值取向日趋活跃、主流和非主流同时并存、社会思潮纷纭激荡的新形势，更加需要巩固马克思主义在意识形态领域的指导地位，深化马克思主义中国化，为此高校哲学社会科学应当有效发挥育人功能、社会服务功能、科学研究功能以及意识形态安全功能等，主动承担巩固提升马克思主义中国化的责任使命，践行党的十九大报告指出的"必须推进马克思主义中国化时代化大众化，建设具有强大凝聚力和引领力的社会主义意识形态"。

马克思主义的发展需要在坚持基本原理的基础上，根据中国国情、时代背景和人民需要而不断推进发展。对于马克思主义中国化而言，必须根据中国道路和不同阶段的国情，合理运用。正如习近平总书记指出的："当代中国的伟大社会变革，不是简单延续我国历史文化的母版，不是简单套用马克思主义经典作家设想的模板，不是其他国家社会主义实践的再版，也不是国外现代化发展的翻版，不可能找到现成的教科书。"[1] 但是，当前高校针对马克思主义中国化、时代化、大众化的研究还较为薄弱，对中国化、时代化和大众化的理解还有待加深。高校哲学社会科学应当在责任使命上践行：一是将马克思主义的立场、观点、方法论真正融入全学科研究。当前高校的教学科研中，马克思主义原理的运用或深化认识往往还仅在哲学、政治学、法学等学科中较多，而在教育学、经济学等学科有弱化的现象，马克思主义深度融入高校哲学社会科学全学科过程仍然需要进一步加强。二是在中国特色社会主义现代化建设实践中，加强转化、运用和发展马克思主义的意识、能力。三是在某些学科、领域，转变对马克思主义的运用存在僵化、教条化现象。四是在某些学科领域，坚定马克思主义的指导地位。五是推进马工程教材建设质量提升。

---

[1] 习近平：《在哲学社会科学工作座谈会上的讲话》，载于《人民日报》2016年5月19日第2版。

二、迈向第二个百年奋斗目标，为党和人民的伟大事业铸魂育人

铸魂育人，是高校哲学社会科学的核心使命，也是体现高校在哲学社会科学"五路大军"中优势特色的重要维度。习近平总书记在中国人民大学考察时强调指出，"'为谁培养人、培养什么人、怎样培养人'始终是教育的根本问题。要坚持党的领导，坚持马克思主义指导地位，坚持为党和人民事业服务，落实立德树人根本任务，传承红色基因，扎根中国大地办大学，走出一条建设中国特色、世界一流大学的新路。广大青年要做社会主义核心价值观的坚定信仰者、积极传播者、模范践行者，向英雄学习、向前辈学习、向榜样学习，争做堪当民族复兴重任的时代新人，在实现中华民族伟大复兴的时代洪流中踔厉奋发、勇毅前进"[1]。高校应自觉承担铸魂育人核心使命，以培育时代新人、武装人民为目标，培养德智体美劳全面发展的社会主义建设者和接班人，进一步提升民众的理论素养、道德水平、文化认同和责任担当意识。[2] "第二个百年奋斗目标"的实现对高校哲学社会科学培养更多创新人才提出新要求。习近平总书记寄语青年："新时代的中国青年要以实现中华民族伟大复兴为己任，增强做中国人的志气、骨气、底气，不负时代，不负韶华，不负党和人民的殷切期望！"[3] 因此，以大学生为代表的青年肩负着中华民族伟大复兴的责任和使命，不仅需要掌握强国的本领和技能，更需要树立坚定的信仰，这就需要高校哲学社会科学发挥育人能力和优势，培养好社会主义的优秀建设者和接班人，这也是在新征程上高校哲学社会科学发展的责任与使命。

在实现百年目标的进程中，并不是一帆风顺的，而将会受到以美国为主的西方国家抱团对我国进行科技、人才、贸易等的封锁打压，同时也在意识形态领域加大对我国的恶意攻击。如高校的某些群体性事件、非法传教入校园等都有西方非法势力的参考渗透，给大学生群体思想带来一些消极影响，甚至有少数学生不同程度地存在价值取向扭曲、社会责任感缺乏、艰苦奋斗精神淡化、心理素质欠佳等问题，对高校哲学社会科学的育人能力提出了新的更加严峻的挑战，同时也

---

① 习近平：《坚持党的领导传承红色基因扎根中国大地 走出一条建设中国特色世界一流大学新路》，新华社，https://news.eol.cn/yaowen/202204/t20220426_2222381.shtml，2022 年 4 月 26 日，2022 年 7 月 20 日引用。

② 任少波：《新时代高校哲学社会科学的历史使命》，载于《光明日报》2020 年 7 月 4 日。

③ 习近平：《在庆祝中国共产党成立 100 周年大会上的讲话》，新华社，https://news.cyol.com/gb/articles/2021－07/01/content_9XzQXca3M.html，2021 年 7 月 1 日，2022 年 8 月 4 日引用。

赋予了新形势下高校哲学社会科学培育爱党爱国爱民，培育敢于担当的"国之大者"的时代使命。[①]

三、面对百年未有之大变局，为突破封锁自主创新发展提供新思想

当今时代，正经历百年未有之大变局。科技革命、产业革命不断深入，全局格局突变，以美国为首的西方国家对我国的封锁和打压愈加严重，与此同时，我国更加需要自立自强和自主创新。一方面，科学技术作为"第一生产力"的地位和作用更加明显；另一方面，哲学社会科学作为综合国力特别是文化软实力的重要组成部分的地位和作用也更加突出。[②] 恩格斯指出："一个民族要想登上科学的高峰，究竟是不能离开理论思维的。"党的十八大报告指出，在新的征程上，我们的责任更大、担子更重，必须以更加坚定的信念、更加顽强的努力，继续实现推进现代化建设、完成祖国统一、维护世界和平与促进共同发展这三大历史任务。实现中华民族伟大复兴，需要加快努力推动哲学社会科学新的繁荣发展和创新发展，不断丰富中国特色社会主义的实践特色、理论特色、民族特色、时代特色，为在大变局下的我国推进改革与发展提供最新的理论思想和实践指南。

新时代的高校哲学社会科学必须在理论上对诸多百年未有的内生逻辑做出回答，更需要对如何应对百年未有之大变局做出战略上的规划和论证，为世界上那些既希望加快发展又希望保持自身独立性的国家和民族提供中国方案、中国智慧，主动助推中国立场、中国理论的全面出场。[③] 特别是在不断推进的经济体制和政治体制改革、社会转型发展、突破科技创新理念等方面，高校哲学社会科学为经济社会改革与发展的各方面提供了思想理论和行动路径。随着我国进一步扩大对外开放，加快促进国内国际双循环发展，经济体制、社会结构、利益关系也将深刻变化，高校哲学社会科学促进了人民群众的思想活动日趋活跃，新的观念、新的意识不断生成。我国在各个领域正迎来新一轮的深化改革与扩大开放，同时，我国仍面临经济社会发展存在不平衡不充分的矛盾，面对国际国内新形势等不确定因素，更加需要高校哲学社会科学发挥思想和智库主力军作用，以引领时代的改革与实践。只有聆听时代的声音，回应时代的呼唤，认真研究解

---

① 李卫红：《发挥高校哲学社会科学育人功能 提高人才培养质量》，载于《高校理论战线》2011年第3期。

② 袁贵仁：《繁荣发展高校哲学社会科学 为实现中国梦作出新贡献》，载于《中国高校社会科学》2013年第4期。

③ 任少波：《新时代高校哲学社会科学的历史使命》，载于《光明日报》2020年7月4日第11版。

决重大而紧迫的问题，才能真正把握住历史脉络、找到发展规律，推动理论创新。同时，我国正经历着需要思想、创造思想的伟大时代，但高校哲学社会科学促进理论诞生，助力生产发展的能力整体上落后于经济社会的变革实践与创新的需求。

四、推动共建人类命运共同体，不断贡献中国智慧和中国方案

人类命运共同体以世界多样、国家平等、文明互鉴、包容发展、互利普惠为价值前提，强调人类要克服单边主义的封闭性、片面性和孤立性，超越民族国家和意识形态的制度藩篱和文化藩篱，以全人类文明未来走向和共同命运为终极关怀，谋求创建共生、共享和共赢的新世界秩序和新治理体系。[1] 人类命运共同体理念具有深厚的哲学内涵，它体现了辩证唯物主义和历史唯物主义的统一，是对马克思主义的继承和发展。经济的高速发展不仅带来了国民生活水平的飞速提升，也带来了中国世界影响力的日渐增强。中国有能力也理应为国际新秩序的构建贡献自己的力量和智慧，而"人类命运共同体"这一理念正是基于世界百年未有之大变局的客观历史现实，创造性转化中华优秀传统文化与继承发展马克思主义所提出的中国方案，将对建立国际新秩序和全球治理作出巨大贡献。[2] 因此，推动共建人类命运共同体，是中国高校参与全球治理的重要内容，也是高校哲学社会科学阐释习近平新时代中国特色社会主义思想为世界提供包容性方案的重要内容。

推动共建人类命运共同体，关键在于共商、共建、共享，并与全世界各国一道解决全球性问题，共同分享全球治理的成果。然而，共建的前提是在相互理解、相互认同的基础上更能够实现互利共赢的合作。因此，充分利用高校哲学社会科学讲好中国故事，以恰当的表达方式，推介中国的方案和行动尤其重要。而当前中国在世界上的形象很大程度上仍是"他塑"而非"自塑"，在国际上时常处于"有理说不出、说了传不开"的尴尬境地，而我国是哲学社会科学大国，研究队伍、论文数量、政府投入等在世界上都是排在前面，但目前在学术命题、学术思想、学术观点、学术标准、学术话语上的能力和水平同我国综合国力和国际地位还不太相称。面对世界范围内各种思想文化交流交融交锋的新形势，加快建设社会主义文化强国、增强文化软实力、提高我国一流大学在国际上的话语权，

---

[1]　任少波：《新时代高校哲学社会科学的历史使命》，载于《光明日报》2020 年 7 月 4 日第 11 版。
[2]　邹广文：《对人类命运共同体的文化哲学思考》，载于《中国社会科学报》2019 年 5 月 31 日。

迫切需要高校哲学社会科学更好发挥作用。

第三节 面向 2035 我国高校哲学社会科学发展的 指导思想及愿景目标

面向 2035 我国高校哲学社会科学的发展,必须以习近平新时代中国特色社会主义思想为指导,全面贯彻落实党的十九大及历次全会精神,贯彻落实习近平总书记关于哲学社会科学工作的重要论述和指示精神,坚持以人为本、守正创新、自主构建、引领未来的指导方针,坚持为人民服务、为中国共产党治国理政服务、为巩固和发展中国特色社会主义制度服务、为改革开放和社会主义现代化建设服务的高等教育使命,坚持面向世界科技前沿、面向经济主战场、面向国家重大需求、面向人民生命健康的科研方向,加快构建中国特色、世界一流的高校哲学社会科学体系,为实现"两个一百年"奋斗目标和中华民族伟大复兴的中国梦贡献智慧与力量。中宣部、教育部联合印发的《面向 2035 高校哲学社会科学高质量发展行动计划》明确指出,既着眼 2035 长远发展、整体布局,也突出谋划"十四五"期间攻坚行动、重点抓手,强调要以习近平总书记关于哲学社会科学工作的重要论述为根本指引,充分发挥高校主力军作用,以育人育才为中心、体系构建为主线、能力提升为重点、深化改革为动力,以有组织科研加快建构中国自主的知识体系,推进学科体系、学术体系、话语体系建设,为加快构建中国特色哲学社会科学、服务国家重大战略需求、用中国理论解决中国问题作出更大贡献。《国家"十四五"哲学社会科学发展规划》明确,哲学社会科学工作必须坚持党的全面领导,把党的领导落实到工作的方方面面;坚持"二为"方向、"双百"方针,树立以人民为中心的研究导向;坚持内涵式发展,增强哲学社会科学持续发展能力;坚持守正创新,增强哲学社会科学的主体性、原创性;坚持统筹协调,形成统一领导、分工合作、科学高效的哲学社会科学工作格局。

在习近平新时代中国特色社会主义思想为指导下,我国高校哲学社会科学的发展理念、原则及重点将更加体现中国特色、符合中国实际、服务中国及世界的发展。坚持推进马克思主义与中国特色社会主义伟大实践相结合,与中国历史文化相结合,将马克思主义有机融入中华优秀传统文化的创造性转化和创新性发展,深化当代中国马克思主义和 21 世纪中国马克思主义研究。聚焦国家重大战略需求,服务国家治理体系和治理能力现代化,重点解决学术研究与实践创新相

43

脱节的问题，坚持扎根中国大地实现理论创新，推动面向伟大实践和解决中国问题的学术转型。聚焦高校优势特色，服务立德树人根本任务，坚守为党育人、为国育才，培养德智体美劳全面发展的社会主义建设者和接班人，为增强"四个意识"、坚定"四个自信"、做到"两个维护"夯实思想之基。融入全球哲学社会科学范式转型，构建全球哲学社会科学深度合作平台，主动参与并逐渐引领全球性重大议题设置和问题研究，为推进全球治理体系变革、构建人类命运共同体作出思想理论贡献。

《面向 2035 高校哲学社会科学高质量发展行动计划》明确，高校哲学社会科学发展必须坚持党的领导、坚持立德树人、坚持系统观念、坚持服务需求、坚持交流互鉴。到 2025 年的发展目标是，全方位、全领域、全要素的高校哲学社会科学体系构建迈出坚实步伐，立德树人工作取得重大成效，学科、学术、话语三大体系建设实现重大突破，领军人才培养呈现重大进展，社会服务能力获得重大提升。到 2030 年，高校哲学社会科学体系的中国特色更加鲜明、引领作用更为凸显。到 2035 年，中国特色、世界一流的高校哲学社会科学体系总体形成。

展望 2035 年远景目标，我国将基本实现社会主义现代化。从总体上判断，我国经济实力、科技实力、综合国力将大幅跃升，经济总量和城乡居民人均收入将再迈上新的大台阶，关键核心技术实现重大突破，进入创新型国家前列。基本建成法治国家、法治政府、法治社会。建成文化强国、教育强国、人才强国、体育强国、健康中国，国民素质和社会文明程度达到新高度，国家文化软实力显著增强。按照从 2021 年到 2035 年年均增长 5%、价格指数 2%、假定汇率不变测算，到 2035 年我国现价国内生产总值将达到 290 万亿元，约合 43.6 万亿美元，人均国内生产总值将达 20.6 万元、约合 3 万美元，届时可以达到中等发达国家水平。从教育发展看，再经过 15 年努力，到 2035 年，总体实现教育现代化，迈入教育强国行列，推动我国成为学习大国、人力资源强国和人才强国，为到本世纪中叶建成富强民主文明和谐美丽的社会主义现代化强国奠定坚实基础。从高校哲学社会科学发展看，在推进教育现代化、文化现代化等过程中，激发高校哲学社会科学的功能和动力，与基本实现社会主义现代化相伴相随，在需求中不断提高高等学校哲学社会科学研究水平，更好服务经济社会各方面高质量发展，同时也在基本实现社会主义现代化不可逆转的进程中获得全方位的发展。

未来 15 年，我国发展仍然处于重要战略机遇期，为高校哲学社会科学的发展图景绘就创造了时代的良好环境。从国际来看，和平与发展仍然是时代主题，新一轮科技革命和产业变革深入发展，国际力量对比深刻调整，人类命运共同体理念深入人心；从国内来看，我国已转向高质量发展阶段，制度优势显著、治理效能提升、经济长期向好、物质基础雄厚、人力资源丰富、市场空间广阔、发展韧性强劲、社会大局稳定，继续发展具有多方面优势和条件。与此同时，国际环境日趋复杂，不稳定性不确定性明显增加；我国发展不平衡不充分问题仍然突出，重点领域关键环节改革任务仍然艰巨。综合来看，我国经济长期向好的基本面没有变，改革发展的良好态势没有变，人民生活继续改善的态势没有变，社会总体和谐稳定的态势没有变，经济增速在世界主要国家中一直名列前茅。"十四五"时期及未来一段时间至 2035 年的形势和环境，不仅需要高校哲学社会科学发挥人才培养、科学研究、社会服务、文化传承创新和国际交流等功能予以支撑基本实现社会主义现代化，而且高校哲学社会科学也将在这一进程中实现学科体系、学术体系、话语体系的全面优化和继承创新发展。学科体系是构建中国特色哲学社会科学的基础，学术体系是构建中国特色哲学社会科学的核心，话语体系是构建中国特色哲学社会科学的学术表达，面向 2035 高校哲学社会科学"三大体系"建设将绘就出富含中国特色、中国风格、中国韵味等属性的美好图景。[①]

一、到 2025 年，全方位、全领域、全要素的高校哲学社会科学体系构建迈出坚实步伐

习近平总书记指出，"历史表明，社会大变革的时代，一定是哲学社会科学大发展的时代"[②]。"十四五"时期，对于我国来说是摆脱千年绝对贫困接续乡村振兴的起步阶段，也是全面开启社会主义现代化新征程的阶段，高校哲学社会科学在这一时期的发展也将面临如何服务和匹配这一特殊起步时期的角色转变的问题。习近平总书记曾在全国高校思想政治工作会议上的讲话中强调，要加快构建中国特色哲学社会科学学科体系和教材体系，推出更多高水平教材，创新学术话语体系，建立科学权威、公开透明的哲学社会科学成果评价体系，努力构建全方位、全领域、全要素的哲学社会科学体系。[③] 因此，到 2025 年，高校哲学社会科学将聚焦于"三大体系"内涵基础建设，迈出高质量发展的坚实步伐、夯实发展条件和环境。

在学科体系上，马克思主义指导地位更加巩固，习近平新时代中国特色社会主义思想铸魂育人作用更加彰显，育人育才质量明显提高。马克思主义学科获得进一步加强，新设马克思主义本科专业的高校数量不断增多。马克思主义思想理

① 张勇：《把握哲学社会科学发展的新要求》，载于《中国社会科学报》2021 年 5 月 25 日。
② 习近平：《在哲学社会科学工作座谈会上的讲话》，载于《人民日报》2016 年 5 月 19 日第 2 版。
③ 习近平：《把思想政治工作贯穿教育教学全过程 开创我国高等教育事业发展新局面》，习近平重要系列讲话数据库，人民网，http://jhsjk.people.cn/article/28936173，2016 年 12 月 9 日。

论指导高校其他哲学社会科学学科的角色更加突显，学科交叉融合的态势不断向上。高校哲学社会科学师资队伍进一步扩大，质量明显提升，拥有博士学位的教师占比明显提高，引进国外学术大师的良好生态初步建立。攻读马克思主义本科专业的学生规模逐步增多，学科的吸引力进一步增强。高校哲学社会科学学生的毕业就业创业质量有明显的质量提升，哲学社会科学与自然科学的地位同等重要的思想理念获得更为普遍的社会认同。

在学术体系上，学术原创力和影响力快速提升，面向国家需求和国际前沿的学术创新取得突破性进展，建设了一批国家倚重的高端战略平台。高校哲学社会科学学者在世界高等教育学界的影响力逐步增强，如全球高被引的高校哲学社会科学学者数量日益增多，学术成果的影响力和显示度进一步获得世界同行的认同，高校将产生一批具有中国特色和中国风格的学术研究成果，吸引世界哲学社会科学界的重点关注。适应中国高校哲学社会科学发展的评价体系有较大改革，破"五唯"成效取得明显进展，进一步激发高校哲学社会科学师生内生学术动力。服务国家战略需求和"将论文写在祖国大地上"的理念及行动明显改观，研究的选题在支撑服务国家与区域发展方面明显增多，强调高校智库建设的价值和功能，新增高校国家高端智库 10 家左右，有多家高端智库发展质量进入全球前列。

在话语体系上，推出一批有国际影响的精品著述，涌现一批各学科具备传播中国声音、讲好中国故事的领域高校领军人才、中青年骨干人才和有潜力的后备人才，营造勇担使命、追求卓越的学术文化和创新生态。高校的成果越来越注重国际话语体系的表达和国际交流与传播，青年人才在国际重大会议、论坛发声逐步增多，参与全球治理相关话题的辩论、宣介我国哲学社会科学思想的话语权在国际学术界、政界和企业界等取得一定的成效和地位。

二、到 2030 年，高校哲学社会科学体系中国特色更加鲜明、引领作用更为凸显

到 2030 年，我国完成第十五个"五年计划"阶段，为实现社会主义现代化国家建设奠定了更加坚实的基础，部分领域提前实现现代化目标要求。《联合国2030 可持续发展议程》（以下简称《议程》）列出 17 项可持续发展目标，体现了人类的共同愿景，也是世界各国领导人与各国人民之间达成的社会契约，既是一份造福人类和地球的行动清单，也是谋求取得成功的一幅蓝图。我国到 2030 年，将全部实现或提前实现《议程》提出社会、经济和环境，以及与和平、正义和高效机构相关的重要方面的 17 项目标。到 2030 年，城乡、地区发展差距明显缩

小，公共服务和社会保障全体人口全覆盖，基尼系数不断下降，社会主义文化更加繁荣，生态文明与绿色现代化取得重大进展，社会主义基本制度更加完善，建成社会主义法治国家，国家治理体系和治理能力现代化取得重大进展，国防和军队现代化达到更高水平，中国在世界的地位及影响更加明显，对人类发展的贡献更加重要。浙江等省份建设共同富裕示范区的成效十分明显。国务院印发《2030年前碳达峰行动方案》提出的"碳达峰十大行动"全部完成，并实现碳达峰的目标。经济发展增长动力和趋势稳中向好，GDP 超过美国成为全球第一。面向2030 我国经济社会取得的发展成效，需要高校哲学社会科学的服务与支撑，同时也为高校哲学社会科学"三大体系"的发展创造了更为优越的条件和环境。高校哲学社会科学更好地践行了新时代习近平中国特色社会主义思想，扎根我国宏大而独特的实践创新，基本上讲清楚了"中国奇迹"背后的道理、学理、哲理，讲清楚了中国共产党为什么"能"、马克思主义为什么"行"、中国特色社会主义为什么"好"。

在学科体系上，党的创新理论引领贯穿中国特色哲学社会科学各学科知识体系取得明显成效。马克思主义中国化在理论和实践层面都取得丰富成果，马克思主义学科发展的良好生态基本形成，高校哲学社会科学学科的发展速度与自然科学同步，甚至部分学科发展超前。哲学社会科学与自然科学的融合发展成为常态。只有哲学社会科学和自然科学以及哲学社会科学和自然科学内部各学科的共同聚焦和联合协作，才可能为解决问题找到更完美的答案。[①] 在育才和武装人民方面，学科进一步发挥作用，有效践行了习近平总书记强调的"高校哲学社会科学有重要的育人功能，要面向全体学生，帮助学生形成正确的世界观、人生观、价值观，提高道德修养和精神境界，养成科学思维习惯，促进身心和人格健康发展"。对卓越人才的需求基本满足高校哲学社会科学发展的需要，高校哲社人才在推进基本实现社会主义现代化进程中发挥的作用更加明显。

在学术体系上，具有思想性理论性影响力的重大原创学术成果和精品学科教材不断推出，人才队伍结构更加优化，深化评价改革取得积极进展。各学科大批系列学术研究成果获得全球认可，并部分引领全球发展。高校汇聚有利于哲学社会科学大师的日益增多，中国高校逐步成为全球哲学社会科学知名学者专家向往的学术研究舞台。高校学术评价体系更加科学化、规范化和具有中国特色，国外诸多高校逐步认同中国高校哲学社会科学的评价体系，展现中国特色、中国风格、中国气派的学术精品向世界推介成为常态。高校哲学社会科学学术体系基本满足经济社会发展需要，成为我国哲学社会科学学术体系的尖锋。

---

① 张江：《哲学社会科学研究中的科学精神与科学方法》，载于《光明日报》2021 年 5 月 17 日。

在话语体系上，国际学术交流合作更为活跃，在国家文化软实力建设中彰显度不断提升，为走好中国式现代化新道路、丰富人类文明新形态作出重要贡献。以高校哲学社会科学为基础的高校智库在国际发声、传播中国政策、中国经验成为常态，全球性的重大高端会议由中国高校主办承办成为常态。我国高校哲学社会科学学者和师生及学科组织等参与全国各类学术组织的治理取得积极成效，诸多全球性、国际性学术组织都有我国高校哲学社会科学学者占据重要位置。高校哲学社会科学支撑"一带一路"建设、促进人类命运共同体建设取得实质性、可观性成效。

三、到 2035 年，中国特色、世界一流的高校哲学社会科学体系总体形成

到 2035 年，我国基本实现社会主义现代化。同时，世界发展中国家 GDP 总量将大幅跃升，甚至可能超过发达经济体；全球经济增长重心将逐渐实现战略转移，由欧美向亚洲倾斜，并可能外溢到其他发展中国家和地区。由西方国家主导的全球经济治理体系将朝向西方发达国家与新兴经济体共治转变。工业革命以来，由西方国家牢牢掌控全球治理主导权的状态和格局，将发生深刻变化。深度推进全球治理体系变革，基于人类命运共同体的共治模式将成为全球化时代的新治理架构。[①] 高校哲学社会科学主动承担并践行习近平总书记指出的"坚持为人民做学问理念，以研究我国改革发展稳定重大理论和实践问题为主攻方向，立时代潮头，通古今变化，发思想先声，繁荣中国学术，发展中国理论，传播中国思想，努力为发展 21 世纪马克思主义、当代中国马克思主义，构建中国特色哲学社会科学学科体系、学术体系、话语体系，增强我国哲学社会科学国际影响力作出新的更大的贡献"[②] 的价值和成效基本完成。高校哲学社会科学在理论上对诸多百年未有的内生逻辑做出回答，对如何应对百年未有之大变局做出战略上的规划和论证，为世界上那些既希望加快发展又希望保持自身独立性的国家和民族提供中国方案、中国智慧。

在学科体系上，高校哲学社会科学学科综合实力跻身世界前列，学生、学术、学科一体的综合发展体系全面形成。马克思主义理论一级学科基础地位和对哲学社会科学的指导地位稳固。以习近平新时代中国特色社会主义思想为核心内容的高校思政课程群建设成效显著，课程思政和思政课程同向发力、协同育人效

[①] 任少波：《新时代高校哲学社会科学的历史使命》，载于《光明日报》2020 年 7 月 4 日第 11 版。
[②] 习近平：《致信祝贺中国社会科学院建院四十周年》，习近平重要系列讲话数据库，人民网 http：//jhsjk. people. cn/article/29282853，2017 年 5 月 18 日。

果鲜明，高校哲学社会科学担当着教育引导广大学生努力成为堪当民族复兴重任的时代新人的首要责任。文科实验室建设成效明显，促进了基础研究和应用研究协调发展。高校哲学社会科学重点研究基地整体优化结构符合经济社会发展需求，综合性、跨领域的重大问题研究成为常态，重大哲学社会科学研究系列专项工程由高校主要承担并产生全球性的研究成果和影响。集聚全球哲学社会科学"大先生"来中国高校从事"真问题"研究，形成以高校哲学社会科学为牵引推动未来人才体系建设的格局。

在学术体系上，学术创新和引领能力显著增强，中国特色愈发彰显，学术成果国际传播力、影响大幅提升，统一领导、齐抓共管、积极有为的高校学术工作格局全面形成，有效支撑引领经济社会发展作用更加凸显。主动服务国家战略需要，在关系经济社会发展全局的重大课题研究中善出"良谋"，在关系千家万户切身利益的重大问题研究中划"良策"。依托高校哲学社会科学学术研究、政策研究、智库研究引领国家和经济社会改革发展的作用明显，社会治理、全球治理等问题对高校哲学社会科学的依赖和信任十分显著，基本建成主动适应国家需求、引领学术发展、满足社会主义现代化需要的学术体系。

在话语体系上，用中国话语解释国际经验和实践，服务于构建人类命运共同体，增强中国学术话语的说服力和国际影响力，提升国家文化软实力等获得全球普遍认同，高校哲学社会科学向世界讲好中国故事，让世界更好认识中国、了解中国作出重要贡献。打造成聚焦学科前沿和重大理论与围绕讲好中国故事、传播好中国声音构建话语体系，更好把学习贯彻习近平新时代中国特色社会主义思想转化为清醒的理论自觉、坚定的政治信念、科学的思维方法。高校建成了提升国家文化软实力，展现中国特色、世界情怀的话语体系，形成了营造更有创新创造活力的话语生态。

第三章

哲学社会科学的基本内涵和逻辑结构

习近平总书记在 2016 年 5 月 17 日的哲学社会科学工作座谈会上的讲话中明确指出:"哲学社会科学是人们认识世界、改造世界的重要工具,是推动历史发展和社会进步的重要力量,其发展水平反映了一个民族的思维能力、精神品格、文明素质,体现了一个国家的综合国力和国际竞争力。一个国家的发展水平,既取决于自然科学发展水平,也取决于哲学社会科学发展水平。一个没有发达的自然科学的国家不可能走在世界前列,一个没有繁荣的哲学社会科学的国家也不可能走在世界前列。"[①] 当代世界竞争,是自然科学的竞争、经济的竞争,更是思想的竞争、哲学社会科学的竞争。作为研究思想、观念、文化、行为等的"学问",哲学社会科学发展水平在很大程度上决定了一个国家国民的思想、观念、行为、素养和文明程度,更在很大程度上决定了一个国家自然科学研究的思维方式、研究水平、研究能力和人文关怀,落后的哲学社会科学不仅是哲学社会科学本身的落后,它还会导致国家自然科学落后、经济社会发展落后。可以说,哲学社会科学引领和决定了一个国家和民族的精神品质、文明程度、民族性格、行为方式和创新能力,代表着国家的核心竞争力,没有高度发展的哲学社会科学,也就没有高度发展的自然科学,没有国家和民族的未来。然而,当前我国哲学社会科学"在学术命题、学术思想、学术观点、学术标准、学术话语上的能力和水平同我国综合国力和国际地位还不太相称。要按照立足中国、借鉴国外、挖掘历史、把握当代,关怀人类、面向未来的思路,着力构建中国特色哲学社会科学,在指导思想、学科体

---

① 习近平:《在哲学社会科学工作座谈会上的讲话》,载于《人民日报》2016 年 5 月 19 日第 1 版。

面向2035我国高校哲学社会科学整体发展战略研究

系、学术体系、话语体系等方面充分体现中国特色、中国风格、中国气派"。[1] 建设面向 2035 的高校哲学社会科学综合发展体系，应该按照习近平总书记这一要求，在厘清哲学社会科学的科学内涵、基本外延、逻辑结构的基础上，准确把握中国哲学社会科学发展的历史方位和发展水平，深刻领会中国哲学社会科学应有的担当使命，深入分析中国哲学社会科学发展过程中可能存在的问题不足及其内在原因，精准谋划促进中国哲学社会科学高水平发展的战略愿景和策略路径。

第一节　哲学社会科学的意蕴内涵

"哲学社会科学"的概念虽于 1955 年中国科学院学部成立大会期间正式提出，但截至目前却没有明确的、得到广泛认可的定义。从我国"哲学社会科学"现实使用情境看，特别是"全国哲学社会科学工作办公室"及其工作领域、国家社科基金项目涉及学科范围来看，"哲学社会科学"实际上是包括人文、历史、政治、经济、语言等所有"文科"学科在内的学科体系总称。社会科学"目标是获得制约人类行为或某一社会生活领域的一般法则或规律性；它力图把握各种必须当作个案来加以研究的现象（而非个别事实）；它强调必须将人类社会的现实分割成若干不同的部分来分别加以研究；它主张采取科学方法及程序，为科学的客观性和严格性而努力；它偏爱通过系统的研究方法获得证据，以控制条件下的观察，而不以普通的文献资料为主"[2]。由此可以对哲学社会科学做一个简要的概念界定，即哲学社会科学是通过系统而科学的研究方法获得人类精神、思想、行为、文化或某一社会生活领域一般法则或规律的知识的科学。这个定义有三层内涵：首先，哲学社会科学是一种科学；其次，哲学社会科学是具有强大精神力、文化感召力和人文属性的系列学科门类；再次，哲学社会科学是关于人类精神、思想、行为、文化等的一般法则或规律的知识，具有一定的意识形态属性。哲学社会科学的人文属性、科学属性和意识形态属性构成新时代高校哲学社会科学的基本属性，决定了其所要承担的职责功能。

一、哲学社会科学的人文意蕴

作为整个人类文化所体现的最根本的精神，人文精神是一种普遍的人类自我

---

① 习近平：《在哲学社会科学工作座谈会上的讲话》，载于《人民日报》2016 年 5 月 19 日第 1 版。
② 郁建兴：《寻求具有全球意义的本土性》，载于《中国书评》2005 年第 3 辑。

关怀，它以崇高的价值理想为核心，以人自身的自由发展为最终目的①。从词语构成上看，"人文"包含了"人"与"文"两个方面，前者体现的是一种以人为本的精神内核以及对"理想的人"的不断追求，后者则强调为培养这种"理想的人"而设置的学科和课程②。《易经·贲》是中国最早提到"人文"一词的著作，书中写道："关乎天文，以察时变；关乎人文，以化成天下"，这里的"人文"是指人们在生活实践过程中所创造的文明礼仪和伦理道德。在西方，"人文"的含义更多地内蕴在他们对于自由理念的追求，一些与"人文"相关的词汇也都是由"自由"的词根组成③。由此可见，人文精神是人们通过实践活动，在追求自身全面而自由的发展以及塑造理想人格的过程中所形成的社会心理与价值理念。对人文精神的弘扬能够帮助我们在社会主义现代化和精神文明建设过程中，正确处理人文与科学之间的关系，须要始终秉持"以人为本"这一重要原则，实现马克思所讲的对人的本质的复归。

西方人文精神的起源最早可以追溯到公元前 800 年到公元前 146 年的古希腊时期，普罗泰戈拉的"人是万物的尺度"以及苏格拉底的"认识你自己"等思想都强调人的价值和尊严，体现了对人的尊严与价值的重视。作为一名"百科全书式"的学者，亚里士多德更是创立了逻辑学等新的学科，从而使哲学真正成为一门独立学科。在经历了中世纪宗教神学统治下的晦暗时代之后，今天我们所讲的"人文"更多是同西方在 14～17 世纪的文艺复兴运动所开辟的"人文主义"传统相联系，这一时期的人文主义者广泛宣扬人文主义教育思想，除了强调源自古希腊时代的通才教育，他们还将伦理学置于教育体系的重要位置，希望通过对美德和人自身修养的教育来促进人的全面发展④。17～18 世纪的启蒙运动是文艺复兴以来对人文精神的新的诠释，其"理性主义"的思想核心和自由民主平等的理念追求为包括哲学、政治学、经济学、教育学在内的一系列学科的发展提供了良好的契机。启蒙思想于 19 世纪末 20 世纪初被引入中国，来自西方的人文主义思潮同中国传统儒家文化中"仁"的思想相结合，使人文精神得以在更为肥沃的本土文化土壤中继续发展。

在信息时代的大背景下，哲学社会科学的发展与自然科学进步与创新是互为补充、相辅相成的。西方现代化的经验告诉我们，自然科学和技术创新的作用与影响是巨大的，但片面强调它们的发展对社会却是有害的。"现代性孕育着稳定，而现代化过程却滋生着动乱。"⑤ 政治的变迁、经济的波动以及公共安全事件的爆发让人们产生对自身主体能动性的质疑，并引发对科学信息技术的过度依赖心

---

① 孟建伟：《科学与人文精神》，载于《哲学研究》1996 年第 8 期。
②③④ 吴国盛：《科学与人文》，载于《中国社会科学》2001 年第 4 期。
⑤ ［美］塞缪尔·P. 亨廷顿著，王冠华等译：《变化社会中的政治秩序》，上海人民出版社 2008 年版。

理，从而进一步消解了人文精神在社会中发挥的积极作用。哲学社会科学以其丰富的学科内涵为解决这一难题提供了多元化的路径，如文学可以通过对经典著作的解读和赏析，引发人们内心深处对自我价值实现的共鸣，对美好事物的追求，法学可以通过对法律案件的剖析形成对人自身行为的规约，哲学作为世界观的理论体系为实现人的自我超越提供理论工具，等等。正如狄尔泰在《人文科学导论》中指出的，"人文科学的目标——即理解社会历史现实中的单一和个体，认识其形成过程的一致性，为其未来发展建立目标和规则"①。哲学社会科学始终着眼于"现实的人"，并以其学科体系的严密性和学科内容的多样性、时代性，为发挥人文精神对人这一主体的激励、规约以及发展作用，建构了新的理论范式与实践平台，并在现代化浪潮中得到进一步的推广与弘扬，从而可以有效回应、规约科学技术带来的伦理挑战，避免人类陷入科学技术异化的陷阱。就此而言，哲学社会科学的研究意义归根到底在于回归对人的主体关怀，其研究成果也要造福于人的全面发展。

目前，我国哲学社会科学的主阵地在高校。习近平总书记在哲学社会科学工作会谈上的讲话中指出，"高校哲学社会科学有重要的育人功能，要面向全体学生，帮助学生形成正确的世界观、人生观、价值观，提高道德修养和精神境界，养成科学思维习惯，促进身心和人格健康发展"②。哲学社会科学的最高目标在于培养、涵育人的人文精神，在新的历史时代里，高校理应承担起人文精神引领者、培育者和促进者的职责，为促进提升高校乃至整个社会的人文素养作出应有的贡献。首先，随着中世纪政教合一政体的解体，空灵世界逐渐从意义世界中淡出，高校相应承担起知识与价值的阐释与教化职能③，因此高校哲学社会科学也应当以人文精神引领者的姿态推动社会实现价值理性与工具理性的内在统一。其次，目前全国的本科院校几乎都设立了哲学社会科学学科，拥有完备的教学体系和丰富的师生资源，为在高校内部培育人文精神提供了良好的物质条件和学术氛围。最后，高校哲学社会科学在教学授课和学术研究过程中对人文精神的传承与发展将促进厚植在中西方历史文化中的人文精神内化于社会主义建设的各个方面，成为我国实现社会主义现代化强国过程中的宝贵精神财富，为促进和提升整个社会的人文精神提供知识基础和动力支持。

二、哲学社会科学的科学内涵

科学是人们认识世界和改造世界的工具和方法，是人们探求事物运动的客观

---

① ［德］狄尔泰著，赵稀方译：《人文科学导论》，华夏出版社 2004 年版。
② 习近平：《在哲学社会科学工作座谈会上的讲话》，载于《人民日报》2016 年 5 月 19 日第 1 版。
③ 时伟、薛天祥：《论人文精神与人文教育》，载于《高等教育研究》2003 年第 5 期。

规律的活动。随着生产力持续发展，人们对世界的探索亦逐渐深入，不仅诞生了数学、物理学、医学等运用经典理性工具研究事物规律性和关联性的学科，也培育拓展了哲学、文学、社会学、经济学等带有浓郁人文色彩的"文科"科学研究领域，日益成为促进人类社会发展进步的关键力量。从词语结构构成来看，哲学社会科学首先是科学。要厘清哲学社会科学的功能属性与职责使命，首先需要明晰科学的内涵与外延。

1888 年，达尔文曾给科学下过一个定义："科学就是整理事实，从中发现规律，做出结论"。1979 年版《辞海》对科学的定义是"科学是关于自然界、社会和思维的知识体系，它是适应人们生产斗争和阶级斗争的需要而产生和发展的，它是人们实践经验的结晶"。1999 年版《辞海》修改了 1979 年版的定义，对科学作出了更为深入的界定"运用范畴、定理、定律等思维形式反映现实世界各种现象的本质的规律的知识体系"。法国《百科全书》对科学的定义的："科学首先不同于常识，科学通过分类，以寻求事物之中的条理。此外，科学通过揭示支配事物的规律，以求说明事物。"苏联《大百科全书》则将科学定义为："科学是人类活动的一个范畴，它的职能是总结关于客观世界的知识，并使之系统化。'科学'这个概念本身不仅包括获得新知识的活动，而且还包括这个活动的结果。"《现代科学技术概论》称"可以简单地说，科学是如实反映客观事物固有规律的系统知识"。由此可见，科学是概念化、系统化和公式化了的知识，用以研究客观现象的运动规律，即事实和规律构成了科学的主要内涵，也就是说，科学要发现人所未知的事实，并以此为依据，实事求是，而不是脱离现实的纯思维的空想。至于规律，则是指客观事物之间内在的本质的必然联系。因此，可以将科学定义为：科学是建立在实践基础上，经过实践检验和严密逻辑论证的，关于客观世界各种事物的本质及运动规律的知识体系。

科学的起源最早可以追溯到约公元前 3500 年到公元前 3000 年期间的古埃及和两河流域时期。这时期的人们创造了最早期的数学、天文学和医学，使作为西方文明发源地的希腊率先步入了古典时代的"自然哲学"研究领域，开始尝试在物质世界的基础上解释事件的自然原因①。公元 476 年，西罗马帝国灭亡，欧洲历史进入中世纪，作为帝国核心部分的希腊所孕育的"自然哲学"知识在中世纪早期的西欧已经荡然无存，但幸运的是，这些文化被较好地保存在被东罗马帝国统治的伊斯兰世界中。从公元 10 世纪到公元 13 世纪，随着希腊文化作品逐渐复兴，西欧开始对伊斯兰的"自然哲学"作出深入探索，"自然哲学"因此得以恢

---

① ［美］查理·塞缪尔斯著，杨宁巍、郑周译：《古代科学：史前—公元 500 年》，湖北科学技术出版社 2016 年版。

复并逐步传播。之后，经过文艺复兴、科学革命和启蒙运动，"自然哲学"达到了一个较为繁荣鼎盛的时期，这一时期科学领域群星荟萃，成果丰硕。尤其是16世纪开始的科学革命转变了科学研究的传统范式，建立了近代自然科学体系，并在新的科学理论的基础上产生了新的技术，把科学对客观世界的认识提高到一个全新的发展水平①。直到19世纪，化学、物理学、生物学纷纷产生了重大理论突破，许多机构和专业的科学功能初见端倪，"自然哲学"也开始向"自然科学"转变。

科学覆盖的范围非常广泛，由此也诞生了许多科学分支。按照研究对象的不同，科学可分为自然科学、社会科学和思维科学，以及总结和贯穿于三个领域的哲学。自然科学是以定量的方式来研究自然界的物质形态、结构、性质和运动规律的科学，主要包括物理学、化学、地球科学、生物学等学科②。社会科学是研究各种社会现象的科学，主要包括经济学、管理学、政治学、法学、历史学、社会学、心理学、教育学、新闻学等学科③。思维科学又称形式科学，是研究思维活动规律和形式的科学，主要包括逻辑学、数学、理论计算机科学、信息科学、系统科学、统计学等学科④。哲学是对客观世界中基本和普遍问题进行研究的科学，是理论化、系统化的世界观，几乎任何领域的研究，都会引发一些哲学层面的深度思考，需要哲学作为方法论指引，故哲学与很多学科都是相辅相成的⑤。

按照与生产实践联系的紧密程度差异，科学可分为理论科学、技术科学和应用科学。理论科学强调对科学问题的理性概括和抽象归纳，具有较高的普适性与解释性。技术科学是将科学理论运用到于物质生产中的技术、工艺性质的科学，侧重于技术实践。应用科学是具有目的性和实践性的科学，与技术科学往往相互融合，但更侧重于人们的现实需求⑥。按照人类对自然规律利用的直接程度不同，科学可分为自然科学和实验科学。自然科学侧重于研究自然界中客观现象的科学，而实验科学更强调自然实验方法和归纳，以大量确凿的事实材料为依据。按照是否适合用于人类目标来看，科学可分为广义科学和狭义科学。狭义科学特指自然科学，而广义科学涵盖自然科学、社会科学和思维科学，覆盖范围广，是人们现实中更常使用、更符合社会发展目标的"科学"。除此之外，按照发展阶段的不同，科学又可分为"显科学"和"潜科学"。已经成熟并被社会承认的科学

---

① ［美］查理·塞缪尔斯著，杨宁巍、郑周译：《古代科学：史前—公元500年》，湖北科学技术出版社2016年版。

② 李醒民：《知识的三大部类：自然科学、社会科学和人文学科》，载于《学术界》2012年第8期。

③ 赵鼎新：《社会科学研究的困境：从与自然科学的区别谈起》，载于《社会学评论》2015年第3期。

④ 熊炜、孙少艾：《论思维科学》，载于《南京航空航天大学学报》（社会科学版）2018年第20期。

⑤ 孙正聿：《当代中国的哲学观念变革》，载于《中国社会科学》2016年第1期。

⑥ 王星拱：《科学概论》，武汉大学出版社2008年版。

称为"显科学",尚未成熟、还处于幼芽阶段的科学则可被称为"潜科学"。①

科学主要由四大要素构成:科学事实、科学定律、科学假设、科学理论。科学事实是科学研究主体对客观对象经过科学研究后得出的真实描述或判断,是科学知识体系的出发点与最终归宿。科学定律反映了客观世界中事物、现象之间内在的、必然的、稳定的、本质的联系,是构成科学理论的重要基础。科学假设是在一定实践经验的基础上,对研究的问题做出的猜测性说明和尝试性解答,是科学理论的过渡形式。科学理论是经过长时间逻辑论证和系统检验,由一系列概念、判断和推理表示出来的相对正确的科学知识,是科学成功的系统体现。四大要素相辅相成、相互支撑,共同促进科学的形成与发展。

1955年正式提出"哲学社会科学"概念之前,中国的"哲学"和"社会科学"两大学科单独设立、互无交叉。这一新概念的产生与新中国成立后文化教育方面的苏联化倾向有直接的联系,部分研究资料也表明"哲学社会科学"这个名词是由俄语翻译产生的。1955年6月1日,中国科学院学部成立大会在北京召开,大会宣告成立物理数学化学部、生物学地学部、技术科学部和哲学社会科学部四个学部。1966年,中国科学院取消"哲学社会科学部",而保留其他学部。1977年,中国社会科学院成立,取代中国科学院"哲学社会科学部"成为我国文科规划、建设与管理的机构。"哲学社会科学部"这一体制机构虽然被取消,但"哲学社会科学"这一概念非但没有被取消,相反得到更为广泛的使用。由此可见这一概念具有深刻的社会意义与学术价值。

哲学社会科学是通过系统而科学的研究方法获得人类思想、行为或某一社会生活领域一般法则或规律的知识的科学。由科学的分支可以看出,哲学社会科学是与自然科学、思维科学并列的科学门类。当然,哲学社会科学是研究世界总体和社会发展不同的具体领域的自然发展规律、社会发展规律和思维发展规律的科学,是引领社会文明进步的重要工具和思想力量[2],它不仅包括哲学及其分支学科,也涵盖了经济学、管理学、法学、历史学、文学、社会学、心理学、艺术学、教育学、人类学、政治学等社会科学门类。然而,从概念表述的结构可以看出,"哲学社会科学"是一个偏正词组,其"正"也就是概念的核心在于"科学"二字,也就是说哲学社会科学首先是科学,是研究"哲学"和"社会"领域一般性规律的科学,因此,研究和发展哲学社会科学,必须立足于其蕴含的科学属性。

---

① [美]凯瑟林·A.戈里尼著,袁钧等译:《科学分类手册:几何》,光明日报出版社2004年版。

② 王伟光:《学习贯彻落实习近平总书记关于哲学社会科学重要讲话精神,加快构建中国特色哲学社会科学》,载于《中国社会科学》2016年第12期。

三、哲学社会科学的意识形态属性

哲学社会科学是关于人类思想、行为和某一社会生活领域的智慧、法则和规律性的科学，因而具有意识形态属性。从其起源来说，哲学社会科学是学者在私人领域（一般称为学术界）里的自由探索、被学术共同体等少数人认可的知识，然而，由于关涉社会现实、生活观念、伦理道德、政治法律等现实生活的智慧、法则和规律，这些原本专属少数人私有探索、认可的知识却具有成长为社会意识形态的可能性；或者更准确地说，哲学社会科学是意识形态国家机器的思想库。当然，哲学社会科学的影响力从学术私人领域升华到国家机器领域，从学术的自由探索嬗变为具有国家权威的意识形态需要兼具两方面条件。一方面，哲学社会科学不仅要得到学术共同体的认可，而且还要获得社会公众和国家的认可。另一方面，哲学社会科学不仅能解决学术问题，而且还能为社会和政治难题提供解决策略①。

从某种程度而言，意识形态是超越私人领域的哲学社会科学，是一般性哲学社会科学知识从学术理论向社会价值演变的结果。高校作为哲学社会科学研究的主要生产、传承地，有着最为丰富、先进的学术资源和技术，其研究成果首先会通过课堂教学、学生参与研究以及直接向社会传播等图景，向社会扩散。一旦得到社会认同便会成为社会共识，演变成为社会意识形态。同时，由于高校是社会和国家人才培养的摇篮，高校培养的人才一旦走向社会，其在高校习得的理论知识、得到的潜移默化的影响，自然也会深刻影响社会意识形态。另一方面，从更为主动的方面来说，高校能够回应国家权力机构的政治诉求直接面向学生和社会开展意识形态教育，从而能够使高校哲学社会科学理论更迅速地上升为国家和社会的意识形态，这也决定了高校哲学社会科学具有很强的意识形态属性。

哲学社会科学具有科学性和意识形态性的双重属性。然而，哲学社会科学的核心是"科学"，它是科学门类下的一个分支，其根本任务是研究与解决人类社会发展过程中所面临的科学问题，因此具有强烈的客观性、现实性和问题导向性，只有在发展相对成熟、能被社会大众广泛接受后才会具备意识形态属性。此外，高校是国家科学问题的主要研究基地，其根本任务是传播科学知识、培养专业人才，需要运用客观真理来进行科学研究，不能违背甚至背离规律性的要求，在此基础上才能诞生出丰硕的学科成果，从而服务于社会政治、经济和文化发

---

① 安维复：《哲学社会科学与意识形态关系的合理化重建》，载于《学术月刊》2010 年第 42 期。

展。这就决定了科学性是哲学社会科学的"第一属性"，科学属性是高校哲学社会科学的本质属性，而意识形态性是科学性的衍生物，意识形态属性只有通过科学属性才能彰显其内在价值，得到认同，另一方面，意识形态属性只有建立在正确的科学属性基础之上，才能被广大人民群众所接受，才能得到有效发展和传播。就此而言，哲学社会科学的意识形态属性，首先要立基于科学属性之上，意识形态属性不能超越或者违背哲学社会科学的科学属性。

四、高校哲学社会科学的职责使命

高校是教育的前沿阵地，是科学文化的主要孕育地，肩负着人才培养、科学研究、社会服务、文化传承创新、国际交流合作五大基本职能。首先，对于一个国家和社会来说，高校是培养各类人才的主要场所，人才培养是高校的首要职能和基本职能。其次，科学研究是综合国力竞争的重要维度，高校作为创新资源的集聚地、创新活动的深入地、创新人才集聚地和主要生发地，是国家创新体系的重要组成部分，理应成为科学研究的主力军。高校拥有丰富的教育教学资源和科技创新资源，同时兼具社会服务职能，应充分利用上述资源为人民服务、为社会服务、为改革开放和社会主义现代化建设服务。再次，高校是文化传承和文化创新的重要阵地，始终坚守文化传承创新的文化自信，既是高校的重要职能，也是落实立德树人根本任务的重要内容和实践抓手。最后，面对人类命运共同体理念深入人心，高校除了提升服务自身和国家发展的能力之外，还应自觉成为传播中华优秀传统文化和先进科学技术的重要载体，加强国际合作与交流，增进文化融合、科技协作和知识传播，这也是我国高等教育高质量发展的重要途径[①]。

相应地，哲学社会科学作为高校教育的重要组成部分，其属性与功能要服从于高校的属性与功能。首先，高校哲学社会科学既要为哲学社会科学实现人才培养、知识创新等职能提供实践基地，又要为自然科学各个专业人才培养提供通识教育，培养学生人文素养、人文关怀、公共精神，还要积极承担服务地方的职能，对社会开展文化传承创新、国际交流合作的职责。

其次，高校哲学社会科学的根本任务是传播知识、培养人才，所以高校应聚焦培育时代新人、武装人民的核心目标，运用好马克思主义、中华优秀传统文化和革命文化、国外哲学社会科学三个方面的学术资源，以学生健康成长为中心，深化教育教学改革，建设高质量的哲学社会科学教材体系和学术研究体系，创造

---

① 朱孔京：《做实高校"五大"基本职能，落实立德树人根本任务》，人民论坛网，http://www.rmlt.com.cn/2020/0428/578417.shtml，2020年4月28日。

更多有价值的原创性学术成果，帮助学生树立哲学社会科学思想和科研意识，努力实现中国特色社会主义共同理想，培养德智体美劳全面发展的社会主义事业建设者和接班人。

再次，高校哲学社会科学研究应始终坚持面向中国本土实践，坚持人民至上，顺应时代潮流，加强调查研究，注重理论联系实际的能力，切忌"空谈理论"，健全和完善理论成果转化机制，使哲学社会科学更好地为人民群众和地方经济社会发展服务。高校哲学社会科学还应深入挖掘中华文明中蕴藏的丰富智慧，继承与发扬中华优秀传统文化，推动中华文化"走出去"，积极探索我国哲学社会科学领域国际交流和教育合作的新形式、新方法，深入推进与国外高水平大学和科研机构的各方面合作，促进中华文明与其他文明的共同发展，努力构建哲学社会科学方面全球战略伙伴合作网络。[1]

最后，高校哲学社会科学不仅要服务于人才培养、科学研究、社会服务、文化传承创新、国际交流的需要，还要服务于新时代话语体系建构的目标要求。话语体系是思想体系的外在表现形式。习近平总书记在哲学社会科学工作座谈会上强调："在解读中国实践、构建中国理论上，我们应该最有发言权，但实际上我国哲学社会科学在国际上的声音还比较小，还处于有理说不出、说了传不开的境地。要善于提炼标识性概念，打造易于为国际社会所理解和接受的新概念、新范畴、新表述。"[2] 在这次座谈会后，经过各方支持与努力，中国哲学社会科学的国际话语权正在快速提升，话语体系正在逐步形成。各大国际知名学术论坛上，中国学者的身影已频频出现；许多国际媒体中，常见中国学者的文章或采访；中国学者的著作越来越多地被推介翻译至国外出版；各种中国学者提出的学术新名词已逐渐被国外权威字典或刊物收录；许多原有的话语和外来术语也被中国学者赋予了新的含义、丰富了概念内容。中国哲学社会科学正以全新的姿态融入到建设中国特色社会主义和构建人类命运共同体当中去。

面对当前国内外新的文化环境，我国高校哲学社会科学要自觉承担起服务于新时代中国话语体系建构的职责，加强新时代中国特色哲学社会科学话语体系传播，提高中国特色社会主义文化的国际影响力。首先，高校哲学社会科学要增强文化自信和文化自觉，深入研讨中国特色哲学社会科学的理论与方法建构。要坚持以马克思主义为指导思想，继承和弘扬中国特色社会主义文化，努力拓展先进科学文化理论知识，深入研究并传播现有的哲学社会科学研究成果，在此基础上注重文化创新，培养理性批判和辩证的思维方式，坚持原创新与交合性创新、特

① 任少波：《高校哲学社会科学的时代担当》，载于《国家教育行政学院学报》2021 年第 7 期。
② 习近平：《在哲学社会科学工作座谈会上的讲话》，载于《人民日报》2016 年 5 月 19 日第 1 版。

色创新与全面创新的统一①。

　　其次，要发挥高校哲学社会科学工作者在构建主流大众话语中的推动作用。高校哲学社会科学工作者是新时代中国话语体系建构的核心主体，要在建构主流意识形态的大众话语方式上增强主动性，承担起宣传学术话语、创新理论体系的重要任务，推动各学科知识的中国化、时代化、大众化，创造出能被大众所接受、通俗易懂的话语，创新与人民群众日常生活相契合的哲学社会科学话语传播体系，实现思想性话语、通俗性话语与学术性话语的有机统一②。

　　最后，高校哲学社会科学要努力促进话语体系的国际化，增强国际话语权。话语体系与国际话语权是紧密联系、相得益彰的。随着我国综合国力和国际地位的不断提升，中国特色社会主义在世界的影响力也在不断增强，然而我国话语体系的国际影响力仍相对较弱③。高校哲学社会科学工作者要在学懂弄通科学知识的基础上，灵活运用国外民众易于理解和接受的方式推动在中国大地孕育出来的原创性观点和科学文化成果在世界各国传播与发扬，努力做到"中国立场、国际表达"，讲好、讲活、讲透中国故事，提出解决科学问题的中国方案，不断增强我国哲学社会科学话语体系在国际上的穿透力、感染力和影响力，继而提升我国哲学社会科学的国际话语权。

　　总而言之，高校哲学社会科学的职责使命首先是要坚持哲学社会科学的科学属性，坚持真理，做真学问、真科学，进而用真学问、真科学来推进、服务于人才培养、社会服务、文化传承创新和国际话语权建构，使哲学社会科学成果更好地服务于高等教育建设、中国特色社会主义建设和人类命运共同体构建。

第二节　哲学社会科学的体系构成

　　习近平总书记在 2016 年 5 月 17 日召开的哲学社会科学座谈会上指出，"中国特色哲学社会科学应该涵盖历史、经济、政治、文化、社会、生态、军事、党建等各领域，囊括传统学科、新兴学科、前沿学科、交叉学科、冷门学科等诸多学科，不断推进学科体系、学术体系、话语体系建设和创新，努力构建一个全方

---

　　① 王遐见：《论新时代马克思主义主导的哲学社会科学主体话语体系建构》，载于《世界哲学》2019年第 1 期。

　　② 赵红艳、张焕金：《新时代中国特色哲学社会科学话语体系的传播路径研究》，载于《黑龙江省社会主义学院学报》2018 年第 3 期。

　　③ 严书翰：《加强我国哲学社会科学话语体系建设的几个重要问题》，载于《党的文献》2014 年第 6 期。

位、全领域、全要素的哲学社会科学体系"①。哲学社会科学体系是中国特色哲学社会科学的实践载体、主体框架和骨干支撑。就具体构成结构而言,哲学社会科学体系是由学科体系、学术体系、育人体系、话语体系"四大体系"构成的复合系统。这"四大体系"相互联系、相互影响、互为支撑,形成整个哲学社会科学体系的基石。加快构建中国特色哲学社会科学体系,需要对"四大体系"的内涵进行深入理解与剖析,在充分发挥哲学社会科学思想引领和价值引导作用的基础上,努力搭建学科平台、厚植学术沃土、聚焦人才培养、夯实话语基础,不断推动哲学社会科学创新发展,产生更多高质量成果和高水平人才。

一、学科体系及其内涵

学科,英文为 discipline,《汉语大词典》对学科的解释是"知识或学习的一门分科,尤指在学习制度中为了教学将之作为一个完整的部分进行安排"②,《现代汉语词典》的解释则是"按照学问的性质而划分的门类"③,《新牛津英语词典》对学科的定义是"知识,特别是高等教育中学习的知识的一门分支"④。在中国古代,学科有两个含义,一是指学问的科目门类。《新唐书·儒学列传》中提到,"自杨绾郑馀废郑覃等以大儒辅佐,议优学科,先经谊,黜进士,后文辞,变弗能克也"。二是指唐宋时期科举考试的学业科目。宋代孙光宪在《北梦琐言》中写道,"咸通中,进士皮日休进书两通,其一,请以《孟子》为学科"⑤。

现代意义上的学科概念源于西方。"西方知识类型的划分目的就是运用理性的思维认识社会与自然,因此从一开始起,西方的分类方式,便表现出较强的科学性、逻辑性和结构性。"⑥ 自亚里士多德始,西方哲学社会科学就有较为强烈的"学科色彩",《政治学》开创了"学科"分野的传统。其后,经过多年发展,雨格和培根等逐渐完善了西方学科分类体系,奠定了近代学科分类的基础,直至法国百科全书派的《百科全书》对不同性质和类型的知识作出了明确的界定,研究对象范围明确、学科边界相对清晰的"学科"正式形成。

《中华人民共和国国家标准》(GB/T 13745 – 2009)对学科的定义是:学科是相对独立的知识体系。杨天平研究认为,学科概念主要有四个方面的含义:一是一定

---

① 习近平:《在哲学社会科学工作座谈会上的讲话》,载于《人民日报》2016 年 5 月 19 日第 1 版。
② 罗竹风:《汉语大词典》,汉语大词典出版社 1989 年版,第 245 页。
③ 中国社会科学院语言研究所词典编辑室:《现代汉语词典》,商务印书馆 2000 年版,第 1429 页。
④ Pearsall J. *The New Oxford Dictionary of English*. Oxford:Clarendon Press,1998.
⑤ 杨天平:《学科概念的沿演与指谓》,载于《大学教育科学》2004 年第 1 期。
⑥ 谢利民、代建军:《回到学之前》,载于《常州工学院学报》2005 年第 3 期。

科学领域或一门科学的分支，二是按照学问的性质而划分的门类，三是学校考试或教学的科目，四是相对独立的知识体系。[1] 泰晤士高等教育的学科评价指标则包括学术声誉、毕业生质量、教学质量、研究实力、国际化程度几个方面（见表 3-1）。

表 3-1　　　　　　　　　泰晤士世界大学学科评价指标体系

评价指标	指标属性	权重（%）	指标释义
同行评议	学术声誉	40	以前参与过调查的同行专家等以及"世界科学"数据库中 18 万个 E-mail 地址和马维德公司"国际图书信息服务"数据库中的抽样用户。人员按美洲、亚太、欧中非三大地区分配权重，对 5 个学科领域分别进行大学提名，但不得提名自己所在的学校，也不得重复提名。所有数据连续统计三年
雇主评价	毕业生质量	10	2005 年开始使用，使用全球调查方式，具体评价方法基本同上，雇主主要来自金融、信息技术、制造业、服务等行业，一般为 3 000 家左右
师生比	教学质量	20	教师专指学术人员，不含研究助理、博士生、访问学者等
人均被引论文次数	研究实力	20	2007 年前采用篇均被引用率。使用 Scopus 数据库，期刊覆盖 1.6 万种，130 余所高校数据，并收入了非英语语言杂志，与 web of science 采集的数据相关系数在 0.9 左右，相关度较高。考虑院校规模，采用"论文被引总次数/教师数"的计算方式
国际教师	国际化程度	5	国际教师比例，指持有海外国籍并在该国从事全日制教学的教师
国际学生	国际化程度	5	国际学生比例，指持有海外国籍并在该国从事全日制学习的本科生和研究生，不含对外交流学生

《美国新闻与世界报道》对学科的评价主要包括声誉调查、学生选择、学生成功（起始工资与奖金、就业率、职业资格通过率）、资源情况（生均教育支出、图书藏书量、生师比、博士学位授予数量、博士学位教师比例、教师中院士比例或获奖比）、研究活动（总研究经费、师均研究经费、研究经费资助教师比例）、其他（生均财政资助）[2]，参见表 3-2。

---

① 杨天平：《学科概念的沿演与指谓》，载于《大学教育科学》2004 年第 1 期。
② 朱明、杨晓江：《世界一流学科评价之大学排名指标分析》，载于《高教发展与评估》2012 年第 2 期。

表 3-2　《美国新闻与世界报道》学科评价指标体系构成一览表　　单位：%

一级指标	二级指标	工商	教育	工程	医学	法律	艺术	文理
声誉调查	学术界调查	25	25	25	25	25	100	100
	非学术界调查	15	15	15	15	15		
学生选择	申请录取率	1.26	6	3.25	1	2.5	—	—
	入学成绩与分析（分类）	23.75	12	6.75	19	22.5	—	—
学生成功	起始工资与奖金	14	—	—	—	—		
	就业率	21	—	—	—	18		
	职业资格通过率	—	—	—	护理	2		
资源情况	生均教育支出	—	—	—	—	9.75		
	图书藏书量	—	—	—	—	0.75		
	生师比	—	2	11.25	10	3		
	博士学位授予数量	—	2.5	—	—	—		
	博士学位教师比例	—	5	6.25	—	—		
	教师中院士比例或获奖比	—	2.5	7.5	—	—		
研究活动	总研究经费	—	7.5	15	30	—		
	师均研究经费	—	15	10	—	—		
	研究经费资助教师比例	—	7.5	—	—	—		
其他	生均财政资助	—	—	—	—	1.5		
总计		—	100	100	100	100	100	100

　　教育部学科评估将师资队伍与资源、人才培养质量、科学研究水平、社会服务与学科声誉作为一级指标。其中，师资队伍与资源着重考察师资质量（代表性骨干教师、师资队伍结构）、专任教师数、支撑平台情况（国家级和省部级重点实验室、基地、中心数）；人才培养质量着重考察培养过程质量（课程教学质量、导师指导质量、学生国际交流）、在校生质量（学位论文质量、优秀在校生）、毕业生质量（总体就业情况、优秀毕业生、用人单位评价）；科学研究水平着重考察科研成果（学术论文、专著专利、出版教材）、科研获奖、科研项目；社会服务贡献与学科声誉着重考察社会服务贡献（代表性案例）、学科声誉（学术影响力、学术道德）。

　　综上所述，本研究认为，学科实际上是包含专业知识、科学研究、人才培养的综合体系，它是高校教学、科研、师资等方面实力的集中反映，学科水平直接影响一所大学的办学水平，哲学社会科学学科发展则直接关乎一个国家的哲学社会科学发展水平。由此，可以从广义和狭义两个层面理解学科。狭义而言，学科就是指各类具有特定研究对象的专门化、系统化的科学分支。广义而言，学科是包括专门化的科学分支（狭义的学科）、科学研究和人才培养在内的知识系统。相应地，学科体系也就包括两层含义，一是各种学科构成的学科体系，二是各类学科构成的学科体系、科学研究体系和人才培养体系的总称。学科体系完善性和发展水平体现和决定了一个国家的科学发展的系统性、专业性和科学性。哲学社会科学学科体系的完善性和发展水平则决定了这个国家思想文化的发展水平。

二、学术体系及其内涵

"学术"是一个历久弥新的概念。西方语境下"学术"概念的基本含义是"探求高深的理论知识"。在中国传统语境中，"学"与"术"是两个相区别又相联系的概念，"学"是指学问、知识，或是指学习知识、探求道义的过程；术是指方法与策略、技艺和技巧。[①]"学"是"术"的基础，有"学"才能有"术"。明末清初，"学术"开始广泛出现于各种著作中，并被提高到事关国家兴亡的高度，有人甚至认为"天下兴亡在人心，人心良莠在学术；要拯救天下、拯救人心，必须辨明学术"[②]"天下之治乱，由人心之邪正；人心之邪正，由学术之晦明"[③]。对于什么是学术，熊铁基先生的定义是："学术是知识与技能（或者技术）的理论升华，学术是各种学问的系统化。"[④]

实际上，从不同角度，学术有不同的内涵。一是从静态和动态的角度来看，可以把"学术"视作包括静态的理论知识和动态的实践过程的二维概念，这是本研究对学术概念的定义角度，也是本研究对学术概念定义的创新。二是从知识及获得知识的方法的角度，把"学术"视作是理论和方法二维统一的概念。如杨义就认为，"所谓'学术'，分而言之，学为原理，术为方法。在 20 世纪早期，梁启超就引用西方学者的话，强调'学者术之体，术者学之用，二者如辅相依而不可分离。'"[⑤] 三是从"学"和"术"的逻辑关系来看，可以把"学术"视作包括"理论"与"应用"两个维度的概念。这是国内对"学术"概念的传统观点，如梁启超认为，"学也者，观察事物而发明其真理者也；术也者，取所发明之真理而致诸用者也。例如，以石投水则沉，投以木则浮。观察此事实以证明水之有

---

① 编写组：《学术论文写作概论》，四川大学出版社 2015 年版，第 1～2 页。
② 史革新：《略论清初的学术史编写》，载于《史学史研究》2003 年第 4 期。
③ 林久贵、周春健：《中国学术史研究》，崇文书局 2009 年版，第 5 页。
④ 熊铁基：《试论中国传统学术的综合性》，载于《华中师范大学学报》2002 年第 5 期。
⑤ 杨义：《现代中国学术方法综论》，载于《中国社会科学》2005 年第 3 期。

浮力，此物理也。应用此真理以驾驶船舶，则航海术也"①。严复认为，"盖学与术异。学者，考自然之理，立必然之例；术者，据既知之理，求可成之功。学主知，术主行"②。蔡元培则认为，"学为学理，术为应用"。谢伏瞻指出，学术体系是加快构建中国特色哲学社会科学的核心，主要包括两个方面：一是思想、理念、原理、观点，理论、学说、知识、学术等；二是研究方法、材料和工具等。③

综上所述，本研究认为"学术"是系统、规范地探究或运用专业理论知识的实践活动过程及成果。这个定义包含两层含义，一是学术既是名词性的"系统知识"，又是动词性的探究系统知识的实践活动过程；二是不同于一般的知识或实践活动，学术有其系统性、规范性和专业性，探究系统知识的过程必须遵循系统性、规范性和专业性，得出的理论知识也必须具备系统性、规范性和专业性，没有过程的系统性、规范性、专业性，就没有知识的系统性、规范性和专业性。与其相对应，学术体系应该是学术理论体系（理论升华的知识和技能体系）和学术方法体系的统称。

三、话语体系及其内涵

所谓"话语"实际上就是表达出来的语言。话语与"话语权"相关。狭义的话语权指的是说话权，即掌控舆论的权力，又指信息传播主体的现实与潜在影响力，延伸指对特定事物决策权、社会发展方向的影响力。根据福柯（Michel Foucault，1926～1984）的研究，话语是一种丰富复杂的具体社会形态，是社会权力关系相互缠绕的具体言语方式。话语是特定社会语境中人与人之间从事沟通的具体言语行为，即一定的说话人、受话人、文本、沟通、语境等要素。韩庆祥和陈远章认为，话语体系蕴含着一个国家的文化密码、价值取向、核心理论，决定其主流意识形态的地位和国际话语权的强弱；当代中国话语体系主要指中国特色哲学社会科学话语体系，包括对内和对外两个方面。对内话语权即主流意识形态话语权，主要在于巩固马克思主义在意识形态领域的主导和引领地位；对外话语权则是指中国在国际上的话语权力和话语能力。④ 谢伏瞻认为，"话语体系是学术体系的反映、表达和传播方式，是构成学科体系之网的纽结，主要包括：概

---

① 梁启超：《饮冰室合集·文集》，中华书局 1989 年第 1 版，第 12 页。
② 严格：《严复集年》（第四册），中华书局 1986 年版，第 885 页。
③ 谢伏瞻：《加快构建中国特色哲学社会科学学科体系、学术体系、话语体系》，载于《中国社会科学》2019 年第 5 期。
④ 韩庆祥、陈远章：《建构当代中国话语体系的核心要义》，载于《光明日报》2017 年 5 月 16 日第 15 版。

念、范畴、命题、判断、术语、语言等。话语既是思想的外在表现形式，又是构成思想的重要元素。当然，话语体系不单纯等同于语言，它是有特定思想指向和价值取向的语言系统"①。在哲学社会科学学科体系、学术体系建设的语境下，所谓话语体系建设的主要目的是增强中国哲学社会科学在国际学科体系、学术体系中的话语权和影响力，因此，本研究认为，哲学社会科学话语体系指的是哲学社会科学表达系统的总称，主要包括由学术概念、命题、判断等构成的学术理论体系，由各种学术论坛、宣传媒体、专业出版物等构成的传播体系，以及由各类学术机构、团体等所组成的组织体系。

第三节　哲学社会科学体系的逻辑结构

从外延来说，哲学社会科学既包括哲学，又包括政治学、行政学、心理学、社会学、人类学、新闻学、法学、经济学、管理学等社会科学，还包括文学、历史学、语言学、外语、翻译、宗教学、逻辑学等诸多人文学科。作为一个具有较强政治意识形态色彩的科学门类，哲学社会科学是一个复杂的综合有机系统，门类齐全、研究对象界限分野相对清晰却又存在一定交叉融合关系的学科体系是这个有机系统的核心子系统，以学科为基础的学术理论研究是整个哲学社会科学的基石，也是哲学社会科学发展水平的体现和基本动力，而人才培养则既是哲学社会科学延续、繁荣和发展的基础，又是其繁荣发展的目的。谢伏瞻在《加快构建中国特色哲学社会科学学科体系、学术体系、话语体系》一文中认为，学科体系是加快构建中国特色哲学社会科学的基础和根本依托；学术体系是加快构建中国特色哲学社会科学的核心，话语体系是学术体系的反映、表达和传播方式，是构成学科体系之网的纽结；学术体系是学科体系、话语体系的内核和支撑，学术体系的水平和属性，决定着学科体系、话语体系的水平和属性。② 在整个哲学社会科学系统中，学科、学术、育人、话语，是既相互联系又相互影响的子系统，本研究认为学科是哲学社会科学的基础依托，学术是哲学社会科学的创新源泉，育人是哲学社会科学的根本任务，话语是哲学社会科学的表征系统，它们有机结合，形成整个哲学社会科学体系的基石。

---

①② 谢伏瞻：《加快构建中国特色哲学社会科学学科体系、学术体系、话语体系》，载于《中国社会科学》2019 年第 5 期。

一、学科是哲学社会科学的基础依托

习近平总书记指出，"中国特色哲学社会科学应该涵盖历史、经济、政治、文化、社会、生态、军事、党建等各领域，囊括传统学科、新兴学科、前沿学科、交叉学科、冷门学科等诸多学科"①。这里，传统学科指的是经过长时间发展和实践检验并被当今学术界沿用的成熟学科，是现行学科体系的根基部分。新兴学科相对于传统学科而言，指的是通过新发掘或者学科融合交叉后形成的新型学科，是学科未来发展的重要方向。前沿学科是用来研究和解决前沿领域问题的学科，是学科发展的关键部分和新的知识增长点，也是未来知识竞争的重要场域。交叉学科与新兴学科类似，是由文理各学科通过相互交叉、融合、渗透的方式而形成的新兴学科，也是学科未来发展的重要方向。冷门学科是指学科领域研究者较少、不被社会大众所熟知的学科，是一个动态和相对的概念，是学科发展的潜力点。当前，我国哲学社会科学体系已经基本确立，但学科质量还需要持续提升，结构还需要进一步完善和优化。部分传统学科的知识更新速度缓慢，严重滞后于经济社会发展的步伐。由于传统学科依然占据学科主体地位，新兴学科和前沿学科发展投入和发展动力还不足，冷门学科重视程度不够，存在消亡的危险。由于管理体制机制的固化和创新动力的不足，学科间的壁垒依旧比较顽固，学科间的界线难以打破，学科交叉和融合还不够。

学科活动和体系发展的主要场域在高校。目前，高校的学科体系主要由基础学科、主干学科、支撑学科、交叉学科四个部分构成，它们相互联系、相互制约、相互促进、相辅相成，共同推动学科整体向前发展②。基础学科包括基础理论学科和应用基础理论学科，是学科体系的基础，与高校的性质紧密相关，例如理工类高校应侧重于应用基础学科建设，综合类高校应侧重于发展理论性更强的基础理论学科。主干学科（也称为重点学科），是高校的特色和优势学科，由高校的性质和实力所决定，是学科体系的灵魂，例如高校的国家级或者省级重点学科往往是该校的主干学科，代表着高校学科发展的地位和高度。支撑学科是为高校主干学科或相关学科提供支撑和解决科学问题的学科，能为高校重点学科发展提供必要的学科和学术资源，是高校学科体系建设的重要支撑。交叉学科是由基础学科、主干学科、支撑学科或几种相关学科通过相互交叉、融合、渗透的方式而形成的新兴学科，例如化学与物理学的交叉形成了物理化学和化学物理学，经

---

① 习近平：《在哲学社会科学工作座谈会上的讲话》，载于《人民日报》2016年5月19日第1版。
② 谢桂华：《关于学科建设的若干问题》，载于《高等教育研究》2002年第5期。

济学和地理学的交叉形成了经济地理学和区域经济学等。交叉学科体现了科学向综合性发展的趋势，已逐渐成为高校学科综合实力和竞争力的重要体现、国家科技创新和科技进步的重要源泉。

哲学社会科学由哲学、文学、历史学、经济学、管理学等众多相关学科有机构成。没有学科就没有哲学社会科学，各个学科以其研究对象所具有的特殊性而区别于其他学科，成为具有独立性的知识体系，同时又因其对象在特殊性中包含着普遍性而相互联系，构成一个个包括多个学科的更高层级的学科体系或学科群。从纵向看，学科分为不同层级的学科体系；从横向看，一个学科由多个子学科构成；纵横结合，构成多层次的哲学社会科学学科体系①。这也决定了学科体系在哲学社会科学"四大体系"中处于统领地位，是学术活动、话语表达、人才培养发生的基础依托和基本场域。

从宏观上看，学科体系建设是根据社会发展需求和国家利益等的需要而形成的科学合理的学科门类，具有全局性、整体性、现实性、前瞻性，在变与不变的有机统一中辩证发展，这是做好学科体系建设的出发点②。推进具有中国特色的高校哲学社会科学学科体系建设，需要对学科体系做好全局性和整体性的评估与协调，以有利于各学科的相互借鉴交叉、促进跨学科研究为诉求，以倡导"大学科"意识为目标，提高哲学社会科学工作者关于学科体系建设的全局意识和学科交叉意识，使之适应社会发展和科技进步的需要。这种带有全局性和战略性的学科体系格局不仅有利于各个具体学科的研究者做好自身的研究工作，还将引导不同学科的研究者相互借鉴、相互学习，产生价值更高、适用性更强的研究成果，从而推动整个社会文化的繁荣和科技的发展。

从微观上看，学科体系是由众多学科所组成的知识系统，各学科间相互促进、相互吸收，共同推动整个学科体系的发展与完善。高校哲学社会科学要始终坚持以马克思主义理论为指导，以马克思主义中国化为目的和归宿，将马克思主义贯穿到各相关学科的建设与发展当中，尤其是哲学、文学、历史学等人文性较强的学科，为哲学社会科学学科发展奠定牢固的理论基础。要积极优化学科结构布局，构建不同类型学科协同发展的体制机制，积极推动传统学科创造新知识，同时要重视新兴学科的培育和发展，增强前沿学科的创新驱动力和学科引领力，扶持和保护冷门学科，创新体制机制，打破学院间、学校间和学科间的界限，鼓励学科交叉与融合，形成多元共存的学科生态系统。此外，要立足于我国哲学社

---

① 田心铭：《学科体系、学术体系、话语体系的科学内涵与相互关系》，载于《光明日报》2020年5月15日第11版。

② 瞿林东：《学科体系学术体系话语体系建设的使命任务》，载于《人民日报》2021年8月2日第9版。

会科学学科建设的实际情况，注重哲学社会科学各相关学科之间的协调发展，深入挖掘基础学科研究价值，重点支持主干学科发展，努力培育交叉前沿学科，以理论为依据，以实践为导向，将理论和实践有机结合，注重学科间尤其是相似学科间以及哲学社会科学与自然科学学科间的相互借鉴、融会贯通、交叉研究，以构建高质量的学科体系格局引导带动哲学社会科学整体发展。

二、学术是哲学社会科学的创新源泉

谢伏瞻指出，"学术体系是学科体系、话语体系的内核和支撑，学术体系的水平和属性，决定着学科体系、话语体系的水平和属性。近代以来的学术发展史表明，一种新的理论和研究方法的确立，往往就是一门新学科的诞生。成熟、独特的理论和研究方法，通常是区分学科最重要的标志。"[1]

学科体系之中，学术的兴替"实系吾民族精神上生死一大事者"[2]，学术思想发展水平是国家和民族文化发展水平的重要标志，更是国家和民族文化发展的动力基础，学术体系因而构成整个学科体系的创新源泉，决定着学术思想的创新发展能力、学科建设的水平、话语表达质量及其影响力、人才培养的层次和效果。学术体系和学科体系之间有较大交叉和重叠关系，学术体系的发展水平决定了学科体系的发展水平，没有好的学术体系和学术创新，就没有好的学科体系，学科体系建设必须以学术科研为创新源泉，同时又为学术体系服务，好的学科体系会对学术研究和学术体系的建设与发展形成促进作用。构建中国特色哲学社会科学学术体系，既不应墨守成规、故步自封，也不应摒弃传统、崇洋媚外，而应自觉遵循客观规律、求真创新、中西贯通。

第一，学术体系以学术创新为根本，应以重大学术问题和原创性学术研究成果为导向。目前，中国特色哲学社会科学学术原创能力有待进一步提升，与其他一些国家学术体系建设相比，中国的学术体系在世界上的知名度、影响力、贡献度、引领力还有一定的差距[3]。因此，加快构建中国特色哲学社会科学学术体系，高校需要具备本土性、世界性、前瞻性、战略性眼光，培养问题意识、时代意识、使命意识、责任意识。要始终立足中国国情，聚焦中国发展的难题，突出中国特色哲学社会科学学术体系建设的基本内容、整体框架、特色亮点和对全世界的突出贡献。要将马克思主义与哲学社会科学具体学科深入结合，努力探索和研

---

① 谢伏瞻：《加快构建中国特色哲学社会科学学科体系、学术体系、话语体系》，载于《中国社会科学》2019 年第 5 期。

② 林久贵、周春健：《中国学术史研究》，崇文书局 2009 年版，第 6～7 页。

③ 方世南：《遵循学术规律　推进学术体系建设》，载于《中国社会科学报》2019 年 8 月 13 日第 1 版。

究中国特色社会主义政治建设、中国特色社会主义经济建设、中国特色社会主义法治建设、中国特色社会主义精神文明建设、中国特色社会主义生态文明建设等重大基本问题。要将学术成果积极投入到为人民服务、为社会发展服务当中去，从而为中国特色哲学社会科学学术体系建设提供强有力的理论和实践支撑。要以努力探索全人类面对的共同问题为价值导向，努力跟进世界学术研究前沿问题，充分发挥中国特色哲学社会科学学术体系应当具有的学术引领力，为营造良好的国际学术环境、促进世界和平发展作出贡献。

第二，学术体系建设应以学科建设为平台，努力打破学科边界、推进各学科交叉融合发展。学术体系作为对客观事物本质和规律以及对学术自身发展规律的反映，既以各专业性学科知识的形式表现出来，又以各专业性学科之间的有机联系整体呈现，二者是相互影响、相互促进的，具有紧密关联性和内在一致性。要立足于"大学科"整体性发展思想，打通学科壁垒，改变传统学术研究组织范式，由科研人员的独自钻研向跨学科团队的协同创新转化，由单学科单一研究方法向跨学科多元研究方法共用转化，由科研研究机构内的闭门研究，向与企业和科研院所的协同合作转化，发挥多学科、多领域的创新合力，促进学术发展。要大力培育和引进协同创新哲学社会科学研究平台领军人物，推动高校学术带头人由在较小学科领域开展研究的小团队的"作坊型"专家向能开展协同创新及能跨领域、跨行业、跨地域整合资源的战略型专家转变，整合高校多学科力量和科研优势资源，组建开展持久跨学科研究的协同创新哲学社会科学研究平台队伍[①]。还要聚焦区域经济发展，积极主动与地方政府和企业开展深度合作，与政府或企业共建区域研究院，整合多方优势资源构建协同创新战略联盟，促进校企产学研用一体化[②]。

第三，学术体系建设是以研究方法为指导的建设，应遵循正确学术研究方法的指引，积极推进学术方法创新、学术研究范式变革。科学的学术研究方法是为了达到学术成果目标而采取的研究方式，对学术体系建设具有重要指导意义。要树立研究方法创新意识，大力破除研究方法方面的思维定势和习惯惰性，跳出固有研究方法的框架，科学地借鉴和吸收国外哲学社会科学先进的研究方法，丰富哲学社会科学研究方法体系。要彻底扭转片面的科研导向，完善研究课题的申请和立项要求，把研究方法作为课题能否立项的必备条件，促使研究者从课题研究初始就重视研究方法；在研究项目的创新标准中，必须突出方法创新的权重，鼓励教师应用先进方法进行研究，大力推进学术研究范式变革；在成果验收和奖励

---

① 李忠云、邓秀新：《高校协同创新的困境、路径及政策建议》，载于《中国高等教育》2011 年第 17 期。

② 王树国：《乘势聚力　协同创新　推进世界一流大学建设》，载于《中国高等教育》2011 年第 17 期。

时，必须在考虑成果本身价值的同时，把研究方法作为重要依据和参数①。同时需要在哲学社会科学相关专业，开设研究方法课程，培育和提高哲学社会科学研究者学习、创新哲学社会科学研究方法的意识和能力。

第四，学术体系建设应以学术繁荣为目标，构建良好的学术生态环境。学术生态环境是一个由学术主体、学术制度、学术管理、学术评价、学术风气等组成的复合生态系统②。良好的学术生态环境是培养高质量科研人才、产出高价值学术成果的重要条件，更是促进学术体系建设向科学化、有序化、高效化发展的强大推动力量。要构建以学术质量为导向的科研评价体系，引导科研人员将关注点聚焦于科研成果的质量和实际价值，构建更加科学、畅通的晋升渠道，避免论资排辈的现象。要营造人才为本、宽松包容的学术环境，减少行政干预，弱化对科研工作者的科研项目、课题、论文、著作、奖励等短期硬性指标要求，使科研人员敢于面对科研活动的失败与不足，做到"板凳坐得十年冷"。要加强对科研人员学术道德水平的培养与监管，在科研人员正式开展学术研究前先要进行学术道德修养培训与考试，制定和完善相关培训机制、处罚机制、举报奖励机制，对科研人员的学术道德进行引导和监督，敦促科研人员经常性进行自我反思，促进科研人员恪守学术道德，严守学术规范；各科研单位要实施学术道德"一票否决制"，对违反学术道德的科研人员采取"零容忍"态度，取消其在特定时间范围内的一切评奖评优与晋升机会，并记入个人诚信档案，突出学术道德的重要性。③

三、育人是哲学社会科学的根本任务

哲学社会科学本质上是关于意识形态的科学，哲学社会科学具有认识世界、传承文明、创新理论、咨政育人、服务社会的重要功能，国际竞争、国家发展，很大程度上是意识形态的竞争，是哲学社会科学引领的结果，哲学社会科学承担着探寻哲学社会科学真理、传播哲学社会科学思想、引领社会思想潮流和经济社会发展、培育培养具有哲学社会科学素养和思想的公民的重任。通过发展哲学社会科学以培养具有现代性素养和公共精神的公民，是现代国家发展哲学社会科学的重要目的，也是哲学社会科学发展的核心使命。洪堡认为，大学在追求纯粹的知识的同时，要通过教学与科研的结果，促进知识的进步。我国历来重视发挥哲学社会科学的育人功能。毛泽东说，"政治工作是一切经济工作的生命线"④。

---

① 贾劝宝、张松柏：《高校哲学社会科学研究方法创新之我见》，载于《中国高等教育》2010 年第 6 期。
② 方世南：《遵循学术规律推进学术体系建设》，载于《中国社会科学报》2019 年 8 月 13 日第 1 版。
③ 李大元：《我国学术生态"雾霾"及其治理》，载于《改革》2016 年第 3 期。
④ 毛泽东：《中国农村的社会主义高潮》按语选，引自《毛泽东文集》（第六卷），人民出版社 1999 年版，第 449 页。

邓小平同志说，"我们共产党有一条，就是要把工作做好，必须先从思想上解决问题"①。习近平总书记指出，"高校哲学社会科学有重要的育人功能，要面向全体学生，帮助学生形成正确的世界观、人生观、价值观，提高道德修养和精神境界，养成科学思维习惯，促进身心和人格健康发展。……要实施以育人育才为中心的哲学社会科学整体发展战略，构筑学生、学术、学科一体的综合发展体系。要实施哲学社会科学人才工程，着力发现、培养、集聚一批有深厚马克思主义理论素养、学贯中西的思想家和理论家，一批理论功底扎实、勇于开拓创新的学科带头人，一批年富力强、锐意进取的中青年学术骨干，构建种类齐全、梯队衔接的哲学社会科学人才体系"②。

就育人体系而言，人才培养既是学科体系建设、学术体系建设的主要任务与目标，同时又是学科体系建设、学术体系发展的基础和动力。没有好的学科体系、学术体系，不可能有优秀的教材，也难以培养出优秀的人才；没有优秀的人才基础，学科体系和学术体系也就成了空中楼阁。需要特别指出的是，哲学社会科学关乎整个社会的思想意识形态，因而哲学社会科学的育人不仅限于哲学社会科学领域的"专业性育人"，事实上它还是整个社会思想意识形态育人的载体和工具，必须重视哲学社会科学对其他学科人才的人文素养培养和全社会的哲学社会科学普及工作，通过哲学社会科学知识的普及，培养具有现代性的公众群体。

2018年4月，教育部最新公布调整的《学位授予和人才培养学科目录》中，哲学社会科学学科有哲学、经济学、法学、教育学、文学、历史学、管理学、艺术学、军事学九个学科大类、38个二级学科，表明我国高等教育已经形成了学科门类齐全、布局较为合理的哲学社会科学育人体系。2017年，全国第四轮学科评估显示，全国27个哲学社会科学学科共有962个一级博士点，按照"师资队伍与资源、人才培养质量、科学研究水平、社会服务贡献与学科声誉"四项指标，最终62个学科点被评为"A＋"、65个学科点被评为"A"、131个学科点被评为"A－"，267个学科点被评为"B＋"，272个学科点被评为"B"……，274个学科点被评为"C"，259个学科点被评为"C－"。学科建设成效显著。以马克思主义理论学科为例，我国现有马克思主义理论博士授权高校93所，其中，仅中央党校每年就培养100名博士，可见，目前我国哲学社会科学学科的育人功能作用明显。但李昌祖等的研究表明，高校哲学社会科学育人还存在一些问题，如：对哲学社会科学的功能价值认识不够，没有充分确立"哲学社会科学是高等教育育人系统不可缺失的重要组成部分"的理念；第一课堂教学在充分发挥育人

① 邓小平：《全党重视做统一战线工作》，引自《邓小平文选》（第一卷），人民出版社1994年版，第184页。

② 习近平：《在哲学社会科学工作座谈会上的讲话》，载于《人民日报》2016年5月19日第2版。

途径的设计上尚有缺陷，例如，思想政治理论课在挖掘哲学社会科学的内涵要素上还有不足，当前哲学社会科学教育的课程过分偏重于知识传授，人文精神缺乏，创新意识不够等；高校的第二课堂教育还存在系统化设计不够，操作不规范，缺乏科学性等不足；社会资源的挖掘不足，社会与学校缺乏互动；制度设计及保障机制的系统思考不足，高校作为统领哲学社会科学教研的机构，在思想上对哲学社会科学仍然没有足够的重视，大学的哲学社会科学学科在一定程度上受到冷落，大学生的思想教育滞后于学生认知能力的发展。除此之外，我国哲学社会科学育人功能发挥上还存在一些宏观、中观、微观上的不足和问题：

一是以意识形态教育为导向的灌输性思想政治教育方式弱化了哲学社会科学的育人效果。哲学社会科学是关乎意识形态的科学，思想政治和意识形态教育是哲学社会科学的重要使命，我国历来高度重视思想政治教育，国家明确规定了高校课程设置和学分分配中的思想政治教育课程设置要求和学分比例，高校课程设置必需优先保证思想政治教育课程和马克思主义理论课程的教学安排，从小学乃至幼儿园的教学活动，到大学、研究生乃至工作后的各种学习活动中，思想政治和意识形态教育都是重中之重，国家在思想政治教育和意识形态宣贯方面投入了大量资源，但张红霞于 2011 年开展的实证研究表明，当代大学生呈现政治观日趋成熟，但政治意识淡漠；价值观日渐清晰，价值判断趋向多样化；个性特征显著增强，但心理承受能力薄弱；时代感强烈，但社会责任意识欠缺等特点。何中华 2017 年的研究也显示，当下大学教育失衡，重知识轻德性、重科学轻人文、重能力轻人格的大学教育造成部分学生政治信仰薄弱、道德意识不强、功利主义色彩严重以及心理素质欠佳等现实问题。实践中，各级各类官员的腐败、腐化、堕落程度更是令人触目惊心，社会道德水平滑坡现象严重。可见，虽然我国高等教育极其重视思想政治教育，但整体育人效果不佳，一些学者和思想政治教育实践工作者将其原因归结为思想政治教育的弱化、学科育人功能重视不够等原因，这实际上没有真正抓住问题的关键，造成我国思想政治教育和意识形态教育效果弱化的根本原因在于我国思想政治教育没有把握住思想政治和意识形态教育的本质与规律。无论是现代教育的理论研究还是中国千年历史的教育实践都表明，教育功能作用发挥的关键在于春风化雨而非灌输。当前，我国思想政治和意识形态教育中一定程度上存在过于强调哲学社会科学的意识形态灌输功能、而非春风化雨式的渗透和自然熏陶的现象。实践中，一些高校科研机构把思想政治和意识形态教育强行附加于所有哲学社会科学学术研究和传承之中，这种灌输式教育与实践之间的张力严重削弱了思想政治教育和意识形态教育的效果，把春风化雨式的学科专业教育、学术思想研究、基础学术素养教育、哲学社会科学内蕴的真善美教育等，变成了空洞说教式的思想政治教育，其结果是一方面在一定程度上冲淡、消解了哲学社会科学的科学性属性、学术素养及其内蕴真善美的自然熏陶与传承，另一方面甚至适得其反，不仅弱化了思想教育的效果，反而消解了哲学社会科学自身内蕴的教育功能和价值。

二是人才培养不能适应哲学社会科学学科发展的专业性需要。科学属性是哲学社会科学的本质属性，哲学社会科学的繁荣与发展离不开学科专业性人才的传承与发展。当前，我国高校哲学社会科学学科人才培养虽然基本满足社会对学科人才培养的基本需求，但在一定程度上背离了学科基础性人才培养的应然目标。市场经济发展使哲学社会科学学科建设和人才培养受市场驱动的影响日益加深，在"应用型""实践性"等口号影响下，学科建设和人才培养方面的市场化导向倾向明显，培养的人才往往偏向社会性、经济性、市场化，而对学科性、专业性、学术性、基础性人才培养的重视度不够。市场导向的人才培养方式虽然暂时能够满足市场发展的需要，在市场经济氛围浓厚的当下也在一定程度上有利于学科、专业的短期传承与发展，但偏离学科专业性、学术性、学科性、基础性的市场化人才培养方式，在一定程度上加剧了学术研究、人才培养的功利化倾向，侵蚀了哲学社会科学的学科属性和科学属性，显然不利于哲学社会科学的基础学术理论研究、自主性概念命题建构与发展，影响学科长远发展，更影响中国哲学社会科学国际学术话语地位的确立和提升。

三是哲学社会科学学术科研与教书育人的功能定位出现较大张力。哲学社会科学的学术科研和教书育人功能在本质上是辩证统一的，两者互为前提、互为目标，也互为基础和动力。高水平学术科研可以为高质量的教书育人提供师资队伍、知识积累和育人平台，高质量的教书育人可以为高水平的学术科研提供高素质的科研人才、知识传承和社会基础，但受"五唯"等不合理评价体系、高校对教育教学的实际重视程度、教师教书育人的实际成本收益、教书育人与教学科研之间的"性价比"差异、教师收入和社会地位不高以及职业道德下降等因素的影响，我国高校学术科研和教书育人这对本应辩证统一的功能定位之间出现了较大张力，主要表现为三种不良现象：一是重科研轻教书育人的现象比较严重，少数教师只埋头于自己的学术科研，只关注项目申报、论文发表和科研奖项，对教书育人心不在焉、草率应付；二是少数非常重视教学的教师的学术科研水平较低，只能限于低水平、陈旧性学科专业知识的传授，难以培养出高质量的人才；三是少数教师既不注重科研又不重视教学，把教师职业与课堂教学视作混日子、糊弄学生、发牢骚、甚至纯粹谋求个人私利、私欲的身份牌，既无心于学科、专业和学术，也无心于教书育人。周文辉等 2017 年的调查研究显示，我国硕士研究生课程教学满意率只有 69.4%，比 2016 年下降 1.2 个百分点，科研训练满意率只有 68.3%，比 2016 年下降 1.7 个百分点。博士研究生对科研训练的满意率略高，也只有 79.1%。各学科门类学位研究生中，哲学类满意率为 77%、历史学为 75.4%、艺术学 74.5%、法学 72.9%、文学 72.3%、教育学 66.9%、军事学 65.5%、经济学 65.5%、管理学 63.6%，研究生对课程教学的总体满意率较低①。

四是教材建设不能满足学科发展、人才培养和知识传播的需要。习近平总书记在《在哲学社会科学工作座谈会上的讲话》中提出，"学科体系同教材体系密不可分。学科体系建设上不去，教材体系就上不去；反过来，教材体系上不去，学科体系就没有后劲。"② 哲学社会科学传承、发展与育人的基础在于教材，高质量的教材可以为学科传承、传播、发展与育人提供优质的媒介和载体，促进学科、学术和学生发展，劣质教材不仅不能有效传播知识，培养优秀人才，反而会降低学科、学术声誉和影响力，削弱学生专业兴趣和学习积极性。受各种原因影响，当前我国哲学社会科学高等教育教材建设存在四个方面的问题：一是教材的本土性、自主性不足。受学科建设、学术研究水平的影响，我国哲学社会科学教材很多都是引自西方或以西方学术概念、理论为基础，西方化色彩严重，未能有效建构起具有中国学术自主性、概念、知识理论体系的高水平教材体系。二是教材的专业性和学术水平不高。除少数高水平本土性教材外，多数本土性教材的专业性、学术性、知识性、趣味性、可读性严重不足，无法兼顾学术人才培养、学科教育和知识传播的需要。三是教材与实践相脱节，教材内容说教色彩严重而实践性不强，很多内容与实践相脱节、相背离，课程教学中的社会实践走过场、形同虚设，课程考核方式单一。四是僵化理解运用马克思主义为指导的教材体系建设精神。以马克思主义为指导，是我国哲学社会科学学科、学术、育人的基本原则，但与学科建设、学术科研一样，以马克思主义为指导在哲学社会科学育人和教材编撰实践中被严重误读，变成了用马克思主义对各种学科专业学术研究、育人、教材的包办和改造，而不是用马克思主义的基本原则、根本要求、研究方法、思维方式来指导学科建设、学术研究、教材编撰和育人，把以马克思主义为指导的教材编撰变成了以马克思主义来改造哲学社会科学的知识体系、学术概念和思想理论观点，使专业性学术教材变成了意识形态说教的工具，背离了专业性学术教材的学术性、专业性和科学性，显得不伦不类。

五是哲学社会科学的科学普及工作没有得到足够重视。一个国家或民族的哲学社会科学素养在很大程度上决定了一个国家或民族的整体素养、人文精神和文明程度。哲学社会科学本质属性是其科学属性，就此而言，哲学社会科学是从事哲学社会科学学科建设工作者、学术研究者、专业学习者、从业者的专业性事

① 周文辉等《2017 年我国研究生满意度调查》，载于《学位与研究生教育》2017 年第 9 期。
② 习近平：《在哲学社会科学工作座谈会上的讲话》，载于《人民日报》2016 年 5 月 19 日第 1 版。

务，但是哲学社会科学的意识形态属性决定了它又是一项大众性工作，哲学社会科学育人工作因而不仅包括专业性学术人才、专业学习者、专业从业者的培养和教育，更包括广大人民大众的哲学社会科学素养的普及和教育，哲学社会科学的科学普及工作因而意义重大，然而，我国哲学社会科学的科学普及工作却没有得到应有的重视。实践中，虽然省、市、县、高校社科联都在开展科普工作，但是大多流于形式，一般只是开展展览、宣传、答疑咨询等活动，而缺少系统性的哲学社会科学科普计划，更缺少系统、深入、形式活泼、易于领会的科学普及课程教育。

构建中国特色哲学社会科学育人体系，要以引导青年学生树立正确的世界观、人生观、价值观为根本目的，坚持马克思主义指导思想，用好课堂教学这个主渠道，构建各类课程与马克思主义理论相结合的育人课程体系。哲学社会科学要立足于解决社会发展过程中所面临的重大问题，适时调整或改革学科设置、课程体系、培养方案，加强对学生的专业知识灌输、问题意识培养、学术能力提升，努力探索培养学科性、专业性、学术性、基础性人才，减弱或者去除学术研究的功利化倾向。要引导教师树立科学合理的职业观和教学观，引导其正确处理科研活动与教书育人之间的关系，破除"五唯"等不合理评价体系，避免教师功利化主义、职业不平衡心理等错误倾向，加强对课程教学的监督与评价，推动教师将更多精力投入到教书育人过程中，提高教学服务水平与质量。要着力建设具有中国学术自主性、概念、知识理论体系的高水平教材体系，既要坚持以马克思主义基本理论为指导，又要突破意识形态束缚，提高本土教材的学术性、普及性、趣味性。要将理论与实际紧密结合，推出一系列具有丰富理论指导且具有广泛实践意义的教材，并以此为基础进行广泛深入的哲学社会科学知识普及，增加中国特色哲学社会科学的影响力和普及性，引导国民深入了解科学知识、感受中华文化、自觉投身到哲学社会科学建设当中来，壮大哲学社会科学研究队伍。

四、话语是哲学社会科学的表征系统

谢伏瞻指出，"话语体系是学术体系的反映、表达和传播方式，是构成学科体系之网的纽结，主要包括：概念、范畴、命题、判断、术语、语言等。话语既是思想的外在表现形式，又是构成思想的重要元素。当然，话语体系不单纯等同于语言，它是有特定思想指向和价值取向的语言系统"[①]。在哲学社会科学体系

---

① 谢伏瞻：《加快构建中国特色哲学社会科学学科体系、学术体系、话语体系》，载于《中国社会科学》2019 年第 5 期。

中，话语体系通过概念、范畴、命题、判断、术语、语言等系统记载学术创新的知识成果、展现学科整体知识脉络，体现了学科的思想观念、价值导向，因此，话语体系实际上是承载、展现哲学社会科学知识体系、思想观念和价值导向的表征系统，它体现了哲学社会科学学科体系、学术体系发展水平，关乎哲学社会科学学科体系、学术体系的传播效果，决定着育人体系的育人效能，代表并决定着哲学社会科学各项功能的实现程度，对一个国家学科体系、学术体系的国际地位和影响力有决定性影响。

中华民族历史悠久，是人类灿烂文明的杰出代表，历史上产生了浩如烟海的文化成果，为人类文明发展作出了重大贡献，这些文化成果都通过具有中国历史文化特色的话语体系得以记录、传承和展现。晚清以来，西方哲学社会科学的译介引入，使现代哲学社会科学在中国得到逐步发展，特别是马克思主义的引入，对我国哲学社会科学的发展起到了极大的推动作用。新中国成立以来，特别是改革开放以来，我国哲学社会科学发展取得了切实成效，但受西方话语体系的侵蚀与影响，当代中国哲学社会科学话语体系在一定程度上出现了"西方化"。当前，"我国哲学社会科学学科体系不断健全，研究队伍不断壮大，研究水平和创新能力不断提高，马克思主义理论研究和建设工程取得丰硕成果。广大哲学社会科学工作者解放思想、实事求是、与时俱进，坚持以马克思主义为指导，坚持为人民服务、为社会主义服务方向和百花齐放、百家争鸣方针，深入研究和回答我国发展和我们党执政面临的重大理论和实践问题，推出一大批重要学术成果，为坚持和发展中国特色社会主义作出了重大贡献"，但也存在一些"亟待解决的问题"，表现为"哲学社会科学发展战略还不十分明确，学科体系、学术体系、话语体系建设水平总体不高，学术原创能力还不强；哲学社会科学训练培养教育体系不健全，学术评价体系不够科学，管理体制和运行机制还不完善；人才队伍总体素质亟待提高，学风方面问题还比较突出，等等"。具体到话语体系领域，主要存在以下三个问题：

一是中国特色建构不足。当代世界哲学社会科学话语体系以西方话语体系为主导。由于西方哲学社会科学话语体系比中国起步要早、发展得较为成熟、传播更为广泛，源于晚清引入西方哲学社会知识理论体系建立起来的当代中国哲学社会科学体系，在很长一段时间都是以学习和接收西方知识理论体系为主，未能有效建立起立基于中国实践，具有中国特色、中国气派的话语理论体系，导致哲学社会科学发展严重脱离我国社会经济发展现实，对国民经济和国家重大棘手问题的指导能力不足。

二是话语体系缺乏现实性和问题性导向。面对中国特色社会主义的蓬勃发展，哲学社会科学也必定会面临新机遇、新问题、新挑战，这就需要哲学社会科学工作者进行新思考。然而，仍有部分哲学社会科学工作者只是简单照搬西方社会发展理论，未能有效结合中国具体国情，缺乏思考哲学社会科学发展所面临的突出问题；还有部分哲学社会科学工作者仍停留在对问题的感性理解，没有深入问题本质进行研究，缺乏相关理论的建构能力。

三是话语体系缺乏凝聚力和国际影响力。在全媒体时代，信息传播的渠道日益丰富和多样，传播的速度也不断加快，这也导致了话语主体多元化，使得马克思主义话语体系的凝聚力和影响力受到一定程度的削弱。由于目前完善的全媒体监管制度尚未完全形成，部分话语脱离了马克思主义轨道和社会经济发展现状，存在一定程度的失范性，产生了一些非主流意识形态的语言，在一定程度上影响了大众对话语体系的正确选择和判断，冲击了中国特色哲学社会科学话语体系。此外，西方发达资本主义国家在学术研究上已掌握国际话语权，这使得在处理一些国际问题时，中国媒体的话语权丧失，话语传播影响力效果也不佳。

因此，构建中国特色哲学社会科学话语体系，要始终坚持马克思主义在哲学社会科学话语体系中的指导作用，在此基础上，还要勇于发展马克思主义理论与话语，这是中国哲学社会科学话语体系的独特品性，也是中国特色哲学社会科学摆脱和超越现有国际哲学社会科学话语体系框架格局、确立中国特色哲学社会科学在国际哲学社会科学话语体系中的地位的前提和关键。我们要充分挖掘中华优秀传统文化话语资源，加强文化自觉和文化自信，立足于中国发展历史与现状，培育出具有中国特色的、原创性的话语体系；要以问题为导向进行理论和话语创新，既要从中华优秀传统文化中汲取营养，又要批判地借鉴学习国外哲学社会科学理论体系，着眼于我国发展实际，培养创新思维和创新意识，善于总结提炼标识性概念，创造易被大众和国际社会理解的哲学社会科学话语；要拓展中外学术文化交流，鼓励并支持哲学社会科学工作者积极参与国际性学术会议、加入国际性学术组织、发表学术文章，加强国内外智库交流，制定相应制度措施引进国外专家学者或高层次人才，增强中国特色哲学社会科学话语的国际影响力。

第四章

中国特色哲学社会科学学科体系的
演化与调整

第一节　学科体系及其演化规律

英国史家彼得·伯克曾说过：不妨将不同的学科看成是个性分明的职业甚至亚文化。它们有各自的语言、价值、心态和思维方式，并不断被各自的训练进程或"社会化"所强化。[①] 这种专业群体之间、专业群体与普通人之间的差异，早已是普遍现象，在知识生产领域体现得尤为明显。对中国哲学社会科学体系建设来说，亦复如此。

一、学科与学科体系

学科是一个历史的范畴，它是在一定历史时空中建构起来的规范化知识形式。学科制度在中国早已有之，在近一个多世纪的现代化进程中经历了一系列复杂的变迁，对中国高等教育及人文社会科学研究影响深远。学科体系是一种知识

[①] 维舟：《理解"黑话"盛行的原因，也就理解了当下的中国社会》，南都观察家，https://mp.weixin.qq.com/s/Um2qKDGzZ9quqs6g8XSFLQ，2021 年 6 月 22 日。

制度，意味着一种对知识加以分类的"学科分类制度"。恩格斯曾指出："没有种的概念，整个科学就没有了"，"无数杂乱的认识资料得到清理，它们有了头绪，有了分类，彼此间有了因果联系，知识变成了科学"。随着对知识内涵的认识加深，人类从不同角度对知识进行了分类。从某种意义上说，分类原则本身正体现了人类在不同历史时期、不同社会形态下对知识内涵和知识作用的不同理解。

普朗克曾指出："科学乃是统一的整体，它被分为不同的领域，与其说是由事物本身的性质决定的，还不如说是由于人类认识能力的局限性造成的。"科学之所以被划分成一门门独立的科学，只是为了人类认识和研究的需要。因此，学科分类无疑是主观的，当然也就难免其局限性。然而，没有学科分类，便无从认清学科之间的关系，学术既不专门，自不能发达，学科分类是科学存在并得以发展前进的一个基石①。

早在古希腊时期，柏拉图把知识分为理性、理智、信念和表象四种状态。前两者属于本质的、理性的认识，后两者是派生的、易逝的知识。之后，亚里士多德改造并发展了柏拉图的知识分类法。他是第一位明确提出"学科"概念并进行了学科分类的哲学家。他在《物理学》开篇说："任何一门涉及原理、原因和元素的学科，只有认识了这些原理、原因和元素，才算认识或领会了这门学科"，这可谓对学科概念的第一个定义。在此之前，哲学研究的是包罗万象的人类全部知识。自亚里士多德开始，人类知识的整体被划分为三大类：纯粹理性、实践理性和创造。纯粹理性是指为着自身而被追求的"理论（思辨）知识"（theore-tike）；实践理性则是关于行动的"实践知识"（praketike）；创造则是指那些无法或几乎无法用言辞传达的，为着创作和制造而被追求的"创制知识"（poietike），主要指艺术和其他有关行业的知识。亚里士多德的知识观和学科分类思想，成为西方哲学和科学发展的重要基点，影响极其深远。

对于学科体系及其结构的研究由来已久，但却一直聚讼纷纭。特别是在人文社会科学领域，由于人文社会科学存在生活性、复杂性和多义性等特点，其学科体系与结构的合理性及科学性问题成为一个莫衷一是的论题，由此也造成复杂的学术乃至社会影响。一般意义上，学科是人类知识体系的基本单元，是将人类的知识按照其内在联系，或者相类似的表现形式加以划分，形成的一个个知识集合；故而学科是知识分类的产物，是指一定知识领域或一门科学的分支。知识的形式与知识对人的规范与训练是"学科"这一概念的两个方面，discipline 一词

---

① 陆军、宋筱平等：《关于学科、学科建设等相关概念的讨论》，载于《清华大学教育研究》2004年第 6 期。

就是对这两个方面所做的较为全面的整合。概言之，学科就是一定历史时期知识发展到一定程度形成的规范化、专门化的知识体系。就"学科"一词的两层含义而言，前者是一般意义上理解的学科，即作为知识分支，可以称之为学科发展的第一层次；后者则是专指具有教育、教学职能的"制度化学科"，即作为大学的学科专业，可称之为学科发展的第二层次。在第一层次，"学科"的含义主要强调学术的内在逻辑，较少考虑学科的组织形式与外在支持。

伯顿·克拉克（Burton R. Clark）认为学科包含两种含义：一是作为知识的"学科"，二是围绕这些"学科"而建立起来的组织。一般认为，可以从三个不同的角度来阐述学科的涵义：其一，从创造知识和科学研究角度，学科是指一定科学领域或一门科学的分支，是一种学术的分类；其二，从教学授课的角度，学科就是教学的科目；其三，从大学里承担教学科研的人员来看，学科就是学术的组织，即从事科学与研究的机构。这是学科的三重基本内涵。他还认为，"知识是指人们在社会实践中积累起来的经验，这些基于经验的知识通常是支离破碎的、浅显的、原生态的，任何一门学科在其未成'学（科）'之前，都是不成系统的，杂合着感性认识或部分理性知识，但一旦成为'学（科）'，就成为一个由各个不同的知识单元和理论模块组成的具有内在逻辑关系的知识系统"。英国教育学家赫斯特（Paul H. Hirst）指出，独有的概念体系、表达方式和研究方法是知识发展成为学科的必要条件。因此"学科"具有如下特征：

（1）具有在性质上属于该学科特有的某些中心概念；

（2）具有蕴含逻辑结构的有关概念关系网；

（3）具有一些隶属于该学科的独特的表达方式；

（4）具有用来探讨经验和考验其独特的表达方式的特殊技术和技巧。

概言之，一门独立学科的形成所需要素有三：一是研究对象/领域，一门学科要具有独特的、不可替代的研究对象；二是理论体系，要形成特有的概念、原理、命题、规律，构成严密的逻辑系统；三是研究方法，要形成其特定的研究方法。

作为一个专门的知识领域或知识集合体，学科本身并不具有知识传递、教育教学的含义；学科的"教育"职能来自学科的第二层次——"制度化学科"，即在关注学术内在逻辑与知识发展的同时，还强调学科的外在制度与组织形式。其主要载体是大学，大学是学科得以形成和存在的主要制度性场所。从中世纪开始，就逐渐出现有系统的专业课程学习，医学、神学、法学成为中世纪大学的主要学科。19 世纪中叶以后，随着社会科学的兴起，学科制度化思潮迅速展开，19 世纪知识史的标志之一乃是知识的学科化和专业化。有学者认为，一个成熟和独立的学科，其标志是："它必须有独立的研究内容、成熟的研究方法、规范和学科体制。讲到学科体制或学科制度，其成熟的标志与合理性又体现在二级学科的划分、学术评价指标、一定数量的得到承认的学术成果，特别是经典性学术著作以及学科的历史（学术史）这样一些规范之上。对于人文社会科学，本土化也是学科成熟的重要标志之一。"换言之，只有当科学研究发展到具有一定程度的规范，或者说形成某种"制度"时，它才能称为学科。

沃勒斯坦（Immanuel M. Wallerstein）指出，所谓学科实际上同时涵盖了三方面内容：首先，学科是学术范畴，即具有某种学科界限以及某种公认的合理的研究方法；其次，学科是组织结构，有以学科命名的院系和学位；最后，学科也是文化，属于同一个学术共同体的学者在很大程度上具有共同的阅历和研究方向。17 世纪以后，随着数学方法和实验方法的广泛采用，近代科学兴起，按照研究对象划分的一门门的自然科学开始从包罗万象的哲学中分离出来，人们的知识结构和认知图景随之发生根本变化，从而为近代的学科分类体系奠定了哲学和科学的基础。分析，是科学态度的开端。科学把整体看作部分的结合，因而对整体对象的分割，从宏观对象到原子、基本粒子的分解，不仅是一个追根溯源深化本质认识的过程，而且这一分解还是无穷深入的过程。

学科分类是对知识分类的深化。到 19 世纪中叶，自然科学的分化已经形成了许多各不相同的研究领域，诞生了学科，这是学科发展的第一阶段。19 世纪末爆发物理学革命以后，学科发展突出地表现为分化的步伐大大加快，学科越来越多，专业化程度越来越高。如统一的自然科学分化为基础理论科学、技术基础科学和工程应用科学 3 个层次，每一层次又可细分成各种不同的门类。各种学科之间出现了交叉学科、边缘学科等，这是学科发展的第二阶段。进入 20 世纪后，人类的知识呈现指数级增长。到 20 世纪中叶，知识发展出现了高度分化和高度综合的有机统一：一方面，知识的分门别类的研究比近代科学更精细、更深入；另一方面，横断学科、综合学科、交叉学科的出现使知识综合化、整体化的趋势更加突出。这是学科发展的第三阶段。①

学科是科学分类的产物，根据各门学科的研究对象与它们之间的相互关系和区别，对学科进行划分和组织，并确定其在整个科学体系中的位置，揭示整个科学的内部结构，这就构成了"学科分类体系"。根据对学科研究和管理的需要，各国编制了不少学科分类体系。目前对知识分类的研究，主要是在学科层面上进行的，学科分类已成为科学发展研究的一个重要内容。"一个复合主题的每个独立组面可看成是这五个范畴中的一个且仅仅是一个范畴的某种表现形式。"中国古代图书分类法以经、史、子、集四部分类为主流，基本上与孔子的六艺分科相

---

① 宣勇、凌健：《"学科"考辨》，载于《高等教育研究》2006 年第 4 期。

对应，这一思想影响至今。米歇尔·福柯认为，任何学科既是一个研究领域，也是一种社会规范。他强调一个学科作为一个研究领域，属于知识生产的范畴，为的是实现知识的新旧更替和知识的一体化、理论化、系统化与再系统化。而学科作为一种社会规范，意指学科的知识成为规定人们行为的规范，隐含着对于知识的理解和阐释。如福柯所言，"学科构成了话语产生的一个控制系统，它通过统一性来设置其边界"。福柯对于学科的阐述是对学科的双重含义的深刻解析。由于"学科"内涵的双重性，导致了人们普遍存在对"学科体系""学科结构""专业设置""教材体系"和"课程体系"理解上的含糊。

　　学科是在一定历史时空中建构起来的规范化的知识组织形式，它往往滞后于其相关知识领域的研究和发展。只有当某个研究领域的知识在一定的历史时期发展到一定程度并形成规范化、专门化的知识体系之时，学科才得以生成。不同的知识领域彼此之间既有所区别，又不可避免地发生着联系。而对不同的学科进行界定与划分，确定其在整个人类知识体系中的位置，即构成了学科分类体系，简称为"学科体系"。"学科体系"主要涉及学科的研究对象、范围、内容及其结构形式等问题。任何一门学科的学科体系都直接影响着其专业设置、教材体系和课程体系的设计与发展，科学的学科体系的构建是合理的教材体系及课程体系建设的基础和条件。① 另一方面，学科体系也是一种对知识世界的结构化分析方法，提供对学术世界概念分析的工具。学科的划分需要遵循知识体系自身的逻辑，因此学科及其分支是相对稳定的知识体系；即使新兴的交叉学科、边缘学科和综合性学科也都有自身相对稳定的研究领域。与此同时，对知识进行分类这一行为本身又是一种社会建构，通过某种"制度"把学科知识的分类予以自然化和公理化，使得"人为精心策划的社会建构隐而不显"。通过对学科体系的认识，人们进入不同的学科，并接受这一学科的规范和训练。正因如此，伯顿·克拉克认为"主宰学者生活的力量是学科而不是所在院校"，学者对学科的忠诚往往优先于对学校的忠诚。学科制度实际上是社会控制和调节方式的一部分，"大学其实就是把沉思默想的追求落实为一种社会制度的地方"。而"学科"是大学的基本框架，大学的其他制度都是围绕"学科"形成的，先有"学科"，才有"专业"，才有"院系"及其他等。从历史上来看，大学学科体系的构建和调整都与时代的需求密切相关。学科是专业的基础，专业设置则必须考虑学科发展的逻辑。需要指出的是，学科与专业并不是完全一一对应的关系。其原因就在于专业是按照社会对不同领域和岗位的专门人才的需要来设置的，必须考虑社会分工的需要。

---

① ［法］米歇尔·福柯著，谢强、马月译：《知识考古学》，生活·读书·新知三联书店 2003 年版，第 199 页。

专业设置，就是高等教育部门根据科学分工和产业结构的需要所设置的学科门类。它是人才培养规格的重要标志。授权学位和培养研究生的学科专业目录按"学科门类""一级学科""二级学科（专业）"三个层次设置。"学科门类"是学科专业目录中的第一个层次，决定了授予学位的名称。在学科专业目录中，二级学科（专业）的设置不仅是基础性的，也是极其重要的，原因在于专业是培养人的基本单元，与学科分类和社会职业分工密切相关。一个学科的基本体系结构从宏观上可分为三个部分：学科专业知识体系、学科课程体系、学科培养计划。任何一个学科都有一个其独特的知识体，描述一个学科的知识内涵。伴随研究的深入和拓展，该学科知识体会有所调整，但其核心和基本部分是相对稳定的。

学科的课程体系虽然总体上是对应于知识体而形成的。一个课程体系是由多门课程构成的系统。培养计划是特定的教育机构，针对特定的学生群体，为特定的学科专业专门制定，在规定的时间段中实施的教学计划。培养计划与教学目标和教学任务的落实直接相关，是教师执行教学的指南。在整个学科体系结构中，培养计划是与学生与教师最切实相关的部分。需要特别加以说明的是，不同学科之间并不是截然分开的，学科与学科之间往往存在着多种类型的联系。因此学科课程体系和学科培养计划这两部分并不全然一一对应。不同学科之间的主要联系是共享课程。

二、学科制度化与近代学科体系的生成

严格意义上的学科，是近代以来的现象。17 世纪牛顿力学出现之前，有关自然与社会的知识被统称为哲学，关于自然的知识称为"自然哲学"；相应地，关于社会的知识被称为"道德哲学"。在 17～18 世纪，由于物理学的巨大突破和理论上的成功，形成了有关于科学知识以及科学研究的典范模式，由此树立的科学范型不仅在自然科学各个学科领域内推广，而且进入到人文与社会领域，用于自然物质对象的科学方法及观念也被转用于人类及人类社会。这些以自然科学为范型建立起来的，面向社会领域的学科在 19 世纪逐渐羽翼丰满，形成了今天所谓"社会科学"的雏形。与自然科学不同，社会科学面向的是社会客体。但在研究范式、研究方法等方面，这两者并无本质区别。因此，孔德称社会学为"社会的物理学"。正是基于此，人们才会把社会科学、自然科学统归于"科学"的门下。

社会科学是研究社会运动、变化发展规律，以及各种社会现象的学科的总称。社会科学采用客观、系统的方法，来探究社会体制与社会结构、政治、经济、法律的发展进程以及不同的社会群体及个体间的互动关系。社会科学面向的

是人与人之间、人与社会之间、国家与国家之间的关系，换言之，社会科学是以人类与人类社会为研究对象的客观性、统一性、实践性的学科群，其目的是发现其中的规律或经验性理论。

在社会科学建立的初期，学界曾经认为它是一门综合性的单一科学。但后来学科发展证明这一认识并不恰当。由于社会现象和社会问题的复杂多样，加之社会分工越来越细，社会科学开始分化，专门化的趋势越来越明显，经济学、政治学、人类学、社会学、法学等先后按自身规律发展成为独立的学科。1850 年前后至 1945 年前后的一个世纪中，社会科学不断分化，形成了诸多新的分支学科。在西方，社会科学逐渐演化发展成为学科门类众多的教学研究领域，不仅包括核心的政治、经济、法学、社会学、心理学等主干学科，还包括劳资关系、社会福利、国际关系、商业经济或企业管理研究，以及社会（公共）管理等领域。

在研究方法上，社会科学接近于自然科学，而不是人文学科，需要理论框架和基于理论的经验验证。强调实证性及科学方法的运用，比较趋向量化研究，通过大量汇集资料与调查数据，一方面对社会现象提出原理、原则、规律的解释，另一方面通过汇集的事实与数据去进行社会科学理论的验证。以经验性、实证性为特征的社会研究方法使社会学与哲学相区别，使社会科学与人文学科相区分。但在研究对象上，二者都研究人和社会。因此，社会科学是介于自然科学和人文学之间的学科。

沃勒斯坦指出，"19 世纪思想史的首要标志就在于知识的学科化和专业化，即创立了以生产新知识、培养自身创造者为宗旨的永久性制度结构"。① "制度"一词对于社会学家来说，是一个含义复杂的概念，在不同的语境中有不同的阐述和解读，究其根本，制度是社会成员共同的行为规范或大家都认可的行为模式。

制度经济学认为，制度源自于人们的理性选择，制度是人类行为的规范或约束规则的总称。道格拉斯·C. 诺斯（Douglas C. North）认为："制度是一系列被制定出来的规则、守法程序和行为的道德伦理规范，它旨在约束追求主体福利或效用最大化的个人行为。" 当然这些约束条件，可以是非正式的、默认的和自我实施的，如约定俗成的惯例、常识、道德等，也可以是正式的、规定的、强制的、有意为之的成文的正式约束。而学科制度化则是"指一个学科或研究领域的学术团体、专业杂志、书籍出版、基金资助渠道、教育培训、职业化以及图书馆收藏目录的确定等方面的建设，其中尤其以大学教学的发展（专业、系、所、学

---

① ［美］华勒斯坦著，刘锋译：《开放社会科学：重建社会科学报告书》，生活·读书·新知三联书店 1997 年版，第 8～9 页。［英］彼得·伯克著，刘永华译：《法国史学革命年鉴学派 1929～1989》，北京大学出版社 2006 年版。［美］华勒斯坦等著，刘健芝等编译：《学科·知识·权力》，生活·读书·新知三联书店 1999 年版，第 24 页。

院的设置）为要"。换言之，学科的制度化是指处于零散状态且缺乏独立性的一个研究领域转变为一门独立的、组织化了的学科的过程。此过程中包含两方面的认同：一是认知认同，二是职业认同。前者是指学术界对这个研究领域的正当性的评判和认可，如学科基本问题的确定、研究方法或程式的构建、学术规范的确立以及学术话语体系，如学术期刊的形成；后者主要落实到社会应用层面，如《国际标准职业分类》。成熟的学科都有自己独特的学术传统和自主的研究范式。诚如文化批评家佳亚特里·斯皮瓦克（Gayatri C. Spivak）所说，知识的形成"既是制度的条件，又是制度的结果"。不同的学科体系对知识发展会带来不同的影响，也会对社会、大学、知识行动者产生至深至远的影响。

学科制度化的后果之一，便是每一个学科都试图确定自己与其他学科之间的界线。以系统的知识与教学课程规划为基础的"学科"，首次出现在中世纪，这可以看作学科制度化的开始。较之自然科学，社会科学的制度化开始得较晚。从19世纪中期开始，大学教育竞争的加剧要求按照学科来配置资源，这样，大学中的"通才"教育日渐式微。19世纪，经济学在萌芽之初，大多被设在哲学院，也有少数设在法学院中。随着社会发展，经济学的研究越来越多地反映现实中的经济现象、问题和其中的普遍规律，由此获得了学科的独立性。而社会学的产生发展则与社会改革密不可分，其研究面向现实社会，关注社会变迁和社会活动。政治学作为一门独立的学科，出现较晚。借用沃勒斯坦的话说，"历史学、经济学、社会学和政治学合演了一首四重奏，它们从19世纪中叶直到1945年逐渐成为大学里的一些正式学科"，并共同构筑了一个可以"社会科学"命名的制度化的知识领域。到第一次世界大战爆发时，历史学、经济学、社会学、政治学、人类学、心理学、法学等学科逐一在大学教育中找到自己的学科位置，实现学科的制度化。1850~1945年，通过对一系列学科边界的界定，这些学科构成了共同的知识领域，即"社会科学"。其实现步骤是，先在主要大学里设立一些讲习职位，再建立院系，开设有关课程，设置学位，学生在完成课业后可以取得该学科学位。而后是研究的制度化，出现各学科的学术期刊，按学科分类图书，成立学会，先是小范围的，然后扩展到世界范围。1945年前后社会科学的全部学科的制度化基本在世界范围内完成，至此西方主要国家知识体系中基本确定了"人文学科、社会科学、自然科学"三大学科分类的模式。

社会科学是一个内容极广又争议颇多的概念，其范围往往依国家和发展阶段的不同而不同。社会科学是研究各种社会现象、社会运动变化及发展规律的各门科学的总称。社会科学用客观和系统的方法研究社会体制、社会结构、社会政治与经济进程以及不同群体或个人之间的互动关系。今天在世界范围内普遍的看法是：社会科学的主干学科包括经济学、社会学、人类学、心理学和政治学等学科；外围部分包括跨学科的社会心理学、社会和文化人类学、社会生物学、社会和经济地理学等学科，教育学通常也包括在内。总之，在西方社会科学已经演变成为一个研究领域多元、广阔的教学与研究领域。从总的方面来看，目前国外有关学科分类的研究主要体现在 2 个方向：

（1）从哲学和学术思想史的角度对学科分类、学科的分化融合以及跨学科、跨文化进行研究。相关研究集中在 20 世纪中期至 20 世纪末这一时期，主要是从理论上对人文社会科学的学科分化，以及学科专业化、学科多元化进行讨论和阐述，产生了一系列具有世界影响的论著，形成了如法国"年鉴学派"和"现代世界体系理论"等学派。

（2）从教育学的角度就跨学科、交叉学科等领域的教学与课程进行研究。与前述的理论性研究有沿袭关系，相关研究主要是从教育实践的层面，对前者理论研究的成果进行实践和探索验证，因此出现比较多的研究分领域，如从各个学科如法学、历史学等具体学科专业角度，开展的关于学科建设、课程调整以及交叉新兴学科、跨学科发展的论文和教育实践的讨论。

对比国内外研究的现状，可以发现其中既有明显的一致性，又存在明显的差别，而这一差别恰恰体现出了人文社会科学研究的地域性、历史性和本土化。学科专业化是 19 世纪学术史和思想史的重要特征，学科专业化的思想可以溯源到亚当·斯密的分工理论。亚当·斯密认为，"繁荣源自于分工，社会分工推动社会进步和经济增长"。而学科专业化正是知识领域的分工。对于人文社会科学而言，在 1850～1914 年的大半个世纪间社会科学基本完成了专业化的进程。然而，从 20 世纪 70 年代以来，西方的人文社会科学开始转向，"文化一元论"和"西方中心论"正在逐步瓦解，多元文化的观念日益受到肯定。法国的年鉴学派和美国的社会科学运动，如"世界体系理论"学派率先提出要打破社会科学学科边界的观点。"世界体系理论"的代表人物、美国学者华勒斯坦等在《学科·知识·权力》一书中，从历史追溯的角度具体分析了教育学、会计学、管理学等学科规训制度的生成，阐明了学科如何以排他性的方式左右了知识发展的方向甚至社会的职业类型。1993 年华勒斯坦组织了一批杰出学者，经过两年多研究，出版了《开放社会科学》。该书通过对社会科学的历史现状及未来前景的思考，对西方社会科学既有的学科结构进行了质疑。在此书及随后的《否思社会科学》中，华勒斯坦深刻地剖析了"国家"在学科结构划分及其建制中的作用和影响，尖锐地指出 19 世纪社会科学学科的分类观念和实践有着深厚的意识形态根源，很大程度上是资本主义世界体系中占支配地位的自由主义意识形态在起主导和决定性作用。19 世纪社会科学学科分类体系的确立不仅有助于国家政策的制定，也有助于资本主义意识形态在世界范围的传播和接受。

沃勒斯坦指出，学科知识生产不仅是知识论层面的事情，更是一种社会实践；学科制度是社会控制的一部分，其背后隐含着霸权的制度，由此对学术分科提出了普遍的反对，提出了要在制度上予以创新和变革。① 目前，对学科制度化的研究已成为全球学术界的一大热点。有许多论者从实际问题出发，详细讨论了社会科学部类中图书分类中涉及的一般和特殊问题，以及对于政治、历史、地理、语言文学与技术等学科，甚至边缘学科、综合性学科的分类问题处理；但这些论文主要针对某一具体学科产生的分类问题，而不涉及整个人文社会科学领域。②

三、学科体系的构型与特质

在西方，"人文学科"（humanities）一词源自古罗马政治家西塞罗（T. Cicero）的论述。Humanitas 有"人性"或"人情"之意，是"人文主义"（Humanism）及其相关词汇的词源。古希腊人文学科的范围非常广泛，包括文法、修辞、逻辑、数学等，其指向是为了培养"完人"的全面教育。古希腊罗马时代教育的核心是"七艺"，包括文法、修辞学、辩证法、算术、几何学、天文、音乐。这些科目都指向人性的全面发展，是有关人的身心的统一整体活动的艺术。"七艺"的精神及其含义，就是近现代人文学科概念基本的依据与来源。

15 世纪意大利的人文主义学者们开始在与"神的研究"对立的意义上，使用 humanitas，即人文学科的研究；体现在教育方面，就是在"世俗学校"中开设与基督教神学和经院哲学针锋相对的有关世俗文化方面的课程，以人和自然为研究对象，其内容包括对古希腊罗马学术和语言、文学以及自然科学的研究。古典人文教育被分化为两个学科系统：其一是人文类，包括文法、修辞、逻辑；其二是认知类，包括算术、几何、天文。这为后来兴起的大学教育奠定了基础。"大学"诞生之初，仅仅只有神学、法学与医学 3 个系科，其后的学科分化正是在大学的框架下开始的。德国哲学家威廉·狄尔泰最早提出知识的二分法，即按照知识的研究对象进行分类，研究对象的性质决定了学科的类型。狄尔泰将所有学科划分为自然科学和人文社科 2 大类。后来西方的学科二分法框架基本是建立在狄尔泰的知识二分法基础上的。所谓人文学科，是指以人的内心活动、精神世界以及作为人的精神世界的客观表达的文化传统及其辩证关系为研究内容、研究

---

① ［英］彼得·伯克著；刘永华译：《法国史学革命年鉴学派 1929～1989》，北京大学出版社 2006 年版。华勒斯坦著：《学科·知识·权力》，生活·读书·新知三联书店 1999 年版，第 224 页。
② ［美］华勒斯坦等著，刘健芝等编译：《学科·知识·权力》，生活·读书·新知三联书店 1999 年版，第 5～7 页。

对象的学科体系。它是以人的生存价值和生存意义为其学术研究主题的，可以说它所研究的是一个精神与意义的世界。

可见，在学科制度化的开端，人文和人文学科的含义就有一定的"模糊性"。沃勒斯坦等即注意到："科学（science），亦即自然科学的性质得到了清晰的界定，相形之下，与之对应的那种知识的形式就不那么明确了，人们甚至在给它起一个什么名字上都从来没有达成一致的意见。它有时被称为文科（arts），有时被称为人文学科（humanities），有时被称为文学或美文学（belles-lettres），有时被称为哲学（philosophy），等等。这种知识形式的面目和重心可谓变化多端，缺乏内在的凝聚性，致使该领域的从业者无法结成统一的联盟"。[1] 笼统地说，人文学科是研究人本身或与个体的精神直接相关的文化世界的学问，是指以人的情感、心态、理想、信仰、文化、价值等作为研究对象的学科；其关注的焦点是人类思维和精神产物的个体及其表现，因而具有较强的在地文化脉络性，不易也不必超越地域或文化的限制。[2]

随着近代西方科学主义的盛行，人文学科受到自然科学的排挤，在大学中的地位被削弱。人文学科被认为是无用之学。相对于自然科学，人文学科究竟该研究什么呢？康德对此进行了经典的回答。他指出，科学只能解决事实判断，而不能做出价值判断。人文学科的研究指向的是一种意义结构，人文学科所表达的是人类社会的价值内核，是文化信仰层面的内容，价值判断可以说是人文学科的本质特性。人与人所创造的文化和文明是人文学科的两个根本层面。正因为人文学科研究者所关注的焦点，是人的思维和精神产物的个体及表现，所以人文学科具有较强的在地文化脉络性。对于人文学科来说，探讨生命的价值、行为、目的及其意义，其途径和方法主要是通过"解释"与"理解"。这两个途径决定了人文学科的研究方法主要是历史的、伦理的、哲学的、美学的，因而也就是情感的、理想的和人性的。[3]

随着物理学的成功，以物理学为先导和典范的近代自然科学，在17～18世纪形成了关于科学知识及其研究态度的典范模式，由此树立的科学范型不仅为自然科学各个学科领域仿效推广，而且进入传统人文与社会领域，将用于自然物质对象的科学方法及观念转用于人类。由此，社会科学逐步兴起。社会领域中这些以自然科学为范型建立起来的学科，在19世纪形成了"社会科学"这一大类。

---

① ［美］华勒斯坦等著，刘锋译：《开放社会科学：重建社会科学报告书》，生活·读书·新知三联书店1997年版，第7～8页。

② 张小虹：《学术国际在地化研究》，载于《人文与社会科学简讯》2003年5月1日第12版。

③ 美国不列颠百科全书公司，国大百科全书出版社不列颠百科全书国际中文版编辑部：《不列颠百科全书（中文版修订版）》，中国大百科全书出版社2007年版，第233页。尤西林：《人文科学导论》，高等教育出版社2002年版。

社会科学的研究对象是属人的社会客体，它不同于自然科学对象的自然客体。然而，社会科学在其客观规律知识论、理性概念系统与追求预见功能等方面，又与自然科学并无本质区别。

社会科学是研究各种社会现象、社会运动变化及发展规律的各门科学的总称。社会科学用客观和系统的方法研究社会体制、社会结构、社会政治与经济进程以及不同群体或个人之间的互动关系。社会科学探讨的是人与人之间的关系，是以人类为研究对象的一门实证性、客观性、经验性、统一性、实践性的学科，其研究目标是发展规范性或经验性理论，比较强调实证性及科学方法的运用，趋向量化研究，需要一方面对社会现象提出原理原则的解释，另一方面进行社会科学理论的验证。[①]

社会科学建立之初，相当多的一批学者希望它能成为一门综合性的单一科学。但后来的事实证明这一愿望是不现实的。由于社会问题的复杂性和多面性，加之社会分工越来越细，社会科学不久即开始发生分化，专门化的趋势越来越明显，经济学、政治学、人类学、社会学、法学等社会科学的主要学科先后按自身规律发展成为独立的学科。

社会科学的最终目标是促使社会问题得以解决。在 19 世纪，社会科学作为了解和控制日益复杂的社会的手段成长起来，先是以统计学和人口统计学的形式，后以经济学、社会学、政治学、人类学等形式确立起来。这一时期社会科学新的且最重要的改变，是理解社会及其问题的程序或方法从根本上发生了变化，即经验的、定量的、科学的方法被普遍运用于社会科学领域的研究之中。这种方法论上的变化，并不仅仅是社会研究模仿自然科学的结果，而且也是人类社会由农业文明向工业文明转变的必然。

华勒斯坦提出，现代社会科学的形成与西资本主义的发展密切相关，也与其对非西方世界的征服直接相关，其全球殖民征服推动了现社会科学的全球扩散。社会科学大体上包括：经济学、政治学、社会学、人类学及社会心理学。在西方，一种较有影响的看法是：社会科学的核心部分包括经济学、社会学、人类学和政治学等学科；外围部分包括跨学科的社会心理学、社会和文化人类学、社会生物学、社会和经济地理学等学科，教育学通常也包括在内。少数学者主张把心理学也划归社会科学。在西方不少大学里，社会科学发展演变为众多的教学领域和研究领域，人们有时宽泛地把人文科学各学科也归并在社会科学的名下，即为广义的社会科学。简言之，人文及社会科学探讨的是总体的人类及文化，社会科学所关心的乃是决定人类行为模式的基本要素，而人文学科则探讨人类文化的某

---

① 王正毅：《世界知识权力结构与中国社会科学知识谱系的建构》，载于《国际观察》2005 年第 1 期。

些特殊层面。在研究方法上，社会科学接近于自然科学，而不是像人文学科，需要理论框架和基于理论的经验验证；在研究对象上，社会科学研究人和社会，与人文相同。这决定了它是介于自然科学和人文之间的学科。

社会科学的建立深植在历史的脉络之中，因而必然受到社会环境与文化意识的影响。社会科学研究强调实证性及科学方法的运用，比较趋向于量化研究，通过大量汇集资料与调查数据，一方面对社会现象提出原理、原则、规律的解释，另一方面则是通过汇集的事实与数据去进行社会科学理论的验证。[①]

前已述及，沃勒斯坦指出"19世纪思想史的首要标志就在于知识的学科化和专业化，即创了以生产新知识、培养自身创造者为宗旨的永久性制度结构"[②]。学科的制度化是指处于零散状态且缺乏独立性的一个研究领域转变为一门独立的，组织化了的学科的过程。学科制度化的过程中包含了两方面的认同：其一是认知认同，二是职业认同。成熟的学科都有自己独特的学术传统和自主的研究范式。沃勒斯坦则认为，所谓学科实际上同时涵盖了三方面内容：首先，学科当然是学术范畴，具有某种学科界限以及某种公认的合理的研究方法；其次，学科也是组织结构，有以学科命名的院系和学位；最后，学科也是文化，属于同一个学术共同体的学者在很大程度上具有共同的阅历和研究方向。[③]

社会科学的制度化始于18世纪中叶，主要途径是通过学科分类体系在大学教育中的落实，即学科制度的产生。约在1850~1914年间，社会科学的各个主要学科先后形成了现代社会科学独立的研究框架，完成了制度化过程，在大学确定了自己的位置。1945年前后社会科学的全部学科的制度化在世界范围内完成，至此西方主要国家知识体系中基本确定了"人文科学、社会科学、自然科学"三大学科分类的模式。社会科学是研究各种社会现象、社会运动变化及发展规律的各门科学的总称。社会科学用客观和系统的方法研究社会体制、社会结构、社会政治与经济进程以及不同群体或个人之间的互动关系。

社会科学家们继续对这些学科领域进行界定，为本学科划界，确定本学科的研究对象及范围，说明它与相邻学科之间的关系，尤其是差别。同时，社会科学学科的制度化建设进一步得到加强。所谓的学科制度化建设，是指一个学科或研究领域的学会、期刊、出版、基金、培训、职业化及图书编目及收藏等方面的建设，其中尤以大学的教学发展（专业、院系、所的设置）为要。其实现步骤是，

① 叶至诚：《社会科学概论》，扬智文化事业股份有限公司2000年版，第20页。
② ［美］华勒斯坦等著，刘锋译：《开放社会科学重建社会科学报告书》，生活·读书·新知三联书店1997年版。
③ ［美］伊曼纽尔·沃勒斯坦著，王昺等译：《知识的不确定性》，山东大学出版社2006年版，第104页。

先在主要大学里设立一些讲习职位，再建立院系，开设有关课程，设置学位，学生在完成课业后可以取得该学科学位。而后是研究的制度化，出现各学科的学术期刊，按学科分类图书，成立学会，先是小范围的，然后扩展到世界范围。伴随着教学制度化的是学科研究的制度化——成立地区性或全国性的学会，定期或不定期地召开专题研讨会，出版发行专业期刊与书籍，获得各种基金来源的资助，图书馆对本学科领域论著收藏的制度化等。

总之，从1850~1945年近一个世纪的发展中，社会科学的各个研究领域逐渐从道德哲学以及人文社会知识的总体中分离出来，近百年的社会科学建立学科的过程可以说是一个不断减少学科数量、以便能划分成若干学科门类以及彼此严格"划界"的过程。最终，人类的科学知识形成了这样一个三分格局：在一端是数学和各实验自然科学尤其是物理学、化学和生物学；另一端则是人文科学尤其是哲学、文学、艺术；介于两者之间的，是社会科学特别是经济学、政治学和社会学。社会科学是一个涵盖内容极为广泛，然而又颇受争议的概念，它的范围往往依国家和发展阶段的不同而不同，甚至不同学者也有异议。然而，真正促使社会科学向全世界扩展，并在国际体系中形成明确的知识权力结构始于20世纪。伴随着社会科学在西方的形成及其制度化，特别是西方大学教育模式20世纪向全球的推广，社会科学中所隐含的知识权力结构，最终演化成为国际体系中的知识—权力结构。

恰如沃勒斯坦所指出的那样，这种学科知识权力结构表现为如下两个特征：

（1）核心与边缘。与20世纪国际体系在政治和经济上出现的核心区/国家和边缘区/国家的结构相对应，在知识领域上也相应出现核心区/国家和边缘区/国家的知识结构形态。所谓知识领域的核心区，主要是指那些创造概念和范畴的地区，而边缘区是指那些消费核心区创造出来的概念和范畴的国家和地区。核心区在政治学、经济学、社会学以及历史学的创造性表现在：一是对立足核心区的社会现实经验进行概念和范畴的原创；二是对边缘区的社会现实经验或进行概念、范畴的原创，或进行案例实证，并借助英语这种"国际化"语言进行推广。边缘区在政治学、经济学、社会学以及历史学的消费性表现在：一是在核心区创造出来的概念和范畴的框架下对自己所处的地区进行实证分析，以寻求二者的差异性和关联性；二是直接消费和借用核心区学术界关于本地区的知识。

（2）一元与多元。与知识结构中的核心和边缘关联的一个问题是知识结构中的一元和多元的冲突。核心区通过原创性的概念和范畴，力图寻求一种"价值无涉"以及"普世性"的知识，并不断向全球推广这种知识理念。而边缘区则进入沃勒斯坦所说的"二难境地"之中：接受核心区的知识，就面临可能失去自己悠久的文明；而不接受核心区的知识，又存在于知识权力结构中始终处于劣势地位的危险。

由此所谓的"文明的冲突"就产生了,"区域性"以及"国际化""在地性"和"普适性"就成为边缘区国家经常面对的"文明战略"。

四、社会科学的内在张力

学科有着复杂的特点,它与一般知识一样,既有科学性、又有社会性,既有真理性,又有权力性,并呈现出文化上的世界主义(普遍主义)和政治上的民族主义(民族性、特殊主义)的复杂面向,而具体到人才培养环节中,学科有培养的功能,同时也内隐着规训的导向。

(一)真理性与权力性

学科与社会知识一样,既反映着某些真理的内涵,也带有权力的指向。美国教育学家迈克尔·阿普尔(Michael W. Apple)认为,知识背后隐藏着阶级的利益,知识与权力是紧密相连的。而学校正是促进主流意识形态合法化和文化再生产的重要机构,学校的知识并不完全是价值中立的,在一定程度上是由意识形态和权力负载的。正是通过学科在大学中设立院系和教席,促成相关图书的分类等制度化的建设,西方的自然科学、人文社会科学知识才得以一种貌似科学化、合理化与合法化的过程,参与到世界范围内现代化社会建构的过程当中。近代大学制度及 20 世纪社会科学在全球的扩散,最终形成了今天既成的以西方发达资本主义国家为核心的国际体系中的知识权力结构。

"美国科学史学家乔治·巴萨拉(George Basalla)1967 年发表了一篇经典论文《西方科学的传播》。他认为在 16 世纪和 17 世纪之间,一个由英国、法国、意大利、德国、荷兰等国家构成的小圈子提供了近代科学的最初家园,并成为科学革命的中心,随之而来的是近代科学从西欧传播并征服了全世界。这一传播是如何发生的呢?巴萨拉提出了西欧科学传播的三阶段模型:第一阶段,非科学社会或国家为欧洲科学提供了研究资源。第二阶段的标志是一段时期的殖民地科学。随着其地理大发现与自然的探险,一系列西欧科学被扩张到殖民地或边缘国家,形成了与地方性科学(local science)不同的殖民地科学(colonial science)。第三阶段,则完成了移植过程,在政治与文化上的'爱国主义'激励下,非西欧国家开始了相对独立的殖民地科学研究,本土科学家努力去创造一个相对独立的西欧科学传统,解决科学问题主要是依靠自己的力量。巴萨拉模型中,看到了一个分明的分界结构——中心与边缘、地方与全球、国家与殖民地、传统与现代,地方性知识传统完全被吞噬在西欧殖民地的扩张之中。简而言之,科学的传播过程也就是地方性知识融入全球化的过程。在地理上，表现为从西欧到非西欧国家或地区的单向的线性传播过程；在文化和认知上，表现为西欧科学的普遍性，它跨越了时空的限制，并在传播过程'同质化'了各地方性知识。"①

"自然科学是这样，社会科学领域亦如此。沃勒斯坦等人认为，社会科学现存的学科的学术界限沿着三条轴线分开：过去（历史学）对现在（经济学、政治学、社会学）；西方（历史、经济、政治、社会学）对非西方（人类学和东方学）；以及围绕市场（经济学）、国家（政治学）和公民社会（社会学）这一自由主义的划分建构起来的具有共同性的现在。"②

萨义德（E. W. Said）的《东方学》指出，伴随殖民主义兴起的西方学术对非现代化地区民俗、民族文化的人类学研究，不可避免地受制于殖民主义利益背景及其意识形态。而尤为复杂的是，殖民主义意识形态对殖民地文化的扭曲，却是以科学研究的知识形态予以表述出来的。

对应于沃勒斯坦所提出的"社会科学研究的西方和非西方轴线"，20世纪国际体系在政治和经济上也出现了一个核心区（国家）和边缘区（国家）的结构。这个"核心区国家"正是那些社会科学制度化形成和确立的国家，如英国、美国、德国，即"西方"国家，在这些核心国家创造了今天全球通用的政治学、经济学、社会学以及历史学这些社会科学的主要概念及其理论范畴；而"边缘区国家"则对应于"非西方"国家，这些国家和地区被动地接受了西方社会科学概念和理论。

近代学科在产生之后，经历了一个持续扩散的过程。然而，这个学科扩散、知识飘移的过程，与西方侵略者的对外殖民几乎是同步的。整个19世纪，西方几乎征服了全世界。相对于特定文明框架内的民族和国家而言，西方创立的自然科学的知识系统，以及社会科学对世界的解释比其他的地域性传统知识更科学。可以说一般意义上所理解的自然科学和社会科学学科体系是西方人创立的，相应地，西方的学术逻辑、价值观念和利益需求也就渗透于其中，西方国家的经验就这样被赋予了普世的价值。其他非西方国家对这些概念和理论的接受是被动的，在被动接受的同时，也改变和扭曲了他们自身的发展轨迹。

近代中国并未例外。近代中国学术的历程表明，在所谓的船坚炮利之外，西方正是通过"科学""学术体系"等这样一套概念及其范畴的理论体系，以一种貌似与"价值无涉"的具有"普世性"的知识，彻底打开了传统中国的大门。这一过程并不仅仅发生在中国，几乎所谓非西方的欠发达国家都经历了这一过程。西方的文明正是这样成为世界统治性的文明，并扩展到世界的其他地区。这

---

① 袁曦临：《学科的迷思》，东南大学出版社2017年版，第34页。
② 袁曦临：《学科的迷思》，东南大学出版社2017年版，第34～35页。

就是今天国际体系中所体现出的支配社会资源和决定社会运作的知识权力结构。

这种权力结构，又"建构并分配着创新机会、对重要资源的获得与使用的机会，以及对其他能动者的活动加以控制的机会"①。培根所提出的"知识就是力量（权力）"这一口号，从某种意义上正是知识与权力相结合的一个完美注释。边缘区的国家在这样的国际知识权力结构中，处境两难，一方面要竭力维护自己的悠久文明，以避免文化上的失根状态；另一方面又担心不接受核心区的知识，就会失去在主流国际中说话的身份，从而彻底被边缘化。这一文化上的两难处境在 20 世纪上半叶的中国表现得极为明显。

（二） 客观实在性与社会建构性

知识来源于实践。知识尽管是一种人有意识的社会构建，但不完全是人为构建。知识在某种意义上确实是"社会性建构"，但并不是完全的人为的创造——即便是人的构造部分也不是完全按照自己的意志来进行的（正如恩格斯所谓的历史合力论），仍有其客观性科学性。因此，知识（体系）是一个客观上实在，同时也是一个社会实在。社会实在论"认真对待外部世界的实在性以及作为这个世界一部分的知识的实在性"。这种知识"从来不是固定的或既定的，它只是我们现有的最佳知识；不论多么困难，它总是开放的，时刻接受挑战与改变"②。知识具有"社会性"，也具有"实在性"（客观性），它有可能"被强大利益所形塑"，成为"权力的体现"；然而，它也无论如何仍"需要独立于社会利益及相关权力运作"，需要在人类能动性和情境独立性之间求得平衡、实现妥协。③ 在当代社会，教育"国家化"显著增强，教育知识更是日益国家化④。

知识到底是客观实在的本然反应，还是权力意志的工具或装饰？对此，有关各方多有争议。毕竟，任何人观察、认识和研究事务，都不可能不受到客观因素的影响，也不可能剔除主观条件的约束。特别是研究人际人类社会地位问题，"无论怎样力求客观，终不能完全不受当前经验的暗示"⑤。理想意义上的价值中立、价值无涉在现实中总是受限的、是异常困难的。⑥ 个人的立场、经验和感受，

---

① ［瑞典］汤姆·R. 伯恩斯等著，周长城等译：《结构主义的视野：经济与社会变迁》，社会科学文献出版社 2000 年版，第 192～198 页。

② ［英］迈克尔·杨著，朱旭东、文雯、许田第译：《把知识带回来》，教育科学出版社 2019 年版，第 4 页。

③ ［英］迈克尔·扬：《把知识带回来》，教育科学出版社 2019 年版，第 7～8 页。

④ 任剑涛：《重思中国社会科学的本土化理想》，载于《广州大学学报》（社会科学版）2020 年第 3 期。

⑤ 余英时：《戊戌变法今读——纪念戊戌维新一百周年》，载于《二十一世纪》1998 年第 2 期。

⑥ 周晓虹：《再论"价值中立"及其应用限度》，载于《学术月刊》2005 年第 8 期。

总会有意无意、有形无形地侵入研究者的知识生产实践中。这在知识生产、传播、转译等环节皆有体现。自然地，在人类科学（精神科学）研究中，主客体之间关系微妙，主观与客观之间不可能泾渭分明、边界清晰，知识与见解之间也存在暧昧边界。这些主客观因素之间边界模糊，总是存在模糊地带。

长期活跃于第一线的沃勒斯坦也坦言，社会科学尽管始终矢志追求更高的科学性和价值无涉，但在实践中的哲学社会科学的研究和运作总是或多或少地涉及价值问题；"对观念构架每一次选择都是一次政治选择。关于'真理'的每一个断言……都是一种关于价值的断言"。① 在此意义上，知识的社会建构性是无法避免的存在，知识体系更是如此。强势的西方知识体系（包括思想体系、理论体系和话语体系等）更是无法避免地有着西方烙印（尽管具有世界性影响，但仍无法掩饰其"区域性"烙印，无法改变其"地方性知识"的原色/底色或逻辑起点）。正如具有明显的西方中心主义文化取向的福柯宣称的，"'真实'不是谬误的反题；'真实'是话语的战略，其诸多功用之一，是阻碍人们探索制造它的那些动态的……条件"②。福柯和德里达都主张："话语制造知识，并不是知识在制造话语。"实际上很可能掉进西方形而上学的二元分类的陷阱。③ 利奥塔更是在某种极端的意义上指出："知识和权力是同一个问题的两个方面：谁决定知识是什么？谁知道应该决定什么？"④ 洛克指出："知识与控制等知识归根结底由经验而来。"⑤

当然，基于并受制于各自社会条件的知识建构，绝不意味着对知识客观性的削弱，相反，可能是从新的角度对其丰富和拓展。"科学研究中的一个重要标志就是客观性。"⑥ 哲学社会科学知识的客观性，有其独特的内涵。至少"人文科学所获得的所谓客观性，乃是诉诸于人的价值意向的客观性"，这种"客观性不关涉经验事实，而是人的灵魂定向，人对生活世界的意义真实的普遍内在要求。'客观'在此意味着，意义真实必须能向每一颗心灵开启，满足每一个人对价值意义的内在意向，依靠其全部真实的力量深入到每一个人的内心深处，使人在内心中切实感到它的亲切和确定"。因此，"如果人文科学也要求客观的普遍有效性……显然不同于自然科学可度量实证客观性"。"越触及到人的价值真实，难道不越要求

① Immanuel Wallerstein. *The capitalist world-economy.* London：Cambridge University Press，1989.

② David M.，Halperin. *Bringing out Michel Foucault. Salmaguandi*，1993：69－93.

③ ［美］乔伊斯·阿普尔比、［美］林恩·亨特、［美］玛格丽特·雅各布著，刘北成、薛绚译：《历史的真相》，中央编译出版社 1999 年版，第 193 页。

④ ［法］让—弗朗索瓦·利奥塔著，岛子译：《后现代状况关于知识的报告》，湖南美术出版社 1996 年版，第 13 页。

⑤ 此为利奥塔语。

⑥ 刘小枫：《拯救与逍遥》，上海三联书店 2001 年版，第 17 页。

普遍的客观有效性，越要求价值真实的绝对超验性?"①——在这里，人文及社会科学研究的"社会建构性"（主观性）与"客观有效性"达到了高度圆融。

（三）"伪世界性"的迷思：普遍与特殊的辩证法

知识体系的这一二重性，是知识二重性的外化。知识的客观实在性，在相当程度上决定着其普遍性、世界性，而这是学术的世界性的基础；知识的社会建构性，深刻地形塑了其民族性。社会科学内在的普遍性与特殊性，因此而形成。

学术乃天下之公器，是人类共同的事业；近代以来的学术更是国际性的事业。默顿认为，科学精神具有四大特征：普遍性、公有性、无私利性和有组织的怀疑精神。② 因而，现代学术被认为是最具有公正的国际化特质、最具国际主义精神的事业。19 世纪著名化学家门捷列夫就已经智慧地预言："认识无止境，科学亦无止境。科学将成为全世界的科学"③。日后的学术进展确实印证了这一预言。科学一般而言，已成为一个无国界的知识体系。而到 20 世纪末，人们进一步认识到："社会科学是近代世界的一项大业，其根源在于，人们试图针对能以某种形式获得经验确证的现实而发展出一种系统的、世俗的知识。这一努力自 16 世纪以来逐渐地趋于成熟，并成为世界建构过程中的一个基本方面。"④ 从 17 世纪 60 年代，"科学开始被界定为对于超越时空、永远正确的普遍自然法则的追寻"⑤。科学自主本质上具有普遍主义取向和普遍的解释力，而这种解释力显然是超越民族—国家的边界的。自然科学是如此，哲学社会科学亦庶几近之⑥。当然，哲学社会科学与自然科学有显著差异，它不仅必须有科学性，还不可避免地有着社会历史性及民族性等特性。

中国的哲学社会科学是国家变革的产物，并在一旦产生后就始终以不同形式参与国家建设和社会建构。晚清以来，哲学社会科学往往与国家建设密切相关、相互配合。它是国家精神结构的重要组成部分，贡献着重要的精神力量。早在南京国民政府建立后不久，在教育改革浪潮高涨的 1929 年，清华文学院院长冯友兰撰文说：

---

① 刘小枫：《拯救与逍遥》，上海三联书店 2001 年版，第 18 页。

② Merton R. K. *The Normative Structure of Science*. Chicago：University of Chicago Press，1942.

③ 王兴成：《科学学诞生的缘由》，载于《情报科学》1980 年第 1 期。

④ ［美］华勒斯坦等著，刘锋译：《开放社会科学：重建社会科学报告书》，生活·读书·新知三联书店 1997 年版，第 3 页。

⑤ ［美］华勒斯坦等著，刘锋译：《开放社会科学：重建社会科学报告书》，生活·读书·新知三联书店 1997 年版，第 4 页。

⑥ 其中人文学比较独特，但是也要符合人们一般的认识规律和自身的学术理性的逻辑，符合公共理性，为公共利益服务，为人民谋福祉负责。中国传统的所谓"为天地良心，为生民立命，为万世开太平，为往圣继绝学"之类，均强调其强大的社会功能和鲜明的价值倾向性。

"在德国学术刚发达的时候，有一个人说，要叫德国学术发达，非叫学术说中国话不可。我们想要叫现代学术在中国发达，也非叫现代学术说中国话不可。"① 当时许多中国学者已经由此自觉，并进行了卓有成就的探索。社会科学也存在科学化的任务，首先是社会科学知识的可理解性、可交流性。② 因此，哲学社会科学的中国化，意在社会科学在中国取得独立性或自主性。③ 其建设目标并应是现代社会科学的"中国形式（态）"，而不是、也不可能是"中国的"社会科学。④

对于民族性与世界性的关系，牵涉到相对主义与世界主义或普遍主义与特殊主义等取向。阿尔军·阿帕杜莱（Appadurai）表示："文化同质性与文化异质性之间的张力"，是"当今全球性互动的中心问题"。⑤ 面对文化普遍主义和多元主义，人们曾呈现复杂的态度。文化的职能并不仅仅是确立和维持差异。"文化工作有可能产生差异，但这跟我们说'文化是在差异上建立起来的'却不是一回事。"⑥ 文化显示甚至产生差异，但却并不以此为基础和目的。为此，并不主张单极化、同质化和一元普遍主义。为此罗兰·罗伯森提出了"普遍主义的特殊化和特殊主义的普遍化"的方案，通过"普遍主义的特殊化"和"特殊重主义的普遍化"双向推动来解决问题，前者实现"全球本土化"，后者实现"本土全球化"，这有助于避免西方中心论的文化普遍主义，消除将全球化（普遍性）与本土化（特殊性）作为文化两极而产生多对立，使它们作为一种"互相贯穿的"原则而存在。⑦ 因此，中国社会科学应该是一种"地方全球化"知识，其所寻求的地方性、本土性，应该是具有全球意义的地方性、本土性，⑧即全球"本土化"。中国社会科学的知识生产，应该超越一般性的"地方知识"而贡献更多优质的"全球性知识"。

为了服务社会，知识体系就不能不扎根现实、适应本土的需求，必然具有本土化的诉求。对学术发展而言，国际化与本土化都是重要的议题，是哲学社会科学面临的双重张力⑨。国际化是社会的普遍趋势，已成为共识，而与国际化、全球化同时存在的是民族化或本土化。关于这一点，似乎已成为许多人的广泛共识。然而，在实际的学术研究和学科建设过程中，这一问题却往往颇费斟酌。近年来，美籍华人学者谢宇在中国大陆刊文指出，中国社会学（其实亦可推而广之

---

① 冯友兰：《一件清华当作的事》，载于《清华周刊》1929年10月25日。

② ［美］华勒斯坦等著，刘锋译：《开放社会科学：重建社会科学报告书》，生活·读书·新知三联书店1997年版，第98~99页。

③④⑧ 郁建兴：《寻求具有全球意义的本土性》，载于《中国书评》2005年第3期。

⑤ Appadurai A. *Disjuncture and Difference in the Global Cultural Economy*，1990（2）：5，转引自［美］罗兰·罗伯森，梁光严译：《全球化社会理论和全球文化》，上海人民出版社2000年版，第147页。

⑥ ［英］约翰·汤姆林森，郭英剑译：《全球化与文化》，南京大学出版社2002年版，第97~98页。

⑦ 罗兰·罗伯森：《全球化：社会理论和全球文化》，上海人民出版社2000年版，第144页。

⑨ 当然，哲学社会科学同时还面临着其他重要张力，例如传统与现代的张力、科学与人文的张力等。

到其他哲学社会科学部门）今后的主要课题，还是要更好地推动国际化，主要是融入国际的学术体系，与国际主流学术界对话；至于本土化，曾经是一个有价值的课题，但现在已无疑是一个伪问，不应在此方面浪费时间①。——就目前的情况而言，"与西方学术界对话"，言外之意无疑是主要对标美国学界，参与其研究和学科进展。一石激起千层浪，国内许多学者（如周晓虹、贺雪峰、翟学伟、于建嵘等）对此展开了热烈讨论。多数学者对此表示质疑，强调要充分重视中国学术的独特性和本土化。贺雪峰认为中国社会学今后相当长时期的任务，仍是"呼啸着走向田野……反复深耕中国经验"，形成"经验质感"，"深入地分析问题"，而不是所谓"与世界接轨"——说得更直白，当今中国的社会科学研究首要任务是服务中国的现实需求，而不是追求在美国一流期刊上发表论文。谢宇所谓真正好的研究"既是本土的，也是世界的"，或许可以改为真正好的研究"越是本土的，就越是世界的"。② 周晓虹则表示，如果按照谢宇的路径，则中国仍然只能追随西方的学术路径，并不可避免地仍将处于世界学术体系的边缘、知识生产链条的末端，为西方学术界提供一些素材，供西方提炼成理论之后再行引入；如此，则中国只能继续维持理论"消费国"的地位，而不可能进阶为"生产国"。经此讨论，国内学术界的相当一部分学者达成了某些最低限度的基本共识。本土化仍是今后一段时期内的重要议题和任务。

事实上，本土化已然不是一个全新的概念。但在新时代的历史起点上，重新认识这一问题的时候，仍有许多新的问题值得注意。在 20 世纪 90 年代，后殖民语境中，全球许多非西方国家和地区在这方面进行了艰苦的努力，由此促成了一场普遍的社会科学运动。③ 此运动更多地让原来处于中心之外的国家和民族开始更多地强调本民族学术文化的自主性和独立性，地域特色、民族特质因此成为一个重要向度，地方性知识亦随之受到更多关注。中国也是上述运动中的一支重要力量，许多学者（如邓正来、王铭铭等）对中国学术自主性和规范化等问题进行了深入讨论④。学术自主

---

① 谢宇：《走出中国社会学本土化讨论的误区》，载于《社会学研究》2018 年第 2 期。

② 贺雪峰：《本土化与主体性：中国社会科学研究的方向——兼与谢宇教授商榷》，载于《探索与争鸣》2020 年第 1 期。

③ 周晓虹：《社会学本土化：狭义或广义，伪问题或真现实——兼与谢宇和翟学伟两位教授商榷》，载于《社会学研究》2020 年第 1 期。

④ 邓正来：《学术自主性问题：反思和推进——〈学术与自主：中国社会科学研究〉自序》，载于《社会科学论坛（学术评论卷）》2007 年第 11 期。邓正来：《中国社会科学的再思考——学科与国家的迷思》，载于《南方文坛》2000 年第 1 期。邓正来：《否思社会科学：学科的迷思》，载于《河北经贸大学学报》1999 年第 3 期。邓正来：《否思社会科学：国家的迷思》，载于《开放时代》1998 年第 6 期。邓正来：《重塑中国知识分子的学术自主性》，载于《中外管理导报》1996 年第 2 期。邓正来：《社会结构的重构与紧张》，载于《中外管理导报》1996 年第 1 期。王铭铭：《西方作为他者》书后，载于《西北民族研究》2012 年第 73（2）期，第 144～151 页。

性关涉到中国学术的民族性或民族形式的问题。中国应继续提升知识生产能力，贡献"全球性"的新知识。事实上，西方所真正关注和更认可的是中国用普遍方法所呈现出来的中国社会和思想的独特性，而不是和西方学术的翻版或复制品。①

百余年来，中国学术界基本上是西方理论思想的"殖民地"。② 中国学术界早已本能地习惯接受西方理论并用以解释世界和改造世界，进行知识生产和社会实践。然而，近几十年来的事实越来越表明，西方理论其实并不能解释中国发展的现实，而且很可能误导中国的实践。西方的理论必须经过本土化的冶炼之后，才有可能用来解释中国的历史与转型。中国哲学社会科学在经历长期的"向西方接轨、世界化"之后，需要告一段落，重新强调"本土化"。这就意味着：第一，研究的必须是中国的问题；第二，必须要面对中国经验。社会科学必须从中国经验出发，必须把所研究的对象放在中国的社会文化脉络当中去把握；第三，研究成果要有中国自己的风格，能为推动国际学术进展做出中国的贡献。然而，目前我们还找不到一个现成的理论体系，所以本土化碰到的第一个问题就是缺乏国际先例、也缺乏历史经验，第二个问题则是缺乏理论工具。③ 中国和西方有着完全不同的历史、传统和现实国情，在学术传统、文化基因、民族性格、知识体系和治理模式、政治哲学等方面有着完全不同的传统和思路，中国不可能变成西方，也完全没有必要设法变成西方。中国在借鉴西方的积极成果，但其立足点是更好地完善自身、不断壮大，寻找自己的发展道路。

任何国家/民族的学术都有其共性，也有其特性。任何作品都具有其个体性，任何学术体系，都诞生于特定的文化土壤、特定的时代环境，经由特定的群体而形成的，有其国度、政治和文化背景的烙印，因此必然具有地域、民族的特性。因此，在哲学社会科学创作中，民族性是无可避免的，也是非常正常和必要的。如果某些学术作品（学术体系、学科体系），不具有特定民族—国家的特性而宣称完全代表国际的学术标准、范式，那事实上这样的学术是无根的，一般而言也是不存在的、不可持续的。

问题在于，什么才是真正的"世界性"？我们如何定义和辨识世界性？我们应如何追求世界性/"世界学术"？历史发展的事实证明，理想意义上的、所谓纯粹的"世界学术"，其实从未存在过。只是由于英语学术圈的长期优势地位，使其客观上扮演着"国际"学术代言人、标准制定者的角色。主流英语学术圈的标准也往往长期被误解为国际标准、世界标准，对全球产生了复杂而深远的影响。

---

① 王铭铭：《西学"中国化"的历史困境》引言，广西师范大学出版社 2005 年版，按哲学社会科学与人文社会科学有着迥异的意涵，兹不赘。

②③ 王学典：《重塑东方伦理型生活方式》，载于《齐鲁晚报》2018 年 5 月 6 日。

它在一定程度上为其他国家的学术发展提供了参照和镜鉴，同时误导了相当国家人文学术的发展思路和走向，使许多国家成为西方学术的殖民地、美国理论的"跑马场"，精神上难以实现实质性独立，其学术体系也很自然地成为西方学术圈的依附性存在。这是学术的新殖民主义的一种新形态。

第二节　我国高校哲学社会科学的历史轨迹与时代方位

一、中国新式学科体系之初建

中西方知识分类是很不相同的，我国古代知识分类比较笼统，缺乏西方那种严密的逻辑分科的自觉意识。与学术分类关系密切的典籍分类，讲究"考镜源流，辩章学术"，也是以历史为主轴的。

当知识体系不能适应社会发展时，与之直接相关的是知识制度的变化。知识制度的变迁总体上说有两种形式，一种是修复性的制度变迁，另一种是颠覆性的制度变迁。所谓修复性，就是在原有的制度架构的基础上，修补和扬弃不适合社会发展的部分，接纳新内容到原有的体系中，在变革中求得原有制度的维持和保存；而所谓颠覆性，就是原有的制度彻底瓦解，代之以新的体系结构，进行彻底的转型。当然这两者也不是截然分开的，有时甚至是交织在一起的，但从总体上来说，存在着一个孰主孰辅的关系。

主宰中国社会千余年以儒家知识为基础，以科举为皈依的古代学术系统在西方学术的冲击下，彻底崩解了。期间洋务派虽也提出了"中体西用"试图进行制度修复，但这一修复机制没能起效，结果不得不采用了颠覆性的变革。

"大学"在中国是一个西方传入的外生概念。光绪二十四年（1898年）清廷颁布《总理衙门奏拟京师大学堂章程》，这是近代史上具有里程碑意义的事件。从1906年废除科举，建立现代学堂，到学制改革，历经1902年的壬寅学制、1903年的癸卯学制、1912年的壬子学制、1913年的壬子癸丑学制，以及1922年蔡元培颁布的"壬戌学制"，中国近代的大学制度终于步入现代化发展轨道。

1922年11月，颁布"壬戌学制"。该学制以美国学制为蓝本，小学修业6年，初中3年，高中3年，故称"六三三制"。"壬戌学制"后来几经修改，但基本框架未动，一直沿用到新中国成立。新学制的指导者和起草者是胡适先生，他在 1922 年《对于新学制的感想》一文中说："新学制的特别长处，在于它的弹性"。壬戌新学制的弹性还表现在对私塾的保留上。

从 1906 年废除科举，新的学部成立，建立现代学堂，到学制改革，历经变化，中国近代的大学制度终于步入现代化发展轨道，而另一方面中国原有的儒家传播系统土崩瓦解。自 1912 年民国政府颁令废止读经后，国学教育基本就从学校教育的课堂上消失了。按照吉尔伯特·罗兹曼的说法："科举制度曾经是联系中国传统的社会动力和政治动力的纽带，是维护儒家学说在中国的正统地位的有效手段，它构成了中国社会思想的模式。由于它被废除，整个社会丧失了它特有的制度体系。"[①] 到 1924 年颁布《国立大学校条例》时，已经出现了北京大学、北洋大学、东南大学等一批真正意义上的现代大学。

在近代中国，大学是学科制度的核心载体和主要表现。现近代学制与大学的变革，直接推动着学科制度的变迁。随着清末学制改革的启动，教育体系的变迁也带动了中国学术体系、学科体系的历史性转型，长期以来的"四部之学"开始实质性地向"七科之学"转变。"分科治学"成为常态，一方面学科分化的程度，往往被认为是学科的独立性或成熟度；另一方面，正如韦伯所指出的那样，学者专业化的程度，往往被视为学术水平和贡献的表现。到 1922 年随着新学制的逐步实施，现代学科制度也日趋成型并逐步完善。至 20 世纪 30 年代中叶已基本成型，一个近代意义上的新式知识界和学术共同体，在中国正式出现，当然，其发展仍面临着政局、国势的诸多挑战。

1949 年后，中国知识体系发生深刻变革。此前建立的旧大学是以学科制度为中心的，学科知识的内在逻辑制约着大学组织的运行，而 20 世纪 50 年代的这次院系调整的切入点，恰恰是夺取学术人员基于学科知识而掌握的权力，通过院系和专业的调整，来实现知识权力的转移。在这一过程中，自然科学由于和意识形态的关系相对远离，因此受到的冲击要远小于人文社会科学。

新中国成立后，人文社会科学的中国化进程基本照搬了苏联模式。在新的历史和文化语境中，采取对西方人文社会科学彻底否定的态度，建立了与苏联模式雷同的社会科学教育科研体制和学科结构，这一过程带来的学术影响同样是深刻的。它使得 20 世纪 60 年代以后中国人文社会科学的发展不仅脱离了西方人文社会科学的学科谱系，也割断了与中国传统文化的渊源，甚至与清末以来学人一路试错、不易得来的一致认识也划清了界限；相当数量人文社会科学学科领域的知识分子被逐出了原有的学科领域，被迫放弃专业学术研究或改行。到"文化大革

---

① ［美］罗兹曼著，国家社会科学基金"比较现代化"课题组译：《中国的现代化》，江苏人民出版社 1995 年版，第 338 页。

命"时期，人文社会科学的教育和研究活动完全中断。

在学科设置方面，人文社会科学遭受沉重的打击，政治学、社会学、心理学、人类学等学科被取消，财经与政法学被削减。到 1957 年院系调整结束时，全国高校共有 323 种专业，其中工科 183 种、师范 21 种、文科 26 种、财经 12 种、政法 2 种、体育 2 种、艺术 22 种。[①] 中国成为当时世界上综合性大学、文科生和文科教育比重最少的国家。院系调整对于人文社会科学领域的影响是剧烈的。其结果是 1955 年"哲学社会科学"这一浓厚政治意识形态色彩的学科概念被提出，并以中国科学院"哲学社会科学学部"的体制化方式存在。[②] "哲学社会科学部"这个概念的产生主要受到了 20 世纪 30 年代苏联学科分类模式的影响，1955 年 6 月中国科学院成立哲学社会科学学部时，并没有给"哲学社会科学"这个概念下一个定义，大致是把"哲学社会科学"含糊地当作文科来看待，但这一概念其实是存在歧义的。通常意义上讲，运用哲学方法展开某一具体学科研究时，可以形成诸如"经济哲学""历史哲学""艺术哲学""科学哲学"等哲学分支学科，即从哲学角度来研究经济、历史、艺术和科学。但是"哲学社会科学"作为一个学科概念，其内涵意味着什么呢？哲学并不属于社会科学，"哲学"和"社会科学"放在一起讲，似乎是两个并列的概念，但实际上又不是并列的。在 50 年代特定的历史情景中，社会科学是属于哲学，并由哲学来领导的，社会科学的发展受到哲学的引导和控制，而哲学则特指马克思列宁主义哲学。由此不难看出，"哲学社会科学"是一个具有很强时代政治色彩的学科概念，在这个概念的遮蔽下，"人文学科"逐渐被遗弃了，社会科学成为从属于马列主义哲学的学科门类。

1949 年之前大学的通识教育内容是中国传统文化和西方经典著作方面的内容和课程。人大的教育模式采取了苏联的"专科教育"，彻底摒弃了欧美的"通识教育"的大学模式。由此可见，院系调整影响最大的领域是 1949 年之前大学原有的人文和社会科学学科。民国留下的大学被拆散了，名牌大学、重要科系及其骨干教师被分散了，基本切断了各大学与 1949 年之前的历史联系。通过调整与改造，此前几代学人艰苦努力、不断摸索建立起来以西方知识系谱为主导的人文和社会科学学科逐一消失，1966 年哲学社会科学学部也被取消，而成为完全的政治意识形态。

---

① 《中国教育年鉴》编辑部编：《中国教育年鉴 1949～1981》，中国大百科全书出版社 1984 年版，第 239 页。

② 宣炳善：《"哲学社会科学"概念的中国语境》，载于《粤海风》2007 年第 5 期。

二、"以俄为师"与中国"哲学社会科学"的成型

从知识史的角度，在 20 世纪中叶，中国的学术经历了从"人文社会科学"到"哲学社会科学"的历史转向。二者密切相关，但仍有巨大差异。"哲学社会科学"是学术管理部门使用的概念，而"人文社会科学"掌握体现着科学共同体的内部学科分类意识。这种概念双轨现象是不同场域内部不同逻辑运作的结果。特定概念只在自身场域中才具有合理性，擅自越出自身场域实现他场域的异地统治会产生概念的场域危机，从而引发学术管理部门与学术共同体的紧张关系。邓正来曾指出，中国社会科学在发展过程中，知识界对"建构者与被建构者"的关系表现出了某种集体不意识，即中国学界对西方社会科学的"前反思性接受"取向，这乃是学术自主性不足的表现。而"哲学社会科学"这个抽象名词也存在着"前反思性接受"取向。

"哲学社会科学"这个政治意识形态主导的学科概念在 1955 年提出，并以中国科学院"哲学社会科学学部"的体制化方式存在。这个学科概念的产生受到了苏联学者 30 年代学科分类模式的直接影响，在中国语境中具有学科性与政治意识形态性的双重属性。1966 年哲学社会科学学部取消后，这个概念仍继续使用。1973 年，这个学科概念的政治意识形态性得到空前强化，其学科性则被遗忘。与此相对应的是中国现代学术共同体自发形成的"人文科学""社会科学"的学科概念逐渐被遗忘，从而呈现出意识形态化的概念生态现象。对"哲学社会科学"概念演变的历史分析为重建科学共同体的学术自主性提供了一个当代概念的分析个案，也有助于建构科学共同体的概念认同。

"哲学社会科学"与"人文社会科学"有密切关系，但又有显著差异。据蔡元培在《十五年来我国大学教育之进步》一文中的介绍，北京大学在 1921 年决议成立四门研究所，即"自然科学、社会科学、国学、外国文学"四门。在 20世纪 50 年代以前，中国的"哲学"与"社会科学"并没有合并在一起。相关材料表明，这个新名词的产生与新中国成立后文化教育方面的苏联化倾向有着直接关联。曾任中共中央宣传部出版处处长的黎澍在《认真清理我们的理论思想》一文中说道，新中国成立后许多词语都是由于俄语翻译产生的，故应对这些名词重新进行深入研究，从而重建中国社会主义理论体系的自主性。和黎澍揭示的情况相类似的是，"哲学社会科学"这个词语也是因俄语翻译而产生并接受下来的。

从学术意义上说，学术共同体自身是不可能出现"哲学社会科学"这样不符合学术习惯的概念的。同时，从学术自身的逻辑来说，也只可能出现"自然科学哲学""社会科学哲学""人文科学哲学"这些更大的哲学学科的分类，也就是

说分别从哲学的角度研究自然科学、社会科学、人文科学。在中国"自然科学哲学"作为一个学科主要是指"自然辩证法"。而"社会科学哲学""人文科学哲学"这样的概念在世界学术界得到普遍认可，但在中国却很少提起，因为1955年有了"哲学社会科学"这个因俄语翻译而产生的概念后，"社会科学哲学"这个真正学科性质的概念反而很难产生了。于是一个独特的概念生态现象就出现了。

从现有材料看，"哲学社会科学"这一固定概念最早是在1955年提出来的。其与苏联影响关系密切。1949年11月，中国科学院正式成立。6年后，在此基础上又成立了学部，正式成立学部也与苏联影响有关。竺可桢在1955年3月15日的日记中说："从1953年2月去苏联学习科学院的组织后，才决定成立学部，分为数理化、生物地学、技术科学及社会科学4部门。筹委会共73人，成立以后就要建立集体领导机构。"[①] 1955年6月1日，中国科学院学部成立大会在北京召开，大会宣告成立四个学部：物理学、数学、化学部；生物学、地学部；技术科学部；哲学社会科学部，并选出了四个学部的常务委员会。6月2日，中国科学院院长郭沫若作了《在中国科学院学部成立大会上的报告》，报告中说："解放以来，我们一直在遵照毛主席的指示，进行着思想改造的自我教育。特别在1952年与1953年之交，中国科学家和整个文化教育工作者一道更集中地进行了马克思列宁主义的学习。"[②] 细读郭沫若的工作报告，可以感受到当时学术的政治色彩，而"哲学社会科学"的概念以"哲学社会科学部"这一体制化的形式出现了。"哲学社会科学"概念一出现就被体制化了，从而具有与生俱来的政治意识形态特征。日后，"哲学社会科学部"作为一个体制机构虽然在1966年被取消了，但"哲学社会科学"这一概念不但没有取消，反而得到更为广泛的使用。从这一特殊的社会现象也可以看出体制与体制概念的不同社会意义。

应当说，在当时，中国全方位向苏联学习，这在当时缺少社会主义建设经验的历史情境中是十分必要同时也是必须的。在当时向苏联学习对文化教育的影响是全方位的。对学术教育体制的影响，集中表现为科学院的设立与1952年的高校院系大调整。科学院设立了一大批实体研究所，拥有一个完整庞大的管理层，科层化特征非常明显。因此，在50年代的中国，存在着对苏联的科学管理体制与意识形态宣传全盘接受的现象，而且没有很好地与中国的本土经验相结合，因而理论的教条主义现象十分明显。

从内容与性质上说，"哲学社会科学"在1955年产生的时候，这个概念就具

---

① 竺可桢：《竺可桢日记》（第三册），科学出版社1989年版，第452页。
② 胡维佳主编：《中国科技政策资料选辑1949～1995》上，山东教育出版社2006年版，第119页。

有双重属性，即学科性与政治意识形态性，是一个政治意识形态主导的学科概念。首先，我们来分析这个概念的直接来历和政治意识形态性。曾任中国社会科学院院长、长期从事哲学社会科学研究的马克思主义理论家胡绳曾明确表示："科学，一般说来包括自然科学和社会科学。我们把哲学和社会科学放在一起讲，但哲学并不属于社会科学，它既和社会科学有联系，又和自然科学有联系。"①把"哲学"和"社会科学"放在一起讲，就成了"哲学社会科学"。表面上看，"哲学"和"社会科学"放在一起讲，似乎是两个并列的概念，但又不完全是并列的，而是基于并列但又具有从属性质。胡绳的这段话是典型的苏联的科学管理观念。从学科上说，哲学当然不属于社会科学，哲学是属于人文科学的，但是倒过来，在当时20世纪50年代中国的特定历史情景中，社会科学却是属于哲学并由哲学来领导的，社会科学的发展受到哲学的引导和控制。当然，20世纪50年代的哲学是特指马克思列宁主义哲学，实际上是教条化僵化的马克思列宁主义哲学。苏联在30年代以来的一个学科政策就是实行教条化简单化的马克思列宁主义哲学对社会科学和自然科学的绝对控制。在当时的两大阵营尖锐对峙的冷战条件下，苏联式的"哲学"被政治化了。

对此，1980年主管全国意识形态工作的胡乔木，在一次会议上对我们长期以来的学术政策作了反思与自我批评。胡乔木批评长期以来哲学书都是"照一个格式"写出来的，这就是哲学的政治意识形态化的表现。"哲学社会科学"这个概念的政治意识形态性也使得这个概念具有强烈的政治性，同时作为管理机构的"哲学社会科学部"在1955年6月成立后也相应地展开了许多意识形态领域改造与批判的工作。

另外得注意的是，1955年"哲学社会科学"这个概念产生后，虽然它具有学科性的特征，但是自然科学学者与人文社会学者对这个新概念的接受程度是不同的。由此可以看出科学院党组与学术共同体两者在概念使用上是不同的。中国科学院党组使用的是"哲学社会科学"，这是站在党的立场上，而科学院的学部主任会议与学术秘书处作为科学共同体并没有采用"哲学社会科学部"这个意识形态化的概念，而使用的是学术意义上的"社会科学部"。当然，1955年6月，科学院学部正式成立后，意识形态化的"哲学社会科学"概念就逐渐代替了学术共同体的"社会科学"概念。

因此更确切地说，在50年代的中国和苏联是用"哲学"来代替"人文科学"，而不是用"社会科学"来代替"人文科学"，于是"人文科学"的概念被

---

① 《胡绳全书》（第三卷）（下），人民出版社1998年版，第465页。这是胡绳于1986年在中宣部和解放军总政治部联合举行的报告会上的讲话。

逐渐遗忘。概念的选择也是一种学术支配权的争夺。邓正来认为，学科的制度化进程也关涉到中国社会科学与人文科学和自然科学的边界划定以及隐含于其间的支配争夺问题。因此在中国人文社会科学的建构过程中，除了对建构者的被建构状况需要进行反思以外，对于学科之间的权力争夺与概念的使用也需要关注。

虽然"哲学社会科学"是一个学科与政治意识形态混合的概念，而且是以政治意识形态为主导的，但凡事皆有两面：由于哲学社会科学学部是当时文科最高管理与规划的机构，为国家的总体发展做出了许多贡献，但也一度经历了相当曲折的道路。"哲学社会科学学部"作为一个机构在 1966 年被取消了，不过"哲学社会科学"的概念仍然继续使用并且在 1973 年沦为一个单一化的意识形态概念。

总之，1955 年提出"哲学社会科学"概念以后，其学科性与政治意识形态性的双重属性是共存的。"哲学社会科学"概念的产生与存在有其历史原因，这个概念主要是受到苏联学科分类模式的影响，在当时没有经过分析就接受下来了。在 1955 年的中国语境中，这个苏联式的概念一进入中国就被体制化了，而人文社会科学在其体制化进程中特别需要继承自身的现代学术传统，包括自身的现代学术概念，从而逐渐形成良好的概念生态与学术自主性。在中国语境中这个概念的学科性与政治意识形态性的双重属性将会长期共存，这个概念与"人文社会科学"概念在不同场域也将长期共存。改革开放以来，中国的人文社会科学研究发展迅速，但对人文社会科学研究的管理还相对滞后。这一历程值得我们注意。

三、哲学社会科学建设的历史成就

哲学社会科学的特殊性，决定了其与社会政治往往有着强烈的共生关系，受到社会政治运作的直接影响。"文化大革命"结束后，大学制度得以恢复和重建。中国的哲学社会科学（布科高校哲学社会科学）也经历了另一个恢复和发展的过程，并取得了巨大成就，出现了一系列代表性的成果（尽管数量仍相对有限）。

1977 年恢复高考后，中国的大学恢复正常教学。大学逐步突破苏式体制，重新回归到历史传统，借鉴 20 世纪前半叶的某些经验，重建了一个较为全面和齐备的学科体系，基本形成了规模、科类、层次相对完整的人才培养体系。而相对于自然科学，哲学社会科学的重建要艰难曲折得多。1978 年以后，中国哲学社会科学虽得以重建、从高度意识形态化的论述中有所抽离，但相对于西方成熟的人文社会科学，仍存在相当多的问题，不仅依然缺乏必要的历史积淀与文化土壤，而且有关方面对中国哲学社会科学（或人文社会科学）的学科分类及其体系的认识更是陷入一团迷雾，模糊不清。

哲学社会科学研究作为一种学术活动得以恢复的一个较为突出的标志是成立了中国社会科学院，其前身就是原属于中国科学院的哲学社会科学部。在文科专业的设置方面，存在划分标准混乱、专业名称不规范、新设专业缺乏明确标准和质量要求等种种问题。改革开放以后，随着经济发展对专业技术人才的需求高涨，理工、技术类学科和文科中的应用性学科，如经济、管理、法学等专业发展迅猛，相比之下，人文学科和社会科学中的基础性学科的建设和发展要缓慢许多。哲学社会科学是一个知识体系，有其自身的学术发展规律。近年来中国大学文科的规模迅速扩张，特别是文科应用性专业，如法律、新闻、经济、管理等得到了相当程度的发展，甚至出现了个别"超级学科"，表现得甚为强势。

当然，尽管如此，哲学社会科学建设方面的成就仍然是主要的、巨大的，并且是举世公认的，其对国家建构和社会进步的意义不可估量。这些成就主要表现在：第一，建立了相对完整的学科、专业体系。第二，形成了一支庞大、富有活力的哲学社会科学研究队伍。第三，培养了大批哲学社会科学人才。第四，建设了一批较高水平的课程、教材体系。第五，出现了一系列较高水平的成果，并在学术的国际参与上得到显著进展，其话语权已有明显提升。第六，服务社会和国家战略的能力显著提升。第七，更进一步深度融入世界，积极参与国际主流学科领域的前沿进展，使中国哲学社会科学在世界上赢得了更高的国际显示度。

四、哲学社会科学发展的现实问题与挑战

目前中国哲学社会科学的学术及学科体系均面临着重重挑战，继续努力应对，开拓新局面。主要的挑战表现在：

原创能力明显不足。学术体制创新驱动力量不足，学术发展往往还停留在外延式的编制、规模、机构等的粗放型的发展，内涵的提升还比较欠缺。

队伍建设有待加强。大量研究者在知识结构、国际视野和民族意识方面往往或多或少存在一定局限，不利于取得更大的成就，难以持续产出一大批具有中国特色和国际水平的高质量原创性成果。在未来的学术建设中，迫切需要一大批拔尖创新人才，一批既扎根中国大地又具备国际胜任力的优秀学术人才。

国际影响力依然欠缺。中国在国际学术分工体系中仍处于相对弱势的位置，难以参与学术上游的知识生产和标准制定等主导性工作，理论"消费国"、西方"跑马场"的地位并未根本改观。

知识分类、测评、管理与体系及资源配置方式不够成熟和健全。目前，我国在知识分类和学术管理中，存在诸多紊乱现象；科研的组织方式，还没有完全适应现在日新月异的信息化和知识经济时代，在实际管理中存在诸多问题，在院系设置、评奖、项目、人才、图书期刊分类、学术自主建设等方面还存在一系列问题，学术生产深受其影响。由于知识的测评方式不合理，使许多工作容易流于表面，出现形式化。目前，我国的学科划分不够合理，学科之间要么过窄，要么混乱，要么过于刚性、未能与时俱进，不利于知识之间的交叉融合，刺激学术创新。这种知识分类、测评体系的不合理，已严重钳制知识生产的实体性工作，严重阻碍了知识创新，到了不得不做纵深调整的地步。此外，其学术建设的内涵拓展还不够恰当。福柯通过对知识的生产和建构的考察，指出："学科构成了话语的一个控制系统，它通过统一性来设置其边界。"① "一种知识的分类造成了一种切分和悬拟世界的视野，这反映在分类基点、分类的标准、分类的功能取向和分类结构上。"② 正如恩格斯所说"没有种的概念，整个科学就没有了"③。正是对知识的条理化、系统化，才有了科学。正如沃勒斯坦所说："对观念架构的每一次选择都是政治选择。"④ 而中国的知识分类面临着一次新的政治选择（重大抉择）。学科和语言一样，本质上是一种思维方式和世界图式，学科的组织模式决定着知识的生产方式。而20世纪50年代初步形成并延续至今的学科模式和学术制度，几经调整，仍未实现根本性改进，不利于推进知识创新和指导实践。中国借鉴外国模式，本是削足适履，这在当时原是一种过渡措施，非常时期的非常之举，亦未尝不可。但将此种过渡模式延续至今，其弊端日渐明晰。外国（主要是西方的）衣服，穿在中国的身上，自然不合身，这也就不足为奇了。在目前的学科分类中，对于社会科学、人文学科、哲学社会科学这三者的概念界定十分混淆。教育与学术管理部门及许多学者对于这三个性质不同的概念长期混用，不仅影响了人文社会科学的理论创新，更严重影响了社会科学和人文学科的专业设置和教学，以及与国际人文社会科学研究的对话与交流。

制度设计不够合理，不利于激发学术创新活力。相对日益活跃的学术研究和知识生产、学术创新来说，我国现行学科制度主要形成于冷战时期，目前已经显得相对滞后，很难适应这一不断变革、瞬息万变的世界。当今时代，"唯一不变

---

① ［法］米歇尔·福柯著，谢强、马月译：《知识考古学》，生活·读书·新知三联书店2003年版，第199页。

② 吴刚：《知识演化与社会控制中国教育知识史的比较社会学分析》，教育科学出版社2002年版，第68页。

③ 马克思、恩格斯著，中共中央马克思恩格斯列宁斯大林著作编译局编译：《马克思恩格斯选集》第3卷，人民出版社1995年版，第543页。

④ ［美］伊曼纽尔·沃勒斯坦：《知识的不确定性》，山东大学出版社2006年版。

的就是变化本身"。良好的知识共同体制度更是基本没有形成。学科体系要滋养和助力学术的发展和高水平的学术建设，而目前的学术体制已明显不适应学术的发展，不能为学术探索、探索未知、创造新知拓展更大的空间。现在的问题是不适应学术创新的需要，不利于哲学社会科学体系的综合发展。

知识传播和转化的专业性不够强。由于知识界的失范，许多知识生产者的不专业、不适当的行为，已严重影响了知识共同体和知识体系的声誉，同时也由于专业性的缺失，知识体系的运行容易受到外部力量（行政部门、公众、市场等）的不必要的干扰。

回顾历史，我们不能不认识到，1949 年后人文社会科学的发展基本照搬苏联模式，对西方人文社会科学采取彻底否定的态度，这使得此后一段时期内中国人文社会科学的发展不仅脱离了西方人文社会科学的学科谱系，也与中国传统文化的承袭割断了联系；1978 年后人文社会科学虽得以重建，但相对于西方人文社会科学，不仅依然缺乏必要的历史积淀与文化土壤，而且人文社会科学的学科分类体系也陷入长期的模糊不清。

当下的中国社会正处于转型期，国家的发展对人文社会科学在理论研究方面提出了迫切的要求，亟须建立起能够反映中国国情和历史深度，指导中国现实发展，并和西方知识体系平等对话的人文学科和社会科学的理论思维与独立研究。无论从内部世界还是外部世界来看，中国缺失自己的知识体系所带来的后果和影响都是令人担忧的。由于没有自己的知识体系，无论是国家层面还是学术层面，都面临着一些很难解释和解决的问题，较难对自己国家社会发展的规律给出合乎情理和合乎逻辑的解释，以至于对中国社会的发展及其趋势表述不清。特别是随着中国的强起，世界对中国抱有越来越巨大的期待，但期待中又包含着许多不确定性和误解。

众所周知，中国有着古老的文明、悠久的历史及当今举世瞩目的经济建设成就，但我们至今未建成一个能够为国际接受和理解的知识体系来解释我们的历史和文化。长期以来，对于中国历史传统和现实经验的解释权，都是采用西方概念、理论和逻辑，努力借用西方的知识体系来认识自己解释自己，这不能不说是一种困境。知识体系的缺失使得中国在国际上的话语空间显得逼仄狭小，尽管强调要"走出去"，但如何走、往哪里走依然是模糊不清的。假若没有一种明确的方向和路径，走出去的路大抵会是步履维艰的。因此，重构当代中国的学科体系结构，特别是人文社会科学学科体系，用自己的理论和话语来解决自己的问题，正日益成为学术界研究和关注的焦点。而要促进人文社会科学研究的繁荣发展，人文社会科学学科体系的确定无疑是出发点和先决条件。

所有的学科概念和范畴其实都产生于某种特定的社会现实，并不存在一种不涉及任何价值的普遍的学科概念。相比于 20 世纪初的激烈的学术转型，一个多世纪之后的今天虽已不再有救亡图存的危险，但寻求发展和创新的紧迫感，以及世界的多元变化比之前更为剧烈。在新的环境下，对历史的梳理正是反思的前提，也是理论得以重新建构的先决条件。

对于哲学社会科学，本土化"是学科成熟的重要标志之一"。[1] 对新时代的中国哲学社会科学而言，既要追求国际化，也要追求本土化，而所谓本土化，从严格意义上说，实则是走向"世界的本土"。[2] 新的中国知识体系的重建，需要以中国政治哲学来为基础，吸收域外文明的养分，进行扬弃，重建知识体系，借鉴西方要开放执行的心态，执两用中，取其精华。创造属于新时代的新学术。

对全球议题或普遍性问题形成贯通的、相对彻底的解释，是哲学社会科学的内在的目标之一。但普遍性与特殊性是密切联系的。普遍性寓于特殊性之中，没有特殊性的普遍性是不存在的。同样，在国际学术中，学术的国际性，蕴含在每个民族学术的特殊性之中，正是特殊性隐含着普遍性。[3] 失去了特殊性，普遍性也就无从存在和发展，正是在它们的特殊性的交集中形成了普遍性。同样，学术的国际性与民族性也是如此。因此，二者相辅相成、密不可分。为了维护和拓展民族学术的自主性，就需要尊重学术的本土特质，推进学术的本土化运动。因此，学术（学科）的本土化与其国际化是一系之两面。没有了本土的学术，也就无从参与到国际的学术之中。

长期以来，中国知识界已然习惯于套用西方的概念体系、理论体系，没有形成中国自己的现代概念体系、理论体系，自然也没有中国特色的知识体系，在运用中更无法形成自觉的话语体系。

西方的殖民话语，是西方霸权在文化上隐晦的表达形式，发挥着其在暴力上无法发挥的作用、无法实现的目的。而在中国知识界，许多人士对此缺乏智知，或虽有智知而无力抗拒，长期用西方的话语来观照自己的实践和中国的生活，导致已经习惯被殖民，甚至有时配合着进行"自我殖民"，想方设法试图用西方"普世"理论来解释中国特定的"异例"，[4] 实现共谋。这种"殖民""被殖民"的兴衰，极大地伤害了中国的学术自主性，阻碍了中国知识体系独立性的发挥。在制度"移植"的过程中，不仅知识体系被殖民，而且思维世界也往往被"殖

---

[1] 蔡曙山：《科学与学科的关系及我国的学科制度建设》，载于《中国社会科学》2002 年第 3 期。

[2] 任剑涛：《重思中国社会科学的本土化理想》，载于《广州大学学报》（社会科学版）2020 年第 3 期。

[3] 作为一般的、普遍的和具有共性特点的社会利益寓于作为个别的、特殊的和具有个性特点的个人利益之中，而个人利益则体现着社会利益的要求是社会利益在个别人身上的利益表现并且受到社会利益的制约。社会利益反映在个人利益之中。

[4] 王荣华：《多元视野下的中国》，学林出版社 2006 年版，第 14 ~ 46 页。

民"，落入了西方知识体系所有意无意构建的陷阱。

近代以来，无论是在知识体系还是在教育体系等方面，中国知识界都在学术、学科"中国化"方面都进行了丰富的探索，也曾面临过挫折。创造具有全面解释力的普遍知识，是学术研究之前的目标。中国的学术工作，不仅需要解释和解决本国的问题，也需要能为解释解决全球性问题贡献智慧和力量，真正地获得世界性。在这日渐开放的世界，学术的国际性愈益凸显，但其民族性也无可讳言。任何学术成果只能产生于特定的学者之手，而这些学者诞生于特定的文化土壤，生活和工作在特定的是时代和文化情境中，就不可避免地具有特定民族的特质。因此，完全脱离民族性或与民族性无涉的人文学术是不存在的。而世界性的学术，正是由这些具有特定民族性而又所超越民族性的那些学术来构成。因此，国际学术体系，正是在民族性与国际性的多重张力中编织而成，形成复杂的动态的网络。20 世纪 90 年代以来，本土化与国全球化相互作用，共同形塑了世界学术的新图式。

本土化并不意味着抛弃前人的所有积累而随意地另搞一套，而是在遵循最基本规则的基础上，用别人也能听懂、理解和接受的方式，去探讨问题、贡献智慧，参与全球治理。在此意义上，本土化完全可以是全球本土化与本土全球化（在地全球化）的结合。中外学术的互鉴会通，是在"同一平台"[1] 上去讨论问题、阐释世界。为此，就需要在本土化的过程中实现学术创新，需要对中国的伟大实践进行充分的学术提炼、加工，需要做许多大量的扎实细致的基础性工作，需要进行充分的学术化努力。而所谓学术化，具体来说至少包括问题意识、概念化、系统化等方面的努力，突破学科边界，对问题进行抽象和提炼，提出有强大解释力、概括能力的概念，提出有说服力、有创造性的解释框架及范式，[2] 强化思维能力和学术水平，具有命题能力和范式创造的能力。中国应力争成为知识体系的标准制定者和话语权的掌握者。要有突破性的原创性贡献，就必须能创立新体系甚至开创新范式，而不能做追随性研究，要有创新性引领性的研究。王学典认为："就像我们不能照搬西方一样，我们也不能照搬传统。……所谓创造性转化、创新性发展，就是对中华文明……进行社会科学化处理和冶炼。从西方移植过来的社会科学必须本土化。"[3] "中国特色哲学社会科学的本质，则是形成一种

---

① 阎步克：《一般与个别：论中外历史的会通》，载于《文史哲》2015 年第 1 期。佚名：《实现"中外历史的会通"，需几代人的持续努力》，载于《学术界》2015 年第 3 期。张越：《中外历史研究的会通与中国史学的发展——"中外历史研究的会通"学术研讨综述》，载于《学术研究》2015 年第 4 期。

② 王学典：《把中国"中国化"——人文社会科学的转型之路》，载于《中华读书报》2016 年 9 月 21 日。王学典：《中国话语形成之路——西方社会科学的本土化和儒家思想的社会科学化》，载于《济南大学学报》（社会科学版）2019 年第 6 期。

③ 王学典：《一种崭新的国家叙事如何形成》，载于《北京日报》2019 年 12 月 9 日。

崭新的国家叙事或中国话语",创造一种新的学术形态,"讲好中国故事……构筑和形成这一叙事体系。"① 王学典还指出:"如何平衡、兼顾传统与现代、本土与西方,成为 20 世纪给我们留下的一大难题。中国特色哲学社会科学体系命题的提出,正是希望能在传统与现代、本土与西方之间走出一条平衡之路,找到一个坚实的平衡点。""但当下的人文社会科学界对中国经验的漠视、轻视和无视,对西方社会科学许多结论的迷信,已经达到令人很难接受的程度。没有把社会科学界的主要生产力集中到对中国经验的研究上,这是导致当下中国学界迷茫徘徊的一个非常重要的因素。"② 提出构建中国特色哲学社会科学知识体系这一使命……最终目的是"把中国中国化",改变一百年来一直"把中国西方化"这种主流趋势。当前在哲学社会科学领域存在诸多问题,这些"如不予以解决,我们就无法……形成哲学社会科学的中国范式,我们与西方学术界的关系,就永远只能是学术小工和思想老板的关系。"③

中国和许多非西方国家一样,曾经是半封建半殖民地国家。经过长期的革命斗争获得了民族独立,然而,相比于政治、军事上的独立,思想、文化和心理上的完全独立之路显然更漫长。中国的思想长期深受西方影响,长期被西方思想进行学术殖民,许多人甚至自觉不自觉地"自我殖民"。在相当长的时期内,中国在全球知识体系中处于低端位置,为西方提供原料,由西方进行理论加工,然后再引进西方理论来解释中国现实、指导中国实践。自然,这就难免出现隔靴搔痒、水土不服的情况。这种局面为时已久、为害甚烈,已到了不能不改变的境地。如果中国学术界成为西方理论"消费国"和西方思想"跑马场"的局面没有改变,中国就难以实现完全意义上的学术自主和民族自信也就无从谈起,随之而来的道路自信、制度自信的根基也难以牢固。这不利于中华民族的伟大复兴。欲达到此目的,则今后需要过滤西方思想的影响,重新建立民族学术体系。为了提出重要的学术命题、解决重要的学术议题,就需要有学术的想象力,加强理论供给,才能参与全球进展,才能引领全球的变,贡献中国智慧。哲学社会科学的研究,承担着知识创造与国家建构的双重任务。需要物质结构和精神结构同时并进,才能统筹推进全面的国家建设。

由上,我们可以理解哲学社会科学学术体系和学科体制的历程、特质与功能。知识体系建设不仅遵循着知识自身的逻辑,而且承担着社会整合和国家建设的重任。这是其先天的历史使命。为此,需要应对重重挑战。学术—学科体系的两位一体的结构,面临诸多挑战。如果能创造性地应对这些历史性挑战,则是对

---

①② 王学典:《一种崭新的国家叙事如何形成》,载于《北京日报》2019 年 12 月 9 日。

③ 王学典:《中国话语形成之路:西方社会科学的本土化和儒家思想的社会科学化》,载于《济南大学学报》(社会科学版)2019 年第 6 期。

世界的贡献，尤其是对广大非西方国家提供了重要的激励和参考经验。①

第三节 我国高校哲学社会科学学科体系的自主性、引领性建构

一、学科体系建设的基本理路

应该说，中国知识体系所面临的是系统性的问题和挑战，以上所说只是其中的一小部分。但是窥斑知豹，由此可知，中国知识体系中这一系列不完善、不健全的方面，需要大力拓展，努力推进。面对这一系列挑战和问题，需要进一步改革和探索。为了实现中国哲学社会科学的中国化、自主性，需要做一系列深入细致而艰苦的筚路蓝缕的系统工程。需要在人才、理论、方法、基础设施、环境、制度、资源配置等方面都做一系列努力。② 尤其需要注意以下几方面：

（一）加强顶层设计

重新审视中外知识体系的历史起点和哲学基础，重新进行总体设计、定位和战略谋划，重新认识其文化根基和哲学基础。从近代以来东西方的实践看，东西之间的很多差异在根本上源于其在赖以安身立命的文化根基和哲学基础上的差异。是政治哲学、文化基因的显著差异在相当程度上形塑了东中西之间在治国理念、社会治理和文化传统、知识体系等许多方面的重要差异。一般而言，西方文化主要建立在基督教的所谓"普遍主义"精神基础上，中国文化则主要建立在以儒家文明为代表的传统文化的基础上。特别是在近年来一系列的重大事件的冲击，中西之间在文化观念和治理方面的差异在此被无限放大。中西的文化关系和国际格局又被推到了一个新的路口。在关键时刻，中国需要创新知识体系，构建更具解释力和包容性的理论体系，阐明新的问题，"在理论上去说明中国的政治体制的哲学基础及其优缺点"，"积极地说明中国体制的运转逻辑，应该突破威权

---

① 20世纪50年代，源于美国的现代化理论产生之后，对全球学术界产生相当大影响，成为许多国家和地区对本国及世界历史进行解释的主流范式，形塑了许多国家社会科学的理论框架，其影响极为深远。即便后来的依附理论等新式理论面世并冲击该理论的主导地位后，仍未能在根本上改变其深层影响。

② 相关问题，亦可参林尚立：《社会科学与国家建设：基于中国经验的反思》，载于《南京社会科学》2011年第11期。

政府 VS 民主政府的对立二分法"，① 跳出西方话语和理论框架的所构建的范式和预设的前提，来客观公正地分析问题。必须承认，"在过去乃至今天，在向外部世界解释自我方面，中国的效能是很低的，中国的知识界整体上掉进了西方的专制独裁与宪政民主的二元话语里面，基本上不能构造自己的话语体系"。② 这个局面亟待改变。为此，在要加大沟通力度之外，更需要做的是构建中国的知识体系。但重新建立一个话语体系，首先必须对过去的话语体系有所扬弃，在这方面要对中国传统资源进行传承创新，特别要对其中的优秀资源进行充分挖掘和弘扬。当今尤需恰当地解释儒家文化与基督教精神的关系，应当认识到儒家思想不比自由主义差，中国的思想并非要"战胜自由主义"，而是要基于中国实际探索适合自身的道路，建成不逊于西方文化的文明体。③ 中西之间是差异共同，而非零和博弈或高下之争。

在近代以来，在西学东渐的大潮和东强西弱的态势下，一系列社会变革持续侵蚀了国人的文化自信、民族自信，更随着西方物质力量结构和技术手段的优势的冲击，中国学术自主性也随之消解。而今，随着局势转变、国家发展和民族复兴的进程，在新的历史条件下，有必要重新理解二者的关系和各自的发展逻辑。我们要尊重差异，坚持特色，和而不同。不能简单地谈论"一分为二"、把问题简单化、把差异极端化，而要用中国的智慧，改变非黑即白、泾渭分明的简单思维和斗争哲学，一方面要避免把问题简单化、两极化，另一方面要用东方的智慧，尝试新的可能性，使我们对世界的认知更完善、更圆通更灵活，更具灵活性和包容性，为社会变革知识体系的重建创造更宽松的环境和更具活力与韧性的哲学基础。如果这一探索能够成功则不仅有利于世界的和谐、和平和包容性发展，而且也将为人类文明、文化和社会治理做出重要的理论贡献。在此过程中，既要放眼世界，吸收外国的有益的养分，也要扎根中国实践，从传统中吸收养分，从实践中淬炼理论，提炼出中国特色的概念、理论和范式。

（二）加强队伍及生态建设

人才是一切事业兴衰成败的决定性因素。"为政之要，在于得人"；"盖有非常之功，必待非常之人"。治国理政是如此，治校兴学也是如此。人才队伍是知识体系建设的第一位的条件。"中国的事，关键在党，关键在人"④。在这方面，

①②③ 《对话姚洋："新型冷战"要到来了吗？》，北大国发院，2020 年 4 月 28 日，https://mp.weixin.qq.com/s/FBlgfExnm2MKMRYGJIG3HA。魏南枝：《世界的"去中心化"：霸权的危机与不确定的未来》，载于《文化纵横》2020 年第 4 期。

④ 谭评：《办好中国的事情关键在党、关键在人》，新华网，2016 年 7 月 7 日，http://www.xinhuanet.com/politics/2016 - 07/07/c_129125856.htm。

我们需要培养一支规模宏大的高水平的哲学社会科学的人才队伍。要注重梯队建设，加强人才的国际胜任力；要积极支持和激励青年人才的成长，特别重视创造有利条件促使青年人才脱颖而出，培养拔尖创新人才；要改进知识共同体的组织方式运作，构建一个包容、富有活力和生产力的知识共同体；为更多的知识人学术化生存创造良好的和谐生态，形成人尽其才、才尽其用、才乐其业的良好的重知识生态；实现学术与行政的分工合作。

（三）全面升级知识体系，加强知识供给

强化知识可持续生产和原始创新，提升知识供给能力，创造更多强有力的知识（powerful knowledge，迈克尔·扬语）[1]。知识供给是知识体系建设的基础，是整个知识供应链的源头，也是其核心环节。知识供给的质量决定着知识供应链的质量和水平。知识供给的质量，是知识体系质量的决定性因素。为此，一要壮大知识生产队伍，提升知识质量，贡献更多优质的、"强有力的知识"。二要优化知识生产生态、环境，提升能力。三要提升知识生产能力建设，提升原创能力。四要持续改进知识生产方式。目前，随着科技的发展，知识也在持续地分化组合，知识生产的组织化、制度化程度越来越高，这也要求加强队伍建设和团队合作。知识更多地以集群方式呈现和运作，知识的创新已越来越依赖大规模的合作、"集众式研究"。五要有意识地加强理论建设和知识创新，改变长期以来理论"消费国"的窘境。要推进概念化、体系化的学术探索，努力探索新的范式。提出更多具有影响力的概念、范畴、命题、理论、方法和范式等。应从长期以来的理论"消费国"升级为"生产国"，为世界知识体系和人类文明进步做出原创性贡献。六要在知识生产的专业性与大众性之间实现再协调。[2]

要特别博采众长，自主创新，加强能力建设，切实提升原创能力，特别是概念化、理论化的能力和提出的问题或命题能力。命题能力是一种非常重要的能量，是原创力、议程设定和规则制定能力的集中体现。而原创性来自问题意识。[3]必须改变原来的长期追随西方甚至"依附性发展"的学术状态，增强学术自主性；要重新梳理、审视和过滤西方移植过来的知识体系，取其精华去其糟粕，吸收一切有用的养分，以为我主，为我所用。要进一步探索中国哲学社会科学的内在特质，推进对民族形式的探索。所谓"特色"，"特"在能够反映中国的实践，

---

① 迈克·扬、张建珍、许甜：《从"有权者的知识"到"强有力的知识"》，载于《华东师范大学学报》（教育科学版）2017年第2期。
② 任剑涛：《重思中国社会科学的本土化理想》，载于《广州大学学报》（社会科学版）2020年第3期。
③ 孔繁斌：《原创性来自问题意识》，载于《人民日报》（理论版）2018年10月8日。

中国的生活方式、生产方式和思维方式。为此，要站在民族立场上对一系列议题、学说进行新的理论解释和创造，以形成新的世界图景和政治图式。要通过知识体系的民族特色来呈现中国的思考，更好地呈现民族智慧，为人类文明进步服务。

应当承认，现代学术在西方已有数百年历程，其知识体系已相当完备。而中国的研究时间尚短，而且主要是移植西方的，自主探索的成分还相当有限。大量的领域已被反复深耕，大量的理论已被反复磨洗和完善，大量的方法已充实或更新。因此，要在现有的西强东弱的局面下，有学术上的原创性贡献和实质性突破，需要非常的努力。然而，中国丰厚的历史文化传统和革命传统和中国特色社会主义伟大实践，为中国的特色知识体系的构建和完善提供了不竭的资源。只要我们有足够的理论积累和学术沉淀，仍是有可能取得突破，能开拓出属于中国自己的学术领地，做出属于自己的贡献。

提炼概念的能力很重要，但更重要的是提出问题的能力。能够提出问题，表示研究者已对一个事物与其他事物之间的联系有更深入的理解。要有社会洞察力和学术想象力。爱因斯坦曾说："提出一个问题往往比解决一个问题更为重要"，提出新的问题、新的可能性"需要创造性的想象力，而且标志着科学的真正进步。"[1]

要加强理论思维能力建设，努力创建强解释力的理论体系和原创性的学术创新，支持颠覆性创新或范式革命。中国曾长期处于理论"消费国"的境地，接受西方理论"生产国"的供给，这造成了多方面的问题，抑制自身的理论思维能力和学术自主性。应尽快改变"理论的贫困"状态、摆脱对西方知识体系的依附，形成一套有解释力和感召力的理论体系，增强国家软实力。要加强知识供给，进行概念化、学术化和理论化，更好地呈现中国自己的理论贡献和思想解释的力量。而要建构具有中国特色的知识体系，就必须以构建本土化的概念体系作为出发点。徐勇认为，要构建中国特色的哲学社会科学体系，"需要从概念着手"。"中国特色的概念体系无论表现得多么特殊，终究必须反映社会科学概念形成的一般规律。""不论从历史还是当下来看，中国经验都的确有待更加充分地概念化，中国完全可以为世界社会科学贡献更多的概念元素。"[2] 而从现实看，西方社会科学的中国化和中国自身文化的社会科学化以及二者的有机结合，是构建中国特色哲学社会科学体系的必由之路。[3]

在努力提升学术原创力的过程中，我们依然要持续借鉴西方的学术养分。但

① 阿尔伯特·爱因斯坦、利·英费尔德著，周肇威译：《物理学的进化》，湖南教育出版社 1999 年。
② 郭忠华：《社会科学概念的双重构建模式》，载于《中国社会科学报》2020 年 4 月 29 日第 8 期。
③ 王学典：《中国话语形成之路：西方社会科学的本土化和儒家思想的社会科学化》，载于《济南大学学报》（社会科学版）2019 年第 6 期。

无论如何需要注意的是，西方的知识生产方式和分类方式，都与中国存在巨大差异。中国传统学术以历史知识为主，以历史叙述为主要话语形态，而西方强调逻辑合理性，以科学叙述为主要话语形态。二者在思维方式上有巨大差异。① 全盘照搬西方的学术制度并不可取。邓正来指出："中国知识分子对一些与西方相关的学术制度的移植，从另一个角度扼杀了中国社会科学建构自身自主性的可能性。"②

（四）优化知识分类、转化与运用

现代意义上的学科是近代知识体系发展的产物，源于对完整的知识体系的切分，学科之间有相应的边界、学科有特定研究对象和规范③。在现代知识体系中，学科已是一种普遍现象。科学之所以被划分成一门门独立的科学，乃是为了人类认识和研究的需要。④ 知识的切分和条理化形式构成了学科。学科是大学组织的基础，学科制度是大学的核心制度之一。然而，学科制度在促进知识发展的同时，也在束缚知识的创新。目前我国现有的学科制度与学术体系建设之间不够适切，不利于学术发展，亟待调整。

在近代史上，中国的学术学科制度主要脱胎于美国；而现行学科制度则主要脱胎于20世纪50年代移植的苏联模式和20世纪80年代借鉴的美国模式，尽管也曾先进行过一定的中国化改造，但仍有着移植的痕迹，并没有很好适应中国的需求，随着学术建设和社会进步的推进，其不适应性和消极影响日渐突出。在未来的学科建设中，有诸多议题需要深入探讨。总体方向而言，我们需要逐步探索建立中国特色、符合学术规律和实践需求的学科体系。一方面要调整学科的管理模式，另一方面要促进交叉融合，优化知识边界和不同类型的知识间的交融。为了推进知识创新，需要加强知识整合与学科边界的调整，实质性地促进知识创新。⑤ 自20世纪中期以来，跨学科、交叉学科、超学科、新的知识生产模式陆续涌现，知识的创新往往都是打破学科边界的结果。

要处理好学科的层次和边界问题，关注学科为中心和问题为中心的问题。现在学科分类不够合理，有的学科划分要么太窄，要么太刚性，学科间的许多环节的衔接也不够到位，不利于推进学术创新。对学科要实行科学的分类管理，淡化学科边界，推进集群建设，增强问题意识；积极发展跨学科、多学科的交叉研

① 黄平、汪丁丁：《学术分科及其超越》，载于《读书》1998年第7期。
② 邓正来：《反思与批判体制中的体制外》，法律出版社2006年版，第91页。
③ 蔡曙山：《科学与学科的关系及我国的学科制度建设》，载于《中国社会科学》2002年第3期。
④ 袁曦临：《学科的迷思》，东南大学出版社2017年版，第1页。
⑤ 托尼·比彻、保罗·特罗勒尔：《学术部落及其领地：知识探索与学科文化》，北京大学出版社2008年版，第2~3页。

究。学科建设要抓住"牛鼻子"、要获得更强的原创力，就要夯实基础学科，积极发展交叉学科和新兴学科，寻找新的学术增长点，激活学术发展动力。要推动促进跨学科的研究和交叉学科的建设，跨学科往往能带来新的视野，有新的突破和知识贡献。① 有学者表示，针对现在学术研究及学科建设的局面，有必要增设新兴学科、交叉学科和综合学科，推进分析分解与综合继承，有机互动。②

课程理论家施瓦布（J. J. Schwab）说："学科之间的某些差别可能是永恒的。……坚持所有知识的统一的学说，要么是一种教条，要么是一种希望。"③ 因此，对于人文学科和社会科学进行某种区分是必要的，也是必然的。现阶段，"学科"已然上升为大学管理与发展中的一个核心概念。为了改变学科分化太细、学科之间各自独立分割等现象，我们以一级学科为单位进行建设、管理、评估。但从实际效果看，一级学科管理模式却导致了一系列新问题。学术分工分化是必要的，只有分工才可能推进专业化，"繁荣源自分工，社会分工推进社会进步和经济增长。"④ 然而，过细的知识分类、过于刚性的学术分工，则会导致诸多问题。从知识发展的角度看，知识创新通常发生在二级学科的层面，学术交流与人才培养也主要是在二级学科的基础上进行。因此，二级学科是知识活动的实质性层次。无论从知识发展的角度看，还是从教师工作的角度看，二级学科都应是一个较理想的管理平台。为此，不妨一方面坚持目前的一级学科管理制度，同时也允许和鼓励二级学科管理的做法，以满足学科建设的不同需求。⑤

现阶段，我们要创建更合理的学科体系，促进学术与学科之间积极的成效的互动，为知识创造提供强有力的支撑。学科的开放性和整合性是学科发展和学术研究得以生存的内在理由。沃勒斯坦明确指出："当人们研究社会体系时，社会科学内部的经典式分科是毫无意义的……我不采用多学科的方法来研究社会体系，而采用一体化学科的研究方法"。⑥ 他认为，如果不放松和反思既定的学科前提，难以摆脱学科界分所带来的思维定势和框架，难以拓宽研究的视域。世界并不是分学科而存在的，故而对于人类和人类社会的研究也就不可能完全"分

---

① 郭台辉：《历史社会学的欧美比较——访伦敦政治经济学院院长克雷格·卡尔霍恩》，载于《中国社会科学报》2013 年 12 月 6 日第 B04 版。

② 叶继元：《国内外人文社会科学学科体系比较研究》，载于《学术界》2008 年第 5 期。

③ 转引自郝文武：《教育哲学》，人民教育出版社 2006 年版，第 246~247 页。

④ 约翰·斯密语。转引自江华：《世界体系理论研究以沃勒斯坦为中心》，上海三联书店 2007 年版，第 40 页。

⑤ 陈洪捷：《一级学科还是二级学科？这是个问题！》，载于《中国科学报》2019 年 8 月 21 日第 4 期。

⑥ ［美］伊曼纽尔·沃勒斯坦著，尤来寅等译：《现代世界体系》第 1 卷，高等教育出版社 1998 年版，第 11 页。

科"。在此意义上，其所倡行的"一体化学科研究"无疑是一种可供参考的重要思路。正如涂尔干（Emile Durkheim）所指出的："人类思想的类别从不固定于任何一种明确的形式。有人不断地创造类别、取消类别和再创造类别，它们因时因地而变迁。"① 无论从社会公众层面，还是从知识体系—教育制度层面，学科都是一个坚实而强韧的存在。它在大学体系中有高度的优先性。学科构建受到学科本身影响，也受社会环境和制度的影响。学科分类和框架选择，从本质上说反映了权力关系。② 伯恩斯坦指出："权利原则与社会控制原则是通过学科制度来实现的……制度的改变会使知识分类和框架结构发生根本变化"。③

对于学科体系的建设应该保持其开放性与多元性。研究的深入，必然会导致学科的分化，但同时又会在更高层面上达成综合。这是当今学科发展的趋势。而目前的学科体系仍是以固定的学科设置和边界划分为主的，"日益细密的分科通过知识的专门化把知识分子分成不同领域的、难以相互交流的专家，而公众对于专家所生产的知识既无理解、也无批评的能力，从而知识分子与公众的有机联系消失了。"④ 研究者若完全囿于"分科"的局限，就有可能沦为学术的工具，从而丧失人文关怀。为此，有必要进一步淡化知识边界，加强跨学科、交叉学科和新兴学科研究。然而，这样一来，又很可能陷入一个新的悖论："跨学科研究看起来试图跨越学科，但实际上只是强化了学科"。⑤ 尽管跨学科教学和研究已蔚然成风，但院系仍是大学的主要组织形式。学科划分和专业设置对于高等教育不仅仅是学术和认识问题，更是一个全局性的实践问题，是一项十分重要的基础性工作。

（五）改进知识测评，进一步优化测评体系

知识评价的主要问题是回答"什么知识有价值""谁的知识有价值"等问题，由此而衍生的另一问题则是"如何创造有价值的知识"等。而对知识的评价的运用（如绩效评估、人才评价），则要关注派生出来的"谁得到什么""得到之后又如何"等一系列衍生问题。知识测评（尤其是评价）对知识生产有重要的引导作用。科学的评价体系对知识创新有重大的推动和激烈作用，而目前，不合理的评价体系，已严重制约我国的知识创新。对此，我们需要培育新的学术、学

---

① 袁曦临：《学科的迷思》，东南大学出版社 2017 年版，第 78 页。
② 袁曦临：《学科的迷思》，东南大学出版社 2017 年版，第 166 页。
③ Bernstein B. *On the classficiation and framing of educational knowledge*, in M. F. D. Young. （eds.） *Knowledge and Control*, London：Collier Macmillan，1971：47－69.
④ 一土等：《21 世纪：鲁迅和我们》，人民文学出版社 2001 年版，第 182 页。
⑤ 江华：《世界体系理论研究：以沃勒斯坦为中心》，上海三联书店 2007 年版，第 152 页。

科评价观，更新知识评价的方式方法。要充分遵循学术规律，尊重专家意见，设计更合理的测评和协调体系，正确运用测评手段，发挥其正向引导、激励的职能。要"管、办、评"分离，避免测评结果与物质利益直接捆绑。当务之急，是要探索建立科学合理的测评体系。有学者指出："是什么阻碍了'本土学术'的发展？我看主要是当今不断强化的'标准化'学术和教育制度。学术界要鼓励不同的学者依照自己不同的专长来积累知识……不要搞'一刀切'。"① 要探索建立和完善同行评议制度，更好地推动原创性的高水平研究。"学术管理必须尊重学术的本性"。要打破对量化评价的迷信。量化评价"在某种程度上、以不同方式降低了知识生产品质、学术成果质量，助长了投机取巧、急功近利、浮夸浮躁的学术风气，恶化了学术生态；其以刊评文的简单化操作，更是不负责任的表现"。应大力提倡质在量先、重质轻量的质性评价时，"质性评价是一种比量化评价远更复杂、困难的方法，并不符合人们芟繁从简、避难就易的选择取向"②。在目前科研评价体制的改革中，我们应当让学术评价回归学术本性，逐步将学术权力交付学界，尊重专家、相信专家、依靠专家，发挥同行评议的主体性作用……当前最重要的是建立一个良性的学术研究生态。学术评价的前提是先要有学术，然后才能建立与之契合的评价体系。没有良性的学术研究生态，根本不可能大规模生产有价值有意义的学术成果。在这种情况下，要建立有公信力的学术评价体系只能是一种奢望，甚至是一种本末倒置。在优秀学术成果匮乏的前提下，即使有再发达、再完善的学术评价体系，也毫无意义。"制定一个科学的科研评价体系，决定着21世纪中国的科研事业能否健康有序地向前发展，也决定着能否实现建设名副其实的科研大国、学术强国的宏伟目标。"③ 现有的学术评价方式还有诸多不足。例如目前国际非常盛行的学科排名的ESI数据库，共有22个学科，属于哲学社会科学部门的只有2个。哲学社会科学是一个庞大的体系，而如此的评价体系完全不能体现哲学社会科学的丰富性、复杂性和重要性。为此，我们需要创建新的测评体系，更好地推动哲学社会科学的发展。在学术建设、学术评价工作中，都需要有更丰富的想象力，探索建设新的学术格局和知识图式。

在整个学科中，人文学科群具有相当的特殊性，这与科学有巨大的质的差异。在学科设置和学术评价等一系列环节中，需对此予以充分的考虑和相应的对策。人文研究的中心目的是寻找人生的意义。人文学科是追寻人生意义的创造性

---

① 王铭铭：《中国人类学的海外视野》，载于《中南民族大学学报》（人文社会科学版）2006年第3期。

② 喻阳：《回归学术初心优化学术生态》，载于《澳门理工学报》（人文社会科学版）2020年第2期。

③ 王学典：《将评估学术的权力还给学术界》，载于《澳门理工学报》（人文社会科学版）2020年第2期。

活动；肯定人的价值，客体与主题创造性地整合，是人文研究的最大特征。它是关于人的灵魂、人的价值的学说，其对象是人本身。[①] 因此，标准化、科学化的测评手段，并不是简单地照搬用于人文学科群之上。

综上，知识体系建设是一个复杂的社会系统工程，单项的改革不足以取得理想实效。为了创建中国特色的高水平知识体系，我们有必要统筹全局，实现对知识体系建设的全程观照、系统推进，在知识的生产、分类、测评、传播、转译、社会化等各个环节都有实质性的举措和实效。以知识生产为基点，以知识评价为抓手，切实抓好学术体系、学科体系、评价体系、育人体系、话语体系等一系列改革，在队伍、能力、制度、观念、结构布局、生态环境、基础设施等方面全面统筹推进，创造性开展工作，推动知识体系的创造性转化与创新性发展。要探索良好的制度安排，为学科发展创造更好的制度基础，在知识的交流、交锋与交手中不断壮大。特别要增强原创能力和命题能力，前者意味着知识生产的高水平，后者能更好地保障议程设定、标准制定、方向引领的落实到位。

二、学科体系建设中的政策供给

（一）全面加强学科体系建设

按照制度理论，学科体系不仅仅是一整套名义上的学科或专业，而且意味着相关的人、环境、规则或文化。统一，按照福柯的权力—监控理论，学科（discipline）与课程（curriculum）及专业（subject）等都息息相关，都意味着规训，意味着按照某种预设的目标或程式对主体的规约。因此，学科建设，必然也就关乎到课程、教材乃至考试、实验室等一整套配套的文化—权力装置。学科体系是学术体系的制度形态，对现代知识生产有着重要意义。随着学术的发展，学科也不断分化整合，学科体系日趋繁杂。现代多元巨型大学往往都有着相当复杂的学科体系和科层结构。中国拥有世界最庞大的高等教育体系，也有着世界最大的哲学社会科学体系。对中国高校的哲学社会科学学科体系的构建和改革，不仅仅关系到高校的学科建设和文化探索，也直接关乎中华民族知识体系的水平、活力和竞争力，这对中国的精神结构建设有着不可估量的意义。而从当前国际国内形势及中国知识体系的现状看，这种学科体系的自主建构显得尤为迫切而艰巨。

对学科体系的分类，可谓见仁。结合中国当前实际，按照普遍共识而言，哲学社会科学的学科可大致涵盖基础学科、特色学科、新兴学科和冷门绝学等几大

---

① 林毓生：《在中西对话的脉络中推动中国人文研究》，载于《科学时报》2010 年 6 月 22 日。

类型。而每类学科均有其特殊内涵和逻辑，也需要针对性地支持。

1. 强化基础学科

哲学社会科学是一个庞大而复杂的学科体系，其中基础学科处于基础性地位。"基础不牢，地动山摇"，基础学科对学科综合发展体系的根基、后劲有重要的影响。一个学术体系繁荣不繁荣、整个国家的创新能力强不强，很大程度上取决于一国基础学科的能力和水平。哲学社会科学的基础学科不仅对哲学社会科学体系有重要作用，也对整个知识体系有着不可估量的意义。为了夯实基础学科的地位、增强其内生能力，需要进行系统性的调整和改革，为基础学科的长远发展创造更好的生态，提供更丰富的资源。对此，应积极创造各种条件，不断夯实哲学社会科学基础学科体系的地位，为哲学社会科学体综合发展体系的长远奠定坚实的基础。为此，要有计划有步骤地重点做好以下几方面的工作。

一是优化治理体系，激发学科发展的活力。要发挥主动性和创造性，积极探索基础学科的建设及发展规律。知识生产方式决定知识生产和学术创新的效率和质量，要不断优化高校哲学社会科学建设中的各种体制机制，解决制约学术发展的深层次矛盾，为学科知识的增长创造有利条件。特别要打破各学科内部不合理的利益格局，同时破除原有学科之间的条块分割和刚性固化的边界，促进文史哲、语言学、考古学等不同基础学科之间的相互支援和配合，为学术创新提供更充分的动力和活力。理顺体制机制和知识体系内部逻辑，更好地发挥基础科学对哲学社会科学学科体系的先导性、基础性作用。

二是加强队伍建设和资源保障，强化人才供给。要积极加强组织保障，配备优秀的学者和干部积极有序推动各项工作。加强干部队伍建设，配好配强领导班子。不仅要稳定科研工作的基本队伍，而且要立足实际持续壮大队伍，不断提升质量和层次，稳步升级学术层次。加强师资队伍建设特别是中青年教师的培养和使用，为青年教师的持续成长创造条件。要有意识地选拔和培养一批有潜力、有前景的后备人才。建设好从本科到研究生的人才队伍体系，要加强实习实践环节，稳步提升人才培养质量，从优秀学生中选拔好苗子作为后备人才重点培养。加强人才培养质量的过程把控和形成性评价。加强国际化培养，公费选派优秀学生出国交流学习和联合培养，培育更多具有国际胜任力的拔尖人才。进一步加强资源保障、优化资源配置。各种资源，特别是经费的约束一直是哲学社会科学基础课发展的重要瓶颈。为此，要调动一切积极因素加强基础学科的资源汲取和统筹配置，为基础学科的发展提供稳定的、较高强度的支持，解除其后顾之忧，使基础学科更多地从事长线研究，致力于深度研究和原始创新，为从根本上突破哲学社会科学基础薄弱、后劲不足的瓶颈创造有利条件。

三是继续深化教育综合改革，贯彻落实"强基"计划。充分利用政策支持，最大限度挖掘政策红利，持续招收优秀人才纳入"强基计划"，为哲学社会科学基础科学发展奠定坚实的人才基础；加大宣传力度和政策支持，吸引更多更好的优质生源进入强基计划，接受基础学科训练，为基础学科的学科建设和知识创新储备大量优质人才。进一步贯通基础学科的人才培养环节，打通人才深造的障碍；力争在更多条件较好的高校建立本—硕—博一体化的人才培养体系。各高校之间加强协同合作，实现学术互惠、资源共享。抓住重点院校，积极有为。在"双一流"高校和部分特色高校中遴选一批学科作为重点基地优先建设，并保持动态调整的机制，促进竞争，共同发展。对重点基地进行常态化支持并加大支持力度；保持必要的动态监管和评估，进行定期评估，并给予及时的帮扶和指导，提升基地建设质量和相关基础学科的发展水平。

四是优化评价体系，提升原创能力和理论供给。突出质量导向，进一步提升原创力。破除"四唯"，打破"一刀切"的学术—教育评价体系，探索建立符合基础学科的学术评价体系，更好地监测和提升基础学科知识创新和人才培养的效度，最大限度地促进基础学科的知识创新，为拔尖人才的脱颖而出创造优良条件。持续提升基础学科领域的原创力。积极加强能力建设，夯实知识基础，扎实做好各项基础性工作，激发学术想象力，为社会治理和国家建设提供更丰富的知识养分和思想资源。扎实推进高质量的知识生产和理论创新，加强理论供给。深入研究中外各种优秀知识体系和思想理论，博采众长，为我所用，深入系统地研究知识体系的深层脉络、底层结构和顶层设计，探索知识生产和发展的规律。最大限度提升理论素养和理论创新能力，通过理论建构能力更好地掌握话语权，增强国际交流和对话中的主动性和竞争优势。积极优化知识体系，推进基础研究领域的重大理论创新，为知识体系的发展奠定扎实基础。

2. 发展特色学科

特色学科是哲学社会科学体系中的重要组成部分，是民族精神及文化特色的重要载体，也是中华民族学术体系内在特色的直接表征之一。中国哲学社会科学要更好地形成和彰显"中国特色、中国风格、中国气派"，很大程度上要在特色学科建设方敢作为、有创新、有突破。为此，我们要探索特色学科发展的内在规律和路径，多措并举，实质性地提升特色学科的发展水平。

一是全面建设马克思主义理论学科。进一步推动马克思主义中国化，更好地融入中华民族的社会实践和知识创新中，彰显马克思主义的民族特色。推动马克思主义理论学科与其他学科的深度融合，助推其他学科的进展，为相关研究提供指引。提升马克思主义理论水平，用先进思想武装人民，发挥社会引领作用。加强高水平教材体系建设。创新教材的编撰和适用方式方法。探索采用教材编撰中的招标制，鼓励不同风格教材的有序竞争和交流，促进学术思想的活跃。通过教材建设为人才培养质量的提升打下良好基础，并使知识创新和价值观塑造、社会认同及相关学科的建设及发展有更好的基础。实现马克思主义思想进教材、进课堂、进头脑，发挥价值引领和社会整合功能。

二是积极开展中国传统文化研究，弘扬中华优秀文化传统。要对历史文化遗产进行大胆地批判继承，广泛吸收各种学术养分，实现创造性转化和创新性发展。充分认识中华传统文化在中华文化和中国人民生活方式中的地位和作用。积极开展以儒学为代表的中国传统文化的学术研究和人才培养，加强传统学术与其他学科的交叉融合，传动中国传统文化的时代化、现代化。加强特色学科在价值和文化培育中的特殊作用。实现马克思主义理论学科的价值引领作用，通过引领实现其社会功能。要加强能力建设，特别是要加强原创力、命题能力和对话能力。逐步探索中国话语，讲好中国故事，增强共情能力，推动知识创新和文明进步。加强概念提炼，进行充分的学术化和理论概括，以富有表现力的中国话语讲述中国故事、传达中国声音，与其他民族和国家更好地分享中国经验和中国体验。

三是扩大开放，积极参与国际交流、对话和竞争，实现互通、互惠和共享。特色学科具有民族特殊性，但同时在当今发展与开放的现代社会中，也需要避免闭门造车、自娱自乐。要在国际的交流、交锋和交融中发展壮大。增强自身实力，更好地提升自身能力并为其他学科乃至整个哲学社会科学综合发展体系奠定坚实基础。切实维护国家的教育学术主权和意识形态安全。为中国特色社会主义建设事业提供思想理论支撑，为其保驾护航，提供重要的思想资源。使这些学科在民族特色与国际视野、民族意识与世界水平之间得到有机统一。在交流对话和竞争中提升马克思主义理论及中国优秀文化的话语权和国际影响力。以马克思主义为指导，重新定义中国学术，增强话语权，在议题框选、议程设置、标准制定及评价等方面争取更大的主动性和贡献度。

四是加强学术制度及生态建设。制度建设是学术建设的重要保障。要进一步完善相关的规章制度，继续完善学术评价制度改革，完善规划制度、荣誉制度、资助及奖励制度、回避制度等，为学术建设制定硬性的保障。同时加强生态的建设，为学术建设提供软性的保护和支撑。遴选一批德高望重的资深学者担任学术界的"守门人"，酝酿设立并逐步完善科学合理的学术标准，为学术的可持续发展中探索确立严谨的规范、合理的学术规则及标准，为其质量提升提供示范引领。进一步精简学术荣誉和人才项目，进一步使学术荣誉与物质刺激脱钩，使学术头衔回归荣誉属性。坚持人才评价的阶段性特征，破除"终身制"，避免对人才进行不合理的等级划分。要加强学术监管，使学术自由与学术规范有机结合，防范学术不端不当等现象，对学术不端要保持高压态势，实行"零容忍"。营造

125

风清气正的学术风气和生态，切实维护学术思路的包容性、活跃性和学术生态的多样性。

3. 培育新兴学科

新兴学科是学术发展的前沿阵地，蕴含着丰富的学术增长点，对学术的前沿进展和创新，对思想引领和学术范式的变革有着重要意义。当今世界，许多国家都高度关注、大力支持新兴学科，通过新兴学科的进展来为哲学社会科学的发展提供活力和思想养分。在近年的学术建设中，中国哲学社会科学的学科建设取得了阶段性成就，在后续的学科建设中，新兴学科仍有待进一步建设和发展。

一是综合统筹，超前谋划，重点布局。要梳理学科目录，有选择有计划分步骤地培育一批新兴学科，加强学科体系的动态调整，为新兴学科的发展开拓更大空间。保持前瞻性，超前布局，坚持高起点、高标准，发挥新兴学科先行先试的有利条件。在国家交流、交手和交融中从实持续发展，提升学科的活力和竞争力，加大相关学科在国际上的能见度和贡献度。积极推进学科布局，在基础较好的高校进行整体部署，为相应学科的发展提供强有力的力量支撑和建制基础。通过委托研究、政府购买服务和社会积极参与等方式为其提供更强大的动力和充裕的资源。选择一批重点高校，进行重点部署，积极争取学科体系布局的新突破。准确研判形势，善于创造和抓住发展机遇。特别要抓住新一轮信息技术革命，借助脑科学、人工智能、现代医学和环境科学等高新科技蓬勃发展的有利态势，助力于哲学社会科学的转型升级，培育一系列新兴学科，发挥其竞争性。立足国际前沿，加强国际交流合作，积极谋划。与国外高水平机构或团队保持常态化的深度合作；瞄准并引领学术前沿，奋力进取，抢占优良条件和优势，便于弯道超车，整体上提升中国哲学社会科学的国际化水平及国际竞争力、贡献度。

二是深化体制机制改革，探索更科学合理的发展模式和思路。现有学科设置和建设思路是在特定历史条件下形成和发展的，其所适应的更多的是传统学科和领域的知识探索和人才培养，但对新兴学科来说，在知识分类、知识生产和传播、资源配置、学术评价、人才评价等方面可能都存有一定的差异。为了给新兴学科创造更宽松的有利条件，需要立足实际，破解体制机制的障碍和观念的束缚，探索形成更适合新兴学科发展需要的学科体制机制。要调动发挥高校、科研院所、企业和政府部门等积极性，通过政—产—学—研—用等全方位联动等方式，加强传统学科与新兴学科的对话、融合，并促进高校哲学社会科学的新兴学科与社会产业行业等各方面的互动，汲取资源，获取发展养分，推动综合创新。

三是积极加强高端智库建设。新兴学科不仅蕴含着新的学术理念、新的知识增长方式，而且往往与现实需求密切相关。新兴学科的发展在很大程度上受益于现实需求的旺盛，而现实需求的刺激又能有效刺激新兴学科的发展。从历史及现实经验看，新兴学科在资政育人、服务社会等方面，往往有着独特的优势和突出成效。这一特性，与高校智库建设的思路深度吻合。为此，需要支持高校结合各自的学科特色和人才优势，建好建强一批有特色的高端智库，为国家的决策提供重要的信息服务和智力支持，助力于提升国家决策的科学化水平，更好地为国家建设服务。智库建设要立足校情、国情，关注重大问题，服务大局，短线研究和长线研究相结合，跟踪研究与引领性研究相结合，政府需求导向与问题导向相结合。

4. 保护冷门绝学

哲学社会科学知识体系中往往存在若干偏、冷、稀、独的学科或领域，这是客观存在的现象。但是，学科的"冷"与"热"，只是社会需求的角度的客观陈述，并不意味着学科地位的高下贵贱；且随着时势变迁，"冷门"也完全有可能成为"热门"。这已多有先例。再者，冷门绝学往往与其他热门学科、主流学科之间形成相互补充、相互支援和对话的关系，共同构成一个丰富、完整的知识生态系统。因此，无论是为了学术系统的丰富与健全，还是为了达成学术"预流"等目标，都有必要充分重视冷门绝学。为此，应提高站位和思维水平，充分认识冷门绝学的内涵、地位和作用；做好思想建设和能力建设。要与时俱进，转变观念，积极探索其建设和发展规律，顺势而为，提升实效。

一是大力加强队伍建设，推动知识整合和学术升级。要拓宽视野，吸收各学科的相关研究，加强冷门绝学的科学化和现代化水平，丰富其学术内涵和知识水准，并逐步提升其国际影响力。人才是战略性资源，要创造良好条件，事业引才，待遇养人，感情留人。凝聚优秀人才，组建高水平团队，积极开展各项工作。发挥资深专家作用；优化队伍结构，积极培育青年教师，实行人才计划，助力于青年教师的迅速成长。在青年学生中积极遴选优秀人才进入冷门绝学的相关队伍，为相关领域的长期发展提供充足的人才准备。

二是加强学术共同体建设，特别要加强其生态、平台、组织及制度建设。加强高水平期刊建设，创建一批优质期刊，凝聚和展现高水平成果，促进国内学术同行交流及国内与国际的交流互动，为学科领域的发展提供不竭动力。加强相关领域的学会组织建设，促进不同团队、高校或区域之间的交流合作。加强平台基地建设，通过基地建设来盘活资源、凝聚人才、推动学科。积极调动一切有利因素，营造风清气正的学术生态，加强学术道德引领和规范的约束。创造有利条件，加强大范围协作。加强国内各高校的冷门绝学的相关学科专业之间的优势互补，资源共享，积极推动协同创新。探索科学合理的评价体系和激励机制。尊重冷门学科的自身特点，探索符合其学科规律的评价体系，坚持以学术效益优先的评价方式，尊重学科的独立性，促进其可持续发展。要科学合理地实施学科评估，以评促管、以评促建，更好地服务于学科建设与发展。要抓住重点，树立榜样，发挥示范引领作用，带动学科水平和科研工作者能力的普遍提升。

三是加强综合统筹、科学规划、重点布局及国际参与。根据国家需求和学术发展需要，遴选若干重点领域，进行精准支持，进行动态的支持。对古典文化、边疆史地、国别区域研究等重要研究领域进行常态化支持，善于"布冷子"，使相关领域得到充分发展，助力于人类文明的传承，关键时还能发挥大用，"无用之用为大用"。加强国际交流合作，推动中国文化走出去。加强冷门绝学与国际同行的深度交流及全方位合作，促进文化的传播、共享和互惠，为人类文明的积累做出应有的贡献。主动出击、灵活应变、积极求变，加强互动。要开门办学，不仅要坚守本身的基本领域，同时要积极与其他学科对话，适当吸收其他学科的养分，为我所用，以便更好地健康发展。同时要与社会的相关部门或一线的研究机构、实习实践基地积极开展合作。

5. 推进学科交叉融合

知识具有整体性，在人类社会实践和科学研究中，知识之间并无泾渭分明的刚性的边界，学科边界也是人类基于特定需求而划分的。学科的分野促进了知识的专门化水平，也提升了科研工作的效率。然而，在学科分化的同时，学科之间的整合重组也成为其齐头并进的另一重要趋势。二战后，学科的交叉融合进一步凸显，近几十年来相当一部分重大知识创新都得益于学科之间的交叉融合，得益于跨学科的积极探索。为了更好地应对复杂的挑战、顺应知识生产方式的变革，哲学社会科学的交叉融合显得更迫切。汤因比（Arnold Toynbee）深谙人类社会的复杂性，他以历史研究为例，认为"由于人类事务的错综复杂和捉摸不定，历史学家的研究不可能做得像物理学界那么成功……必须把人类当作一个整体来研究，用密封舱把对人类事物的研究分割成一些相互隔离的学科是错误的"[1]。

一是重新梳理学科分类，完善动态调整机制，凝练交叉学科领域。进一步优化学科分类，淡化学科边界，突出问题导向、关注"问题之学"[2]，突破固有学科约束，避免画地为牢、各自为政；加强学科之间的相互支援，更有效地对交叉学科进行针对性支持和强化。直面重大议题，推动知识创新。要积极回应重大的现实问题和理论问题，通过改革创新和学科交叉的方式方法推动知识积累，为问题的解决和实践的进步贡献力量。要着力加强多层次、全方位的学科交叉融合。既要推动哲学社会科学领域内部不同学科领域的交叉融合，也要创造有利条件，积极推动其余其他学科之间的交叉融合，特别是与自然、工程、生科/医学等跨

---

① 刘远航：《汤因比历史哲学》，九州出版社 2010 年版，第 405 页。
② 渠敬东：《学科之术与问题之学》，载于《开放时代》2022 年第 1 期；孙歌：《把藩篱变成翅膀——谈谈问题学术的边界》，载于《开放时代》2022 年第 1 期。

大类的学科融合。充分抓住信息革命的优势促进交叉学科的融合，积极发展以人工智能为代表的新兴科技与哲学社会的交叉融合，拓展相关研究领域。

二是实施政策倾斜，加大支持力度和资源保障。在相关评审中设立专门的交叉学科委员会，为交叉学科发展提供更切实有力的支持。在招生名额、学生毕业评审、人才引进、项目设立和评优评奖等环节中，向交叉学科适当倾斜，为其学术增长点创造更大的空间。建议在更多的评审环节中单列交叉学科的专项，并逐步酝酿相适应的学术评价规则和体系，为其拓展更大的发展空间。积极营造促进交叉学科的发展的环境，促进不同学科之间项目和人员的交流，激发思想的碰撞。加强物理空间和制度环境建设，通过沙龙、工作坊、会议、课程、项目等方式，为交叉学科的成长和科研工作的实质性进展创造良好环境，促使其更好地释放内在活力。

三是加强人才培养体系建设和各项交流合作。尝试探索建立完善的人才培养体系建设。加强青年教师培养，通过"青蓝工程"，推进"传帮带"等有效形式，加速教师的健康成长，为优秀青年教师的脱颖而出创造有利条件。加强后备人才的持续培养。在本科阶段积极探索宽口径的人才培养模式，研究生阶段招收跨学科领域的学生，进行系统的个性化培养，更好地提升跨学科研究人才的培养质量。积极营造有利的环境，为人才的成长奠定更好的基础。综合性大学要充分利用学科齐全、人才资源丰富的有利条件，汇聚各方面人才进行中集中攻关。加强国际交流合作，加强社会联系与合作。及时了解国际前沿动态，积极吸收域外的学术养分，推动本国高校的交叉学科建设和人才培养，为人才提供更好的支持。加强与外国高水平大学、学科及学者的深度交流，深化实质性合作，为知识创新和学科发展提供更丰富的思想和资源，在国际学术的前沿进展中赢得应有的位置。加强交叉学科与产业部门或实际行业的对接，让社会实践为交叉学科提供更多的发展动力、思想支持和研究课题，也加强交叉学科回应社会需求的能力，从根本上加强其创新能力和服务能力。

四是对接战略需求，实行学科会聚计划，争取重大成果和重要突破。设立跨学科、高挑战度、有重要学术价值和社会经济价值的会聚计划，凝聚不同学科领域、不同院校机构的多方面人才，进行集中攻关，解决重大的理论/文化问题或社会问题。"以项目带科研"，通过项目带动学科建设和人才培养，同时带动其他学科领域发展、体制机制创新，并成长一批骨干力量，为日后学术进步、交叉学科发展和人才成长奠定坚实基础。积极对接国家战略，借势发展。交叉科学一方面要遵循学术规律和学科发展规律，另一方面也要面向现实，回应国家需求。要参与到国家经济发展和社会改革的主战场，融入国家改革发展的大局，为国家发展贡献智慧和力量。同时，其自身也在国家改革进程中不断发展和壮大，贯彻落实"顶天、立地、树人"的发展理念。

（二）建设高水平育人体系和教材体系

高校是现代社会知识生成的核心之一，是现代社会的"轴心机构"。高校区别于其他研究机构的重要特点之一，是其育人功能，及其与国际学术界的密切的深度交流与合作。人才培养是高校的核心所在。因此，高校要善于把学科建设与人才培养密切结合起来。在高校哲学社会科学建设中，也要把它与高校的人才培养有机结合，要让高校哲学社会科学学科建设转化为人才培养的优势，这样，才能使哲学社会科学事业发展后继有人，基业长青。同时，人才培养体系中，教材建设也是一项基础性工作，教材、课程、师资、实践实习等环节的深度融入、协同支援，才能从根本上保障育人工作的实效。为此，需重点做好以下几方面工作：

第一，加大资源投入。育人体系涉及人员、经费、资料、基础设施等方方面面，其中几乎每一方面都离不开相应的资源投入。目前，高校承担着相当繁重的任务，教学、科研、社会服务、国际交流与合作等都往往被视为高校的基本职能。在诸项职能中，人才培养在理论上有着基础性地位；但在实际上，由于教学工作的特性（如牵涉面广、资源需求大但显示度低、收效慢等），其在实际工作中往往难以得到相应的重视。特别是本科生培养与研究生培养相比更是受重视程度明显不足。中外高校的发展历程表明，"一流本科教育是一流大学的底色"，必须有高水平的本科教育，才能从根本上保障研究生教育的质量和整个人才培养体系的水平。而这就需要有更多的资源投入，并切实加强对人才培养的资源保障，形成稳态的支持和稳定的资源保障体系。

第二，加强制度建设，深化体制机制改革。在教育治理和大学建设中，资源、人才和制度等诸多因素都有着相当重要的意义。其中，在现阶段中国教育发展中，制度建设仍有着关键性意义。必须把人才培养放在更突出的位置，引导各方面将更多的资源、更多的注意力放在人才培养（特别是本科生）上。而这不能完全依赖于教师和管理者的自觉以及个别领导者的喜好或注意力，而必须依靠科学合理、切实有效的制度。为此，需要在制度建设方面有实质性措施，如经费分拨、教师考核、人才评价等多方面进行必要的制度设计和政策倾斜，引导教师将更多时间和精力放在人才培养上来；同时，要对人才培养成绩突出的教师和干部进行必要的激励，在升等、升职等重要环节中有相应的体现。此外，需要在制度上进一步加强国际化，让哲学社会科学等方面的人才有机会接受国外的高水平教育，切实提升新一代人才的国际胜任力，培育更多具有国际视野的哲学社会科学人才。

第三，加强队伍建设。教师是战略资源，教授的水平决定着大学的水平，也决定着人才培养质量。一流大学必须有一流的师资队伍。较之自然科学，哲学社会科学的显著特点之一，就是其知识的社会性、个体性、思想性及价值性，而这又往往集中凝聚为其默会性。默会知识在哲学社会科学的知识体系中占有突出的位置。这种知识的习得，在很大程度上取决于师生的直接互动。对哲学社会科学的人才培养来说，教师的水平、热情和投入，有着极为重要的地位。因此，为了更好地提升哲学社会科学的人才培养质量，必须加强师资队伍建设，引导一大批最优秀的教师走上教学第一线，并创造一切有利条件充分调动教师的积极性、创造性。由此，才有可能切实地把学科建设的优势转化为人才培养的优势，实现学科与人才的协调发展。在人才培养过程中，应高度重视对青年教师培养。青年教师是学术发展、学科建设的主力军，对学科未来的长久发展有不可替代的意义。因此，需要把这一工作放在战略位置上。

第四，加强教材体系建设。教材是学术、学科与育人的交汇点。它形塑着广大青年学子对一门学科（知识体系）的最初的认知和感受；对吸引青年人才、夯实其学术基础、内化价值导向，有着不可替代的地位。教材建设是学术研究的产物，也是学科建设的支撑和育人体系建设的直接依托。要有高水平的人才培养体系，就必须有高水平的教材体系。在中国哲学社会的事业发展历程中，教材发挥过并仍在发挥着重要作用。但在新的历史条件下，教材建设无疑已面临着更高的要求。为此，就需要将凝聚更多的高水平学者参与教材建设，需要将前沿成果尽可能地充分融入教材，使教材体系更科学、合理。教材编纂应更具创造性，不同教材之间需要更好地有机衔接。同时，要维持教材体系的开放性和动态调整性，使之能及时吸收其他学科行业或社会上的创新成果，并保持必要的灵活性。

第五，加强课程体系建设。应当注意到，在人才培养体系建设中，无论是师资力量还是教材体系，归根结底还是要落实到课程之中。课程是落实教师、教材成果的基础保障。因此，课程体系的基础性和系统性有着特殊重要的意义。为此，在新的时代条件下，必须进一步加强课程体系建设，使哲学社会科学类课程更完整、更系统、更科学合理，为青年学子奠定更坚实的知识基础和基本素养。当今时代，人类已处于信息社会，科技革命从深层次上改变了人类对现实的体验、认知和对世界的想象。因此，哲学社会科学的课程体系也要积极回应并适应这种信息化和科技革命的浪潮，充分吸收新科技的手段的成果，使课程更鲜活、更丰富、更有实效。当然，这种课程已不仅限于课堂教学和校内实习，而且应该包括更丰富的社会实践实训乃至海外（境外）的学习和实践。在数字化、全球化的时代，这种趋势无疑将更进一步凸显。而这正是日后的课程体系改革中需要特别注意的。

131

除以上几点之外，还需要加强高校与社会的互动。一方面，吸收更多社会力量参与高校的哲学社会科学建设，使之凝聚更多资源，并能更好地了解社会的需求；另一方面，也能使高校的哲学社会科学的成果更好地反哺社会，为提升广大民众的哲学社会科学素养创造可能。如此，亦使高校哲学社会科学的工作不仅助力于其高校的学科建设及事业发展，而且能超越学院围墙的藩篱，更好地实现其社会价值与政策贡献。

三、重建"中国的"知识体系

民族复兴有赖于知识体系的贡献，而二者又密切相关、难以完全切分。长期以来，许多有识之士、有力之士已经对此进行了深入阐释和诸多实践。这些人士对中国本土文化建设的思考尽管当时有特定的意图，但是议题本身确实是有着相当的学术价值和现实意义的。

在这个新的历史起点上，因袭陈旧和生搬硬套已无法适应知识体系发生的需求，更不能适应国家战略的需求。无论是食洋不化还是泥古不化，都已不能适应时代的发展。中国哲学社会科学要赢得世界的尊重、要谋求世界性的独立平等的地位，就必须在知识上有世界性的创新和突破。也唯有如此，才能更好地认知和解释世界，才能指导实践，才能更好地沟通中国与世界，为国家建设和人类文明进步贡献智慧。当然，改革最难的是思想的革命；知识体系最关键的在于知识生产环节，在于理论的供给。为此，我们必须了解知识体系的内在结构和规律，遵循知识体系的规律，首先在概念上有所突破，进而在思想和理论上有所创新，并在范式上有所贡献。而这，无疑要求中国学者必须具备更强的心力、学力和思力。

哲学社会科学体系是一个动态发展的系统。学术体系与学科体系是基础性结构。今后，需要寻求更好的解释框架和制度模式，实现二者的积极互动、支撑。

学术有国际性和民族性，需要进一步涵育高水平的学术体系。而为了维持高水平的学术体系，则需要高水平的学科体系的有力支撑。现阶段，本土化、民族化（对民族形式的探索）仍是当务之急。夯实话语体系的根基，提升话语体系的影响力，仍需持续努力。我们现行的学术体系是在 20 世纪八九十年代移植进来并进行改造而成的。虽然进行了自主创新，但仍有其冷战色彩和泛意识形态倾向。特别是随着近年来国际化的形势下，后殖民的学术潜意识对中国学术界影响深远；中国作为西方思想的"消费国"和西方理论的"跑马场"，学术理论的初级原材料市场的局面仍未完全改观。这显然已无法适应国家战略需求。这一局面亟待改变。首先需要提升学术原创力，调试学术与学科的关系，特别是正确处理学术学科与国家建设关系，一方面要积极调动国家资源支持学术事业和学科建设，同时也要在学术与政治之间保持必要的区隔和张力。正如西方学者所说，在根本意义上说，政治与学术不可能完全剥离，没有学术基础的政治无根，没有政治基础的学术无果。"只有包含着政治的文化思考才可能高于政治，绕过政治或者背对政治的文化"难以成其大。[①] 政、学之的关系非常微妙。纯粹的知识本身当然是非政治的，但在哲学社会科学领域，完全无涉社会政治的人文社会科学研究是极少的。因此，知识与政治之间往往是相互牵连的关系。然而无论如何，学术本身仍有其自身的价值，完全附着的政治的学术，也将因偏离正轨而贬损其本有的价值。

中国哲学社会科学作为民族精神的核心载体之一，要有彰显民族特色，振奋民族精神。在学术与学科两方面，都需要在国际性与民族性、国际标准与民主形式之间找到（或创造）更好的结合体。建设高水平、有活力、多样化的哲学社会科学体系，为哲学社会科学建设贡献力量；以便为国家增强综合实力服务，创造新的知识体系，为中国软实力和精神结构贡献强有力的支撑。

我们正处于历史性大变局中。随着近些年我国经济实力的增长和综合国力的变化，会进一步加速这一进程。当然，这一变化也将使我国面临以美国为首的西方国家的更激烈的挑战。需要我们的学术建设方面有突破性进展，为国家软实力增强发挥更大作用。始终能更好地应对软实力的较量，面对国际上错综复杂的话语权的竞争和意识形态斗争，在国际舆论中逐步占据有利位置。而哲学社会科学的学术体系学科体系，作为哲学社会科学综合发展体系的基础性结构，必须有更坚实的积累和底蕴，承担历史使命。

民族复兴需要有坚强而强大厚实的知识体系和价值体系，在这方面中国的哲学社会科学体系责任尤其重。任务艰巨而时不我待，必须迎难而上，勇于担当。需要在个性与共性、在国际性与民族性，在国际标准与民族形式之间找到理想的平衡，创造中国哲学社会科学的中国作风、中国气派，使之成为中国道路的一个有机组成部分，也为"中国式"现代化开启更多可能性[②]。

民族的复兴有赖于理论创新和学术自主性的确立。唯有如此，中华民族才能在丰富世界体系的"物质力量结构"的同时，对其"世界精神结构"的变革有所贡献。中国学术应该真正赋予民族形式和民族精神，形成民族特色，关键是要实现"中国理论"的自主创新。近代史上，中国人文学术曾有过兴盛的时期，民国学人在"学术中国化"和"教育中国化"方面进行了卓有成效的努力，并涌

---

① 秦露：《中国学术的文化自觉》，载于《开放时代》2006 年第 1 期。
② 杨学功：《从"现代化在中国"到"中国式现代化"——重思全球化背景下的中国现代化道路》，载于《中国文化研究》2021 年，第 2～12 页。

现出一批初具国际影响力的"世界式学者"和"中国式大学"①。然而，这种努力在日后全盘学苏的大潮中被中断。这在相当程度上削弱了中国的传统文脉。

中国知识体系自主性的生成，在最直接的意义上，是必须直面西方文化的长期侵染，要彻底破除"西方意识形态"长期以来的笼罩②、廓清中国学术成长的路向，实现中国知识体系及民族心理的"去殖民化"过程。中西方知识体系之间无疑有着诸多相通之处和共同的追求，其在精神上"对话所追问的意义应该是普遍有效的，而非东方或西方的，除非假定价值真实是按照民族或地域来划分的，不同民族的人需要另一类真理"③。经典作品往往在见解和分析手段上都有着"某种超越时空性"，由此而跨越民族藩篱、成为世界各民族的共同的财富。④然而，二者在文化基因的客观差异和政治势力的加持下，无疑有着深层次的显著分殊，其诉求也往往多有不同。"现代中国与西方的相遇，不可能避免一场精神冲突。……民族之间的相遇通常是一场民族体力的较量：经济、政治、军事体力强的民族盘剥、同化体力弱的民族，即便这个民族的精神力量并不虚弱。……中西方文化的相遇引出的精神搏斗，在很大程度上由民族体力的较量意识支配。"⑤经过中华民族长期以来的不懈努力，国运已然扭转、国势已大胜以往。中国的民族精神和学术气质，已发生显著改观⑥，但总体来说，"西强东弱"的总体格局犹未改变。面对长期以来颇为强势的西方文化，中国文化自主性的生成，依旧道阻且长。

事实上，在相当长一段时期以来，我国人文社会科学中的"'移植'和'加工'性格……令人难以忍受"。⑦甚至直到现今，相当一部分研究者还是"读着'洋书'去认识中国的场景"⑧、想方设法试图用西方"普世"理论来解释中国特定的"异例"，缺乏民族学术的自觉意识和自主性追求。如果话语的"依附国"对"发达国"的学术依附地位不能彻底扭转⑨，如果长期沦为西方思想的"跑马场"和西方理论的"消费国"的局面不能从根本上改变，中华民族精神的发展是难以实现的，人文学术的繁荣兴盛是难以实现的，大作、大家不断涌现的宏愿，亦将无从谈起。中华民族的复兴，内在地包含着学术文化的复兴，而这令我

① 王卉：《高教当学竺可桢》，载于《科学时报》2010年7月7日第A1版。
② 张志扬：《是"西方意识形态"，不是"西方的意识形态"》，载于《开放时代》2006年第1期。
③ 刘小枫：《拯救与逍遥（修订版）》，上海三联书店2001年版，第18页。
④ 赵鼎新：《我是如何理解韦伯的》，载于《睿信周报》2021年6月26日。
⑤ 刘小枫：《拯救与逍遥（修订版）》，上海三联书店2001年版，第7页。
⑥ 陈立旭：《中国人精神从被动转向主动》，载于《治理研究》2021年第6期。
⑦ 杨国枢、文崇一：《社会及行为科学研究的中国化》，中央研究院民族学研究所1982年版，第115~152页。
⑧ 刘东：《熬成传统——写给〈海外中国研究丛书〉十五周年》，载于《开放时代》2004年第6期。
⑨ 周晓虹：《社会学本土化：狭义或广义，伪问题或真现实》，载于《社会学研究》2020年第1期。

们期待学术原创和理论创新的兴起。倘能如此，则有望实现学术民族性与世界性的深度融合，为中华民族的复兴创造更高水平的知识体系和文化基础，重建世界学术语法，并重新定义世界知识体系的内涵与规则、创造世界知识体系的新图式，实现生产、分类、测评、转译、传播、政策运用（社会化）等环节的有机整合。从目前看，知识的评价比分类显得更为迫切，应置于更高的优先级。

"概念不过是由学者每年创立并加以运用的解释性的或测量性的工具"，是学者们"自己的事情"。① 而人们更多地面临的是鲜活的原初世界，人们更重要的任务是改造世界而非言说世界。知识的来源是原生态的生活世界和物质实践。要扎根中国现实，提炼概念、构建理论、提出命题，创建中国自己的知识体系，重建可持续发展的"强有力的"知识体系②，服务中国的东方伦理型生活方式、思考方式和治理模式。明天的知识体系，取决于今天的作为。

哲学社会科学学科体系是充满多重矛盾的统一体，有着高度的综合性、复杂性。它既有科学性，又有社会性；既有世界性（普遍性），也有民族性（特殊性），既蕴含着真理性的成分，也有意识形态的功能（体现为伪科学性和权力性的矛盾统一）③；既有可能表现为精神形态的知识，有可能体现为一系列物质或显示装置或现实力量。学科的开展，意味着规训与控制，而规训，则内隐着权力关系。事实上，从古希腊以降直到福柯、德里达、利奥塔、布尔迪厄等看来，知识和世界实体一样，本身就是存在"界限"与区隔（distinction），区隔就意味着差异，意味着分层和分等。知识的分层，势必指向于知识相关者——人的分层。而一个丰富的、充满差异的世界中，这种区隔是不可避免的，人（包括处于不同国家和民族的各色人等）的分层也是必然的。没有差异，就没有矛盾的特殊性，也就不能维持矛盾，就意味着世界的消解与弥失。

如果说近代西学东渐的浪潮让中国移植了源自西方的新式学科体系的话，那么20世纪50年代苏联因素的影响，无疑对中国学科体系的转型发挥了近乎决定性的作用，对中国哲学社会科学产生了深刻影响。而高校及其相关的大学制度，则与中国哲学社会科学息息相关。高校是我国学术研究中的重要组成部分，高校哲学社会科学是我国哲学社会科学发展的"五路大军"之一，有着重要作用。

学科当然是知识的制度化形式，是一种基础性的制度化安排。然而，对人类的知识创造活动来说，学科又不仅仅是"形式"，在某种意义上，它本身就是一

① 翟学伟：《人情、面子与权力的再生产》（第二版），北京大学出版社2013年版，第2页。
② 麦克·扬、张建珍、许甜：《从"有权者的知识"到"强有力的知识"》，载于《华东师范大学学报》（教育科学版）2017年第2期。
③ 张志扬：《是"西方意识形态"，不是"西方的意识形态"》，载于《开放时代》2006年第1期。

项重要的内容实体，直接关乎研究实践、人员组织、资源配置、制度安排等方面。高水平大学必须拥有高水平的学科或学科集群。高水平的知识共同体更是如此。中国特色哲学社会科学学科体系，对中国哲学社会科学、中国学术有着不可估量的意义。学科分类的变迁，是近代以来中国知识系统的转型的重要表现和内容。中国哲学社会科学建设，不仅仅满足于讲好中国故事、光大中国文化、贡献"地方性"知识，而且要创造"一般性"理论、对人类学术发展和文明进步有实质性贡献。而这，则离不开适切的、富有韧性的学科制度的支撑。中国的哲学社会科学建设，应为持续创造高质量的"全球性知识"奠定坚实的学科基础。学术研究没有止境。学科建设同样也没有止境。"无论我们的分析推进到多深，无论我们的想象拓展到多远，我们都永远不会完全'认识'人类处境。总是深了还有更深，我们无法探测到底部。"[①] 高水平的学科建设需要克服水土不服，真正使中国的人文社会科学研究本土化，建立起具有国际视野和历史深度，能够面向中国现实发展的学术思维与独立研究。

---

① 刘小枫编，谭立柱译：《从普遍历史到历史主义》，华夏出版社 2017 年版，第 32 页。有的西方学者也普遍认为传统中国思想中存在这样的元素。谢和耐发现："与对于秩序、平衡和正面价值的钟爱以及社会生活之有益的信念恰成对照的，还有种种具有无政府性质和神秘性质的倾向。中国人气质的另一面是抑制、疯癫和病态的。……那是它们的另一面，与其明显的社会性、对人性的信任以及对生活的欣赏恰成反衬。确实存在某种走向个性毁灭的病态欲望，这是许多事实都证明了的。"谢和耐著，刘东译：《蒙元入侵前夜的中国日常生活》，江苏人民出版社 1995 年版，第 188 页。

第五章

中国特色哲学社会科学学术体系的
结构逻辑与战略迭代

第一节　作为知识生产与组织方式的学术体系

一、学术与学术体系

所谓学术，是指系统专门的学问，也是学习知识的一种，泛指高等教育和研究，是对存在物及其规律的学科化。在此意义上，学术是学问、学习与学科的合称，是由学术成果（学问）、学术活动（学习）与学术圈层（学科）构成的统一体。其中，学问真理是学术探究的核心对象，学习交流是学术探究的活动形式，而学术圈层则是学术探究的社会场域。在现代知识体系和现代历史文化语境下，学术是指专门系统的学问。《现代汉语词典》给"学问"的定义是"正确反映客观事物的系统知识"。所以也可以说现代的学术就是科学，或者是自然科学，或者是社会科学、人文科学，但不管是什么科学，它们都属于科学的范畴，都必须遵循科学共同的规范。其实，学术这个词对应的英文 Academia 更常见的意义是指进行高等教育和研究的科学与文化群体，在作这个意义用时对应中文的学术界或学府。其实现代意义上学术的概念来源于西方，Academia 这个词来自地名

(Akademeia)。一所学院（academy，古希腊雅典希腊语为 Attic Greek：καδήμεια；以阿提喀方言为主的希腊共通语希腊语 Koine Greek καδημία）是一种中等教育、高等教育、研究或荣誉会籍的机构。这个名字可追溯到柏拉图哲学学派，那里被柏拉图改为学习中心而闻名。学术以学科和领域来划分是源自于中世纪欧洲的第一所大学内的学者思想模型所定下来的三学四科。随着社会发展，学术内容逐渐细化，各类专门的学术领域逐渐出现，研究内容也越来越有针对性。

所谓学术体系，主要是指一个学科研究问题的理论框架和方法论体系、课程体系和教材体系、学术标准和学术评价体系①。中国特色哲学社会科学学术体系包括当代中国哲学社会科学具体学科中有代表性的学术观点、学术人物、学术研究方法、学术评价体系、学术社会影响、学术传承和学术风气等内容，是我国哲学社会科学界学术能力和学术水平的集中体现②。学术体系是揭示本学科对象的本质和规律的体系化理论和知识。从学术体系的构成要素来看，学术体系至少包括学术生产体系，即学术的投入和产出体系；学术管理体系，即适合哲学社会科学发展的、具有中国特色的一整套管理体系、管理体制和运行机制；学术发表体系，即学术发表的流程、标准等；学术评价体系，即评奖体系、指标排名体系、后续资助体系等③。

二、中国特色哲学社会科学学术体系的基本特征

当代学术体系作为一种行动体系，它包括学术生产活动涉及的各个主体、环节和内容，以及知识生产的组织方式与创新突破。美国科学哲学家托马斯·塞缪尔·库恩在《科学革命的结构》一书中指出，"在科学实际活动中某些被公认的范例——包括定律、理论、应用以及仪器设备在内的范例——为某一种科学研究传统的出现提供了模型"④，库恩认为，范式对科学的限制在积极促使科学在一定范围内取得成就的同时也使得科学局限于狭小的范围内，构成了旧范式的反常，这在某种程度上又不利于科学的发展。在库恩看来，科学革命就是一种新范式取代旧范式的变革，而革命的解决就是科学思想的进化过程，一连串这样的革命选择的最后结果，由正常研究的各个时期分开，是一套我们称之为现代科学知

---

① 冯俊：《着力构建中国特色哲学学科体系、学术体系、话语体系》，载于《哲学动态》2019 年第 9 期。

② 吴泽群：《构建中国特色哲学社会科学学术体系的原则》，载于《人民日报》2016 年 9 月 16 日第 15 版。

③ 潘玥斐：《学术体系建设稳步前行》，载于《中国社会科学报》2019 年 4 月 19 日。

④ 托马斯·库恩著，金吾伦等译：《科学革命的结构》，北京大学出版社 2012 年版，第 8 页。

识的适应得很好的工具。

参照库恩的"范式"理论，学术体系的研究需要重点勾画其静态结构与动态演进逻辑。也就是说，当代中国哲学社会科学学术体系研究需要从学术价值、学术标准、范式演进三大方面加以理解。首先，中国哲学社会科学学术体系研究需要确立开放包容动态调适的学术价值。中国特色哲学社会科学学术体系的学术价值导向是要在结合中国自身国情的基础上，吸纳古今文化既有范式，融通中外学术前沿，实现自主性与引领性、继承旧范式与创新新范式的统一。其次，中国哲学社会科学学术体系研究需要构建符合特定科学范式的学术标准。库恩认为，范式在一定时期内规定着科学发展的范围与方向的重大科学成就，这就要求我们在特定范式时期制定好学者研究水平与学术研究成果的评价标准、评价主体、评价方法，而实践性、创新性和原创性是中国特色哲学社会科学学术体系的评价标准。最后，中国哲学社会科学学术体系研究需要推进面向世界与未来的范式演进。当今世界正处于百年未有之大变局，中国哲学社会科学学术体系研究面临着世界政治经济中心转移与逆全球化的重大变化，同时以大数据和人工智能为代表的新技术革命使得已有学术研究模式陷入危机并进行着"跃迁式"变革，进而推动中国哲学社会科学学术研究范式的演进。由此可见，学术价值、学术标准与范式演进一起构成了当代中国哲学社会科学学术体系的整体结构与运行逻辑。

第二节　确立开放包容动态调适的学术价值

一、基于中国国情的学术价值导向

（一）运用马克思主义基本立场、观点和方法研究问题

我国哲学社会科学是以马克思主义为指导的哲学社会科学。诞生于一百多年前的马克思主义历经了人类社会发展变革最剧烈的历史阶段，至今仍然具有强大的生命力与解释力。作为科学理论，马克思主义深刻揭示了自然环境与人类社会发展的普遍规律，为人类社会发展进步指明了方向，至今还没有任何一种理论像马克思主义那样对人类社会发展造成了如此广泛而又深刻的影响。具体而言，中国哲学社会科学需要运用马克思主义的基本立场、观点与方法论来进行研究。在基本立场上，要坚持维护人民利益、实现人民解放；在观点上，不仅要尝试用实

证方法分析世界，更要积极地提出实践策略，以实现人的自由而全面的发展和全人类解放为己任；在研究方法上，要以唯物主义为依据揭示事物的本质、内在联系及发展规律。习近平总书记在哲学社会科学工作座谈会上的讲话中明确指出，"坚持以马克思主义为指导，是当代中国哲学社会科学区别于其他哲学社会科学的根本标志，必须旗帜鲜明地加以坚持"①。以马克思主义为指导，是中国哲学社会科学学术研究的重要原则。

从实践路径而言，坚持马克思主义的主导地位需要遵循理解、相信、运用、创新的路径。广大哲学社会科学研究者首先要深入学习、理解马克思主义的基本观点与理论。马克思主义从唯物主义哲学观念出发，深入阐述了自然环境、人类社会、个人心理的建构与发展规律，为研究者分析哲学、政治学、社会学、管理学、心理学、人类学、历史学等哲学社会科学领域奠定基础。在充分学习、理解马克思主义的基础上，哲学社会科学研究者才能真正相信马克思主义，继而辨别各类虚假错误的观点，抵御各类偏离甚至否定马克思主义的谬论。在真正理解、相信马克思主义的基础上，广大哲学社会科学研究者才能正确运用马克思主义来解释、分析社会发展的现实，对中国共产党执政、中国特色社会主义发展乃至全社会历史进程的发展规律进行研究。最后，哲学社会科学研究者运用马克思主义的最高目标是回应时代发展给出的重大紧迫问题，基于马克思主义提出切实解决路径，推动理论创新。在我国哲学社会科学的发展过程中，坚持马克思主义意味着将马克思主义运用到中国与中国共产党发展、执政所面对的问题上来，依据马克思主义提出解决问题思路与可行方法。

然而，现实中我国哲学社会科学学术理论研究目前对"马克思主义为指导"可能存在一个较大的认识误区，即以马克思主义为指导，就是要抱着经典马克思主义的基本理论论断不放。马克思主义经典作家的论断都是立足于当时的政治、经济、社会现实和实践作出的，很多只是对人类社会发展规律的一般性表述，照搬经典马克思主义的观点、表述来僵化地开展中国的哲学社会科学理论研究和中国特色社会主义实践，这实际上是陷入了教条主义。"马克思主义揭示了事物的本质、内在联系及发展规律，是'伟大的认识工具'，是人们观察世界、分析问题的有力思想武器。"② 但坚持马克思主义的指导地位，应该是坚持用马克思主义的思想原则、研究方法等为指导，开展哲学社会科学研究，而不是把马克思主义当作僵化的教条。正如习近平总书记指出："什么都用马克思主义经典作家的语录来说话，马克思主义经典作家没有说过的就不能说，这不是马克思主义的态度。"③

---

①②③ 习近平：《在哲学社会科学工作座谈会上的讲话》，载于《人民日报》2016 年 5 月 19 日第 1 版。

（二）坚持正确政治方向，注重对马列经典著作的研究和运用

经典作家的马克思主义理论中有两个层次，一是基础理论，二是应用理论。前者包括马克思主义哲学、政治经济学和科学社会主义学说中的一般理论观点，后者则是对前者的应用，可分为社会主义革命理论和建设理论。前者是一般原理，是基于大量前人先贤的研究成果与世界、社会发展的固有属性所总结出来的深刻基本规律，不会随着时间推移轻易改变，永远是值得我们学习的经典。而后者是具体应用，是在马克思主义一般原理的基础上，根据当时、当地的自然、社会发展情况进行针对性分析所得出的结论，会随着各类具体条件的变化而变化。今天我们在学习和运用应用型马克思主义理论时，主要应当研究和运用其建设理论，同时注重辨别由于历史发展阶段不同产生的局限。

马克思主义基础理论深刻反映了社会发展的基本规律，永不过时。2008年在美国爆发并蔓延至全球的金融危机，仍然可以用《资本论》中指出的资本主义所固有的生产资料私人占有与生产社会化之间的根本矛盾来加以解释。当前以美国为代表的许多西方国家陷入经济发展迟滞，社会分化加剧，阶级、种族之间的矛盾不断加深，虽然其表现形式与特征与马克思所处的时代相比发生了重大变化，但是其本质规律是一致的。当代西方的哲学社会科学研究也仍然从《资本论》等马克思主义经典理论著作中汲取营养，从而思考社会发展的方向。例如2013年出版，在全球引起广泛讨论的著作《21世纪资本论》就利用近300年全球各个国家经济发展的数据证明，当今世界特别是西方国家的不平等程度正在创历史新高，其从社会分配的角度回应了马克思主义对资本主义由于其自身特性必将灭亡的论断，并赞同必须采取措施对资本主义制度进行改革。因此，坚持正确的政治方向就必须深刻理解与应用马克思主义的基础理论。

马克思主义的应用理论博大精深，涉及政治、社会、经济、历史、文化等哲学社会科学领域的方方面面。古往今来许许多多的马克思主义理论家与实践者在这些领域辛勤耕耘，应用马克思主义经典理论对各类社会现象进行了阐释，得出许多真知灼见。在具体哲学社会科学研究过程中，我们必须学习马克思主义学者的钻研精神，运用马克思主义基本理论分析社会现象，并辩证地看待以往的马克思主义研究成果，得出反映当前社会发展规律的结论。在这个过程中，重要的是要实事求是、尊重事实，并深入理解马克思主义在具体领域的工作。正如恩格斯指出的："即使只是在一个单独的历史事例上发展唯物主义的观点，也是一项要求多年冷静钻研的科学工作，因为很明显，在这里只说空话是无济于事的，只有靠大量的、批判地审查过的、充分地掌握了的历史资料，才能解决这样的任务。"因此，坚持正确的政治方向就必须以辩证的态度学习马克思

主义应用理论的智慧成果。

在哲学社会科学学术研究具体实践中，坚持正确的政治方向，注重研究和运用马克思主义经典著作，学习其基本原理与应用研究必须以学术研究的开展方式为依托，将马克思主义的观点深入日常的各类活动中。一是组织开展课题研究和学术讨论，明确马克思主义为指导的核心要旨、边界和基本理论体系，改变既相对模糊、又被无限放大的"马克思主义为指导"的现状，在强调哲学社会科学政治属性的同时，使哲学社会科学回归其科学属性。二是借鉴现代哲学社会科学研究方法，系统开展经典马克思主义研究，确立科学的马克思主义研究方法体系，编撰马克思主义哲学社会科学研究方法教材。三是由教育部和全国哲学社会科学规划办公室领衔，系统组织马克思主义哲学社会科学研究培训班，推进经典马克思主义哲学社会科学研究。

（三）把经典马克思主义和当代中国马克思主义融会贯通起来

经典马克思主义与当代中国马克思主义所处的时代不同，但其基本的世界观和方法论是相同的。自20世纪初马克思主义引进中国以来，经过百余年的发展，特别是经过改革开放以来多年的发展，中国马克思主义发展已经取得了丰硕成果，在很多方面丰富和发展了马克思主义。那么，如何把二者既一脉相承而又与时俱进的关系讲清楚，把中国马克思主义从学理上总结好，是我们所面临的一个十分重要的研究课题。

自俄国十月革命之后，马克思主义开始在中国大地上广泛传播。在爱国救亡运动中涌现出来的一大批爱国知识分子，如李大钊、陈独秀等，通过办报刊、演讲、授课等方式，向大众宣传马克思主义，1921年7月，中国共产党的成立标志着马克思主义中国化拥有了坚实的组织基础，马克思主义真正在中国生根发芽。

百余年风雨历练，马克思主义一方面深刻影响、变革了中华传统文化思想，另一方面也在中国扎根落地，就中国的特点演变了新的特点，可以说马克思主义已经同中华文明紧密融合，不分彼此。而马克思主义同中华文明的结合并不是凭空发生的，其背后是中国共产党百年如一日的努力。在中国共产党成立之后的各个历史时期，如革命时期、建国初期、改革开放时期，中国共产党始终坚持将马克思主义基本理论同中国的实际情况相结合，注重运用马克思主义的基本立场、观点与方法分析问题，解释中国事实，得出符合中国实际的解决方案。在这个过程中，中国共产党探索形成了毛泽东思想、邓小平理论、"三个代表"重要思想、科学发展观、习近平新时代中国特色社会主义思想。中国共产党也在这些理论的指引下，接连取得了新民主主义革命、社会主义革命和社会主义建设、改革开放的伟大成就。因此，将经典马克思主义与当代中国的马克思主义融会贯通，是我国哲学社会科学发展的必然要求，20 世纪以来我国艰辛发展历程证明，只有根植于当代中国社会现实的马克思主义才具有生命力。

虽然当前马克思主义的中国化研究成果众多，取得了阶段性的成就，但是我国社会仍然处在快速发展变迁的阶段，相应的理论发展永无止境，要随时适应于新形势的变化，马克思主义的中国化还远没有结束。正如习近平总书记指出的那样："马克思主义中国化取得了重大成果，但还远未结束。我国哲学社会科学的一项重要任务就是继续推进马克思主义中国化、时代化、大众化，继续发展 21 世纪马克思主义、当代中国马克思主义。"①

然而，在当前我国哲学社会科学学术研究中，对马克思主义的融汇应用仍然存在不足，虽然大量研究高喊以马克思主义为指导原则的口号，但是在具体研究中，许多研究或是理论研究水平不足，或是受到唯心主义等西方错误思潮的影响，在研究立场、观点、方法上均没有深刻落实马克思主义的理论观点，甚至一些人认为马克思主义已经是过时的理论，是一种意识形态的说教，没有科学性可言。在实践中，许多论述、专著乃至于网络讨论都将马克思主义标签化、边缘化，认为其是无足轻重的"样板工程"。因此，依据马克思主义基本理论总结、发展中国的马克思主义研究已经成为迫在眉睫的实践课题。

具体而言，融会贯通经典马克思主义理论与当代中国的马克思主义研究需要坚持以马克思主义为指导，牢牢站住服务广大人民的立场，以实践为具体导向展开。首先，扩大当代中国的马克思主义研究影响力关键是要以马克思主义为指导，以中国当代社会的发展成就与问题为中心来研究和回答国内外关注的重大理论和实践问题，根据马克思主义基本理论把我国改革开放和社会主义现代化建设的实践经验总结好，提炼出有学理性的概念、观点、理论，使之上升到规律的高度，具备足够的学术影响力，能够在国际学术领域中站稳脚跟，在学科领域、教材体系、话语体系和研究体系中产生切实成果。其次，发展当代中国的马克思主义必须以人民为中心，围绕人民的需求与困难展开研究。中国共产党的初心与使命就是为人民服务。我国哲学社会科学的发展也是如此。习近平总书记指出："我国哲学社会科学要有所作为，就必须坚持以人民为中心的研究导向。脱离了人民，哲学社会科学就不会有吸引力、感染力、影响力、生命力。我国广大哲学社会科学工作者要坚持人民是历史创造者的观点，树立为人民做学问的理想，尊重人民主体地位，聚焦人民实践创造，自觉把个人学术追求同国家和民族发展紧紧联系在一起，努力多出经得起实践、人民、历史检验的研究成果。"② 最后，

① 习近平：《在哲学社会科学工作座谈会上的讲话》，载于《人民日报》2016 年 5 月 19 日第 1 版。
② 习近平：《在哲学社会科学工作座谈会上的讲话》，载于《人民日报》2016 年 5 月 19 日第 2 版。

马克思主义的中国化研究必须以实践为具体导向。马克思主义不是教条，而是一种开放地认识世界的方法。真正的马克思主义者不会拘泥于死板的规矩，而是勇于与时俱进，根据现实实践创造新的马克思主义理论。

二、继承性与创新性相融合

（一）充分挖掘和发展中国传统优秀学术成果

中华文化源远流长，为中国哲学社会科学的特色发展与创新成长提供了肥沃土壤。在时间维度上，中华文明历经几千年变迁，积累了大量的前人智慧成果，许多思想与创造发明，例如儒家思想、科举制度、四大发明等对世界历史进程产生了重要影响；在空间维度上，中国具有 960 万平方公里的广袤领土，拥有风土人情迥异的 34 个省级行政区、333 个地级行政区，我们还拥有各具特色的 56 个民族与 14 亿人民。这些深厚的文化积淀使得中华文明形成了独有的思想体系与社会基础，也积累了丰富的知识智慧。在如此厚重的底蕴积累之下，我们应当具备强大的信心。习近平总书记在庆祝中国共产党成立 95 周年大会上的讲话中指出，"坚持中国特色社会主义道路自信、理论自信、制度自信、文化自信"[1]。相比于道路自信、理论自信、制度自信，文化自信是更基本、更深沉、更持久的力量。历史和现实都表明，一个抛弃了或者背叛了自己历史文化的民族，不仅不可能发展起来，而且很可能上演一场历史悲剧。发展中国特色哲学社会科学学术体系也应当具备足够的文化自信，充分挖掘与发展中华文明的传统智慧结晶。

几千年的中华文化不仅为我们提供了丰富的思想养料，更成为中国和中华民族必须传承的精神血脉。中华文化的智慧成果不仅是我国发展哲学社会科学的思想来源，更是我国哲学社会科学永远的立足点，需要一代代的哲学社会科学研究者薪火相传。在传承的过程中，也需要注重传统文化的与时俱进、推陈出新。尤其在哲学社会科学的研究中，前人留下了大量的论著研究，需要我们深入挖掘和阐发，同时结合当前社会实际，使得传统文化与当代中国特色社会主义文化相互适应、与当代中国特色现代社会相互调和，特别注重发扬传统文化中那些可以穿越时间与空间的界限，具有永恒价值的部分。在此基础上，要结合马克思主义的中国化，围绕中国和全球发展所面临的重大问题应用传统中华文化的思路进行分析思考，提出能够体现中国立场、中国智慧、中国价值的理念、方案与主张。从而推动传统中华文明的创新发展，让中华文明再次在世界上绽放光彩，为全人类

① 习近平：《在庆祝中国共产党成立 95 周年大会上的讲话》，载于《求是》2021 年第 8 期。

的发展做出重大贡献。

中华传统文化内涵的优秀精华使中国传统思想文化具有无可比拟的强大生命力。这些优秀传统思想文化构成了中华文化强大的"基因",不仅使中华文明几千年不绝、不断,更使得中华民族在人类历史上几度辉煌,这也是党和国家特别强调要坚持文化自信的重要原因。然而,当前我国哲学社会科学理论体系分立,中国传统文化思想与马克思主义理论体系之间未能有效融合,存在一定的冲突与矛盾之处,有时甚至还存在较大张力。虽然20世纪初期的新文化运动、新中国成立后的历次社会主义改造运动等都对中国传统思想文化形成了较大冲击,在一定程度上影响了中国的传统文化根基。而且自鸦片战争以来长时间的西学东渐终究对中华思想文化造成了较大冲击,因其较为科学的研究方法、成熟的理论体系和解释力,西方学术理论思想在中国也形成了较大影响。此外,马克思主义思想理论是我国国家主流思想意识形态。目前,马克思主义与传统文化中国形成了一定的竞争关系,其理论思想之间存在一定的张力,这些张力在一定程度上对中国哲学社会科学的繁荣和发展造成了影响,如何在坚持中国哲学社会科学自主性的基础上,消除这种张力,融会贯通古今思想文化是实现中国哲学社会科学繁荣和发展必须着力解决的关键问题。

在我国哲学社会科学学术体系的实际发展中,坚持发掘与发展中国传统优秀成果必须要坚持古为今用、推陈出新的方略。一方面,发展哲学社会科学要不忘根本,牢记中华传统文化的优秀成果,同时要辩证看待,积极吸纳各类有利于哲学社会科学发展的传统智慧与面向未来,注重研究关系我国发展的重要课题与全人类共同命运的重要问题,判断中国特色社会主义的发展;另一方面,我们要融会贯通国内外各种社会资源,不断创新,发展新的知识、理论、方法。

(二) 围绕中国创新发展进行解释和提炼

自1978年党的十一届三中全会决定推行改革开放以来,新中国实现了历史上前所未有的国家经济社会发展,取得了举世瞩目的发展成就。在改革开放过程中,中国共产党坚持以马克思主义为基本理论进行理论创新,并根据中国的实际情况选择了中国特色社会主义道路,根据实践总结出了符合中国国情的马克思主义应用理论,为中国共产党、中国政府制定政策规划、实施国家社会治理提供了科学指导依据。具体而言,改革开放以来,中国共产党与中国政府在推进国家治理体系和治理能力现代化,健全与发展中国特色社会主义市场经济,发展中国特色社会主义民主政治体系,发展中国特色社会主义协商民主体系,构建中国特色社会主义法治体系,发展中国特色社会主义先进文化,培育和践行中国特色社会主义核心价值观,建设中国特色社会主义和谐社会,推进生态文明建设,建设人类命运共同体，推进"一带一路"建设，加强党的执政能力建设等方面提出了具有中国特色、符合马克思主义基本原理的创新概念和理论。哲学社会科学研究在这其中作用重大，为我国新时代治理能力提升与治理体系建设起到了重要作用，同时也形成了中国特有的哲学社会科学学术发展优势，即与中国特色社会主义共同发展，共同进步，从而实现创新。

然而，受各种原因影响，当前我国以马克思主义为核心的主流哲学社会科学学术理论对社会实践的解释力还存在一定不足之处。物质决定意识，实践决定思想。哲学社会科学学术理论研究的影响力和话语权在很大程度上又决定于它与实践的一致性，但是当前我国主流哲学社会科学理论的逻辑自洽性、对实践的指导与引领作用还有较大不足，导致主流哲学社会科学理论所宣示的思想意识形态和社会实践之间存在较大张力，在一定程度上影响了主流哲学社会科学的实践影响力。例如，中国特色社会主义理论体系要求以人民为中心展开国家治理活动、同时治理过程中必须践行社会主义核心价值观，但是在当前我国基层治理实践中，仍然存在一些懒政怠政、不作为甚至欺压百姓的顽症痼疾，突破了政治和社会公平正义的"底线"，与中国特色社会主义理论体系的解释与要求之间存在较大差距，在一定程度上影响了中国主流哲学社会科学学术思想理论的说服力。正如习近平总书记所说："在解读中国实践、构建中国理论上，我们应该最有发言权。"① 中国实践给理论创造、学术繁荣提供了强大动力和广阔空间，在这方面我们可以，也应该大有作为。为此，我们要立时代之潮头、通古今之变化、发思想之先声，要以对于中国问题的发现、聚焦、回应为基点，在真切关注中国实践的同时，坚持问题导向，坚持唯物辩证法和唯物史观，形成中国自身特色和优势的学术话语体系。

在实践中，我国哲学社会科学学科的理论研究必须围绕中国新的改革与发展实际展开，而不是简单套用其他国家发展经验。当代中国的伟大发展不同于历史上任何一次的经济社会发展过程，其根植于我国传统文化的深厚底蕴、生长于马克思主义理论体系构建的制度中，还得益于全世界其他国家技术进步与制度变迁进程，不存在现成的模仿学习对象。具体而言，发展中国的哲学社会科学体系应该专注于中国的发展问题，以中国道路为中心，深入到我国改革开放发展的时代大潮中，深入到实践中调查研究，挖掘真实材料、发现现实问题、提出可行观点、构建有效理论。不仅要运用马克思基本原理对我国改革开放发展进行理论演绎分析，更要注重从改革开放和现代化实践中归纳总结经验。中国特色哲学社会科学建设的着力点在于中国特色社会主义建设，主要包括社会主义经济、政治、文化、社会、文明以及党的执政能力建设这六大领域重要问题的分析研究，并在

---

① 习近平：《在哲学社会科学工作座谈会上的讲话》，载于《人民日报》2016 年 5 月 19 日第 1 版。

此基础上总结中国特色社会主义治国理政的理念、思路、路径，提炼系统性、具有说服力的理论，在理论的基础上提出实践发展的策略方法。

三、自主性与引领性相统一

（一）加强学术研究的自主性建设

习近平总书记指出，"哲学社会科学的特色、风格、气派，是发展到一定阶段的产物，是成熟的标志，是实力的象征，也是自信的体现。我国是哲学社会科学大国，研究队伍、论文数量、政府投入等的世界排名较高，但目前在学术命题、学术思想、学术观点、学术标准、学术话语上的能力和水平同我国综合国力和国际地位还不相称。要按照立足中国、借鉴国外，挖掘历史、把握当代，关怀人类、面向未来的思路，着力构建中国特色哲学社会科学，在指导思想、学科体系、学术体系、话语体系等方面充分体现中国特色、中国风格、中国气派。"[1]中国哲学社会科学要实现真正意义上的繁荣和发展，在世界话语体系中占据应有地位，就必须加强哲学社会科学的自主性建设，摆脱以"定量研究方法证明洋大人理论正确"的不良现象，创新学术概念和理论命题，建构具有自主性的科学学术概念体系和理论体系，同时要解放各种影响中国哲学社会科学发展的有形和无形的束缚，让哲学社会科学自主发展。

发展具有中国特色、自主性的哲学社会科学，根本的原则与要求是坚持以我为主、自主创新。毛泽东同志曾经指出："我们的态度是批判地接受我们自己的历史遗产和外国的思想。我们既反对盲目接受任何思想也反对盲目抵制任何思想。我们中国人必须用我们自己的头脑进行思考，并决定什么东西能在我们自己的土壤里生长起来。"[2] 因此，发展我国哲学社会科学必须以我国社会发展实际为依据，发展具有中国特色的理论与实际对策，并系统地建立具有自身特质的学术体系。西方国家的学术体系虽然有其合理之处，但是并不全然适用于我国的国情，盲目跟在别人后面亦步亦趋、拾人牙慧永远也无法超越他人，我国哲学社会科学必须结合自身实际形成自己的特色和优势，才能成为一流的学术体系。

---

[1]　习近平：《在哲学社会科学工作座谈会上的讲话》，载于《人民日报》2016 年 5 月 19 日第 1 版。
[2]　毛泽东：《毛泽东文集》（第三卷），人民出版社 1996 年版，第 191 页。

（二）辩证看待和吸收西方学术思想体系

哲学社会科学是一个极为广泛的概念，涉及政治、经济、社会、管理、人文、历史等多个方面，不同学科均有一套自己的知识体系和分析事物的方法论。现代哲学社会科学学术体系起源于西方，大量的前人学者为此贡献了自己的智慧与劳动，产出了大量的成果。这些研究成果是我们应当学习与运用的知识宝库。事实上，马克思与恩格斯在建立马克思主义理论体系的过程中就大量借鉴、引用了前人的研究成果，最终融会贯通开创出马克思主义。在当前后现代实证主义哲学思潮主导的西方哲学社会科学研究学术体系中，大量的研究运用数学模型构建、统计推断、因果分析等方法产出了大量的研究成果，这些方法也可以借鉴应用到我国哲学社会科学研究中来。但是在这个过程中不能忘记立足事实，就中国问题与中国实践展开研究。毛泽东同志指出："没有调查就没有发言权。"事实上在毛泽东同志撰写的《湖南农民运动考察报告》等一系列农村调查报告等研究中，都是深深扎根于中国大地，根据大量事实调查资料得出了可靠具有说服力的结论。因此，辩证看待与学习西方学术思想首先要为我所用，使用西方的方法与思路，得出中国独创的研究成果。

在注重吸收西方学术思想体系为我所用的过程中，我国哲学社会科学学术研究也必须"走出去"，在国际上产生影响力。哲学社会科学的本土化和国际化并不是相互矛盾的，而是互相联系、相互促进的，外来的哲学社会科学资源经过特定的淘汰、改造和扬弃可以为我所用，这种以国际化助推本土化的方式，能够有效提升本土化的国际视野，并在研究方法和概念范畴上为本土化提供有益借鉴。学术体系构建要突破零和思维。我们今天讨论加快构建中国特色哲学社会科学，并不是要全面否定西方的学术体系，也不是要取代西方已有的学术体系，而是在植根当代中国发展经验的基础上，提出中国特色、中国风格、中国气派的学术体系、原创思想。这些学术体系、原创思想不仅能解释中国的变化和发展，而且能解释世界的变化和发展，是对人类认识世界改造世界基本规律的判断和把握，是对人类文明多样性、发展模式异质性的尊重和理解，终将为世界上大多数国家的哲学社会科学工作者所接受。[1]

（三）引领全球学术发展方向

发展我国哲学社会科学学术体系的一个重要目标是在国际哲学社会科学中具

---

[1] 刘方亮、师泽生：《中国特色社会主义哲学社会科学学科体系、学术体系和话语体系何以构建》，载于《探索》2017 年第 4 期。

备重要影响力。特别是在对中国问题的研究阐释中，中国哲学社会科学研究者应当具备权威地位，总结出最符合中国实践的发展规律与理论体系。但是当前由于语言、文化、研究方法、国际学术交流等方面的障碍，中国哲学社会科学学术研究相对封闭于国际学术体系，学术研究的国际性视野不足，国际影响力也相对有限。

中国哲学社会科学学术研究要改变当前落后局面，在国际哲学社会科学研究中占有一席之地，就需要中国哲学社会科学学术研究一定要在坚持自主性的同时体现全球视野，需要在全球哲学社会科学话语体系和理论体系中建立起具有中国特色的理论概念和命题，通过创新提炼国际哲学社会科学普遍接受与通用的概念理论，引起国际哲学社会科学学术领域的注意，同时积极主动扩大对外交流，邀请、引导国际哲学社会科学学术界展开中国问题的研究与讨论。习近平总书记指出："要鼓励哲学社会科学机构参与和设立国际性学术组织，支持和鼓励建立海外中国学术研究中心，支持国外学会、基金会研究中国问题，加强国内外智库交流，推动海外中国学研究。要聚焦国际社会共同关注的问题，推出并牵头组织研究项目，增强我国哲学社会科学研究的国际影响力。要加强优秀外文学术网站和学术期刊建设，扶持面向国外推介高水平研究成果。对学者参加国际学术会议、发表学术文章，要给予支持。"① 国际学术交流是中国哲学社会科学实现自主性创新、走向世界、最终引领世界哲学社会科学潮流的必要基础。

第三节　构建符合特定科学范式的学术标准

一、坚持学术议题的实践性与应用性

（一）坚持学术体系建设与发展中的问题导向

问题是一切学术研究的起点，研究的过程就是在实践中发现问题、选择问题、分析问题、解决问题的过程。所有学术研究本质上都是为了解决现实生活中存在的问题。问题导向也是马克思主义的鲜明特点。正如马克思所说："在思辨终止的地方，在现实生活面前，正是描述人们实践活动和实际发展过程的真正实

---

① 习近平：《在哲学社会科学工作座谈会上的讲话》，载于《人民日报》2016 年 5 月 19 日第 1 版。

践科学开始的地方。"① 当前我国哲学社会科学的研究还存在自娱自乐、关起门来搞研究的特点，热衷于就本领域已有的理论与研究方法进行讨论，沉醉于自己的一套话语体系中，却没有注意到我国快速发展的社会现实与老旧僵化的理论概念之间的脱节。在进行哲学社会科学学术研究时，任何一个研究者都应当反思研究课题的题目是否来源于实际？是否服务于国家社会经济发展的重大战略需求？当前中国大地上正在发生人类历史上最为激动人心、最为宏大的社会变革。哲学社会科学研究者应当扎根于中国的土地上，以当前发展方向为研究目标，从中发现问题，汲取理论创新的源泉。具体来说，当前坚持我国哲学社会科学学术体系建设的问题导向应当围绕全面建成小康社会、推动共同富裕，实现"四个全面"战略布局和"五位一体"总体布局中的理论与现实问题开展研究。只有专注于这些中国重大问题的研究，我们才能将改革开放建设的实践经验转化为理论成果，成功阐释中国共产党治理中国成功经验背后的理念与思想方略。②

坚持问题导向的根本要求是构建中国特色哲学社会科学学术体系。中国特色哲学社会科学学术体系主要应用于社会变革和社会发展中，是指导和回应中国问题的重要的理论工具，并非传统意义上的纯哲学思想，因此是问题导向的。科学研究是从问题出发的，科学地提出问题是解决问题的根本前提。而要科学地提出问题，就要把握它是一个真问题而不是假问题，是一个有意义的真问题而不是一个无意义的问题，最好是一个有重大意义（理论意义和实践意义）的真问题。这就需要我们聆听时代的声音，回应时代的呼唤，认真研究新时代党和国家面临的重大而紧迫的问题，从而真正把握住历史脉络，揭示发展规律，建构面向当代中国发展的现实逻辑和中国问题且融通中外的特色哲学社会科学体系。

构建问题导向的学术体系必须持有开放态度，不能沉溺于脱离实际的逻辑推演和概念辨析，而是要拥抱问题、尊重事实。中国哲学社会科学学术体系生于中国，在发现中国问题、总结中国经验方面具有西方国家无可比拟的优势，我们应当充分利用这一优势展开研究，产出中国特有的观点，揭示中国发展的内在逻辑，预测中国未来的发展路径。同时，坚持问题导向还必须以广阔开放的胸怀放眼世界，以全人类的历史与智慧为后盾，思考全人类的未来发展方向，将实践价值作为真理的评判依据，将解决问题作为理论研究与规律发现的最终目的。③

---

① 《马克思恩格斯选集》（第一卷），人民出版社 1995 年版，第 73～74 页。
② 张东刚：《构建具有中国特色的哲学社会科学学科体系、学术体系、话语体系》，载于《文化软实力》2016 年第 2 期。
③ 李永进：《构建中国特色哲学社会科学学科体系、学术体系、话语体系》，载于《北京教育（德育）》2016 年第 9 期。

最后，坚持问题导向要求哲学社会科学研究者在实践中研究，在研究中实践，做一个"脚底有泥"的研究者。"实践是检验真理的唯一标准"，古往今来所有的智慧知识都是人们通过前仆后继的实践获得的，人们通过实践发现理性规律，从而运用规律指导实践，但规律可能存在问题，因此需要新的实践进一步进行检验，如此循环往复，最终获得真理。在实践的过程中，正确的规律得到验证，错误的规律被逐渐修正，同时在新的实践中，不同的规律与知识相互联系、相互补充，最终形成系统化的理论知识。当前，我国面临瞬息万变的国际国内环境，新的问题层出不穷，这需要我们不断解放思想，实事求是，根据新问题、新情况，揭示社会变迁的客观规律与影响因素，找出解决问题的切实路径，总结概括新的实践经验，从而推动哲学社会科学的新发展。①

（二）将实践运用作为衡量哲学社会科学成果的重要指标

将实践运用作为衡量哲学社会科学成果的重要指标是破除"唯论文""唯职称""唯学历""唯奖项"的"四唯"问题的有效手段。以实践应用为导向的研究才能产出真正有国际竞争力的学术成果。一个好的学术研究成果基本具备两个条件，一是在理论逻辑上自洽，二是学术结论与实践发现相一致，换而言之就是言行一致。而其最关键的就是如何建立起一整套与中国特色社会主义理论体系相一致的实践体系，使人发自内心地认同理论体系和实践体系，从而增强理论的影响力。

近年来，随着中国共产党和国家各级政府对智库建设的重视，哲学社会科学理论研究成果的实践运用得到了较大重视，但受各种原因影响，中国哲学社会科学理论运用在一定程度上出现了"阐释性"研究的趋向，即论证各种既定政策方针的正确性、科学性，或为既定政策方针提供进一步贯彻执行方案的现象，而甚少出现能够引领新时代中国特色社会主义建设实践的前瞻性研究，这与中国哲学社会科学理论研究成果应用通道不畅有着重要关联。只有真正消解了中国哲学社会科学理论研究、意识形态宣示和实践之间的张力，中国哲学社会科学才能真正走向繁荣。

在如何构建以实践应用为重要评判指标的学术评价体系方面，西方发达国家的过往经验可以给我国提供借鉴。首先，应当充分发挥独立评估机构和学术共同体的评价作用。例如美国国家研究理事会是美国政府与国会在评估重大科技计划可行性与成果验收时的重要第三方独立机构，其秉持国家利益优先与实践成果优

---

① 谢伏瞻：《加快构建中国特色哲学社会科学学科体系、学术体系、话语体系》，载于《中国社会科学》2019 年第 5 期。

先的原则展开独立评估。英国同样建立了一系列独立于政府的学术研究评估与咨询机构，通过政府购买服务的方式进行评估。在德国的学术评价体系中，除了学术研究人员外，企业与非营利组织的资深从业人员也大量参与到学术成果的评价中来，并通过定期轮换制度确保公平公正，他们会依据研究成果的实践价值进行评判，并综合得出学术研究的评判结论。其次，应当采用分类评价模式，针对不同种类的研究设置不同的评价标准，采用不同的评价方式。例如日本在评价学术研究成果时，针对成果未知的探索性研究项目采用长期的评估方式，不急功近利追求短时间内的实践成果，但是在针对一些国家重点发展与攻关研究项目时，重视以重大发明和实际解决的技术难题为评判依据。最后，西方发达国家在科研机构评估中一般仅仅将职称与头衔作为荣誉奖励机制，更加重视科研机构当前的研究能力和实际成果。例如在法国的学术体系中，研究成果奖励与个人、机构的荣誉评审、研究经费获取之间没有强关联，且成果奖励并不受到政府影响，大多由民间机构与市场进行评选，具有独立性。

他山之石可以攻玉，参照西方发达国家的发展经验，在我国当前具体学术评价体系构建过程中可以从以下几点入手，从而将实践运用作为重要的评判标准。首先要坚持分类评估原则。学术评估不是目的，而是促进研究成果形成的手段。必须根据不同学术主体、不同课题领域制定相应的评估项目与评估标准。按照评估事项区分，可以分为人才评价、项目评价、机构评价。在人才评价方面，要根据研究的实践效果分配科研分配；在项目评价中，判断研究方向价值、评估研究的实际效益、注重结题验收是重要内容；在机构评价中，要注重评价机构的科研经费用途走向，而不是简单以项目数量、专家数量、论文数量等指标评判好坏，要评估研究机构在承担重大研究课题，推进中国学术影响力，产出重要原创成果，培育一流人才特别是青年人才等方面的能力作为核心指标。按照研究课题类别区分，可以分为国家科研计划项目与自主探索项目。在由国家委托并组织的重大研究项目中，必须以定量的目标与实践成果为评估指标，强调国家实际利益优先，以人民价值最大化为准则，满足国家发展的战略需求，提供紧迫问题的解决方案。但是对于自由探索的基础性研究项目，学术评估应当以研究的原创性成果为导向，同时兼顾研究潜在的衍生经济社会效益。

其次，要建立完善哲学社会科学学术共同体，以同行评议等方式进行学术评估。哲学社会科学研究既是国家主导的重大时代课题研究的承担者，也是哲学社会科学学术共同体的学术使命与学术理想追寻者。在这个过程中，来自党和国家的外部监管固然重要，哲学社会科学学术共同体的自律也不可忽视。从本质上讲，学术评价是哲学社会科学学术系统内部的一种专业评价活动，只有同行才具备公正评价的能力。在学术评价的过程中，一个具备专业性、自律性和自主性的学术共同体对评价过程与结果的公平公正至关重要。具体而言，要通过建立完善哲学社会科学学术公约与学术章程，打造"研究无禁区"的自由学术环境，最终通过学术共同体的力量在国际上开创中国学术流派。同时要严明规则，做到令行禁止，加大学术违规行为的惩处力度，打破学术科研小团体形成的人情圈子。在这个过程中，必须依靠学术委员会等自主独立组织的话语权，要在评判研究成果质量、研究方向价值、研究人员成绩与荣誉等方面发挥关键性作用，削弱政府行政权力对专业学术评价的过度干预，在具体实践中，可以将项目评审、荣誉职称评估等权限下放到学术机构，由研究机构内部成立的独立学术委员会进行初步推荐筛选工作，随后由哲学社会科学行政管理机构进行后续的验证与组织工作，并按照课题实践成果等因素最终决策。同时，在学术成果评判中，要引导建立头衔和奖项只是一种荣誉和激励的观念，打破把职称、论文数等作为硬性评判标准的错误观念，特别是要"不拘一格降人才"，在引进人才要以代表性科研成果和同行评议作为重要参考依据，而不是简单的论文数量与影响因子等因素。[1]

事实上，在 2020 年教育部印发的《关于破除高校哲学社会科学研究评价中"唯论文"不良导向的若干意见》中，已经提出要坚持分类评价原则，鼓励不同类型高校针对人文学科、社会科学等不同学科领域，基础研究、应用对策研究等不同研究类型制定不同的评价标准。同时该意见还提出要完善同行评价，突出同行专家在科研评价中的主导地位，注重个人评价与团队评价相结合，坚持专家意见为主、定性与定量评价相结合的原则。

二、鼓励学术成果的原创性与创新性

（一）鼓励研究中国发展的新问题新现象

习近平总书记指出，新形势下，我国哲学社会科学地位更加重要、任务更加繁重。[2] 历史表明，社会大变革的时代，一定是哲学社会科学大发展的时代。当代中国正经历着我国历史上最为广泛而深刻的社会变革，也正在进行着人类历史上最为宏大而独特的实践创新。这种前无古人的伟大实践，必将给理论创造、学术繁荣提供强大动力和广阔空间。以中国实践为研究起点，从我国改革发展的实践中挖掘新材料、发现新问题、提出新观点、构建新理论，用中国的经验解决中

---

① 《"破四唯"之后：科学的评估体系如何确立》，求是网，http：//www.qstheory.cn/llwx/2020-04/15/c_1125858231.htm，2020 年 4 月 15 日，2021 年 11 月 30 日。

② 习近平：《在哲学社会科学工作座谈会上的讲话》，载于《人民日报》2016 年 5 月 19 日第 1 版。

国问题，在具体实践中获得新的理论成果。研究社会生活中的新问题和新现象要总结新中国在发展过程中正反两面的经验教训、正确认清我国现阶段存在的问题和发展任务、在具体实践中获取新的理论成果以指导进一步实践。[①]

在哲学社会科学具体研究实践中，首先应当以中华人民共和国成立以后特别是改革开放以来的中国经济社会发展现实为基础展开学术研究，特别需要鼓励研究社会生活中的各类新问题与新现象，综合利用多种研究方法，提升研究成果质量。当代中国的建设成就与发展问题是建立中国特色哲学社会科学学术体系的不竭源泉。毛泽东同志曾强调："我们研究中国就要拿中国做中心，要坐在中国的身上研究世界的东西"，并且强烈批评那种"一切以外国为中心，作留声机，机械地生吞活剥地把外国的东西搬到中国来，不研究中国的特点"的错误倾向[②]。新中国成立特别是改革开放以来，中国社会主义现代化建设取得了前无古人的巨大成就。我国的哲学社会科学要扎根中国实践，阐释中国取得伟大成就，揭示中国未来发展路径的研究还相对滞后，作为研究人与社会的科学，哲学社会科学研究者理应从理论上对实践的各种现象及其背后的发展规律进行总结，探索中国发展的原因所在，提出中国发展问题的解决方案，最终向全世界介绍中国发展经验。

中国特色哲学社会科学学术体系产生于中国的社会实践与中国人民的探索努力，只有鼓励研究社会生活中的新问题新现象，才有助于指导社会主义现代化建设与中华民族复兴的伟大事业。其他国家的哲学社会科学研究只能用于借鉴吸收，不能直接用于指导解决中国的实际问题。中国特色哲学社会科学学术体系首先要立足于中国人民鲜活的实践，以研究新问题新现象为己任，才能真正发展起来。

坚持以中国发展中的新问题新现象为研究中心并不意味着中国的哲学社会科学不需要国外社会实践现象与理论成果。人类社会具有共同发展规律，作为全人类的学科，哲学社会科学的基本规律也具有全球普适性，发达国家的发展历程与前沿探索也可以为中国的发展提供参考依据。建立中国特色社会主义需要在批判借鉴国外哲学社会科学先进成果的情况下，建立中国自主知识体系。通过借鉴吸纳、取长补短的方式才能避免拾人牙慧、亦步亦趋，才能为中国特色哲学社会科学建立作出贡献，实现理论价值与实践价值的统一。[③]

---

① 习近平：《在哲学社会科学工作座谈会上的讲话》，载于《人民日报》2016 年 5 月 19 日第 1 版。
② 毛泽东：《毛泽东文集》（第二卷），人民出版社 1993 年版，第 407 页。
③ 李永进：《构建中国特色哲学社会科学学科体系、学术体系、话语体系》，载于《北京教育》（德育）2016 年第 9 期。

（二）培养多学科交叉的创新性人才

习近平总书记强调，哲学社会科学领域是知识分子密集的地方，要把这支队伍关心好、培养好、使用好，让广大哲学社会科学工作者成为先进思想的倡导者、学术研究的开拓者、社会风尚的引领者、党执政的坚定支持者。[①] 构建中国特色哲学社会科学学术体系最终要落实到哲学社会科学研究者本身。因此，培养一大批具有丰富经验、严谨科研态度和专业学术能力的学科人才，也就必须提上哲学社会科学发展的议事日程。唯有如此，才能使中国特色哲学社会科学学术体系的重构和创新不流于空谈，才能保持中国哲学社会科学学术体系在国际社会中的相对独立性。同时，哲学社会科学学术体系建设还需要鼓励多学科交叉教学和研究，培养具有创新思维的人才。这包含两方面：一方面，要做到哲学社会科学大领域之间的交叉，例如哲学、历史学、文学和文艺理论等领域的交叉；另一方面，要注重大领域内部的细分学科之间的交叉。[②]

通过多学科交叉培养创新型人才队伍，首先需要确立创新的导向作用。习近平总书记强调："理论的生命力在于创新。创新是哲学社会科学发展的永恒主题，也是社会发展、实践深化、历史前进对哲学社会科学的必然要求。"[③] 改革开放以来，我国哲学社科研究产出大量成果，为总结中国社会发展经验、解释中国社会发展规律作出重要贡献，但是现有研究大多是基于西方哲学社会科学理论体系进行的研究，中国本土的学术原创能力不足。在未来哲学社会科学发展中，必须以创新为基本导向，产出中国特色的本土理论，在国际学术界提升中国的影响力。

其次，要建立多层次的人才体系。人才是创新的原动力，是研究的具体实施者，也是学术体系建设的关键所在。必须统筹推进学术人才队伍建设，打造多层次的学术人才体系。学术人才不仅包括精通某一个或者几个领域的专家大师，还包括大量的中青年研究骨干与青年后备人才。产出具备创新性多学科交叉属性的学术成果，不但需要专家大师根据其专业眼光与学术积累判断具有价值的研究方向与研究路径，更离不开大量研究人员在背后日复一日的辛勤付出，而且在科研探索的过程中，有些时候往往是研究者不经意的偶然发现推动了研究的进步。因此需要注意资源在不同类别学术人才中的分配方式，重视青年后备人才的培养，通过实施各类哲学社会科学人才工程，形成一个种类齐全、结构合理的哲学社会科学人才体系。

[①③] 习近平：《在哲学社会科学工作座谈会上的讲话》，载于《人民日报》2016年5月19日第1版。

[②] 张江：《注重学科交叉创新学术体系》，载于《中国社会科学报》2019年12月20日。

　　最后，在学术人才体系的建设过程中，必须充分重视高校在培养学科交叉的创新性人才中的作用。高校作为当前学术人才培养的主阵地，在较小空间范围内聚集了大量不同学科的专家学者与学生，这对于不同学科之间的碰撞交融，激发创新的火花具有重要的推动催化作用。同时，在高校建立良好的学术培养体系也有助于更多学生了解哲学社会科学，投身相关研究，培养创新意识。这要求以高校为首的学术培育机构要充分统合研究与教育，探索教学新模式。同时要加快科研组织多样化建设的模式，推动新型高校智库、重点研究基地等学科交叉研究机构的建设，深度融合研究与教学活动。特别需要注重将习近平新时代中国特色社会主义思想等中国特色社会主义理论体系的重要研究成果实践融入教学与研究活动，使得我国哲学社会科学体系碰撞出有利于中国特色社会主义建设的创新成果。

（三）重视学术成果的原创性和创新性

　　原创性、创新性的学术成果是确立中国特色哲学社会科学学术理论体系、学科体系和话语体系的基础和动力。自古以来，大国的崛起必然伴随着自身文化的繁荣与独有学术体系的形成。而一个独有哲学社会科学学术体系的基本要求和根本标志就是原创性。作为一个具有五千年文明深厚底蕴的文化大国，中国具有自身的哲学社会科学传统，其基本思维方式已经完全融入到中国的社会文化和生活中。当前，我国哲学社会科学建设过程中，应当充分以中国传统文化为立足点，发扬马克思主义的基本理论与方法论，同时吸收借鉴当今世界其他国家的发展成果，建设中国特色的哲学社会科学体系。

　　近年来，我国学界学术自主性建设的自觉性日益增强，提升学术原创性的意识不断提高，其一个重要表现是更加注重学术原创性的学术评价。各大高校一般都将"原创性"作为硕士研究生、博士研究生毕业学位论文的基本要求，各级项目申报和结项申请中，都将创新性作为项目申报和结项鉴定的重要标准。例如2017年，社科文献出版社开始评选优秀原创学术图书，2017年、2018年两年共评选产生20部优秀原创学术图书。2016年5月17日，习近平在哲学社会科学工作座谈会上的讲话中要求我国哲学社会科学工作者要加强学术研究的原创性，"体现原创性、时代性。我们的哲学社会科学有没有中国特色，归根到底要看有没有主体性、原创性。跟在别人后面亦步亦趋，不仅难以形成中国特色哲学社会科学，而且解决不了我国的实际问题……只有以我国实际为研究起点，提出具有主体性、原创性的理论观点，构建具有自身特质的学科体系、学术体系、话语体系，我国哲学社会科学才能形成自己的特色和优势"[1]。然而，我国哲学社会科

---

[1] 习近平：《在哲学社会科学工作座谈会上的讲话》，载于《人民日报》2016年5月19日第1版。

学的原创性与创新性在实践中还不够完善，盲目搬用西方研究成果的问题依然存在，学术原创性与创新性的提升依然任重道远。

提升哲学社会科学的原创性与创新性，首先应当大力培养研究者的学术原创意识与能力，创造出具备辨识度的学术概念，具备思想性的学术理论和观点，具备讨论价值的学术议题与话语体系。特别需要注重在无产阶级政党执政规律、中国特色社会主义建设规律、人类社会发展规律上不断突破西方研究的刻板影响与思维定势，根据对中国实践的深刻洞察创造性的理论。[①] 其次，要大力整治学术不正之风，培育良好的学术风气，保护学者的原创成果。要通过建立同行评议制度、学术不端监督体系等方式识别学术剽窃等恶劣现象，通过成果荣誉撤回等方式加大学术不端惩戒力度，通过软性约束与硬性约束制度的有机结合弘扬优良学风，营造风清气正的学术生态。最后，要充分发扬学术民主，尊重学术自由，真正做到"百花齐放，百家争鸣"，通过举办学术研讨会等方式，提倡不同学术领域、不同学术观点的碰撞与交锋。在这个过程中，尤其需要做到分辨学术问题和政治问题，习近平总书记指出："既反对打着学术研究旗号从事违背学术道德、违反宪法法律的假学术行为，也反对把学术问题和政治问题混淆起来、用解决政治问题的办法对待学术问题的简单化做法。"[②]

三、形成学术研究的中国化与特色化

（一）形成哲学社会科学的中国学派

当今世界的主流背景是全球化，虽然近年来出现了一些单边主义的逆流，但是各个国家之间的交流互动日益频繁已经是不可逆转的潮流。在哲学社会科学领域，秉持各种理论观念的学者在国际舞台上互相交流切磋，呈现出百家争鸣的繁荣景象。然而，在哲学社会科学研究中，我国学者的影响力还是不足，没有形成具备中国特色的研究学派。在许多情况下，我国哲学社会科学研究多是借用西方学者所创立的学术观点、理论、方法来研究中国的社会实践情形，由于中西方社会现实与文化环境的差异，这样的研究总是会出现习近平总书记所指出的"刻舟求剑、照猫画虎、生搬硬套、依样画葫芦"[③] 的问题。例如，改革开放以来中国的经济体制改革已经取得前无古人的伟大成就，且呈现出与西方经济发展历程截然不同的特点，成为国际政治、经济学界研究的热点议题。国际经济学界早就有

---

① 吴泽群：《着力构建中国特色哲学社会科学学术体系》，载于《中国党政干部论坛》2016年第7期。
②③ 习近平：《在哲学社会科学工作座谈会上的讲话》，载于《人民日报》2016年5月19日第1版。

人断言，谁能从经济学上解释清楚中国的改革，谁就会得诺贝尔经济学奖。但中国的经济学研究目前还无法对这一伟大实践进行系统性、具有说服力的解释与理论提炼。

我国哲学社会科学研究影响力尚且不足的原因主要有以下几点：首先，虽然改革开放以来我国哲学社会科学蓬勃发展，但是由于发展时间较短，具备国际视野与国际研究水平，同时有较强对外沟通能力的高层次研究人才数量不足；其次，早期中国哲学社会科学研究多处在学习西方研究理论与研究方法的阶段，缺乏对中国实践经验、中国发展道路的理论总结，且由于语言文字等的限制，我国学术研究成果对外传播渠道较少，尚未构成中国特色的哲学社会科学研究话语体系；最后，由于学术体系建设还不够完善，科学研究的资源分配较为分散，缺乏统筹配置规划，资源利用效率不高，没有能够产出应有的研究成果。

构建具有中国特色、中国气派且能够为国家软实力提升和国家战略发展提供引领性支撑的学术体系，实现中国哲学社会科学学术研究的范式革命与知识体系创新。一方面，需要鼓励开展中国研究，尤其是要关注"中国模式""中国经验"的总结梳理和解读，研究"中国特色"的"普遍意义"，发现中国特色中具有世界普遍意义的一般性规律，形成系统的概念、假设、命题、判断的理论创新和体系建构，实现中国问题研究和学术理论建构的"领跑"。另一方面，要鼓励对一些关键领域的西方理论进行系统研究梳理，在系统研究梳理西方学术理论体系的基础上，尝试开展具有中国特色的理论建构，逐步嵌入并融入西方学术理论创新体系，逐渐打破西方的"学术霸权"，实现"跟跑"到"并跑""领跑"。

（二）对话西方哲学社会科学学术体系

任何话语只有在交流与对话中才能保证其本身的鲜活性。对于哲学社会科学话语体系来说，其对话与交流的方式不只在于专业文献的撰写和政治社会化过程，还在于与中外哲学社会科学话语的融会贯通。这是一个扬弃的过程，即中国哲学社会科学在从传统的和外来的哲学社会科学资源中汲取必要的话语内涵和话语范畴的同时，还应对其进行必要的批判、改造和整理。不可否认，中国哲学社会科学是在中国的基本国情和历史文化的基础上形成的。但是，哲学社会科学独立自主的发展要求并不意味着它要闭关自守或盲目排外，构建出具有世界历史意义的哲学社会科学乃是中国哲学社会科学发展的重要目标。总的来看，哲学社会科学本土化和国际化要求是互相联系、相互促进的，外来的哲学社会科学资源经过特定的淘汰、改造和扬弃可以为我所用，这种以国际化助推本土化的方式，能够有效提升本土化的国际视野，并在研究方法和概念范畴上为本土化提供有益借鉴。[1] 换而言之，我国哲学社会科学学术体系的建立需要具备足够的思想宽容度，既要能够容纳吸收西方研究中的精华，也要具备足够的自信向西方国家输出自己的研究成果，实现"走出去"的战略目标，从而参与国际学术规则的制定，形成中国哲学社会科学学术话语权。

加强与西方哲学社会科学学术体系的对话，具体可以从以下几点着手：首先，要通过机构设置等方式加强与海外的学术人才交流活动，积极参与国际性的哲学社会科学机构和学术组织设立活动，同时尝试建立自主的海外中国学术研究中心，加强与国外智库、高校等研究机构的交流。其次，要注重培养高层次外向型人才，通过开展国内学术骨干出国访学、青年学者与学生留学交流等方式培养对外学术交流的多层次人才梯队，同时积极推荐国内的知名学者在国际学术研究组织担任职务，支持参与国际学术组织在国际通行的学术准则、规范的制定过程。最后，要向全世界主动推广我国优秀的哲学社会科学研究成果。在研究议题的选择中，不仅要重视我国社会发展中的重大问题，更要将眼光放长远，关注国际社会共同关注的社会发展问题，积极组织各类研究项目，在国际上主导学术议题的导向。引导我国学者参与外文学术期刊编辑工作，支持学者参加国际学术会议、发表学术成果，从而让世界各国了解我国的发展成就，展现大国形象，提升中国国际话语权。

第四节　推进面向世界与未来的范式迭代

一、百年未有之大变局对常规科学范式的重大冲击

当今世界正处于百年未有之大变局，中国哲学社会科学学术体系研究面临着世界科技中心转移与逆全球化的重大变化，同时以大数据和人工智能为代表的新技术革命使得已有学术研究模式陷入危机并进行着"跃迁式"变革，进而推动中国哲学社会科学学术研究范式的演进。

---

[1]　刘方亮、师泽生：《中国特色社会主义哲学社会科学学科体系、学术体系和话语体系何以构建》，载于《探索》2017年第4期。

（一） 世界科技中心转移对常规科学范式的冲击

近现代世界科学中心转移的顺序大致经历了意大利（1540～1610 年）、英国（1660～1730 年）、法国（1770～1830 年）、德国（1810～1920 年）、美国（1920 年至今）等几个国家。可以发现，每个国家的科学兴隆期平均为 80 年左右。当前，世界科技中心仍主要集中在欧美发达国家，但呈现出加速向亚洲和太平洋地区转移的趋势。以中国为代表的新兴国家科技研发支出快速增长，在全球的研发份额占比越来越高，技术创新能力明显增强，已经成为科技创新活跃地区。[①]

中国作为未来新兴的世界科技中心，必须注意到这一轮世界科技中心转移对常规科学范式的冲击。主要体现为要重新思考两对关系：第一，重新思考常规科学范式中的中国学派与西方范式之间的关系。近代以来的世界科技中心都在西方，形成了西方科学范式为主导的研究范式。未来世界科技中心转移到中国不代表中国学派即将取代西方范式，这必定是对以往范式的继承发扬的过程。第二，重新思考应用驱动与基础研究的关系。一方面，要发挥应用牵引作用，面向实际应用、开发全新市场的场景式研发与创新，促进着多领域技术组合，进而对科学研究形成逆向牵引。另一方面，也要注重基础研究，历史表明，每一个国家的科学高潮出现之前都曾有过一个哲学高潮。所以，当前中国也亟须有一个基础研究高潮的出现。

（二） 逆全球化重构学术理论

从知识的视角来看，科学和技术存在重要的区别。科学是一种全球公共产品，是可以跨越国界流通的。但技术则因为其经济和商业价值而受到保护和限制。在全球化过程中，科学基本是全球共享的，技术则是有限共享，而在逆全球化背景下，科学和技术的全球流通都会受到阻碍，所以这势必会影响当前科学范式和学术理论发展。

首先，将加速小学科向大学科的转变。在全球化背景下，很多的学科重大项目可以通过国际合作和技术共享来完成，各个国家只要负责某些领域的问题研究。但在逆全球化时代，要想取得重大科学成就，各个国家更多地要依赖本国的科学技术，组建庞大的科研团队通过复杂的现代管理技术有机整合起来才能完成。所以，逆全球化背景下，基础教育、中等教育、高等教育的布局，包括不同学科、领域的合作交流都要重新安排。

[①] 潘教峰、刘益东、陈光华、张秋菊：《世界科技中心转移的钻石模型——基于经济繁荣、思想解放、教育兴盛、政府支持、科技革命的历史分析与前瞻》，载于《中国科学院院刊》2019 年第 1 期。

其次，逆全球化还会加速应急关键学科与理论的发展。逆全球化意味着全球科技竞合中对抗性增强，历史上科技革命与产业变革过程中会出现较为激烈的对抗，如两次世界大战、美苏空间竞赛等都促进了科技创新的重大飞跃。逆全球化促使各国强化国家战略科技力量，尤其是针对核心关键技术的发展突破，如我国形象地称之为"卡脖子"工程。

（三）新技术革命深刻变革常规科学研究范式

库恩的科学史观是"创新思想驱动"（idea-driven）的，但历史证明，科学史上的许多重大突破和科学的发展，并不都是以"创新思想驱动"的，新技术的出现也能推动科学的发展。如显微镜的出现打开了一个肉眼看不见的微生物世界，开创了微生物学，同时也为孟德尔—摩尔根经典遗传学的建立奠定了基础。

21世纪以来，随着数据科学和信息技术的快速发展，"数据"成为当今社会最为宝贵的资源，而依托于海量数据的人工智能、大数据等技术也随之快速发展，推荐算法、人脸识别、云计算、自动驾驶等各种各样的应用场景已经进入到人们的生活中，数据正在以各种方式改变着整个社会。在此背景下，科学研究也迈进了数据驱动的新时代，不仅是自然科学，哲学社会科学也在发生着深刻的变化，计算社会科学等交叉学科逐渐兴起并快速发展，机器学习等方法开始大规模应用于哲学社会科学领域的各个学科。数据科学与新兴技术正在逐渐改变哲学社会科学传统的研究对象、方法和工具，正在催生自然科学与哲学社会科学学科之间以及哲学社会科学诸领域之间的交叉与融合，哲学社会科学的研究范式正在发生变迁。

当前大数据和人工智能在科学研究中广泛运用，将推动常规科学研究范式变革。中国科学院院士、北京大数据研究院院长鄂维南总结出科学研究的两个基本范式，即数据驱动的"开普勒范式"和基本原理驱动的"牛顿范式"。如今，将数据驱动的机器学习方法和量子力学、分子动力学等物理学中的基本原理结合在一起，则可能形成新的科研范式。[①] 在社会科学领域，大数据将进一步推动社会科学研究范式三个层面的变革，一是研究路径变革：大数据"数据驱动"模式与当前社会科学"理论假设驱动"模式相结合形成新的研究模式。二是研究手段变革：大数据及相关技术将成为因果发现的强大武器。三是功能变革：预测问题和因果问题将得到同等重视，并将有机统一于有关研究特别是政策研究中。[②]

[①] 甘晓：《科研范式变革两大问题如何破》，载于《中国科学报》2021年4月22日第1版。

[②] 刘涛雄、尹德才：《大数据时代与社会科学研究范式变革》，载于《理论探索》2017年第6期。

二、哲学社会科学学术体系的"迭代"变革

科学技术的突破往往会带来巨大的社会影响，许多新技术的发展不断推动社会职业的分化、消亡、转变和提升。面向 2035 的中国高校哲学社会科学发展，面临着第四次科技革命的兴起，将迎来哲学社会科学与新一轮信息技术革命的交叉融合趋势，以大数据和人工智能为代表的新一代信息技术革命正推动着中国哲学社会科学的研究模式进行着"跃迁式"变革，该趋势将推动中国哲学社会科学学科研究范式的演进与迭代，为中国哲学社会科学学科发展带来重大的范式革命。

（一）哲学社会科学学术体系酝酿着"范式革命"

当新问题和新事物产生新的张力后，必将催生冲破之前旧范式束缚的范式革命。伴随着第四次科技革命的到来，社会中新事物和新问题不断涌现，催生了新的研究方法与技术工具，原有的哲学社会科学研究范式无法承接当前社会科学研究中不断涌现的新问题与新事物，中国哲学社会科学已开始迈入"范式革命"阶段。

研究范式由美国著名科学哲学家托马斯·库恩提出并在《科学革命的结构》中进行系统阐述。范式是一种对本体论、认识论和方法论的基本承诺，是科学家群体所共同接受的一组假说、理论、准则和方法的总和。格瑞（1998 年图灵奖得主）在 2006 年发表了《第四范式：数据密集型科学发现》的公开演讲，认为人类科学发展先后经历了四种"范式"，当前随着数据量的高速增长，计算机将不仅仅能做模拟仿真，还能对海量数据进行分析总结，进而发现规律，开始进入"数据密集型科学"即第四范式。2009 年托尼（英国 eScience 计划前首席科学家）等编著的《第四种范式》出版，书中进一步论述了数据密集型科学研究范式的发展动态。

哲学社会科学是极具"问题意识"的学科体系，包含对科学问题的挖掘和对学科面临问题的自身反省两方面。以大数据和人工智能为代表的第四次科技革命正在改变传统哲学社会科学研究，能够解决传统研究不能解决的一些问题，扩大了知识创造的潜在可能性，符合时代变革背景下哲学社会科学新的研究问题分析需求与学科自身发展的需要。21 世纪以来，哲学社会科学的研究范式在本体论、认识论和方法论层面正进行着递进与迭代：在本体论层面，哲学社会科学研究开展从有限数据（抽样数据）走向大数据（全样本数据），"全样本"数据不仅使得许多因数据缺乏而无法开展的研究得以开展，也很大

程度上改变了原有学科的研究范式。在认识论层面，相关关系的研究分析正在兴起，因果关系也正在得到更好的解释。大数据不仅可以改进传统研究方法，而且其着重探究的相关关系也有助于探究因果关系。在方法论层面，将从理论驱动假设向数据驱动研究方向发展，新的数据驱动的知识发现研究方法在不断涌现与兴起。

（二）哲学社会科学研究方法正进行"跃迁式"变革

中国哲学社会科学的发展正突破原有的线性累积式过程，开始呈现出非线性"跃迁"式过程。依照科学认识的一般规律，科学研究总是先从定性研究开始，而后逐步上升到定量研究。从对客观事物的认识上升到反映事物本质的量的规律性，定量研究凝聚了人类对科学理念的长期探索。哲学社会科学的研究范式演化也符合这一科学认识规律，哲学社会科学领域的研究逐步从定性研究—初始定量研究—深入量化研究—社会计算方向演进，数学化方向发展已成为当代哲学社会科学发展的重要趋势和突出特点。数学的科学文化精神和普遍的研究方法在哲学社会科学的方法论中的应用，对学科研究方法的思想和研究过程的逻辑、步骤产生了重要的影响，在学科发展过程中发挥了巨大的作用，数学化已成哲学社会科学发展的基本趋势。

研究分别对 2001～2020 年发表在《社会学研究》、2004～2020 年发表在《公共管理学报》上的文献所使用的研究方法进行人工编码。在宏观层面，将其划分为实证研究和阐释研究，其中阐释研究为实证研究的对立概念，特指该研究没有用到明确的研究方法，以理论介绍、问题讨论类文献居多，多为学科经典理论和著作的归纳与述评。在学科发展初期，由于规范的研究方法尚未形成，阐释研究占据较大比重，此时研究主题尚有许多新的现象有待解释和挖掘；当学科发展渐趋成熟，运用定性、定量或混合研究方法进行资料收集、分析与假设验证的实证研究会逐渐增多。在中观层面，以定性、定量的划分为基础，将其进一步划分成定性研究、初始定量和深入量化三种类型。在微观层面，定性研究、初始定量和深入量化三种类型下，标注了文献使用到的具体研究方法。

社会学和公共管理学研究方法的标注情况如表 5-1 和表 5-2 所示。

表 5-1　　　　　　社会学研究方法关键词及其类别归属

定性分析	初始定量	深入量化研究
阐释研究		主成分分析
案例研究	描述性统计	因子分析

续表

定性分析	初始定量	深入量化研究
访谈	内容分析	回归分析
观察法	问卷调查	计量分析
比较研究	相关分析	聚类分析
民族志	方差分析	网络分析
口述史	交互分析	结构方程模型
田野调查	实验法	倾向得分匹配
扎根理论		差分法
定性比较分析		计算机仿真/模拟
		大数据
		机器学习

表 5-2　　　　　公共管理学研究方法关键词及其类别归属

定性研究	初始定量	深入量化
案例研究	建模分析	博弈论、反事实分析法
阐释研究	描述性统计	仿真、共词分析
访谈	内容分析法	回归分析、结构方程模型
观察法	问卷调查	聚类分析、倾向得分匹配
历史研究法	相关分析	社会网络分析、数据包络分析
民族志	方差分析	数理/计量模型分析
实地调研	假设检验	双重差分法、网络分析
田野调查	交叉分析	文献计量、稳健性检验
文献调研法	时间序列分析	一致性分析、因子分析
扎根理论	实验法	政策量化、主成分分析
定性比较分析	层次分析法	主题模型、知识图谱
		系统动力学、情感分析
		奇异值分解、模糊评价法
		机器学习

　　将各类研究方法的使用统计汇总为热力图，可以直观地呈现文献使用研究方法的数量分布，见图 5-1 和图 5-2。

研究方法

研究方法	2000	2001	2002	2003	2004	2005	2006	2007	2008	2009	2010	2011	2012	2013	2014	2015	2016	2017	2018	2019
机器学习														1						
大数据														1			1	2	2	
计算机仿真/模拟						1		1	1			2		1					1	
差分法																	1		1	
倾向得分匹配							1			1	1	1					1		2	1	1
结构方程模型	1					1	1		2							2	1		1	1
网络分析		1	1	1				1		2	1	1	1			1		1		1
聚类分析					1	1			2											
计量分析		1				1			1						4	1	1		1	1
回归分析	4	5	8	7	9	13	12	11	10	14	19	19	23	19	18	15	17	20	11	13
主成分分析		2		1		1	1	1	1							1	2		1	1
因子分析	2	1	2	3	2	6	4	7	6	3	3	2	2	4	4		2	2	2	2
实验法						1			2	1	1				1				1	
交互分析		1		2		4	3	1	1	1		3	2					2	1	
方差分析	1	3		2		3	2	1			1									
相关分析	2	3	5	3	5	3	4	3	3	2	4	2	1	2	3			2	1	
问卷调查	13	15	12	11	11	16	13	9	15	10	20	13	19	20	19	16	14	20	12	
内容分析		1	2			1			1	1	1			2				6	1	
描述性统计	13	13	12	10	18	17	21	14	16	12	25	23	24	20	21	17	19	20	15	12
定性比较分析（QCA）									1							1				
扎根理论		1										1						1		
田野调查	6	9	8	7	12	8	15	8	12	7	8	11	11	4	10	10	14	7	9	15
口述史			1			1			1		2	1		1	1					
民族志			1	2	1	1	1	1	2		1					1		2	2	1
比较研究	1	1		1	3	1	1		2	1	5	2				3	1	3	4	
观察法	3		1	3	2	2	7	3	4	3	3	7	9	8	7	3	2	6		6
访谈	13	15	16	11	13	11	14	11	17	6	8	17	22	15	17	16	17	16	17	17
案例研究	8	7	8	8	11	10	14	8	10	4	12	14	8	7	11	13	15	11	15	14
阐释研究	44	37	33	42	37	37	41	40	33	34	26	26	15	27	19	22	28	21	20	26

2001　　2003　　2005　　2007　　2009　　2011　　2013　　2015　　2017　　2019

（年份）

图 5 - 1　社会学研究方法—时间分布热力图

图 5-2　公共管理学研究方法—时间分布热力图

在此基础上进一步绘制研究方法的河流图，可以清晰地呈现研究方法的变迁趋势，见图 5-3 和图 5-4。

方法	2004	2005	2006	2007	2008	2009	2010	2011	2012	2013	2014	2015	2016	2017	2018	2019	2020
调查评价							1										
情感分析								1				1					
知识分析					1												
主成分析										1	1						
因子分析				3	1	4	4	4	1	1	3	2	1	1		1	
物理性分析						1	2		2		2	2		1	1		3
网络分析					2			1			2	1					
倾向得分匹配（PSM）							1		1			1					
结构方法分析		1		3		2	3	3	3		2		1	1	2	2	
共同分析							1										
事实分析							1						1				
机器学习																1	
奇异值分解							1										
系统动力学							1										
主题模型																1	
政策量化												1				2	3
一致性分析														1			
文献计量	1	1	1			2	3		2	1	2			2			2
双重差分法							1		1					1	1		
数量/计算机仿真	4	4	5	4	8	12	21	10	3	9	8	10	9	7	3	3	2
数据包揽分析						1							1		1		
社会网络分析							1			2					2	2	
聚类分析					1							1	1				
因果分析	2			2	5	6	19	11	12	14	14	19	19	15	10	9	9
仿真							3			1							
博弈论		1		1		1						1					
分析法（AHP）										1							
实验								1		1	1						
时间序列分析							1					2					
交叉分析										1	1						
综合检查				1	2	6	2		5	6	7	8	9	3	3	4	
方差分析			1		1	1											
相关分析	1			1	1	5	9	4	3	5	6	6	4	2	1	1	2
问卷调查	1	2	1	6	4	5	8	10	12	14	13	7	12	4	4	5	1
内容分析		1		1				1	1	1	1		1	1			
描述性统计	3	5	3	7	8	4	10	13	12	17	18	14	7	11	9	9	8
建立分析	1						2	1	3	1	1				1		
定性比较分析（QCA）														1	1	3	3
扎根理论										1	1			1	3	2	4
文献	1	2		1	8	4	7	1			4						3
田野调查	1												1	1	5	1	1
实地调研			1			1	1			1	2	1	2	1	1	5	
民族志																	1
历史研究		1	2	2		2	3				2	1	2	4	1		2
观察法										1	1				2	2	
访谈	1	2		2	2	4	4	2	5	7	9	6	12	15	20	25	8
阐释研究	30	43	47	20	16	11	6	9	10	2	5	5	4	5	3	2	1
案例研究	14	9	13	30	25	20	26	27	16	35	25	29	28	24	33	35	35

分组：深入量化、初始定量、定性研究

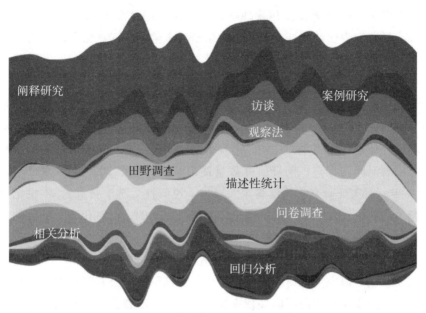

图 5 - 3　社会学研究方法—时间分布河流图

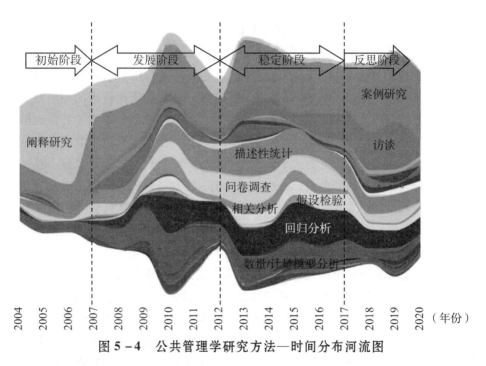

图 5 - 4　公共管理学研究方法—时间分布河流图

第五章　中国特色哲学社会科学学术体系的结构逻辑与战略迭代

综合以上图表对社会学和公共管理学研究方法使用情况的描绘，可以将 21 世纪以来社会学研究方法的变迁和公共管理学研究方法的变迁总结为以下四点。

1. 阐释研究逐渐减少，实证研究逐渐增多

自 1979 年社会学开始恢复重建，40 多年来，在改革开放伟大实践和社会主义社会建设的推动下，在中国社会学者的努力下，社会学逐渐蓬勃发展。这一过程伴随着社会研究方法的长期演进。从河流图中可以看出，21 世纪初，社会学研究中阐释研究还占据相当大的比例，出现很多社会学经典理论和著作的归纳与述评文献，随着时间的推移，阐释研究数量逐渐减少，直至 2020 年数量已不足 2001 年的一半，而实证研究的数量则大大增加，说明社会学学科进入 21 世纪以来发展得越发成熟，已建立了一定的理论体系与研究基础，已对相当一部分的现象进行了解释和挖掘。

而对于公共管理学，河流图中可以看到阐释研究在 2004～2006 年间均有着比较大的占比，实证研究类的研究则占比较少，而该阶段的公共管理类文章也主要以介绍公共管理领域相关的国内外理论和文献为主。随着公共管理研究方法的发展，阐释研究的占比逐渐减少，截至 2020 年，实证研究已经成为了公共管理学科最主要的研究方法。这表明我国公共管理学科已经从 21 世纪初的学科初期阶段，过渡到了学科的稳定阶段，成为了一个成熟的学科。

2. 深入量化成为主流，大数据研究逐渐兴起

早期社会学基本研究方法主要以观察法、比较方法、历史方法等定性研究为主。19 世纪末，社会学奠基人之一涂尔干将定量研究思想引入社会学领域，20 世纪 30～50 年代，西方社会学家开始大量采用定量方法研究社会问题，定量研究迅速发展成为社会学主流研究方向。在 20 世纪 60～80 年代，由于计算机的发展为此带来的数据统计分析软件，社会学研究在大样本问卷调查、数据的多变量分析方面，达到了前所未有的水平。到了 20 世纪 90 年代，技术进步进一步推动了社会学量化研究方法的创新，社会网络分析、行动者模拟方法等具有创新性的定量方法开始出现。进入 21 世纪后，社会学的发展受到计算机科学的启发和影响，随着大数据的引入，传统社会学研究中面临的数据供给匮乏的客观限制逐渐被克服，同时研究思维也以计算为驱动转向以数据为驱动。

结合图表可见，分别代表科学主义和人文主义的定量与定性方法之争一直贯穿于社会学的整个发展历程。从早期社会学以观察法、比较方法、历史方法等定性研究为主，到 20 世纪 30～50 年代定量研究发展成为社会学主流研究方向，学界展开对定量研究方法滥用的反思和定性研究方法的重视，直至近些年在新技术的推动下，新的量化研究方法逐渐产生并应用于社会学，应用大数据、机器学习等手段推动社会学的新发展逐渐成为学科发展的新方向，这一过程中学界关于定性与定量方法的讨论与反思从未停止。图 5 - 5 中可见，代表定性研究方法的蓝色河流自 2001 年起相较于代表定量研究方法的黄色和红色河流更为宽阔，其中阐释研究在定性研究中占据很大比例，定量研究则大多是以问卷调查、描述性统计为主的初始定量方法，深入量化方法占比很小；其后，定量研究方法越来越多地受到学界重视，使用定量研究方法的文献逐渐增多，直至 2011 年，定量研究占比开始超过定性研究，以问卷调查、回归分析、假设检验为主要内容的定量研究已成为国内社会学研究的主流范式。2016 年起，定性与定量之争又出现了新的局面，近几年内二者的占比你追我赶、难分伯仲，但显而易见的是，定量研究中深入量化研究方法的使用随着时间的变化呈现明显的逐年增加的态势。随着信息技术的不断发展、数据科学的产生，大数据、计算机建模仿真、机器学习等深入量化方法开始产生并运用于社会学研究，计算社会学逐渐兴起，为社会学研究带来新的机遇。

3. 过度盲从定量研究的批判声音渐起

早在 19 世纪中期，社会科学在国际上便出现了以"数据说话"为主要特征的定量研究范式；而 20 世纪 80 年代以来的改革开放倡导"解放思想，实事求是"，我国的哲学社会科学研究领域便开始摆脱以定性研究为主导的空洞理论，转向严格意义上的科学话语；21 世纪以来，随着计算机技术的快速发展，数据的采集及处理变得简便和容易，定量研究方法开始"井喷式"发展，定量研究的学者数量也快速上升，定量研究逐渐代替定性研究，成为了主流趋势。然而，近年来由于学者们对于定量研究方法的过度推崇，定量研究方法的弊端开始显现。以公共管理学科为例，我国公共管理学科的学者趋向仿效西方社会科学的研究方法，试图以简单的模型或者逻辑来解决错综复杂的公共管理问题。然而对于模型和数据等定量研究方法的过度迷信，导致研究只能陈述问题却不能解释背后的意义更不能提出实践的意义，使得我国公共管理学的研究出现"精致的平庸"。

在已有研究基础上，结合图表的呈现结果，将公共管理研究方法变迁分为四个阶段：初始阶段、发展阶段、稳定阶段、反思阶段。

在初始阶段（2004～2007 年），研究方法主要以定性研究为主，定性研究的论文数量占比超过 70%，且在定性研究中，阐释研究占比较高，为主要的研究类型，且大部分的论文都在介绍国外的理论，或使用逻辑推导、演绎推理的方式进行公共管理问题的探讨。

在发展阶段（2008～2012 年），定量研究方法开始出现并迅速应用到公共管理问题研究中，学者们开始大量使用定量研究方法进行研究工作，定量研究方法和混合研究方法的占比迅速增加，截至 2012 年，定量、定量定性结合的研究方法的占比已经超过 50%，公共管理学科的研究方法从以定性研究为主变为了以定量研究为主。而在定量研究方法中，相关分析、描述性统计、回归分析、数理/计量模型分析等定性研究方法开始应用并逐渐成为公共管理学科主流的研究方法。

在稳定阶段（2013~2016年），公共管理学科研究方法体系形成了比较稳定均衡的态势，定量研究方法和纯定性研究方法均保持在50%左右的占比，且无明显的变化。除此之外，由于信息技术等的进步，机器学习、情感分析、主题分析等新兴的量化研究方法也开始出现。

在反思阶段（2017~2020年），该明显特征是定量研究方法的占比开始减小，定性研究的占比重新开始增加，最终该阶段定性和定量研究方法的占比基本与初始阶段相同。不同的是，该阶段的定性研究方法以案例研究和访谈为主，大量的案例深描类论文开始出现。

整体看来，公共管理学科研究方法的变迁呈现出了一种定量研究方法从占比较少，之后开始逐渐增加并趋于稳定，而后又开始减少的过程。由此可见，公共管理学的定量研究方法的兴起和反思，表明我国公共管理学界逐渐认识到过度盲从定量研究方法带来的问题，开始重新审视研究方法的合理使用。

4. 混合研究方法的使用逐渐增多

不少学者认为，定量和定性研究方法的结合能够提高研究发现的可靠性和深入性，基于定量方法和定性方法的各自特点和局限性，既能发挥定量研究在数学方法上的客观公正，又能通过定性研究更为合理地逼近社会世界的意义，防止其改变和歪曲了测量对象，陷入一种理论的虚构之中，实现一种方法上的互补或综合。

在社会学的发展历程中，结合定性、定量二者的混合研究方法更广泛地应用于社会学研究。从图5-5中可见，河流的宽度自2001年起呈现逐渐变宽的趋势，在每年发表文献数量大致相当的前提下，表明在同一篇研究中使用多种研究方法的情况随着时间的变化逐渐增多。其中，结合定性、定量二者的混合研究方法的应用趋势明显，尤其是近年来，将问卷调查、回归分析等定量方法和访谈、观察等定性方法相结合的研究方法在社会科学中广泛应用。

在公共管理学的发展阶段中，河流的宽度由窄变宽的趋势更为明显，自2004年起直至2020年，河流的宽度增加了近一倍，将定性研究方法与定量研究方法相结合的混合研究方法的使用随着时间的变化明显增多，尤其是案例研究这类定性研究方法与回归分析等定量研究方法的综合使用。当前两个学科的学者都趋向于使用更加合理的研究方法进行科学研究。

（三）哲学社会科学学科交叉与融合变迁

随着科学技术的突破和各学科理论与方法的逐渐成熟，学科发展开始呈现融合的趋势①。学科交叉的发展既有学科发展的必要性，也有解决实际问题的必要性。一方面，面对学科边缘地带无法用本学科理论与方法解决的问题，学者可以通过调用其他学科的理论与方法协助解决，从而实现研究的深化。另一方面，现实世界中的重大问题往往复杂且跨学科的，解决这类问题不可避免地需要多学科开展合作，多学科交叉融合因此成为科学研究重要的创新点和解决实际问题的重要手段。

历史学作为哲学社会科学领域的基础性学科，具有学科交叉融合的优势与基础。历史学是研究人类过去活动的学问②，这一学科概念凸显出历史学研究的双重特性。一方面，历史学的研究对象是过去的人类活动，针对这一特殊研究对象产生了独特的研究理论、范式和方法，从而形成了一门相对独立的、与其他学科具有清晰边界的学科。但另一方面，由于历史学的研究对象实际是人类过去的一切，包含了政治、经济、社会、文化、心理等领域，这些领域的"历史"既从属于各专门学科的研究范围，又属于历史学的研究范围，这些共同的研究领域使得历史学和其他专门学科的壁垒比较模糊。近代以来，兰克开创的历史主义史学导致了历史学的职业化、专业化和科学化，将历史学分化为相对独立的学科。这一时期历史学拥有独立的学科规范和一套对待史料和研究历史问题的方法，与其他学科的边界相对清晰。但由于研究领域的特殊性，历史学研究领域往往和其他专门学科具有交叉性，与其他学科也并无森严的学科壁垒。这种研究对象和领域的交叉共有特性，决定了历史学具有与其他学科交叉融合的基础和优势。

历史学在借鉴其他学科理论、方法与成果解决本学科问题表现十分突出。早在学科分化意识浓厚的兰克时期，历史学者就开始将经典语言学的理论和研究方法引入历史学。20世纪中期之后，随着各学科逐渐触摸到发展"边界"，各学科之间的相互渗透、交叉与融合发展迅速，成为学术发展的基本趋向，各学科竞相借鉴和利用其他各专门学科的成果、理论和方法。历史学家巴勒克拉夫（Barra-clough）提到，"历史研究愈是趋于专业化，就愈加需要将各个研究领域沟通起来，而这种沟通只有置于较大的模式中才有可能"③。当历史学开始与自然科学和社会科学结合寻找新的研究领域和研究工具时，历史学与这些学科关联更加密切并呈现出互相渗透的态势。在各学科交叉背景下，历史学不断汲取政治学、经济学、统计学、社会学、人类学等社会科学的相关知识和理论，加强了历史学与各专门学科的互相渗透，导致了历史学的社会科学化倾向。同时，信息和数字技术的发展为大规模史料分析提供了可能，数学统计、历史地理信息系统等方法的

---

① 贾艳霞：《简述历史学和其他学科的交叉关系》，载于《科技信息》2012年第22期。
② 左玉河：《互鉴共赢：历史学与各专门学科的交叉渗透》，载于《史学理论研究》2016年第3期。
③ ［英］杰弗里·巴勒克拉夫著，杨豫译：《当代史学主要趋势》，上海译文出版社1987年版。

引入能够为历史问题提供量化研究视角。这种交叉融合突破了以往以政治事件和执政者为重心的研究取向，将历史学研究领域扩展到历史上的经济、社会、文化、思想等现象，形成了经济史、社会史、文化史、思想史等新兴交叉学科，促进了历史学的研究转向和学科发展。

当前历史学仍处于学科交叉融合的发展期，了解历史学学科交叉现状，对于把握学科发展情况，引导学科未来发展方向具有重要意义。由于历史学的研究范围广，不同领域的研究相差较大，本书拟选取学科交叉具有代表性的中国近代史进行文献实证分析。中国近代史作为中国历史学重要的子学科领域，在改革开放后迎来了全面发展的机遇，获得了显著进步。由于史料相较于古代史更加丰富和易得，近代史学者开展研究的领域范围更广，学科交叉与融合也更具有代表性。

因此，为探究历史学中学科的交叉融合趋势，收集了 2001～2020 年发表于《近代史研究》期刊的所有文献，对这些文献的研究领域进行人工编码，经过数据处理、归类，形成中国近代史学科领域与学科交叉河流图（见图 5－5），其中每个颜色代表不同的历史学研究领域，归属于同一交叉学科的研究领域为相同色系。

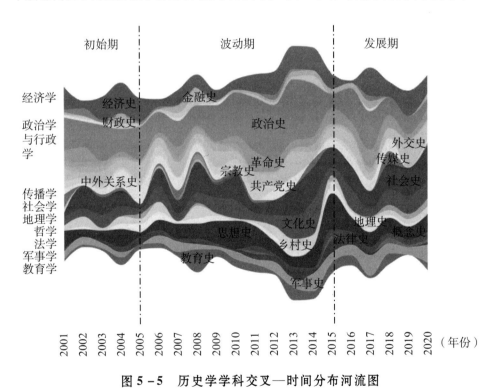

图 5－5　历史学学科交叉—时间分布河流图

如图 5－5 所示，中国近代史的学科交叉总体呈现逐渐增加、百花齐放的趋势。从数量上看，学科交叉研究总体呈现增加趋势，2012～2015 年增加明显，由于期刊年均论文刊登数量稳定，代表近代史研究的学科交叉倾向越来越显著。从交叉学科类别来看，产生交叉的学科涵盖了包括自然科学和社会科学的多个学科，体现了历史学在学科交叉融合方面的综合性。

从学科交叉变化趋势来看，我国近代史研究的交叉学科经历了从政治学与行政学、经济学为主到政治学与行政学、经济学、社会学并重的转向，研究视角也从上层政治空间和制度向中下层社会转移。按照学科交叉趋势划分的三个阶段分别来看，可以发现：

初始期（2001~2005年）：近代史交叉学科以政治与行政学和经济学为核心，关注内容主要包括清朝和国民革命时期经济制度、中央和地方财政、国民革命时期政治制度研究、政治事件研究和阶级斗争，我国外交、国际关系以及中共党史研究也有所涉猎。同时，社会史、文化史、地理史、思想史等领域的研究均有出现，说明该阶段历史学学科交叉融合已初步呈现多元化趋势。

波动期（2006~2015年）：中国近代史的交叉学科数量逐渐增加，但以社会学、人类学和地理学为代表的不同交叉学科的比例呈现较大波动，在2011年后政治史和经济史热度持续衰退，社会史、文化史等取得了突破性发展，这与中国近代史开展的国际与国内研讨会主题有一定关联。如2008年开展的"晚清以降的经济与社会"第二届中国近代社会史国际学术研讨会，主题关注晚清以来我国的经济发展与社会变革，我国经济、社会等交叉学科研究数量发展迅速①。2011年我国举办近代文化与近代中国学术研讨会，多名学者提出当前中国近代史过于关注政治经济领域与革命史范式，忽略了对社会群体、文化潮流的深挖，应当重视历史中的社会群体，开展细节丰满的社会文化史研究②。受此学术思潮影响，文化史、思想史、社会史等领域受到了大量关注，学者视角开始转向微观，即从乡村史和区域史视角剖析某一地区的经济和社会整体发展样貌，这种研究范式于2012年引发了众多学者大讨论，多达13篇文献对历史研究中的碎片化问题进行了深入的探讨。这一史学思潮指正了微观史的研究误区，对区域经济和社会发展研究起到了重要的指导作用。

发展期（2016~2020年）：中国近代史的交叉学科表现为多元化态势。随着史学思潮的持续影响，社会学与近代史的交叉持续深入，大量近代史研究引入社会学理论和方法带来了历史学研究的新视角、新方法及新理论，促进了社会史范式的兴起，促进了历史学的突破性发展。地理学、哲学、传播学、教育学、法学在这一时期也迎来了稳定发展，相应的政治学与行政学和经济学的比例则进一步

---

① 朱浒：《晚清以降的经济与社会——第二届中国近代社会史国际学术研讨会综述》，载于《近代史研究》2008年第1期。

② 邱涛：《"第二届近代文化与近代中国学术研讨会"综述》，载于《近代史研究》2011年第6期。

降低，最终在 2020 年形成了政治学与行政学、经济学、社会学并重，多学科共同发展的局面。

学科交叉对历史学发展起到的推进和变革作用是显著的。各学科引入的新理论和新方法，导致历史学研究视角的转换和研究方法的更新，进而推动了历史学研究范式的转变。社会史范式和新文化史范式的兴起证明了学科交叉与融合是历史学学科发展的内生动力。同时，在信息和数字技术的支撑下，学科交叉能产生一批边缘学科和交叉学科，拓宽了历史学的学术视野和研究领域，无形中突破了历史学的学科边界。面对在学科交叉与渗透过程中由于学科边界模糊性而产生对历史学作为独立学科的质疑，学者认为在学科交叉过程中各学科应立足于本学科的特长，从不同视角对共同的领域进行观察、研究和解释，以此最大发挥学科交叉的优势，揭示研究对象的多面性和完整性，从而更有效地解决复杂问题。

三、中国特色哲学社会科学学术研究范式的再确立

确立中国特色哲学社会科学学术研究范式，要遵循习近平总书记提出的"立足中国、借鉴国外，挖掘历史、把握当代，关怀人类、面向未来"思路。这蕴含了构建中国特色哲学社会科学的基本范式，也就是坚持以马克思主义为指导、结合国内外发展态势、凸显中国文化的主体性地位、汲取西方学术的有益养分，这为当代中国哲学社会科学工作者提供了行动指南。在具体措施上则要从供给侧改革推动中国哲学社会科学繁荣与发展、面向数字时代进行哲学社会科学复合型人才培养和跳出"自娱自乐"从社会重大需求出发进行战略研究。

（一）从供给侧改革推动中国哲学社会科学繁荣与发展

首先，在数据供给方面，构建与发展学科基础数据平台。人工智能、大数据等颠覆性技术发展所引发的链式突破推动了哲学社会科学研究迈向数据驱动型研究范式，可计算数据资源发挥的巨大学术价值逐渐凸显。站在新一代信息技术与社会变化的交汇点上，哲学社会科学的发展在充分利用学科现有数据记录与存储平台的同时，要结合社会中涌现的新问题，进行数据存储和分析方法的优化创新，整合传统单一学科的基础数据，构建交叉学科共享基础数据平台，实现多学科数据的有效融合与利用。

其次，在方法供给方面，深化与拓展定性定量相结合的研究方法。新一代信息技术革命与哲学社会科学的交融在研究方法层面推动"经验研究为主导"向"定性定量研究相结合"的跃迁。哲学社会科学的研究方法优化要从研究问题及研究对象的具体特点出发，结合定性研究对事物特性"经验归纳"的优势，应用

大数据技术方法促进定量研究走向深入，通过定性与定量研究方法的结合与深化，使得研究成果更具全面性、严谨性和科学性，达到对人类及社会发展规律与特征的合理认识。

（二）面向数字时代进行哲学社会科学复合型人才培养

未来社会的科技和人文联系将日益紧密，知识走向大融通，跨学科、跨专业的交叉融合趋势将不断增强。多学科背景复合人才的缺乏、原有学科框架的知识制约将成为学科发展的障碍。哲学社会科学的人才培养要接轨世界，面向中国，以符合未来社会发展需求为导向，对高校传统学科课程体系进行创新和变革，培养学生形成跨越学科界限的知识视野和思维方式，培养和输出善于应对未来变化、跨学科的复合型人才。对培养单位而言，应该以当前的社会形势及其对人才的基本要求为依据来合理安排教学内容，教授的技术知识要符合学科发展的基本要求，同时采取本专业主修、跨专业辅修的教学形式不断完善配套课程内容，拓宽学生的知识面，使学生能够快速适应未来不同专业或不同学科领域的工作研究。

同时，要积极营造有利于复合型人才成长的环境。要拆除阻碍人才创新的体制机制藩篱，建立健全创新导向的人才法律、政策和制度，让人才、信息、资金、项目、平台等创新元素充分结合、激活，产生聚变效应。要对各类人才计划进行系统梳理和优化整合，明确各自的定位。完善人才有序流动机制，避免层层设卡和恶性竞争。对从事不同性质科研工作的人员进行分类评价，建立以代表性成果、应用转化效率和影响力为导向的人才评价体系。[①]

（三）跳出"自娱自乐"从社会重大需求出发进行战略研究

当前，无价值负载的信马由缰式研究盛宴已过，负责任研究正在成为主流研究范式，所谓负责任的研究就是要从社会重大需求出发，研究结果要回应社会重大问题。21 世纪以来，世界范围内兴起的负责任创新（Responsible Innovation，RI）浪潮以及以欧盟为代表的负责任研究与创新（Responsible Research and Innovation，RRI）理念的提出，无一不是强调科学家研究的社会责任，时至今日，这种理念已经被世界各国的科学共同体所普遍接受。

哲学社会科学是一门通过解决社会问题，更好地推动社会发展的科学[②]，问

---

① 潘教峰、刘益东、陈光华、张秋菊：《世界科技中心转移的钻石模型——基于经济繁荣、思想解放、教育兴盛、政府支持、科技革命的历史分析与前瞻》，载于《中国科学院院刊》2019 年第 1 期。
② 赵本琼、谭天：《社会科学研究中问题意识的培养路径探析》，载于《南方论刊》2020 年第 9 期。

题意识对于哲学社会科学的发展有着至关重要的意义，而对于我国哲学社会科学而言，问题意识淡薄是长久以来存在的问题，学者们不敢触及敏感的理论问题，甚至不敢触及社会现实问题①，这对于我国哲学社会科学的发展以及社会的发展都造成了巨大的阻碍。2016 年 5 月 17 日，习近平总书记主持召开哲学社会科学工作座谈会时表示，"哲学社会科学要坚持以马克思主义为指导，首先要解决真懂真信的问题，核心要解决好为什么人的问题，最终要落实到怎么用上来"。②充分强调了哲学社会科学研究要依据我国现实问题，呼应和解决社会需求。在此基础上，哲学社会科学的工作者应该根植中国大地，深入到基层社会实践中，真正地解决我国面临的城乡一体化、医疗保险、人口老龄化等问题，切实解决我国在社会发展过程中遇到的阻碍，真正做到"把论文写在祖国大地上"。

哲学社会科学是源于社会并为社会服务的学科，与社会需求同频共振是学科建设与发展的应有之义。面对百年未有之变局的"大发展、大挑战、大转折、大调整"时代大潮，哲学社会科学的发展要对接国家战略，围绕社会重大需求，针对国家发展、社会和谐、人民幸福的重大问题开展战略性、前瞻性研究，站在知识探索的制高点，为国家科学决策、解决社会治理重大问题提供坚实的支撑。当前，我国哲学社会科学领域亟待研究的重大问题包括实现共同富裕、中国共产党百年发展经验、"一带一路"、世界共同体、乡村振兴等，要在聚焦这些重大研究问题的同时，一方面，用研究成果和理论指导实践，另一方面，推动中国学派和本土研究范式的发展。

（四）推动哲学社会科学学科交叉与融合

在世界百年未有之大变局的时代，社会发展的客观进程、复杂的经济与社会发展问题、人与自然环境、人与社会环境等关系问题等具有高度的综合性，需要哲学社会科学与自然科学、工程技术等开展多方面合作，发挥多学科知识汇聚的协同作用，而全球性的复杂问题，甚至需要将各学科知识融合成为一个创造性的综合体，以超越任何学科的方式解决问题。此外，学科交叉点往往是学科新的增长点和学科前沿，最容易产生重大的科学突破③，学科的交叉与融合对于哲学社会科学的学科发展有着十分重要的作用。

根据哲学社会科学在研究范式变迁的主要规律，哲学社会科学学者需要更加注意以下几点。

---

① 刘大椿：《问题意识与超越情怀》，载于《中国人民大学学报》2004 年第 4 期。
② 习近平：《在哲学社会科学工作座谈会上的讲话》，载于《人民日报》2016 年 5 月 19 日第 1 版。
③ 路甬祥：《学科交叉与交叉科学的意义》，载于《中国科学院院刊》2005 年第 1 期。

1. 更加注重社会现实问题

哲学社会科学应当致力于反映和解决国家和社会在发展过程中遇到的问题，成为引领思想、变革现实的武器，学术成果也不应该成为脱离于实践的精神产品。在哲学社会科学发展的过程中，要鼓励学者们关注中国社会发展中的"真问题""大问题"和"深问题"，强调关注中国社会发展的现实，解决我国在社会主义现代化进程中出现的各种社会问题，真正做到"把论文写在祖国大地上"。

2. 更加谨慎地使用定量研究方法

由于大数据、人工智能等新技术的发展与应用，以及哲学社会科学与计算机科学、物理学等学科的交叉融合，哲学社会科学的研究范式必然发生变化，新的定量研究方法将纷纷应用到研究中，数据驱动将是学科发展的大趋势。但是在定量研究方法的深度应用的过程中，要谨防对定量研究方法的盲从和崇拜，充分了解定量研究方法的局限性，根据研究能力和研究主题选择正确的研究方法，避免出现"精致而平庸"的研究。

3. 打破学科壁垒、推进学科交叉

2016 年，习近平总书记在哲学社会科学工作座谈会上指出，"中国特色哲学社会科学应该涵盖历史、经济、政治、文化、社会、生态、军事、党建等各领域，囊括传统学科、新兴学科、前沿学科、交叉学科、冷门学科等诸多学科，不断推进学科体系、学术体系、话语体系建设和创新，努力构建一个全方位、全领域、全要素的哲学社会科学体系。"[1] 学科交叉是哲学社会科学创新发展的重要动力，对于构建我国本土化的哲学社会科学体系具有十分重要的作用。但是长期以来我国哲学社会科学的学科交叉和交叉学科的发展相比于国外较为滞后，因此需要在"新文科"建设的背景下，打破学科壁垒，大力推进哲学社会科学之间的学科交叉，从而能够推动哲学社会科学的学科发展，服务社会现实，解决更加复杂的社会问题。

---

① 习近平：《在哲学社会科学工作座谈会上的讲话》，载于《人民日报》2016 年 5 月 19 日第 1 版。

第六章

中国特色哲学社会科学话语体系的突围与化生

习近平总书记指出："面对世界范围内各种思想文化交流交融交锋的新形势，如何加快建设社会主义文化强国、增强文化软实力、提高我国在国际上的话语权，迫切需要哲学社会科学更好发挥作用。"① 在中国共产党的领导下，我国哲学社会科学界人才辈出、成果丰硕，为"四个自信"提供了理论支撑，为党和国家事业发展作出了积极贡献。今天，哲学社会科学话语体系亟须以史为鉴、开拓创新，既要学习艾思奇等杰出的老一辈哲学社会科学工作者，继承"思想与时代相结合、理论与实际相结合、哲学与人民相结合的精神"，又要聚焦实现第二个百年奋斗目标新征程途中的新问题和新挑战，以"人民群众听得懂、听得进的话语"，让党的创新理论"飞入寻常百姓家"。

第一节　话语体系的内涵与中国特色哲学社会科学话语体系的基本属性

一、话语体系的内涵

马克思在《资本论》中曾说："观念的东西不外是移入人的头脑并在人的头

---

① 习近平：《在哲学社会科学工作座谈会上的讲话》，载于《人民日报》2016 年 5 月 19 日第 1 版。

脑中改造过的物质的东西而已。"① 话语和话语体系是人类观念的一种表现形式。因此，关于话语和话语体系的研究的科学性取决于能够多大程度上回归决定话语的客观基础，亦既话语研究只有回到社会现实生活中，回到实践中，才能得到合理的理解和解释。这就需要我们从社会实践视角来理解话语符号、话语结构、话语过程、话语机制②，从中国特色社会主义的生动实践的本体领域探索创新话语和话语体系的空间。

"话语"是哲学社会科学研究的热点之一。从词源上来看，话语（discourse）由两部分组成，"dis－"意味着分开、分离，"currere－"则来源于原始印欧词根"kers－"，意为跑、运行，有着推理、理解、思考、长篇大论、研究一个课题、东奔西走、促进等含义。在 14 世纪后期"discurrere"演化为"discourse"，直到 1580 年后才有"语言中的一个主题、语言中的思想交流"和"在正式演讲或写作中讨论或处理一个主题"的意思。③

从现代语言学的视角来看，"话语"主要包含两个义项，一为"说的话；言语"，二为"语言学术语，指运用中的语言，其构造单位相当于句子或大于句子的言语作品"④。但在"话语"的跨学科普遍运用中，它被赋予了十分复杂的内涵：不仅被视作以"一些句子或陈述"为最小构成单位的语言序列（表现为交谈、对话、讲述和论证等），而且常"被看作维护社会与政治实践的合法性基础"。而话语分析，则着眼于构成语言序列的单位之间的关系，从内部进行解构，试图揭示这一合法性基础形成背后的规范和制度。⑤ 因此，"话语"在表面上看，指向语言学范畴，但在深层次，具有强烈的社会实践性，指向社会文化学范畴，既指涉又建构意义、事实和社会。

恩内斯特·拉克劳认为"话语"概念的来源存在两条路径，分别是以后结构主义为代表的与语言学密切相关的话语理论，以及以米歇尔·福柯为代表人物的和语言学关系没那么紧密的话语理论。⑥ 最先对"话语"问题进行系统分析的是瑞士语言学家索绪尔。他在《普通语言学教程》中对"语言"和"言语"进行了区分，认为语言是"一种社会制度"，是"一种表达观念的符号系统"⑦，由所

---

① 《马克思恩格斯文集》（第五卷），人民出版社 2009 年版，第 22 页。

② 邓伯军：《马克思主义中国化话语体系的方法论研究》，人民出版社 2020 年版，第 2 页。

③ Etymonline. *Discourse*. https：//www.etymonline.com/word/discourse#etymonline_v_11403，2021－03－01.

④ 罗竹风：《汉语大词典》（第十一卷·上），上海辞书出版社 2008 年版，第 178 页。

⑤ ［英］布宁、余纪元：《西方哲学英汉对照辞典》，人民出版社 2001 年版，第 264~265 页。

⑥ ［英］恩内斯特·拉克劳著，吴冠军译：《话语》，载于《文化研究》2005 年第 5 期。

⑦ ［瑞士］费尔迪南·德·索绪尔著，高名凯译：《普通语言学教程》，商务印书馆 1980 年版，第 24 页。

指与能指构成，是集体的产物。而言语则是"人们所说的话的总和"，是"个人的和暂时的"①。索绪尔所建构的是有关形式而非实质的语言学，是由差异性和任意性确立其规则的系统。差异性体现在这一系统中各个要素的价值是"消极地由它们跟系统中其他要素的关系确定的"②，也就是说，差异是意义的来源，且必须在一个密闭系统内，意义才可能产生。而任意性与差异性密切相关，正是由于要素的意义来源于差异而非其本身，因此，"其中任何一项都可以按照跟它的表意功能完全无关的规律自由发生变化"③。但索绪尔的语言学系统也存在着一些不足之处，例如语言和言语之间的区分会导致对言语活动难以进行语言学上的分析。

而在索绪尔之后，后结构主义者为颠覆他所建构的这一系统进行了种种努力。站在结构主义和后结构主义的分界线上，罗兰·巴特提供了多元解读的视角，他打破了索绪尔将所指与能指一一严格对应的系统，"种种能指的四散、闪烁，不停地重新处于一种倾听的状态，这倾听又不停地产生新的能指，从不阻断或固定意义"④。雅克·拉康颠倒了索绪尔对能指与所指地位的区分，认为所指具有优先性，意指是一个过程，在其中能指保持相对稳定的态度，而"所指在能指下面不断地滑动"⑤，并将精神分析带入其中，认为"无意识"是内在支配我们进行话语活动的存在。罗曼·雅各布森也对话语进行了心理学上的解读，将隐喻与换喻同失语症的两种类型结合起来。而解构主义代表人物雅克·德里达对逻各斯中心主义以及语音中心主义提出了质疑，认为结构主义不过是"一种对已成的，已构筑的，已创立的东西的反省"⑥。在他看来，"如果一个'能指'的意义仅存于与其他'能指'差异程度上，那它就不能成为'所指'的直接呈现，这样，'能指'与'所指'的关系就成了外加的非必然的关系"⑦，打破了索绪尔语言学的基础，对能指与所指的关系进行了解构。

第二条是以福柯为代表的与语言学关系没那么密切的路径。在前一条路径中，不论是结构主义还是后结构主义，都是从符号本身出发进行话语研究。而福

---

① ［瑞士］费尔迪南·德·索绪尔著，高名凯译：《普通语言学教程》，商务印书馆 1980 年版，第 29 页。

② ［瑞士］费尔迪南·德·索绪尔著，高名凯译：《普通语言学教程》，商务印书馆 1980 年版，第 158 页。

③ ［瑞士］费尔迪南·德·索绪尔著，高名凯译：《普通语言学教程》，商务印书馆 1980 年版，第 159 页。

④ ［法］罗兰·巴特著，屠友祥译：《S/Z》，上海人民出版社 2016 年版，第 13 页。

⑤ ［英］肖恩·霍默著，李新雨译：《导读拉康》，重庆大学出版社 2014 年版，第 58 页。

⑥ ［法］雅克·德里达著，张宁译：《书写与差异》，生活·读书·新知三联书店 2001 年版，第 5 页。

⑦ 王向峰：《从结构主义到德里达的解构主义》，载于《辽宁大学学报》（哲学社会科学版）2018 年第 1 期。

柯所探讨的则是系统之外的东西，揭示"隐藏其后的权力—知识共生关系"①。他将话语定义为"由陈述在一定的关系或者说组织原则中构成的陈述群"②，而话语与权力是其重要理论。从《话语的秩序》一文开始，福柯从研究话语规则转向研究话语的建构和生成。他认为，在每个社会中，话语的建构都受到一定程序的选择、控制和组织，这些程序的目的在于消除话语的危险性，控制突发事件的发生。也就是说，话语从生成开始就不是自由的，而是被建构的，这种建构与真理、知识及权力密不可分。话语、知识、真理都是权力规训大众的方式，都带有一定的倾向性，是一定立场、观念的表达。在不同的意识形态中，话语的面目也是不同的。这些观点在很大程度上奠定了话语研究的基础。继福柯之后，哈贝马斯在《交往行为理论》中对话语伦理进行了探讨，他将话语理解为交换、估值、推理信息而后达成共识的一种介质，通过话语，基本的伦理原则才得以建构。俄国文学理论家巴赫金则在文学理论方面对"话语"进行了重新定义，将其理解为一种社会事件，试图通过"话语"研究以更深刻地理解文学。在历史学领域，美国历史学家海登·怀特把历史书写理解为话语建构，强调其虚构性。

由此可见，话语是一个十分复杂的概念，在不同学科或理论体系有着不同的表现形态。因此，对话语内涵进行一个简要的定义绝非易事。文贵良在《何谓话语？》中将话语的使用语境分为三类，分别是语言学领域、文艺研究中的叙述学领域以及包括哲学、思想史在内的跨学科领域。③ 施旭则将其定义为"在特定的历史和文化语境下人们运用语言以及其他符号（如表情、道具）所进行的具体社会事件或反复出现的社会实践活动"④，强调话语的社会性和实践性。而在福柯有关话语与权力的理论广泛传播之后，话语更多地与权力、政治等因素相关。因此，对话语的理解植根于特定的使用语境。

话语需要在语境中才能够被定义。而在具体语境中，话语并不是单独出现的，一个语词、一句话并不能支撑具体语境的使用需要，只有成体系化的话语才能更为准确、有逻辑地表达相应的理论或观点。

话语体系的构成是多样的，大致来说，由小到大可以包括元话语、概念、命题、阐释四个基本部分。元话语指的是构建话语的理论出发点；概念则是最为大众所熟知的有辨识度的、抽象的、基本的构筑单位；命题是建立在概念上的定义；而阐释则是站在某一立场对话语的认知和解读。从表现形式来看，话语体系又可以分为潜在的和显现的。显现的话语体系表现为与该话语直接相关的文字、

---

① 周宪：《福柯话语理论批判》，载于《文艺理论研究》2013 年第 1 期。

②③ 文贵良：《何谓话语？》，载于《文艺理论研究》2008 年第 1 期。

④ 施旭：《当代中国话语的中国理论》，载于《福建师范大学学报》（哲学社会科学版）2013 年第 5 期。

口头、图像等用以表现其思想或理论的形式。而潜在的话语体系表现为潜在的在场，它虽然不以直接的方式出现在大众眼前，但却以潜在的方式蕴含在体系内部。以上文所提到的福柯的话语理论为例，其显在形式体现为《疯癫与文明》《规训与惩罚》《知识考古学》《词与物》等著作。而潜在的形式体现在他对其他思想的批判与吸收上，例如黑格尔、尼采、巴塔耶、海德格尔等的思想都对福柯的理论建构产生了较大影响。每个理论在形成初期都不可避免地与其他理论产生关系，就如同一棵小树在成长时需要以木杆加以固定一样，但在其长大期间，小树的枝干会渐渐地与支撑它的木杆缠绕在一起，让人忽略了其本身的存在。对于话语体系来说，显在的部分是明显引人注意的，但同时我们也应关注其潜在的部分，挖掘话语体系背后的理论与现实因素，并关注它与其他话语之间的联系或对抗。

话语体系是无处不在的，甚至可以说，它构建起了我们生活的全部。如果把我们想要表达的思想、内涵比作不断流动的水，话语体系就可以比作盛水的容器，就像盛水的容器决定了流动的水的形状一般，决定我们所想表达思想、内涵的形式的即是话语体系。马克思曾以暗箱为例说明了意识形态的倒置性与普遍性①，而话语体系也属于意识形态的一部分，我们无法避免使用话语体系，也不能脱离它进行思考，因此，只能在了解这些性质的基础上才能合理地使用，并创建自身的话语体系。

综合来看，一个成熟的话语体系应当满足以下四个标准：

一是完整性。话语体系应至少是"一组陈述，这组陈述为谈论和表征有关某一历史时刻的特有话题提供一种语言或方法"②，而非零散的、碎片化的描述。与单个、零散的概念或命题不同，话语体系之所以成体系就在于它是有关于某一主题的具有某种特征的话语的集合体。

二是条理性。话语体系要求严密的条理化和逻辑化表达，能够自圆其说，在内容、建构和形式等方面达到理论上的自洽。与话语的日常表达不同，成体系的话语需要有条理性、逻辑性以让人信服，从而增大话语体系的影响力，发挥其作用。且只有严密的条理化和逻辑化表达，才能更为清晰地阐释其主题。

三是准确性。话语体系需与所阐释客体相对应，需符合相应的客体实际，所蕴含的知识、价值体系能够准确反映或解释客观实际。话语体系一般是围绕某一主题的话语的集合体，因此它必须准确地契合、表现这一主题。以中国特色社会

① ［匈牙利］乔治·马尔库什著，孙建茵译：《马克思的意识形态概念》，载于《马克思主义与现实》2012年第1期。

② ［英］斯图尔特·霍尔著，徐亮、陆兴华译：《表征——文化表象与意指实践》，商务印书馆2003年版，第44页。

主义话语体系为例，它必须符合中国国情，能够对中国道路进行阐释，解决中国的实际问题，为世界提供中国方案。

四是代表性。话语体系需对其所阐释的一类问题均具有一定的普遍适用性，是特殊和一般、个别和总体的统一。以人类命运共同体这一命题为例，它来源于中国的具体实践，是从无数个具体的实践中总结出的抽象表达，但同时又具有世界范围内的普遍适用性，能够为相关问题提供参考，如从中可以延伸出人类卫生健康共同体、安全共同体等命题。

二、中国特色哲学社会科学话语体系的基本属性

习近平总书记指出："落后就要挨打，贫穷就要挨饿，失语就要挨骂。"[1] 经过几代人不懈奋斗，"站起来"解决了"挨打"问题，"富起来"解决了"挨饿"问题，但"挨骂"问题还没有得到根本解决。哲学社会科学所推动建构的当代中国话语体系仍然是中国发展的短板和掣肘，提升国际话语权是我们亟待解决的一个重大问题。[2] 在实现第二个百年奋斗目标的新征程中，中国哲学社会科学话语体系需要进一步承担起提升中国的国际话语权的任务，要更好地开展具有许多新的历史特点的伟大斗争、推进中国特色社会主义伟大事业，要继续勇立时代潮头、发思想先声，积极为党和人民述学立论、建言献策。

发展具有中国特色、中国风格、中国气派的哲学社会科学话语体系是中国学者的时代使命。所谓"中国特色"并非不言自明，而是要放在古今中外的交汇点上进行考量，进而凝练形成中国哲学社会科学话语体系的如下基本属性。

一是自主性。成熟的话语体系必定是自主的、摆脱了外部控制的话语体系，是继承性和创造性的统一。自近代以来，西方思想文化大批涌入中国，掀起了学习和模仿的热潮，一定程度上导致了目前中国话语过于西化的现状。然而，西方理论不能完全涵盖中国的实际。中国哲学社会科学性话语体系必将基于自觉性和自主性，立足中国实际，在继承优秀传统基础上，批判性地吸收、转化外部思想文化，对一系列西方概念提出具有中国特色的新命题和新解读，达到理论与现实的调和。

二是实践性。中国特色社会主义伟大实践为新理论、新概念和新范畴的凝结提供了极为丰富的素材，为建构中国特色、中国风格的哲学社会科学话语体系打下了坚实的实践基础。当下语境中的中国哲学社会科学话语体系是以马克思主义

---

① 习近平：《在全国党校工作会议上的讲话》，载于《求是》2016 年第 9 期。

② 靳诺：《加快构建中国特色哲学社会科学话语体系》，载于《红旗文稿》2019 年第 23 期。

为指导，在把握中国国情、立足中国实践的基础上，能够解读中国经验、反映中国诉求、解决中国问题，兼具实践性、本土性和时代性的话语体系。

三是多元开放性。中国的哲学社会科学话语体系建构，在理念上格外强调多元开放性，将消解"话语"概念在西方语境中对权力的过分依赖、扬弃居于"话语"核心位置的权力规训和宰制等消极意涵，而更多侧重于"话语"的交流、传播与育人的功能，强调话语的多元共生以及话语主体的平等地位。这与中华文化的中庸、和而不同等理念，有着内在的互通性。但这不意味着中国的话语体系不包含权力要素，只是权力并不体现为剥夺对方主体性的"霸权"，而一方面体现为防御的能力，另一方面体现为进取的能力。中国哲学社会科学话语体系，对内致力于提高国家、民族的凝聚力，维护社会稳定，实现统一、团结、教化等功能，对外则在与其他国家的哲学社会科学话语体系求同存异、平等交流、多元共生的基础上，致力于宣传中国经验，讲好中国故事，努力提升中国的话语权，让世界理解中国，接受中国经验，推动全世界齐心协力为建设人类命运共同体而奋斗。

第二节　中国特色哲学社会科学话语体系的历史发展与现存问题

一、中国特色哲学社会科学话语体系的历史发展

古代中国哲学社会科学话语体系不仅非常繁盛辉煌，更以独特的精神内核和美学特征影响了全球尤其是东亚文明。习近平总书记指出，中华文明历史悠久，从先秦子学、两汉经学、魏晋玄学，到隋唐佛学、儒释道合流、宋明理学，经历了数个学术思想繁荣时期。[①] 在漫漫历史长河中，中华民族产生了儒、释、道、墨、名、法、阴阳、农、杂、兵等各家学说，涌现了老子、孔子、庄子、孟子、荀子、韩非子、董仲舒、王充、何晏、王弼、韩愈、周敦颐、程颢、程颐、朱熹、陆九渊、王守仁、李贽、黄宗羲、顾炎武、王夫之、康有为、梁启超、孙中山、鲁迅等一大批思想大家，留下了浩如烟海的文化遗产。古典文化遗产为古人认识世界、改造世界提供了重要依据，也为中华文明提供了重要内容，为人类文明作出了重大贡献。但进入近代之后，中国哲学社会科学话语体系基于半殖民地

---

① 习近平：《在哲学社会科学工作座谈会上的讲话》，载于《人民日报》2016 年 5 月 19 日第 1 版。

半封建国家的历史条件，开始在西方思想文化和科学知识的冲击下经历剧烈变革的阵痛。也正是从此时开始，近代中国哲学社会科学为了寻求救亡图存之策，例如林则徐、魏源、严复等，不得不开眼看世界。从"师夷长技以制夷"到"中体西用"，从洋务运动到新文化运动，西方哲学社会科学被翻译介绍到我国，不少人开始用现代社会科学方法来研究中国社会问题，中国哲学社会科学话语体系开始呈现出中西交融的多元特征。五四运动之后，在马克思主义的引领下，"郭沫若、李达、艾思奇、翦伯赞、范文澜、吕振羽、马寅初、费孝通、钱钟书等一大批名家大师，为我国当代哲学社会科学发展进行了开拓性努力"[1]，中国的知识分子和无产阶级开始运用中国化的马克思主义积极探求解放和发展的道路。

近代以来，中国学人综合吸收各类型话语体系，加以重新编码，创造了与古代话语体系有着显著差别的现代话语体系。这一话语体系伴随中国的历史发展进程而不断变迁。

早在明清之际，西方传教士就已经开始在中国翻译介绍各类西方著作，虽然引起了一些中国学者的兴趣，但并未引起中国学术和话语的现代转型。鸦片战争后，国人逐渐意识到与西方的差距，开始半主动半被动地接受西学，举办新式学堂，翻译西方学术著作，尝试移植、模仿西方的学科体系和知识体系。真正开启中国哲学社会科学话语转型的是中日甲午战争。正如梁启超所说："自甲午以前，吾国民不自知国之危也。不知国危则方且岸然自大，偃然高卧。"[2] 甲午战败之前，洋务派及大多数士人仍认同儒家传统学术和政治制度，他们主导的学科体系和学术体系的移植主要集中在强调工艺制造的"洋务之学"和强调自然科学"格致诸学"；甲午战败后，中国知识分子开始认识到学习西方政治制度的必要性，将目光投向西方哲学社会科学，关注政治、经济和文化。由此，西方的社会科学诸如法学、政治学、社会学、经济学等大量输入中国，大量西方学术概念和理论通过翻译引入，对传统学术话语体系产生了巨大的冲击。

概念的译介和更新是中国哲学社会科学话语体系转型的重要方式。新的概念词汇一方面由对西方语言的翻译所产生，意译者如天演、适者生存等，直译者如德谟克拉西、逻辑、图腾等；另一方面，知识界除了音译、意译西方语言之外，还时常从日语翻译中借用外来语。1895～1919 年是中日交流的黄金时期，尤其是1902 年后中国开始"广译日书"，"不仅给正在寻求转型的中国带来了新的知识，随之而来的众多日本新词也构成了近代中文的一些基本概念。"[3] 比如经济、教育、革命、科学、历史、传统、现象、本质、人权、概念、观念、政党等重要概

---

① 习近平：《在哲学社会科学工作座谈会上的讲话》，载于《人民日报》2016 年 5 月 19 日第 2 版。

② 哀时客（梁启超）：《尊皇论》，载于《清议报》1899 年第 9 期。

③ 陈力卫：《东来东往：近代中日之间的语词概念》，社会科学文献出版社 2019 年版，第 278 页。

念术语，都是从日语中借用的。同时，伴随西学而输入的不仅是概念体系和知识体系，也是言语方式与论说方式。中国知识分子遣词造句的语法逐渐欧化，开始使用现代标点、分段等行文方式。这种形式上的变迁与近代白话文运动相结合，最终造就了现代汉语的雏形，即以现代口语为基础，糅合部分外语语法词汇以及文言词汇而形成的一种复合语言体系。伴随着外来概念术语的传入，一批身兼古今东西学养的学者承担了中国哲学社会科学话语演进的重任：19世纪末20世纪初有严复的多声部中西学术对话，梁启超的"新民"话语，王国维的"境界"说，鲁迅的"立人"主张；五四运动之后则有宗白华的在文化还原中追求原创的"意境"说，胡适的"大胆地假设，小心地求证"，顾颉刚的"层累地造成的中国古史"，等等。① 可以说，以五四新文化运动为标志，中国知识分子初步构建了以现代汉语为载体，以翻译形态的西方学术术语、概念和范畴为主要内容的现代话语体系，而传统话语所包含的概念、术语则以破碎的方式融入其中。

在这一众声喧哗的多元时代，马克思主义也逐步传入中国，并对中国话语体系产生重要影响。19世纪末20世纪初，梁启超、朱执信等便已开始对马克思主义经典著作进行译介和传播。十月革命激起了国人对马克思主义的关心和研究，李大钊、陈独秀、瞿秋白、陈望道等知识分子相继译介了《〈资本论〉第一版序言》《共产党宣言》《〈政治经济学批判〉序言》等马克思主义经典著作，并利用包括《新青年》在内的各种传媒大力宣传马克思主义，进一步推动了这一理论在中国的传播，使其在哲学社会科学领域的影响力不断扩大。随着中国共产党的成立以及党的革命实践的不断开展，马克思主义开始了逐步中国化的过程，"从五四时期倾向于'西化'，到'中国社会性质论战'中以马克思主义方法来统领哲学社会科学研究，再到新启蒙运动参与者提出'哲学中国化''科学中国化'等学术思想，马克思主义派学者的'中国化'主张日渐清晰"②，形成了以现代话语为基础的，以马克思主义中国化的思想、术语、概念为核心的马克思主义话语体系。1938年，毛泽东在党的六届六中全会上首次明确提出："马克思主义的中国化，使之在其每一表现中带着中国的特性，即是说，按照中国的特点去应用它，成为全党亟待了解并亟须解决的问题。"③ 此后，马克思主义中国化成为党领导下中国哲学社会科学的重要前进方向。中国化的马克思主义话语体系强调大

---

① 杨义：《现代中国学术话语建构通论（上）》，载于《海南师范学院学报》（社会科学版）2005年第3期。

② 王栋：《马克思主义学术话语体系建构的历史语境年（1919～1949）》，载于《长白学刊》2020年第1期。

③ 中央档案馆：《中共中央文件选集（11）》，中共中央党校出版社1991年版，第658～659页。

众化、民族化以及阶级性，逐步形成了符合中国语言逻辑特点的话语体系，诞生了如实事求是、群众路线、独立自主、统一战线、武装斗争、阶级斗争等一批具有独特内涵的话语概念。20 世纪 30 年代的"左翼话语"，20 世纪 40 年代的"延安话语"，都属于这一话语体系。新中国成立后，马克思主义话语在哲学社会科学研究中占据了绝对的主导地位。这一话语体系获得突出发展，但也存在着模式化和单维化的问题。

改革开放以来，中国特色哲学社会科学话语对此前高度政治化的话语进行反拨：一方面对过去展开批判，另一方面开始全方位学习西方话语。然而对于西方话语体系的过度依赖，导致许多学科失去民族特性，患上"失语症"，面临"合法性危机"。可以说，"中国当代学术话语最大的问题是过于'西化'，在术语、概念和范畴上还比较单薄，对很多中国文化问题和现象缺乏有效的言说"①。马克思主义、中国特色社会主义理论以及中华优秀传统思想文化的影响力则大大削弱。在这一境况下，建构具有中国特色、中国风格和中国气派的哲学社会科学话语体系成为当代学者们面临的重大使命。

二、中国特色哲学社会科学话语体系的现存问题

党的十八大以来，中国特色哲学社会科学话语体系建设进展迅速，国际话语权快速提升。在国际知名学术论坛上，中国学者的身影已频频出现；在国际媒体中，常见中国学者的文章或采访；中国学者的著作越来越多地被翻译推介至国外出版；推动中国学者走出去的制度日益完善。② 但是，目前我国哲学社会科学话语体系仍然存在一些短板，高质量发展的成色仍然不足。挖掘、梳理和总结中国实践的深度还不够，仍需进一步花大力气"以我们正在做的事情为中心，从我国改革发展的实践中挖掘新材料、发现新问题、提出新观点、构建新理论"。③ 因此，中国哲学社会科学尚需勇于承担起争夺国际话语权的任务，"善于提炼标识性概念，打造易于为国际社会所理解和接受的新概念、新范畴、新表述，引导国际学术界展开研究和讨论"。④

---

① 高玉：《中国现代学术话语的历史过程及其当下建构》，载于《浙江大学学报》（人文社会科学版）2011 年第 2 期。

② 王文：《提升我国哲学社会科学的国际话语权》，载于《光明日报》2021 年 5 月 17 日第 10 版。

③ 习近平：《习近平谈治国理政》第二卷，人民出版社 2017 年版，第 344 页。

④ 习近平：《习近平谈治国理政》第二卷，人民出版社 2017 年版，第 346 页。

（一）马克思主义中国化进展不足

1. 部分存在与实践脱节的问题

"实践"是马克思主义哲学的重要概念。马克思主义实践观的形成与康德、黑格尔、费尔巴哈有着密切的联系。康德从主体层面出发对实践概念进行了阐释，其实践观与道德伦理有着密切的关系。黑格尔则认为实践是对"客观世界的片面性"的扬弃，"凭借主观的内在本性"来改造客观世界。① 费尔巴哈将实践纳入现实层面进行考虑。他虽然肯定了物质的第一性，但过度强调感性认识的作用，"一切对象都可以通过感觉而认识，即使不能直接认识，也能间接认识，即使不能用平凡的、粗糙的感觉认识，也能用训练的感觉认识，即使不能用解剖学家或化学家的眼睛认识，也能用哲学家的眼睛认识"②。

马克思辩证地吸收了三者的思想，在此基础上发展出自己的实践观念。在《关于费尔巴哈的提纲》中，他批判了费尔巴哈对感性认识的过度强调，从人的本质出发对实践进行了定义，将其视作现实中的人的存在方式。这一概念的形成与他在《1844年经济学哲学手稿》中关于异化思想的阐述密切相关。通过实践，人可以创造性地改造世界，发挥人的本质力量，凸显人与动物之间的区别，消除异化劳动状态。而在《德意志意识形态》中，马克思将实践概念与唯物史观相结合，强调了实践的社会属性。

由此可见，"实践"在马克思主义思想中有着极为重要的作用。但在当下的马克思主义中国化进程中，存在着呼应实践不够的问题。将马克思主义与中国实际相结合，巧妙合理地运用马克思主义分析中国现状，解决中国问题的功力尚有待提升。标签化、教条化的做法在马克思主义研究中屡见不鲜，不少学者将马克思主义相关理论简单化，理解为通用公式类的存在，抛开具体实际直接套用，歪曲了马克思主义的面貌，造成思想上的僵化、理论上的错误。除此之外，解读中国实际、解决中国问题的能力较弱也是马克思主义中国化进程中的显著问题。这主要是因为学术与实践脱节，一些专家、学者栖身于学术"象牙塔"中，缺乏对中国实际的客观把握，只是"纸上谈兵"，无法落实于客观实践，满足实际需求，因此也就很难锻造出有生命力的话语体系。

2. 马克思主义大众化程度不足

中国的近现代史不仅是一部反帝反封建的民族独立抗争史，也是中国人民寻求不同理论思潮来救国的思想史。而真正做到了"大众化"的理论思潮，只有马

---

① ［德］黑格尔著，贺麟译：《小逻辑》，商务印书馆2019年版，第412～413页。
② ［德］费尔巴哈：《费尔巴哈哲学著作选集》，商务印书馆、上海三联书店1959年版，第167～168页。

克思主义。

马克思主义首先在中国的先进知识分子中引起反响。19 世纪 70 年代中国政府派往欧洲的外交使节和留学生的日记和笔记中已有马克思主义的记录。① 此后数十年间，马克思主义相关学说陆续被译成中文传播到国内，虽然为马克思主义的传播做了铺垫，但尚缺乏系统性。之后，五四运动极大地推动了马克思主义的传播进程，尤其关键的是，无产阶级加入到了宣传马克思主义的队伍当中。中国共产党成立之后，借助党的革命活动，马克思主义获得了更为广泛和系统的传播，日益深入人心，大众化程度前所未有，有力确保了革命事业的成功。1949 年以来，在马克思主义中国化的进程当中，大众化成果不断涌现，大量融入日常话语。近年来，新媒介的诞生也加速了马克思主义大众化的进程。

马克思主义是我国的指导思想，其大众化之路是需要重点关注的时代课题。虽然马克思主义大众化已取得丰硕成果，但仍存在不少问题。马克思主义的研究成果难以普及，知识分子与普通群众由于年龄、认知能力、知识储备量等不同，在对话语内容、话语传播形式的理解和接受度上存在差异。因此，学术话语难以转化为生动活泼、群众喜闻乐见的大众话语。另外，马克思主义的传播方式和传播载体也缺乏创新，在当今互联网信息时代的吸引力不足，较难激发大众的接受兴趣。

3. 思政教育话语脱离青年需要

青年是国家未来的希望，亦是马克思主义发挥育人功能的重要对象，同时也是锻造中国特色话语体系的未来主人翁。在党的十九大报告中，习近平总书记明确指出："要全面贯彻党的教育方针，落实立德树人根本任务，发展素质教育，推进教育公平，培养德智体美全面发展的社会主义建设者和接班人。"② 高校思政教育正是实现立德树人这一根本任务的主要途径之一。而马克思主义相关理论是高校思政教育的重要组成部分，《马克思主义基本原理概论》《毛泽东思想和中国特色社会主义理论体系概论》《中国近现代史纲要》等课程均是高校青年群体的必修课程。只有通过思政教育话语的熏陶，青年才有可能获得接受、传播以至于生产中国特色话语体系的动力与能力。

近年来，国家不断提升对思想政治教育的重视程度，并采取了一系列改革措施以提高思想政治教育的有效性，除课堂教育之外，课外实践拓展、心理辅导、就业指导等形式也在持续完善。但在具体改革过程中，思政教育仍存在着一些问题，最主要体现在思政教育话语与青年实际需要的脱轨上。

---

① 尹德树：《文化视域下马克思主义在中国的早期传播与发展》，南京师范大学博士学位论文，2013 年。

② 范国睿主编：《2017 中国教育政策蓝皮书》，上海教育出版社 2018 年版，第 266 页。

新时代下成长起来的年轻一代的自主认知能力较强，观念与行为更为个性化、多元化，往往对刻板化的官方话语持怀疑和嘲讽的态度。此外，青年群体的学习能力较强，更容易接受新鲜事物，在互联网时代受网络亚文化的影响较大，对传统权威话语存在一定的抗拒心理。就思政教育话语本身来说，在话语形式与内容方面尚存在不足之处。在形式方面，当下许多高校在马克思主义教育方面采取刻板、灌输的形式，欠缺深入浅出的逻辑讲解，学生只能被动接受。思政教育话语无法融入青年话语体系，容易使他们将马克思主义误认为脱离实践的权威和宏大话语，甚至引起排斥心理。在内容方面，思政教育话语多偏向于理论型学术话语，过于抽象，与青年日常生活的距离较大，缺乏针对性、灵活性，无法满足高校思政教育的需求。

（二）滞后改革实践，概念凝练与理论创新能力不足

中国特色社会主义的成功实践经验为中国哲学社会科学的发展提供了重要学术资源，为建构中国特色、中国风格、中国气派的哲学社会科学话语体系提供了坚实的基础，为新理论、新概念和新范畴的凝结提供了极为丰富的素材和资料。然而，现有哲学社会科学话语体系尚没有很好地处理理论与实践之间的关系，没能运用好中国经验和中国实践中蕴含的丰富话语资源。当前哲学社会科学话语体系中，理论与实践的关系较为疏远，话语建设滞后于实践，概念凝练与理论创新能力不足。

1. 缺乏问题意识与实践性，自主性不足

西方在近代文明的发展和构建过程中，建立起了一整套基于自身发展经验的社会科学知识体系。近代以来的经济学、社会学、政治学等诸多学科，几乎无一不是建立在西方发展经验的基础之上。以美国为首的西方国家凭借工业化生产的巨大飞跃和全球蔓延，生产和输出了西方主导的哲学社会科学理论与话语，造成了目前西方话语在国际上占主导权的局面。

随着改革开放的不断深入和对外学术交流的不断扩大，西方学术理论与话语资源不断传入我国，并且对中国学术界产生深远的影响。当前中国哲学社会科学对西方话语有较强依赖性，特别是对西方知识体系的学习，注重知识的吸收而忽视方法论的思考，有些学科领域甚至完全套用西方概念和话语来解释中国。如习近平总书记所强调："当代中国的伟大社会变革，不是简单延续我国历史文化的母版，不是简单套用马克思主义经典作家设想的模板，不是其他国家社会主义实践的再版，也不是国外现代化发展的翻版，不可能找到现成的教科书。"① 当研

---

① 习近平：《在哲学社会科学工作座谈会上的讲话》，载于《人民日报》2016 年 5 月 19 日第 2 版。

究者简单地挪用西方知识体系来解释中国实践，必然与中国本土经验产生偏离，导致缺乏原创性学术话语的生产能力。

一方面，目前中国哲学社会科学研究者明显缺乏问题意识，缺乏自创话题的意识和能力。如赵春丽所言，"有关中国的热点话题经常由西方学者首先提出，随后成为中国学界的热点"[①]。许多学者仍然没能跳出从西方理论中寻找问题的研究范式，没有立足中国实践和中国经验来发现问题和解决问题。中国哲学社会科学话语体系的构建离不开对中国问题的独立发现、探索与解决。

另一方面，中国哲学社会科学的概念凝练与理论创新能力不足。理论话语与实践的脱节很大程度上要归咎于哲学社会科学缺乏将实践经验转化为理论概念的能力。新中国成立70多年、改革开放40多年中国所取得的巨大成就并没有转化成为具有足够影响力的话语体系。

2. 缺乏"文化自信"，对传统文化缺少承续与再造

传统资源缺乏承续与再造是当下哲学社会科学话语面临的重要问题。习近平总书记在主持十八届中央政治局第十三次集体学习时指出，弘扬中华优秀传统文化，"要处理好继承和创造性发展的关系，重点做好创造性转化和创新性发展"。[②] 中国哲学社会科学话语若要从"西化"中挣脱出来，以一种自主的姿态为中国实践提供理论解释，必然需要新的话语资源的支撑。中华优秀传统文化中蕴含大量可供转化的话语资源，然而，古今文化资源的价值取向存在差异，如何树立"文化自信"，弥合古今差异，将传统资源理论化、概念化、体系化，从而形成能够阐释当下实践的中国话语，是当下中国哲学社会科学需要认真对待的课题。

缺乏"文化自信"是当下哲学社会科学话语面临的首要问题。改革开放以来，中国哲学社会科学从过度政治化、机械化的泥沼中走出后，是在对西方哲学社会科学理论范式的学习中逐渐确立自身的。除了专门从事传统文化研究的学者外，大多数中国哲学社会科学研究者的知识结构以西方理论为主，传统文化的学养不足。这导致中国哲学社会科学话语多少缺乏"文化自信"，对传统资源的当代价值持怀疑观望的态度。如何在树立"文化自信"的基础上，着手破解传统与现代价值的差异，将传统文化进行创造性转化，与现代价值尤其是马克思主义对接，从而为中国道路和中国实践提供强有力的理论阐释，是构建中国话语体系的重要挑战。

3. 话语表达形式刻板僵化，缺乏吸引力

"话语形式是语言的具体运用"，是"言语交际凭借的手段，是交际意图

---

① 赵春丽：《西方社会科学学术话语权建构路径分析》，载于《马克思主义研究》2020年第1期。
② 《习近平谈治国理政》，外文出版社2014年版，第164页。

（从而也是话语意义）的外在标识。"① 任何话语是通过一定的表达方式传递概念范畴从而达到表达的目的的，其表达形式在某种程度上决定了其表达效果。目前，中国哲学社会科学尚没有很好地锻造自己的叙事和表述方式，其话语表达效果不佳的主要原因在于话语表达形式的刻板僵化，缺乏吸引力。

改革开放以来，西方话语形式和理论资源的引入推动了中国话语体系的复苏，但由于过分强调与国际接轨，中国哲学社会科学的叙事与表述方式总是亦步亦趋地效仿西方，没有中国特色和中国风格。既脱离中国实践，也失去了群众基础。群众无法听懂、无法接受哲学社会科学话语，哲学社会科学也就失去了指导实践、影响现实生活的作用，变得书斋化、封闭化。

其实我们有很多传统的叙事和表述方式可以加以改造。比如有学者指出，与西方惯用的"表征话语"不同，中国话语具有突出的"诠释传统"，"它超越表征语言的局限，通过微言、微意的叙事风格，开辟出大量让人们在行动中领悟世界的解读空间"。在近代以来中国话语体系的转型中，中国话语的阐释传统逐渐失落，而西方的表征语言逐渐进入中国话语体系。但是表征语言的泛滥并不意味着中国话语传统已被破坏殆尽，中国话语的诠释传统一直隐藏在中国现代话语实践中，如邓小平提出的"不争论""摸着石子过河"等都是"言不可言之说"的中国话语传统的表现。②

可见，要改变中国哲学社会科学话语形式模式化的弊端，其关键是要古为今用、洋为中用，根据当代中国语境的需要对话语资源加以改进提炼。

（三）大众化程度不足，传播途径单一

马克思说："理论只要说服人，就能掌握群众；而理论只要彻底，就能说服人。"③ 在纷繁复杂的意识形态局势下，如果没有一个科学且平易近人的话语体系，就难以打通哲学社会科学工作者和人民之间的"最后一公里"。目前，我国哲学社会科学话语体系的大众化程度明显不足，传播途径单一。

1. 学术话语与大众话语存在较为严重的错位

大众化程度的高低是衡量中国哲学社会科学发展水平的一项重要因素。"话语"作为一种言语表达，信息传递是其应当承担的一项基本功能。学术话语是哲学社会科学研究成果的基本载体，而学术话语一般都高度学理化、规范化、抽象性，大众话语则显示出通俗化、形象化、趣味性等特征。换言之，学术话语和大

---

① 吕明臣：《话语意义的建构》，东北师范大学出版社 2015 年版，第 96 页。
② 吴宗杰、胡美馨：《超越表征：中国话语的诠释传统及其当下观照》，载于《文史哲》2010 年第 4 期。
③ 《马克思恩格斯文集》第 1 卷，人民出版社 2009 年版，第 11 页。

众话语各有自己的逻辑，极容易隔阂，难以形成深度交融和对话。

当下，大众具有获取中国特色哲学社会科学知识的强烈诉求。随着我国国民教育水平的提高和信息化时代的到来，大众的探究欲望不断加强，经常对很多社会现象产生疑问，渴望具有理论权威的学术话语帮助自身进行思索和解答。但在另一方面，随着学科建制的成熟，尤其在学科分工和研究领域越来越细化的今天，知识分子回归书斋和讲堂，相对远离公众，难免会加深学术话语与大众话语的隔阂。

中国特色哲学社会科学话语在进行大众化的成果转换时，"只有将深刻、理性、前瞻的学术话语真正转化为通俗、易懂、扼要的大众话语，学术话语才能真正被人民大众理解、认同、掌握，从而获得蓬勃生机"①。目前，我国的哲学社会科学学术话语在大众化传播过程中，对大众话语模式及其话语逻辑还缺乏针对性的研究，未能充分考虑群众的思维方式和接受特点，也就难以转换成群众喜闻乐见的形式和易于接受的话语内容，锻造的话语往往艰涩拗口，与大众距离较远，大众"不了解""不懂得"。此外，"大众"其实涵盖了不同类型的群体，其内部存在显著的群体差异性，如何根据受众年龄层、知识储备、信息接收途径等不同进行个性化的话语转换，满足不同群体的知识需求，也是推进中国特色哲学社会科学话语大众化的一个难题。

2. 缺少面向大众的有效传播渠道，传播途径单一

我国哲学社会科学在发展过程中，已经开始尝试以多种形态的出版物、电视节目、在线教育平台等方式面向社会大众进行话语传播，但整体而言，其数量和覆盖面都还十分有限，传播形式也较为传统和单一。更为关键的是，进入数字传播时代后，各类依托于互联网的传播平台层出不穷，传播形态多样化且迭代极为迅速，中国特色哲学社会科学话语的传播需要尽快适应此种现状，完成自我更新。

随着网络信息技术的发展，不仅大众获取信息更加便捷，获取信息的渠道、模式、习惯等也发生了极大变化，尤其是近年来短视频、有声阅读的兴起，自媒体、网络社群的蔓延，共同引发了传播格局的变革，而且"互联网传播主体的极端多元化，带来密切的信息交换、认知互动、社会交往、情绪互动，成为新的信息生产和传播方式"②。而中国哲学社会科学话语的传播形式还比较单一和固化，难以迅速适应新兴的互联网传播生态，不易于形成具有一定规模和权威影响力的传播平台和立体化的传播格局。人人都可作为互联网传播主体，既为中国特色哲

① 吴荣生：《大众话语：提升马克思主义话语权的新维度》，载于《理论学刊》2016 年第 3 期。
② 隋岩：《群体传播时代：信息生产方式的变革与影响》，载于《中国社会科学》2018 年第 11 期。

学社会科学话语的传播带来了机遇，也带来了风险和挑战，这意味着中国特色哲学社会科学话语有可能获得更广泛的传播力量，同时，中国特色哲学社会科学话语的传播也越来越需要在这种"去中心化"的话语场域中找到合适的言说方式。

3. 与媒体协同程度不高，阻碍了话语权的确立

在中国哲学社会科学研究者、研究机构与大众对话的过程中，媒体占据着极为重要的位置。但社会媒体与研究机构之间存在一定的隔膜，双方没有建立深度的合作关系。一方面，社会媒体对哲学社会科学研究成果缺少关注，也很难在第一时间掌握和发布哲学社会科学研究成果，学术理论不能即时传播出去。另一方面，学术话语与传媒话语存在客观隔阂，中国哲学社会科学话语在通过媒体传播出去时，有时会发生话语歧义或话语错位，甚至会引起大众误解。而哲学社会科学理论话语要实现大众化，必须依靠大众传媒的社会影响力。因此，如何增强中国哲学社会科学研究与社会媒体的协同合作成为当务之急。

当今信息传播渠道更加多元，大众能第一时间通过网络平台了解社会重大事件和热点话题，并在网络社群中引发广泛讨论。大众在讨论中期待中国哲学社会科学话语的参与，往往充斥大量"伪事实"和情绪化、偏激化观点的舆论也需要理性话语的注入。然而目前中国哲学社会科学话语很难找到一套行之有效的方法直接和纷繁复杂的大众话语开展讨论，从而经常处于缺位状态，失去话语权。

（四）国际话语权薄弱，影响力有限

随着我国日益走近世界舞台中央，我们需要形成同我国综合国力相适应的国际话语权，向世界展现一个真实立体全面的中国。① 要实现这一点，哲学社会科学需及时认识到当前工作中的短板，积极创新自身话语体系以支持我国国际话语权的建设，必须切实认识到我国哲学社会科学在推动营造良好国际舆论氛围方面的力度还不够。

1. 中国学术国际传播体系建设滞后

中国学术国际传播体系建设滞后于中国实践的国际传播的需要，是造成中国哲学社会科学话语国际传播困境的内在因素。近年来，中国哲学社会科学学者的海外发文量日益增多，发文领域越来越广，但是从总体上看，在国际舞台上，中华文化和中国学术的声音还较为弱势，与中国政治和经济大国的地位不相称。② 中国学者国际著述对国际热点议题的关照还明显不足，在国际学术共同体中难以

---

① 尹韵公：《努力增强国际话语权展现真实立体全面的中国》，载于《人民日报》2020年7月29日。
② 吴楠、王宁、洪修平：《加快推进中国学术国际传播》，载于《中国社会科学报》2019年5月21日第1版。

掌握较强的话语权。一方面，中国学者对中国学术进行国际传播的意识还相对薄弱，常常出现"国内热""国外冷"的状况，这在某种意义上可谓中国学者在国际学术共同体中的主动"失语"。① 另一方面，中国哲学社会科学学术期刊的国际影响力有限，不能很好地护持中国学术的国际传播，这在某种意义上是中国学者在国际学术共同体中的被动"失语"。

当前国际传播涉及的国家广泛、语种复杂、历史文化各不相同，思维方式与价值取向存在巨大差异，而现有的中国学术话语国际传播生态建设尚处于起步与探索阶段。不像自然科学研究高度依赖科研团队，现阶段大部分哲学社会科学研究仍以"单兵作战"为主，学术梯队建设相对滞后，学术群体的合力有待进一步聚合与开发。随着"一带一路""亚投行""人类命运共同体"等的推广，中国对外交往的主体会越来越丰富，面临的情形也会越来越复杂，不同国家、民族之间的话语相互竞争，稍有不慎很容易引起误会甚至冲突。中国哲学社会科学话语体系不仅应该是表达中国的言语体系和中华民族文化思想的载体，更应该是洞察现实问题、引领改革实践的推动力量。如何在多元文化平等互动的前提下集中力量在国际学术共同体中占据一定的学术话语空间，增强中国学术与西方世界进行对话、沟通和辩论的能力，为世界真正认识中国提供有效的学术话语支撑，应是当前及以后中国哲学社会科学话语体系国际传播生态建设的重中之重。

2. 西方主导的国际传播格局制约严重

西方主导的国际传播"中心—边缘"格局是导致中国哲学社会科学话语国际传播困境的外在因素。国际传播不仅是一种跨越国界的信息传播活动，也是国际政治、国际舆论斗争的重要组成部分，其核心是基于某种价值观的话语较量和话语权争夺。② 发达国家既是世界话语的主产地，又是传播渠道的主控者，内容与手段双重操控下所形成的话语霸权塑造了媒介世界的现实图景。③ 美英等新闻大国（尤其是美国）垄断信息流通渠道，国际传播领域中的信息流向仍呈现出由发达国家向发展中国家扩散的特点，反向流动的情形很少发生。④

处于边缘位置的中国哲学社会科学也面临着中心强势学术话语、文化霸权的压制。西方国家的学术话语权甚至学术霸权，已成为中国提升学术话语权面临的必然挑战。⑤ 当代中国已经身不由己地被卷入世界传播秩序之中，中国媒体虽然近年在国际传播能力方面有跨越式发展，但与西方发达国家相比仍有明显差距。

---

① 梅朝阳、孙元涛：《中国话语"人类命运共同体"国际传播的媒介生态思考》，载于《浙江社会科学》2020 年第 9 期。

② 程曼丽：《论国际传播的底气与自信》，载于《新闻与写作》2020 年第 6 期。

③ 孟威：《构建全球视野下中国话语体系》，载于《光明日报》2014 年 9 月 24 日第 16 版。

④ 程曼丽：《西方国家对中国形象认知变化的辩证分析》，载于《对外传播》2021 年第 3 期。

⑤ 李强、金虹利：《提升中国学术话语权的问题与思考》，载于《对外传播》2020 年第 12 期。

在强大的西方话语体系中，中国经常处于被妖魔化、污名化的劣势地位。[①] 中国话语很多时候只能被动应对，在世界传播场域中很难掌控舆论议程，缺乏定义关键议题的能力。

全球传媒格局"西强我弱"[②]，西方世界掌握了绝对优势的信息控制权和国际传播渠道，中国哲学社会科学可能会面临"传而不通""通而不受"的尴尬局面。中国话语的国际传播面临严峻挑战。比如 2019 年 8 月 19 日，西方社交媒体 Facebook 和 Twitter 以涉香港"假新闻"为名，关闭了近千个中国大陆地区或与中国政府有关的账号，这势必会波及中国哲学社会科学相关研究的国际受众接触率和国际公信力。而国际检索系统中收录的中国哲学社会科学期刊占比很低，也和西方学术出版公司掌控了国际学术出版发行市场有关。西方发达国家建立的国际学术标准和规则，成为边缘国家学者进入世界学术交流圈必须跨越的门槛。[③] 这些都会导致中国哲学社会科学高质量的国际发表处于被动局面：中国学术在世界知名权威刊物上发表难度大，在国际著述中引用率不高，也就很难在国际学术共同体中形成中国学术的全球影响力。如果不打破外部这种不平等、不公正的国际传播格局，中国话语的国际传播极有可能会进入一个恶性循环。

第三节　中国特色哲学社会科学话语体系的战略突破

目前中国哲学社会科学迫切需要打造在马克思主义理论指导下，植根于中国经验与国情，融通传统与现代，兼顾学理性和大众性，聚焦国际交流协同，富有传播力的话语体系，实现战略突破。

一、巩固马克思主义指导地位，夯实中国话语体系的根基

（一）结合中国实践，推动马克思主义中国化进程

自马克思主义传入中国以来，其中国化进程便已拉开了序幕。李大钊曾指

---

① 张涛甫：《改变国际舆论场的"话语逆差"》，载于《解放日报》2016 年 4 月 19 日第 10 版。
② 项久雨、胡庆有：《当代中国价值观念国际传播的意义、问题与对策》，载于《学习与实践》2015 年第 7 期。
③ 梁砾文、王雪梅：《中国人文社科学术话语的国际传播力建构》，载于《当代传播》2017 年第 4 期。

出，"因各地、各时之情形不同，务求其适合者行之，遂发生共性与特性结合的一种制度（共性是普遍者，特性是随时随地不同者），故中国将来发生时，必与英、德、俄……有异"。[1] 瞿秋白也强调说，"应用马克思主义于中国国情的工作，断不可一日或缓"。[2] 但"马克思主义中国化"这一命题的正式提出，是在毛泽东为党的六届六中全会所作的题为《论新阶段》的政治报告中。在报告中，毛泽东明确指出，"对于中国共产党来说，就是要学会把马克思列宁主义的理论应用于中国的具体环境，成为伟大中华民族的一部分。而和这个民族血肉相连的共产党员，离开中国特点来谈马克思主义，只是抽象的空洞的马克思主义。因此，使马克思主义在中国具体化，使之在其每一表现中带着必须有的中国特性，即是说，按照中国的特点去应用它，成为全党亟待了解并亟须解决的问题"[3]。由此可见，如何将中国特性与马克思主义相结合是马克思主义中国化进程的重点所在。而在把握马克思主义基本理论的基础上，推进马克思主义中国化进程必须涵盖时代性、民族性、针对性、包容性这四方面内容。

首先，马克思主义中国化这一命题本身便包含了与时俱进的内涵。中国的具体实践是不断变化的，马克思主义理论的具体内涵也会随着不同时代不同学者的解读而不断扩充。因此，我们必须以问题为导向，在不断变化的中国实践中继承和发展马克思主义，吸收当代马克思主义的最新优秀成果，保持马克思主义的时代性。其次，马克思主义中国化必须具有民族特色。作为一个拥有悠久历史的国家，我国拥有丰厚的文化底蕴，优秀传统文化、革命文化等都是马克思主义中国化的宝贵资源。再次，马克思主义中国化归根到底涉及的还是认识论实践论的问题。因此，马克思主义中国化必须有针对性，能够为解读中国实践、解决中国问题而服务。最后，马克思主义中国化还必须有包容性。海纳百川，有容乃大，包容性是中华传统文化的一大特征。正是由于包容性的存在，中华文化才能够吸收和同化其他优秀文化，才能够保持强大的生命力。而在马克思主义中国化的进程中，包容性能将中国具体实际与马克思主义有机地融合起来，真正做到以我为主，为我所用。

（二）聚焦人民主体，创新传播路径，提升马克思主义普及程度

马克思主义是关于"人的科学"，其最高目标是实现人全面而自由的发展。马克思对人的问题的思考有一个逐渐深化的过程。他的博士论文《德谟克利特的

---

① 李大钊：《李大钊全集》，人民出版社 2006 年版，第 197 页。

② 瞿秋白：《瞿秋白选集》，人民出版社 1991 年版，第 109 页。

③ 《毛泽东选集》，人民出版社 1991 年版，第 534 页。

自然哲学和伊壁鸠鲁的自然哲学的差别》，已经隐含对人的自由的探讨。之后，受费尔巴哈《黑格尔哲学批判》《基督教的本质》的影响，马克思写就《〈黑格尔法哲学批判〉导言》一文，对黑格尔的唯心主义哲学进行了反思与批判。他将人从宗教的虚假建构中解放出来，关注现实中的人，认为"人的根本就是人本身"①，"以市民社会为基础重新确立了人自身存在的依据和发展的现实根基"②。在同年发表的《论犹太人》一文中，马克思将犹太人的问题定义为现实的宗教问题，认为只有废除资本主义才能将人从异化中解放出来。此后的《1844年经济学哲学手稿》更为深入地讨论了人的异化问题。

在这些著作中，虽然关注的是现实的人的问题，但人的概念仍然是在抽象哲学基础上被建构出来的人。在之后的《神圣家族》《关于费尔巴哈的提纲》《德意志意识形态》中，马克思从历史与现实的双重维度出发来理解人，探讨人的问题，将人定义为"一切社会关系的总和"③，只有通过共产主义革命，"消灭劳动，并消灭任何阶级的统治以及这些阶级本身"，才能实现真正的人的解放。而在《哲学的贫困》《共产党宣言》《1857～1858年经济学手稿》《资本论》中，他从物质关系来考察人的关系，批判了资本主义的生产方式，描绘了人类解放的美好图景，"在那里，每个人的自由发展是一切人的自由发展的条件"④。

由此可见，人的问题向来是马克思主义所重点关注的对象，人的解放则是其一直致力于实现的目标。对于当下中国而言，将马克思主义这一关于"人的科学"落到实处，提高其普及化程度，需要聚焦于中国人民。人民群众是实践的主体，是历史的创造者，推进马克思主义大众化即是提高马克思主义在人民群众中的知名度、理解度和认同度。因此，我们必须从大众的角度出发，对其进行受众分析，研究受众的大致类型、心理需求、喜好媒介、接受能力等因素，在此基础上针对不同的受众类型选用恰当的媒介和方式进行传播，以此弥合大众话语和马克思主义学术话语之间的差距，提高大众对于马克思主义的接受和认可程度，推动马克思主义大众化进程。

而在互联网时代，以图文推送、短视频等为代表的新兴媒介不断出现，具有时效性、生动性、便捷性等优势，传统的传播方式已经无法满足宣传需求，人民群众尤其是青少年群体更倾向于通过新媒介获取信息。在此背景下，提高马克思主义的普及化程度必须合理利用新的媒介，创新传播路径，整合新媒体等多种媒介形式，发挥各种媒介的独特优势，打造全媒体矩阵，优化传播结构，在研究受

---

① 《马克思恩格斯全集》，人民出版社2009年版，第11页。
② 李卫军：《马克思人学思想的历史演进》，中共中央党校博士学位论文，2018年。
③ 《马克思恩格斯全集》，人民出版社1995年版，第56页。
④ 《马克思恩格斯全集》，人民出版社1995年版，第294页。

众心理、接受能力等因素的基础上实现高质量、多样化、全方位的宣传。

二、构建统摄中国实践和中国道路，同时面向世界的话语范式

中国哲学社会科学话语体系不仅需要立足中国实践，在中国经验的沃土里创新话语模式，也需要在此基础上向外辐射至全球，丰富和巩固中国特色哲学社会科学话语体系，形成一条"内—外"互联互生的发展链。

（一）立足中国实践，总结中国经验，回答中国问题

费孝通先生在谈及中国社会科学发展时曾提到，社会科学"不像自然科学，不能从国外照搬，我们不能搬了苏联的，再去搬美国的，一定要从中国的实际出发，建立中国的社会学和人类学"[1]。中国特色社会主义的成功实践经验是中国哲学社会科学所拥有的重要学术资源，新中国成立及改革开放以来的丰富经验为新理论、新概念和新范畴的凝结提供了极为丰富的素材和资料，为建构中国特色、中国风格的哲学社会科学话语体系提供了坚实的实践基础。同时，解决实践提出的重大社会问题也是中国哲学社会科学工作者的重大使命与责任担当，这要求哲学社会科学研究者具备较强的社会责任感与历史使命感，树立理论联系实际的优良学风，从实践中来，到实践中去，切实发挥哲学社会科学对社会实践的指导作用，用中国理论阐释中国实践，用中国实践丰富中国理论。总之，中国哲学社会科学话语体系必须能够在立足中国实践，总结中国经验的基础上，回答实践提出的重大问题，由成功的中国经验转化为成功的中国话语。

（二）以中国视角与立场研究世界，以中国话语解释世界

随着中国国际地位不断提高，国际影响力不断扩大，中国哲学社会科学在立足中国实践经验的基础上，也需要走向世界，结合世界各国的实践活动，研究其政治制度、经济基础、社会结构和文化特点，发出哲学社会科学的中国声音。中国哲学社会科学的任务并非在"中西二分""非中即西"的语境中证明中国话语的优越性，"伟大的任务是建立一个可以吸纳'西学'的新范式，并在认识论上明确界定西学体系的成立条件"[2]，由此确立中国哲学社会科学理论话语的普遍性。这种普遍性的承诺不仅要求中国哲学社会科学回答和解决中国实践的问题，

---

① 费孝通：《重建社会学与人类学的回顾和体会》，载于《中国社会科学》2000 年第 1 期。
② 梁永佳：《超越社会科学的"中西二分"》，载于《开放时代》2019 年第 6 期。

也要求中国哲学社会科学话语能够解决世界范围内出现的问题，尤其是在中西之外的第三方社会确证自身的可行性。

三、增强话语自信，大幅提升国际话语权

（一）话语体系构建融入民族复兴战略，增强"四个自信"

中国特色哲学社会科学话语体系应该为"四个自信"提供坚实的理论支撑。坚定"道路自信、理论自信、制度自信、文化自信"，立足我国国家制度和国家治理体系所具有的多方面的显著优势，建设中国特色社会主义就拥有了强大的精神力量。中国哲学社会科学话语体系应该着重加强对"四个自信"的理论研究和话语输出，加强顶层设计，支持和鼓励研究机构跨学科整合研究资源，设立一定规模的研究院或研究中心，进一步整合和利用全国哲学社会科学资源，配套健全的管理机制和研究设施，培育一批专业队伍，打造一批"四个自信"理论研究基地。

高校研究者和青年群体尤其应该强化问题意识和在场意识，树立正确的导向，通过实际参与制度创新和文化创新等途径提升和巩固"道路自信、理论自信、制度自信、文化自信"。不仅要作为"四个自信"的理论阐释者和传播者，更要结合专业所长，成为完善中国特色社会主义制度的建言者、参与者，推动制度优势转化为国家治理效能，努力创造基于"四个自信"的话语体系。

（二）讲好中国故事，大幅提升国际话语权

中国哲学社会科学国际话语权提升的关键是用中国特色话语讲好中国故事——"中国共产党治国理政的故事、中国人民奋斗圆梦的故事、中国坚持和平发展合作共赢的故事"[1]。从国家、社会和个人三个层面寻找发掘"好"的故事，有助于为当代中国在国际社会中建构多元丰富的集体身份。这是一个话语自主性生产、传播的过程。中国故事叙事话语需要科学规划生产、传播战略，以特定规则为前提，从宣传式、传递式思维定势中解放出来，从"被动宣传""单向传播"转变为"主动塑造""双向对话"。不同话语和社会意义互相竞争，话语建构也应因文化而异、随受众而变，循序渐进地构建国家间、民族间的互信关系。通过丰富多彩的中国故事，找准话语共同点、情感共鸣点和利益交汇点，以理服人、

---

[1] 《习近平在全国宣传思想工作会议上的讲话》，中国政府网，http://www.gov.cn/xinwen/2018 - 08/22/content_5315723.htm，2018年8月22日，2021年11月30日。

以情动人、以文化人，自主掌握与中国有关的各类话题和故事在世界范围内的话语权。

第六次传播技术革命浪潮下，新的传播技术和多样化的传播渠道为讲好中国故事提供了重要契机。传播技术的发展、传播渠道的拓展为人文内容和精神的传播提供了便利，并使传播效果得以优化。[①] 国际传播跨越时空、国界和文化差异的强烈要求，使传播技术对国际传播的影响远大于对国内传播的影响。[②]

调查显示，海外受众在获取中国信息时，61%来自当地传统媒体，43%来自当地新媒体。[③] 放眼世界，有必要打造全球互联互通的媒体战略协作伙伴关系，努力争取介于"中国机遇论"与"中国威胁论"之间持第三种立场的国外"灰色"媒介，既自主发言，也借"外"人之口向世界介绍中国，传播中国观点、中国价值和中国思想。扎根中国，发挥融媒体平台优势，注重对新传播技术的应用，促进中国学术传播从"由简单静态结构向复杂动态结构转变"[④]，从而推进中国实践与中国学术的全球传播。

第四节 中国特色哲学社会科学话语体系的创生与传播

一、中国特色哲学社会科学话语体系的创生路径

（一）立足中国实践，发扬民族风格，拓展全球视野

中国特色哲学社会科学话语体系具有自主性、实践性和多元开放性等特征，因而，其创建不仅需要立足中国实践，融汇古今中外各类话语资源，也需要注重学术话语与大众话语的关系，注重国际化与民族化的平衡。

正如习近平总书记所强调的："只有以我国实际为研究起点，提出具有主体

---

① 丁柏铨：《智媒时代的新闻生产和新闻传播——对技术与人文关系的思考》，载于《编辑之友》2019 年第 5 期。

② 龙小农：《从国际传播技术范式变迁看我国国际话语权提升的战略选择》，载于《现代传播》（中国传媒大学学报）2012 年第 5 期。

③ 王晓珊：《融通中外讲好中国英语教育故事》，载于《中国报业》2021 年第 11 期。

④ 朱剑：《传播技术的变革与学术传播秩序的重构》，载于《北京联合大学学报》（人文社会科学版）2017 年第 3 期。

性、原创性的理论观点，构建具有自身特质的学科体系、学术体系、话语体系，我国哲学社会科学才能形成自己的特色和优势。"① 因而，立足中国实践，坚持问题导向，增强学术自主性，抢占话语先机，是中国特色哲学社会科学话语体系创生的必经之路。强调"实践"的重要性，要求中国特色哲学社会科学将中国的发展实践、道路模式作为重要的研究课题，探索经济社会发展中具有战略性和前瞻性的话题，创新中国特色话语对其进行解读、阐释及理论建构；研究者必须加强社会责任感与历史使命感，树立理论联系实际的优良学风，增强学术自主与理论自觉，提高提炼标志性概念和原创性理论的能力。从实践中来，到实践中去，用中国实践丰富中国理论，及时凝练出具有科学概括性和广泛传播性的理论和话语体系，占据话语先机，引领研究热点，进而在世界范围获得不可替代的话语权。

中华优秀传统文化蕴含着中华民族的血脉，凝聚了一代代中国人的智慧，同时孕育着中国人的价值理念与思维方式，是中国话语体系立足中国实践、回答中国问题不可或缺的话语资源。因此，中国话语体系的构建离不开发扬民族风格，创造性转化与融合传统优秀文化资源。2016 年，习近平总书记在哲学社会科学工作座谈会上指出："中华民族有着深厚文化传统，形成了富有特色的思想体系，体现了中国几千年来积累的知识智慧和理性思辨。这是我国的独特优势。"② 我们要在树立"文化自信"的基础上，对其进行系统的提炼和总结，将传统文化进行创造性转化，妥善处理传统文化与现代价值尤其是中国化的马克思主义理论话语之间的关系，根据时代需要将其融入中国话语体系的构建中。这些来自民族血脉的要素，既易于被国内群众接受认可，在国际上也可以有效凸显中国的个性特点，从而获得传播优势。

同时，中国特色哲学社会科学话语不仅需要回答中国实践提出的问题，也需要能够回答世界各国的实践问题，从而获得某种普遍性。目前而言，"西方学者较早就开始了对世界多个国家的经验观察和实地研究，形成研究论文、著作或报告，建立了研究论题和规范。而非西方学者要想了解其他国家的实际状况或研究动态，只能从阅读西方文献开始"③。因而，中国特色哲学社会科学话语需要拓展国际视野，在吸收西方优秀思想文化的同时，不仅要构建起研究中国问题、阐释中国道路的哲学社会科学话语体系，还要将研究视点和研究模式拓展到全球范围，针对性地开展国际实践调研和田野调查，研究他国的政治制度、经济基础、社会结构和文化特点，打破西方知识话语的垄断地位，尝试用中国话语解释其他国家或地区的经验和实践，回答和解决其他国家尤其第三世界国家出现的问题，

①② 习近平：《在哲学社会科学工作座谈会上的讲话》，载于《人民日报》2016 年 5 月 19 日第 2 版。
③ 赵春丽：《西方社会科学学术话语权建构路径分析》，载于《马克思主义研究》2020 年第 1 期。

由此提升中国特色哲学社会科学的国际话语权和国际认同度，创立和完善更多具有国际影响力的学术理论。

高校在中国特色哲学社会科学话语体系的建构过程中具有独特的作用。高校既需要加强对马克思主义等经典著作的深入研究，提高理论水平，拓展理论深度，不断推出高水平研究成果，也需要积极拓宽传播渠道，创新传播方式，让理论更"接地气"，推动成果的大众化转化与传播。同时，推动教学改革，实现育人功能与话语体系构建融合并举，建立起面向全体学生的哲学社会科学培养机制，加强马克思主义理论教育，引导大学生群体塑造正确的价值观念和行为方式，做到知识传授和价值引领相结合，推动形成学术话语、大众话语与官方话语有机融合的立体格局。

（二）从实践产生思想，从思想提炼概念，从概念形成话语

中国特色哲学社会科学话语体系的创生要求创造具有中国特色、中国风格、中国气派的新话语，而新话语的创造需要经历由实践到思想、由思想到概念、由概念到话语的多重转化过程。

实践是一切思想、概念和话语创生的基础。以史观之，在建党之初，共产党人正是在一次又一次的革命实践中总结形成"农村包围城市，武装夺取政权"的革命思想，并不断凝练出实事求是、群众路线、独立自主、武装斗争等一系列兼具理论性、革命性和大众性的话语。在当下中国，中国特色社会主义的成功实践经验是哲学社会科学所拥有的重要学术资源。哲学社会科学研究者需要"深入基层，深入一线，向群众学习，向实践学习，接地气，掌握第一手材料"[1]，并且在此基础上加强由实践经验到理论话语的转化。只有牢牢立足实践，吸收传统优秀思想的现代化成果和西方优秀思想的中国化成果，才能不断阐释和发展习近平新时代中国特色社会主义思想，为新概念、新范畴和新表述的创造提供思想源泉和精神动力。

习近平总书记在 2013 年 8 月 19 日全国宣传思想工作会议上便强调新概念、新范畴、新表述的作用，期望"着力打造融通中外的新概念新范畴新表述，讲好中国故事，传播好中国声音"[2]。从思想中提炼新概念、新范畴、新表述是中国特色哲学社会科学话语体系建构的重中之重。"新概念指向对外话语的内容维度，客观上需要我们对一系列承载中国声音的概念符号的生产；新范畴指向对外话语

---

① 谢伏瞻：《加快构建中国特色哲学社会科学学科体系、学术体系、话语体系》，载于《中国社会科学》2019 年第 5 期。

② 《习近平强调：努力把宣传思想工作做得更好》，新华社，http://www.gov.cn/ldhd/2013-08/20/content_2470599.htm，2018 年 8 月 22 日，2021 年 11 月 30 日。

的结构维度，直接决定了他人以何种领悟模式来理解中国声音，客观上对应的是一系列认知框架的输出；新表述指向对外话语的表达维度，也就是我们以何种方式来表征和呈现中国声音，客观上需要我们在话语的形式维度上积极探索，即在讲述中国故事的理念和方法上进行创新。"[1] 中国特色哲学社会科学研究者需要强化问题意识，增强学术自主与理论自觉，提高提炼标志性概念和原创性理论的能力，及时凝练出具有科学概括性和广泛传播性的理论和话语概念，承担起创造科学权威的新概念、新范畴、新表述的责任，为中国特色哲学社会科学话语体系的建设增砖添瓦。

从概念形成话语，并集结成为相互支撑、相互依靠的话语体系是中国特色哲学社会科学话语体系建设的关键步骤。单独的概念和范畴无法支撑形成中国特色哲学社会科学话语体系，从概念到话语，从话语到话语体系，需要经历不断阐释和再阐释的过程。一个具有科学概括性的新概念需要经过学者不断阐释和再阐释，方能引领研究潮流，成为具有广泛传播性的话语。多种具备相似思维方式、思想认同和价值立场的话语相互支撑，方能形成中国特色哲学社会科学话语体系。

（三）改造和利用既有话语体系，建构新的话语体系，从交融走向引领

中国特色哲学社会科学话语体系的创生，需要充分继承、改造和发展既有话语体系，从而构建新的话语体系，逐步实现引领全球思想文化发展，占据国际话语权。概括而言，需要将新话语"嵌入"原有话语体系，逐步"建构"新的话语体系，最终实现"引领"全球话语体系发展的宏伟目标。

改造和利用既有话语体系，需要将由思想转化形成的新话语，嵌入既有话语体系，其中自然也包括将新产生的话语嵌入到西方主导的话语体系中。这是因为，一方面，新的话语不会是无根之木、无源之水，而难免基于现有话语体系而形成，或与其有千丝万缕的联系；另一方面，就目前而言，西方话语体系在国际范围内依旧占据绝对的主导地位，国内许多研究采用的也是西方范式。罗马不是一天建成的，新的概念、理论想要在国际范围内获得广泛传播和影响，必然离不开借用现有西方话语体系的过程。在此过程中，中国话语体系不妨采取"拿来主义"，坚守自身的思维方式、思想认同和价值立场，才是问题的关键。

在改造和利用既有话语体系的同时，中国话语体系需要不断推进自我更新，从"嵌入"旧的话语体系走向"建构"新的话语体系。这不仅意味着不断吸收

---

[1] 刘涛：《新概念　新范畴　新表述：对外话语体系创新的修辞学观念与路径》，载于《新闻与传播研究》2017年第2期。

新的概念和理论，也意味着不断淘汰过时的概念和理论，实现话语体系的自我更新。这要求中国特色哲学社会科学研究者在提出新的概念、范畴和理论话语的同时，不断吸收中国传统和西方的优秀话语资源，基于自身的实践经验、思想认同和价值立场，对既有西方话语进行改造，对一系列西方话语提出具有中国特色的新解读，推进西方概念范畴的中国化、本土化，双管齐下，推动中国特色哲学社会科学话语逐渐建构属于自身的话语体系。[①]

推动中国特色哲学社会科学话语体系引领全球思想文化发展是中国特色哲学社会科学研究者的最终目标。这是一个任务艰巨、道路漫长的过程，不仅需要哲学社会科学研究者树立理论联系实际的优良学风，增强学术自主与理论自觉，不断吸收古今中外优秀话语资源，拓展全球视野，建立一个可以吸纳各类话语资源的新范式；也需要重视学术话语的运作，借助高校、智库、媒体、基金会等机构力量，逐步推进学术话语的系统化传播，建立哲学社会科学的话语权，一步步推动从实践到思想，从思想到概念，从概念到话语的转化，推动中国特色哲学社会科学话语体系逐渐实现自我建构，并最终引领全球话语体系的发展。

二、中国特色哲学社会科学话语体系的国内传播

（一）构建以人为本、面向时代的大众话语

中国特色哲学社会科学是从人民群众中来的，其理论成果自然也应当回到人民群众中去。哲学社会科学的研究成果对人类生活和社会发展的方方面面都产生了巨大影响，而在思想和意识层面，哲学社会科学话语的大众化传播显得尤为关键。话语直接影响着人们的思维模式和认知状态，是人类社会得以不断向前发展，精神文明成果得以延续，人得以发现自我的重要推动力。"历史表明，社会大变革的时代，一定是哲学社会科学大发展的时代。当代中国正经历着我国历史上最为广泛而深刻的社会变革，也正在进行着人类历史上最为宏大而独特的实践创新。"[②] 中国特色哲学社会科学思想成果的产生依托于中国社会发展的实践，而人民群众作为社会实践的主体、历史的创造者，对我国所走过的实践道路有着

---

① 例如，《第二届全国哲学社会科学话语体系建设理论研讨会论文集》中所收录的《社会主义中国需要什么样的公平正义》《超越西方"宪政"话语》《"司法独立"的中西之辩》《中国语境下的公民社会概念》等论文便在解构西方"公平正义""宪政""司法独立""公民社会"等概念的同时使之中国化、本土化，成为适用于中国现实的哲学社会科学话语。参见《第二届全国哲学社会科学话语体系建设理论研讨会论文集》，中国人民大学出版社 2017 年版，第 591~647 页。

② 习近平：《在哲学社会科学工作座谈会上的讲话》，载于《人民日报》2016 年 5 月 19 日第 2 版。

深刻的个人体会与感受。中国特色哲学社会科学理论如何为大众所用，就涉及中国特色哲学社会科学的话语表达如何为大众所接受的问题。

哲学社会科学学术话语与大众话语虽然持有不同的编码系统和话语逻辑，但这并不意味着二者没有互动、交流和转化的可能。二者都创生于中国特色社会主义的实践过程之中，发展与流变也紧密围绕中国的社会主义实践，抓住这种相通的内核，就有可能从根本上打通学术话语与大众话语之间的隔阂。人民群众作为实践的主体，既蕴含了在实践中进行创造的潜力，同时对于实践的认知又偏于感性化、具体化。中国特色哲学社会科学话语体系的构建，应当紧密联系人民群众的实践，通过生动的实践阐释，帮助大众更好地认识和把握实践，从而更深入地理解和接受中国特色哲学社会科学话语，拉近大众与中国特色哲学社会科学的距离。中国特色哲学社会科学话语要从群众的语言中汲取养分，将哲学社会科学思想成果转化为既具有科学性和概括性，同时又通俗易懂，为老百姓喜闻乐见的话语形式。而在不同时代，大众话语风格有不同的呈现，互联网时代便加速了大众话语风格的转变。这要求中国特色哲学社会科学必须锻造出能够把握时代脉搏，体现时代特征的大众话语，发挥意识引领的作用。大众使用的话语纷繁复杂，中国特色哲学社会科学在大众化传播中还要避免刻意迎合大众话语，而应当在话语中融入社会主义核心价值观，提高大众的科学文化素质、思想道德水平与价值判断能力。从大众层面来讲，在信息大爆炸的当下，他们对优质话语的期待值也更高。

（二）以新兴媒介开拓话语体系传播新格局

话语是哲学社会科学的语言载体，而新闻媒体是哲学社会科学对外传播的媒介载体。中国特色哲学社会科学话语能否广泛传播出去，取得话语权，大众在多大程度上愿意了解并接受中国特色哲学社会科学话语，都与媒体的"怎么说"具有直接关联。

随着网络技术的发展，信息传播方式发生了深刻的变化，数字出版借助互联网通信技术的发展迅速壮大，移动终端的出现改变了阅读场景，便携式的移动阅读塑造了新的用户习惯，新型媒体格局已经形成并不断发展。党的十九大报告指出，要"高度重视传播手段建设和创新，提高新闻舆论传播力、引导力、影响力、公信力"[1]。中国特色哲学社会科学话语体系需要适应这种变化，创新传播手段，构建起线上线下相融合，全方位立体化的传播格局。在互联网传播时代，传播势能极大增强，传播速度加快，每一个个体都可以成为信息生产者和传播

---

[1] 习近平：《决胜全面建成小康社会　夺取新时代中国特色社会主义伟大胜利——在中国共产党第十九次全国代表大会上的报告》，载于《人民日报》2017年10月28日。

者。话语体系的传播要研究和遵循传播规律，科学借助这种势能，在传播过程中注意提升话语的公信力和说服力。同时互联网的传播形态也更加多样化，话语体系传播需要转化表达方式，依据传播形态及受众特征进行相应调整，建构起从传统主流纸媒、电视媒体到新兴网络媒体的传播格局，扩大中国话语的覆盖范围。比如高校可以考虑独立运营多种形式的新媒体，通过多种形态的自媒体将中国特色哲学社会科学话语传播出去。当下的传播语境快速"去中心化"，"在互联网空间，网民摆脱了原先固化社会关系的羁绊，社会关系被深度改写并得到再造，传播权利发生了大面积的转移"①。互联网赋予了所有个体表达和传播的权力，他们不再满足于仅仅作为信息的被动接受者。因此，中国特色哲学社会科学话语体系的传播不能依靠单向话语输出，而需要关注传播受众的意愿和诉求，与大众双向互动，关注受众的情感态度和行为反应，并根据反馈及时调整话语形式、传播方式和传播渠道等。

传播势能、传播形态与传播语境的改变要求中国特色哲学社会科学话语体系在面向大众传播时，要因时、因势把握好互联网传播规律和深层逻辑。近年来随着移动设备和社交软件的更新换代，出现了各种形态的社群网络。它们往往依托流量平台形成，处于其中的人们会因为某种共同的属性聚集。社群不仅使话语表达能够精准且迅速地传播开来，而且它所形成的天然的言说场域，更容易使读者在围观社群讨论的过程中产生自我表达的冲动，发生从听众向言说者的身份转换，进而生产出更多的话语。中国特色哲学社会科学话语体系传播应该充分利用社群网络空间，依据不同的社群属性在其中设置议题，开展互动对话，形成具有影响力的讨论场域。公众也可能依托社群自发学习、分享、传播中国特色哲学社会科学话语，由此编织出更大的以中国特色哲学社会科学话语为中心的社群网络。

（三）　推动青年成为话语传播的重要力量

当今社会思想观念更加多元化，个体的表达意愿和诉求渐趋强烈，主体性日益增强，在网络空间中往往兼具信息的传播者、讨论者、生产者等多重身份。尤其随着 UGC（User - Generated Content）模式的兴起②，互联网用户可以随时制作和发布信息资源，形成以自我为原点向外发散的交互型信息场域。创作和传播的内容既包括零散、即兴的自我表达，也包括较为专业化和系统化的内容输出，后者往往在网络空间里拥有更高的话语影响力。这些以青年为主的互联网用户都具

---

① 张涛甫：《传播格局转型与新宣传》，载于《现代传播（中国传媒大学学报）》2017 年第 7 期。

② 赵宇翔、范哲、朱庆华：《用户生成内容（UGC）概念解析及研究进展》，载于《中国图书馆学报》2012 年第 5 期。

有成为传播中国特色哲学社会科学话语的主体的潜力。

青年既是中国特色哲学社会科学话语的重要接受主体，也应当成为中国特色哲学社会科学话语的重要传播主体。在互联网时代，我国青年亚文化有了全新的表现。以"90后""00后"为主体的青年在网络空间里建立起深度的"参与"文化，形成纷繁复杂的舆论，参与并影响社会事件的发展。他们从信息的被动接收者转变为信息的主动生产者，群体内部的差异性明显，话语方式不断革新，容易与官方主流话语形成隔阂。中国特色哲学社会科学话语的传播尤其需要融入青年亚文化，使话语体系能够为青年群体所适应和接受。"青年学生输出意识情感、表达价值旨趣、吐露内心观点的话语语料库，蕴藏着青年学生'主体性'的话语需求逻辑。"[1] 尤其是在互联网时代成长起来的"Z世代"，他们的兴趣爱好、心理特征、思维方式都发生了很大变化，价值观和情感诉求也都显示出强烈的独特性。中国特色哲学社会科学话语体系需要从心理和精神层面把握好当代青年的话语需求和话语关切，生产相应的话语内容。

青年群体蕴含了极大的传播潜能，他们制造的话语因极具辨识性的风格往往迅速蔓延开来，短时间内便会占据各大网络平台的热点，引发社会关注和讨论。中国特色哲学社会科学话语需要注意采用青年人广泛使用和乐于接受的方式进行传播，拉近与青年人的心理距离，进而调动起他们主动学习、探索和传播中国特色哲学社会科学话语的积极性，将青年群体转化为中国特色哲学社会科学话语体系的重要传播力量和未来的生产主体。

三、中国特色哲学社会科学话语体系的国际传播

（一）加强文化共情力建设，以心动人，做好国际传播的话语转化

文化共情力建设是做好中国特色哲学社会科学话语体系国际传播的关键。传播是一种文化交流，而更高层次的文化交流是在价值层面展开的。[2] 各个民族与国家的发展轨迹和文化根源都有自身的特殊性，在世界观、价值观上存在显著差异。当理解受阻，共识难达，承认无望，分配的正义亦有障碍之时，人类首先建立一种与他者共在的理念，努力发展共情的关爱，将有利于解决全球传播中"对

---

① 程丙、成龙：《新时代高校育人话语青年化何以可能——从"网红思政课"现象谈起》，载于《江苏高教》2019年第3期。

② 曹磊、白贵：《培养全球化的文明观与"共情"的沟通能力——"构建人类命运共同体"背景下对新闻传播教育未来的思考》，载于《新闻记者》2018年第2期。

空言说"的传播困境。① 共情是不同文化主体之间形成良好的信息互动关系的不可或缺的要素②，能搭建起与他人情感体验以及他人幸福感的普遍联系③。文化共情力的建设建立在系统科学地了解和研究受众的基础之上。只有了解传播对象的思维方式与话语习惯，据此将中国话语进行转化，才能够不仅使外国人听得懂，还使其听得进、乐于听。这样，中国特色哲学社会科学话语才能在国际社会中获得有效传播，并与西方主流思想理论体系进行交流与对话，从而寻求把握话语主动权的可能。因而，中国特色哲学社会科学话语体系的国际传播要以国别和区域研究作为学术支持，以充分尊重不同国家和区域之间的差异性与多样性为前提，深入挖掘和利用不同地域间群众在文化心理上的共通点，消解其疑虑，渐进推动他们对中国政治制度与社会文化的认可与接受。

中国特色哲学社会科学话语体系只有以交流双方都认可的共性为基础，才能实现与其他国家话语之间的深度对话。具体而言，随着中国海外利益的延伸，中国社会的开放性向纵深发展，中国的对外交流对象越来越丰富，对外交流的语境也越来越复杂。根据交流对象的社会文化背景制作个性化、差异化、分众化的传播内容，关照对象国/地区和当地事务，善用国际受众听得懂、易接受的讲故事、摆证据的方式，增强话语体系的融合叙事能力，把中国的历史文化、民族精神、时代风貌、价值观念融汇于国际传播实践中，协调好传播内容的全球化与在地化，如此才能突破西方的话语理念垄断和话语霸权，全面提升国际传播能力，推动不同文明间的平等对话。④ 中国特色哲学社会科学话语体系从生产与传播的源头，就应主动关注人类社会共同理念和核心价值的定义权和解释权，积极作为，避免自我设限、自缚手脚。

（二）打造国际传播融媒体平台，构建友好平等的新型国际传播格局

世界传媒业的环境与格局正在发生着深刻变化，新兴国家国际传播能力迅速提升，"迈向'多极化'国际传播格局已是大势所趋"⑤。中国作为"世界和平的建设者、全球发展的贡献者、国际秩序的维护者"⑥，中国媒体与中国学者更要

---

① 吴飞：《共情传播的理论基础与实践路径探索》，载于《新闻与传播研究》2019 年第 5 期。

② 唐润华：《用共情传播促进民心相通》，载于《新闻与写作》2019 年第 7 期。

③ ［美］迈克尔·哈特、［意］安东尼奥·奈格里著，王行坤译：《大同世界》，中国人民大学出版社 2016 年版，第 130 页。

④ 韩璞庚：《文明对话与中国话语体系构建》，载于《光明日报》2015 年 4 月 16 日第 16 版。

⑤ 赵永华、孟林山：《国际传播格局及其影响因素》，载于《中国社会科学报》2021 年 1 月 21 日第 3 版。

⑥ 《习近平：中国始终是世界和平的建设者、全球发展的贡献者、国际秩序的维护者》，http：//chi-na. cnr. cn/yaowen/20210707/t20210707_525528812. shtml，2016 年 7 月 1 日。

积极参与，发挥联动效应，推动国际社会共同努力，促进多中心、多元化学术格局的加速形成，为国际传播格局的新发展注入活力与能量。

当代中国传播生态经过 40 年的改革与发展，已经形成了一个多介质、多层次、全方位的传媒体系。做好中国特色哲学社会科学话语体系的国际传播，一方面需要充分认识不同媒介载体的优势与不足，"树立中国文化自信，重塑传播生态，整合传播资源，创新传播手段"①，在人力、内容、宣传等方面对自身新旧媒体进行全面整合，实现"资源通融、内容兼融、宣传互融、利益共融"。在当代国际传播竞争日趋激烈的形势下，中国需要打造一个真正有中国特色的、具有国际公信力的国际传播平台，努力争取成为"中国议程"的主导设置者、国际性议程的重要倡导者和积极参与者，最大限度地提高传播的时效性、独家性、权威性和全面性。这也要求中国特色哲学社会科学话语体系不仅为中国的发展服务，以中国智慧、中国气魄和中国价值创造与时俱进的新概念、新表述和新理论；还要追求为全人类的共同发展服务，关注全人类的共同利益，为全球普遍关注的重大问题提供中国方案与中国经验，积极引领构建人类命运共同体的伟大进程。②另一方面，中国特色哲学社会科学话语体系的国际传播实践还必须尊重业已形成的公认的国际学术规范，借鉴古今中外的文化资源，优化整合以"人类命运共同体"为核心的中国特色哲学社会科学话语的国际传播生态，科学塑造以尊重世界文化多样性、寻找文明共通性为目标，融通内外而不失自我的国际传播新格局。

中国特色哲学社会科学话语体系的国际传播，离不开呼吁和动员全世界人民携手构建国际传播新格局。因为人类是一个整体，面对共同挑战，"只有和衷共济、和合共生这一条出路"。③ 而人类命运共同体理念是解决全球传播长期单向度失衡状态的重要理论武器。④ 以"人类命运共同体"为核心的全球治理理念在尊重全球文明的多元多样的基础上，对促进和而不同、兼容并蓄的文明交流起到了重要作用。如若国际传播秩序建设以这一理念为牵引，势必能有效突破旧有国际传播秩序中的体制机制障碍，为中国特色哲学社会科学话语体系的全球传播创造一个良好的国际环境，为国际传播新格局建设提供一个符合世界人民利益的"中国方案"。

① 梁砾文、王雪梅：《中国人文社科学术话语的国际传播力建构》，载于《当代传播》2017 年第 4 期。
② 李强、金虹利：《提升中国学术话语权的问题与思考》，载于《对外传播》2020 年第 12 期。
③ 习近平：《加强政党合作共谋人民幸福——在中国共产党与世界政党领导人峰会上的主旨讲话》，载于《中华人民共和国国务院公报》2021 年第 20 期。
④ 邵鹏：《人类命运共同体：全球传播新秩序的中国方向》，载于《浙江工业大学学报》（社会科学版）2019 年第 1 期。

第七章

国际哲学社会科学政策的现状与特点

哲学社会科学是推动历史发展和社会进步的重要力量。在知识经济时代，哲学社会科学为技术创新提供永续动力，为技术与经济的融合，以及技术与社会的和谐共生创设良好生态。基于这些因素，在国家转型与高速发展过程中，各国无不高度重视哲学社会科学的建设与发展，将其作为国家软实力建设的重要抓手。本章的目的是分析美、欧、日等主要发达国家和地区近期的哲学社会科学①政策的重点与特点，探讨在全球竞争空前激烈的时代，国际哲学社会科学发展的趋势。

第一节　国际哲学社会科学发展现状

一、国际高校哲学社会科学学科发展的现状

人类文明的发展除了物质财富的创造，也离不开精神文化层面知识的生产与发展。哲学社会科学作为精神文化知识的核心，不仅能够赋予人以广博的知识及可转换的技能，更重要的是它对于提升和改变人的精神层面的价值观、伦理观念

---

①　美欧日各国（地区）学术界普遍使用人文学和社会科学（social sciences and humanities）一词指代非自然科学类专业。鉴于国内习惯使用哲学社会科学一词，为与本书其他各章保持统一，本章引用的政策文本原文中所有使用人文学和社会科学一词处，均按国内习惯改为哲学社会科学。

以及投入社会的精神具有决定性的影响。也正因为此，哲学社会科学在欧美学校教育中一直是博雅教育、通识教育的核心支柱，成为高等教育本科阶段的主体。

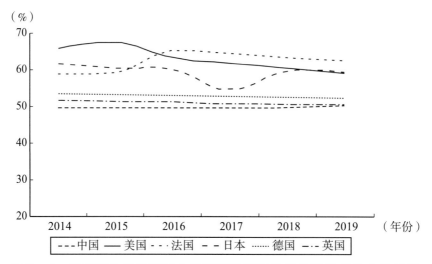

图 7 - 1　美英德法日及我国本科教育阶段哲学社会科学学生占比统计

资料来源：日本文部科学省《諸外国教育統計（2014～2019）》，https：//warp. ndl. go. jp/info：ndljp/pid/11293659/www. mext. go. jp/b_menu/toukei/data/syogaikoku/index. htm。

从图 7 - 1 可以看出，虽然近年各主要国家本科阶段的哲学社会科学相关学科学生占比呈逐步下滑趋势，但其占比均在 50% 以上，其中 2019 年比例最高的法国，本科阶段攻读哲学社会科学专业的学生占比高达 62.6%，此外日本和美国 2019 年攻读哲学社会科学专业的学生占本科阶段学生数之比也分别达到 59.4% 和 59.2%。总体而言，哲学社会科学教育是国际高等教育在本科阶段的主体，除了哲学社会科学专业办学所需的资源投入相对理工科专业要求不高外，更重要的即在于哲学社会科学对于即将进入社会的青年人成长及人格塑造具有重要意义。

不过在侧重专业人员培养的研究生教育，特别是博士生培养及学科专业建设方面，2010 年以后，随着高等教育的普及以及欧美各国经济形势的变化，全球主要国家哲学社会科学发展进入一个相对平稳的阶段。

首先在学科规模方面，哲学社会科学专业在在校学生数量方面占压倒性优势，但近年开始呈逐渐下滑态势，整体发展出现瓶颈。

图 7 - 2 是以哲学社会科学、理科、工科、生命科学（农医）进行学科规模的分类比较。从图 7 - 2 看，除日本外，主要国家哲学社会科学专业的研究生占在校生之比均远远超出其他学科。即使在日本，其哲学社会科学研究生占比规模也仅略低于工科，而远超理科及生命科学。显示哲学社会科学专业对高等教育整体规模的扩张具有决定性的意义。

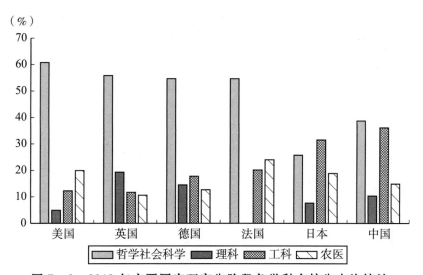

图 7 - 2　2019 年主要国家研究生阶段各学科在校生占比统计

资料来源：文部科学省《诸外国教育统计（2014～2019）》，https：//warp. ndl. go. jp/i。

　　另一方面，从图 7 - 3 看，2014～2019 年间，美英德法日等国哲学社会科学专业的在读研究生占全部在读研究生之比均有所下降，其中美国和日本下降明显。两国分别从 2014 年的 68.7% 和 30.3% 降至 2019 年的 60.6% 和 25.7%。不过整体而言，除日本外，主要国家哲学社会科学研究生占比均在 50% 以上，整体规模依然较大。

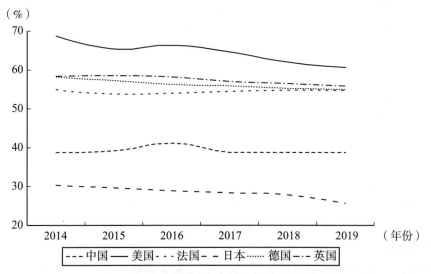

图 7 - 3　2014～2019 年主要国家研究生阶段哲学社会科学学生占比统计

资料来源：文部科学省《诸外国教育统计（2014～2019）》，https：//warp. ndl. go. jp/i。

其次，在研究人员供给的主渠道博士生培养方面，近年各主要国家均出现停滞甚至下滑趋势。

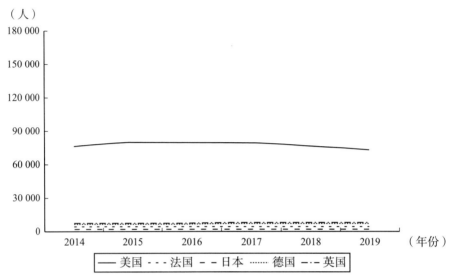

图 7 - 4　2014 ~ 2019 年主要国家哲学社会科学博士毕业统计

资料来源：文部科学省《諸外国教育統計（2014 ~ 2019)》，https：//warp. ndl. go. jp/i。

图 7 - 4 是 2014 ~ 2019 年主要国家每年毕业的哲学社会科学博士数统计。从中可以看出，除美国外，英德法日等国每年毕业的哲学社会科学博士数（PHD）规模较小。2019 年，英德法日四国毕业的哲学社会科学博士分别为 7 915 人、7 348 人、4 040 人和 2 041 人。另一方面，美国博士生培养体系较为成熟，相比以上四国，其规模也较为庞大。2019 年，美国毕业博士 177 867 人，其中哲学社会科学博士 73 043 人（含专业学位）。相比 2014 年，毕业博士生总量增加8.61%，但哲学社会科学博士同比下降4.15%。后备研究力量的供给与人才队伍建设呈停滞趋势。

第三，大部分国家哲学社会科学领域的经费投入也呈现停滞乃至下滑趋势。

图 7 - 5 是近 10 年美国高校科研经费统计。从图 7 - 5 可以看出，美国高校科研经费从 2009 年的 572.88 亿美元增至 2018 年的 794.36 亿美元。同期包含哲学社会科学在内的非理工经费合计从 45.06 亿美元增至 73.65 亿美元，增幅63.44%。哲学社会科学经费的增幅大幅高于科研经费的增幅。不过，其中联邦政府对高校哲学社会科学的经费资助从 17.21 亿美元增至 21.86 亿美元，增幅仅为27.02%。大部分经费主要来自民间财团及私人捐赠。

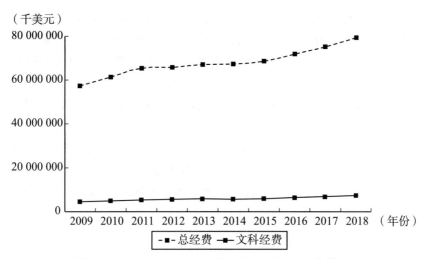

（千美元）

图 7 - 5　2009～2018 年美国高校科研经费统计

资料来源：Higher Education Research and Development. https：//www. nsf. gov/statistics/herd/。

与美国相比，英国与日本高校的哲学社会科学研究经费增长极为有限。图 7 - 6 是英国大学拨款委员会对高校的科研经费拨款统计。2015～2019 年，整体科研经费拨款从 46.91 亿英镑增至 2019 年的 50.94 亿英镑，5 年间增幅仅为 8.59%。其中哲学社会科学研究经费从 2015 年的 4.49 亿英镑降至 2019 年的 4.45 亿英镑，经费投入呈略微下滑趋势。

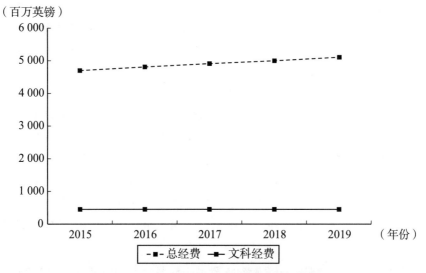

（百万英镑）

图 7 - 6　2015～2019 年英国高校经费统计

资料来源：https：//assets. publishing. service. gov. uk/government/uploads/system/uploads/attachment_data/-allocation-science-research-funding – 2016 – 17 – 2019 – 20. pdf.

同样的情况也出现在日本。2011 年日本学术振兴会向学术界提供的科研经费资助金额为 713.75 亿日元，其中哲学社会科学经费为 85.22 亿日元。2019 年，科研助成金总额为 514.28 亿日元，其中哲学社会科学经费为 74.93 亿日元。两者均出现不同程度的下滑[①]。另外，日本总务省的统计，2016 年度，日本高校及公立研究机构的研究经费总额为 50 654 亿日元，其中用于哲学社会科学研究的经费为 12 518 亿日元，占比 24.71%。

综合上述，主要国家高校哲学社会科学的学科规模、后备研究人才培养以及经费投入的现状及演变趋势看，当前国际哲学社会科学的发展正面临瓶颈，除美国外，整体处于停滞乃至下滑的状况，这为我国加速推进高校哲学社会科学发展，实现赶超创造了一定的契机。

二、国际哲学社会科学研究发展的现状[*]

近 20 多年来，虽然新兴国家的崛起在很大程度上改变了全球科研力量的结构分布，但美国和英国在哲学社会科学研究领域中仍具有明显的主导优势。

首先，两国作为世界哲学社会科学研究大国，在论文发表数量上领先其他国家。以公共管理学、经济学、社会学、心理学等哲学社会科学代表性学科为例，通过对社会科学引文数据库（SSCI）和人文科学引文数据库（AHCI）收录的以上学科领域 1998～2018 年发表论文的计量分析可以发现，美国和英国在所有学科领域发文量均排名前二，研究的主导地位难以撼动。具体到各个学科领域，美国是全球公共管理学最大的论文产出国，共发表 51 741 篇学术论文，远超其他国家。英国论文数量始终保持在第二位，两国论文合计占全球论文份额的近 50%。经济学美国同样为主要发文国家，总产出超 12 万篇，全球占比在 35% 以上，遥遥领先其他国家。英国排名第二，总产出近 5 万篇，全球占比约为 13.8%。美英两国论文合计占全球经济学论文产出的 50% 以上。美国也是全球社会学研究的最大贡献者，产出了全球 41% 以上的论文，在国际学术体系所占据的绝对主导地位难以撼动。英国作为国际社会学研究的第二大贡献者，全球份额在 20 年间基本稳定在 15% 之上。国际心理学术体系主要由美国和英国两个英语国家主导，其发文数占据全球心理学研究论文的 60% 以上。美国是全球心理学研究成果的最大贡献者，产出了全球约 50%～60% 的论文。英

[①] 日本科学技術振興機構研究開発戦略センター. 自然科学と人文社会科学との連携を具体化するために：連携方策と先行事例，https://www.jst.go.jp/crds/pdf/2018/SP/CRDS-FY2018-SP-01.pdf。

[*] 本部分内容全文引自浙江大学公管学院黄萃教授团队的研究报告《哲学社会科学研究范式变迁报告》《哲学社会科学的学科交叉与融合研究报告》《哲学社会科学的国际合作研究报告》。

国作为国际心理学研究的第二大贡献国家，全球份额在 20 年间基本稳定在 10% 左右。

第二，美国和英国的研究成果具有较高的学术影响力。通过对论文引用影响进行指标分析发现，美国和英国在心理学、经济学、社会学研究中的年篇均被引频次处于较高的水平，表明其论文的学术影响力较高。美国公共管理学的相对篇均被引频次随时间有所下降，但总体仍高于国际平均水平。这说明美国和英国产出大量研究成果的同时，其学术影响力亦排在世界前列。基于以上两个原因，各国开展哲学社会科学国际合作时更倾向于选择美国和英国作为首选合作伙伴，从而进一步巩固两国的优势地位。以经济学和公共管理学为例，表 7 - 1 和表 7 - 2 罗列了科研领先国家在经济学和公共管理学的主要合作国家及合作论文占比。

表 7 - 1　　　　经济学各国主要合作对象及其合作论文占比
（前 5 合作对象国）　　　　单位：%

项目	美国 (32.3%)		英国 (53%)		德国 (52.1%)		中国 (57.2%)		法国 (53.1%)		日本 (33.6%)		俄罗斯 (58.1%)	
合作国家	英国	19.0	美国	32.6	美国	28.0	美国	49.8	美国	28.5	美国	38.8	美国	32.7
	中国	12.1	德国	13.7	英国	23.4	英国	11.6	英国	19.5	中国	12.7	英国	22.3
	加拿大	11.1	意大利	9.5	荷兰	10.3	加拿大	9.1	德国	11.2	英国	11.0	德国	13.7
	德国	9.5	澳大利亚	7.7	瑞士	9.5	澳大利亚	8.9	比利时	10.7	澳大利亚	8.9	法国	12.0
	法国	6.3	法国	7.4	意大利	8.1	新加坡	6.0	意大利	9.9	加拿大	5.8	荷兰	7.0

如表 7 - 1 所示，美国与英国经济学合作最为紧密，两者互为对方的第一大合作国；除美国和英国外，其他国家均将美国视为第一大合作国，将英国视为第二或第三合作国。从合作论文占比可以发现，英国、中国、日本、俄罗斯与美国的联系程度较高，合作论文占比均在30%以上，即这些国家1/3以上的国际合作包含美国。这一特征在中国更为明显，中美合作论文占比近50%，远高于其他国家。英国则与美国、德国、法国和俄罗斯的联系更为密切，合作论文比例在20%左右。这表明经济学领域多数国际合作围绕美国和英国展开，两国处于国际合作网络中的核心地位。

表 7 - 2　　　　　公共管理学各国主要合作对象及其合作论文占比
（前 10 合作对象国）

美国 (0.0–20.0)	英国 (0.0–40.0)	德国 (0.0–40.0)	中国大陆 (0.0–50.0)	法国 (0.0–40.0)	日本 (0.0–20.0)	俄罗斯 (0.0–40.0)
英国 15.4	美国 22.6	美国 24.0	美国 41.3	英国 23.8	美国 30.9	美国 30.8
中国大陆 13.0	荷兰 11.1	英国 20.3	英国 12.2	美国 20.8	中国大陆 18.8	德国 24.5
加拿大 12.4	澳大利亚 11.1	荷兰 17.8	澳大利亚 9.5	德国 13.9	德国 10.7	英国 16.4
德国 8.1	德国 11.1	瑞士 11.7	中国香港 8.8	意大利 12.6	澳大利亚 8.4	荷兰 11.2
澳大利亚 7.6	意大利 7.1	中国香港 8.8	加拿大 7.8	荷兰 11.8	英国 7.4	瑞典 8.7
荷兰 6.9	西班牙 7.1	法国 8.3	德国 5.0	西班牙 9.3	加拿大 6.3	意大利 8.7
韩国 4.4	法国 7.0	奥地利 8.1	荷兰 5.0	瑞士 7.7	奥地利 5.2	芬兰 8.7
法国 4.0	加拿大 6.2	意大利 8.0	意大利 3.9	奥地利 7.1	韩国 4.7	中国大陆 6.6
瑞士 3.7	中国大陆 5.6	西班牙 6.3	比利时 3.9	比利时 7.1	法国 4.6	加拿大 6.3
意大利 3.6	瑞典 5.0	澳大利亚 5.7	中国台湾 2.5	澳大利亚 6.0	印度 4.1	法国 5.6

　　表 7 - 2 列举了公共管理学领域各个国家的主要合作对象国及论文占比。由表 7 - 2 可以看出，除美国和法国外，其他五国均以美国为首要合作伙伴，且合作论文占比明显高于其他合作国家，这与美国在全球论文产出中的绝对份额有关，同时也说明了美国在公共管理学科的优势地位仍然明显，是各国开展国际合作的首选。英国紧随其后，在欧洲和东亚国家的国际合作排名靠前。对比以上两个学科的分析结果可知，哲学社会科学领域开展的国际合作研究仍以美国和英国为优先合作对象，体现出美英学科传统优势的驱动效应。

　　虽然英美的主导地位尚未完全改变，但随着世界创新格局呈多极化发展趋势，科学研究的重心由高度集聚于欧美日向新兴经济体扩散。学者通过分析 1978 年至 2012 年全学科领域论文数据，采用地理空间分析法发现全球科学论文重心正在由西向东，由北向南转移。同时，全球主要区域的论文产出呈现此消彼长的态势。按照联合国的国际区域划分方法，全球可被分为北美、西欧、东北亚、中东欧和中亚、西南亚、太平洋、拉美与加勒比海、撒哈拉以南非洲、阿拉伯国家和东南亚 10 个区域，而研究结果显示，新兴发展地区的论文产出速度呈现出高速增长的态势，东南亚、东北亚、拉美和加勒比海、阿拉伯国家的论文产出年均增速超过平均速度，北美和西欧的增长率较低，导致全球论文产出能力最强的北美和西欧的地位稍有下降，东北亚作为科学产出新的最大增长动力的地位愈发明显。

　　在哲学社会科学领域，随着中国和东北亚国家的大力发展，东北亚逐渐成为继北美、西欧之后的第三个国际社科研究及合作的集中区域。具体学科方面，通过对社会科学引文数据库（SSCI）和人文科学引文数据库（AHCI）收录的 1998～2018 年发表的公共管理学、社会学、经济学、心理学学术论文（Article & Review）的计量分析发现，1998～2018 年中国在经济学、心理学、社会学和公共管理学领域的发文数量和论文学术影响力均呈迅速增长趋势。

　　总体而言，通过对近 20 年国际哲学社会科学研究现状的分析可以看出，当前国际哲学社会研究具有以下几个特点。

一是更加重视具有全球共性的现实问题的研究。

哲学社会科学每一个重要的发展阶段几乎都伴随着重大的社会现象与社会转型过程，社会风险解决与社会转型范式为理解哲学社会科学的研究主题变迁提供了良好的视角。进入 21 世纪以来，相当多哲学社会科学领域的研究主题从经典理论阐释逐渐转向社会现实聚焦，着力回应重大现实问题、解释社会巨大变迁。哲学社会科学的问题导向更加鲜明，研究主题更加呼应社会发展现状、反映社会转型过程。

二是更加普遍地引入与推广定量研究方法。

20 世纪 60~80 年代，由于计算机的发展带来的数据统计分析软件，社会科学研究在大样本问卷调查、数据的多变量分析方面，达到了前所未有的水平。到了 20 世纪 90 年代，技术进步更进一步推动了社会科学量化研究方法的创新，社会网络分析、行动者模拟方法等具有创新性的定量方法开始出现。21 世纪以来，随着信息技术的突破和发展，新兴的定量研究方法如机器学习、大数据、知识图谱等也纷纷应用到了哲学社会科学的研究中，2009 年大卫·拉泽（David Lazer）发表《计算社会科学》，标志了计算社会科学的诞生，也引发了哲学社会科学的范式之争，许多学者认为传统的哲学社会科学应当转向"数据驱动"的研究范式。相比较于传统的定性研究，定量研究能够进行大样本的研究，且数据处理方法的标准性和流程性也降低了研究的门槛，其由数据获得的结果也更具有公信力，总的来说，定量研究有着更好的科学性、客观性和可操作性，大数据、机器学习等新技术的应用使哲学社会科学的研究拥有了更多的选择和更大的可能性，可以对现有的社会科学理论提供很好的补充。不过在定量研究方法的深度应用的过程中，如何谨防对定量研究方法的盲从和崇拜，充分了解定量研究方法的局限性，根据研究能力和研究主题选择正确的研究方法，避免出现"精致而平庸"的研究，日益成为国际哲学社会科学界关注的重点。

三是学科交叉、学科融合的研究越来越频繁。

20 世纪中期之后，随着各学科逐渐触摸到发展"边界"，各学科之间的相互渗透、交叉与融合发展迅速，成为学术发展的基本趋向，各学科竞相借鉴和利用其他各专门学科的成果、理论和方法。从学科史发展的视角看，哲学社会科学与人文学科的交叉是交叉科学大类中增长最快的学科门类。其中历史学的转型较为典型。20 世纪以后，历史学日趋注重与自然科学和社会科学结合寻找新的研究领域和研究工具，由此使得历史学与这些学科关联更加密切并呈现出互相渗透的态势。在各学科交叉背景下，历史学不断汲取政治学、经济学、统计学、社会学、人类学等社会科学的相关知识和理论，加强了历史学与各专门学科的互相渗透，导致了历史学的社会科学化倾向。同时，信息和数字技术的发展为大规模史料分析提供了可能，数学统计、历史地理信息系统等方法的引入能够为历史问题提供量化研究视角。这种交叉融合突破了以往以政治事件和执政者为重心的研究取向，将历史学研究领域扩展到历史上的经济、社会、文化、思想等现象，形成了经济史、社会史、文化史、思想史等新兴交叉学科，促进了历史学的研究转向和学科发展。

历史学研究交叉与融合的发展表明，使用其他学科的研究方法来解决本学科研究方法难以解决的问题，能够为本学科的变革与发展提供巨大的帮助，促使了学科研究范式的转变。对于整个哲学社会科学而言，学科之间的交叉融合将更好地帮助各学科问题的解决，促进哲学社会科学研究范式的变迁。在世界百年未有之大变局的时代，社会发展的客观进程、复杂的经济与社会发展问题、人与自然环境、人与社会环境等关系问题等具有高度的综合性，越来越需要哲学社会科学与自然科学、工程技术等开展多方面合作，发挥多学科知识汇聚的协同作用，而全球性的复杂问题，甚至需要将各学科知识融合成为一个创造性的综合体，以超越任何学科的方式解决问题。此外，学科交叉点往往是学科新的增长点和学科前沿，最容易产生重大的科学突破，学科的交叉与融合已经成为哲学社会科学研究与学科发展的内生动力。

国际哲学社会科学研究的上述发展趋势为我国高校哲学社会科学研究的进一步发力与突破提供了有价值的参考。

第二节　国际哲学社会科学政策现状

一、世界主要国家哲学社会科学政策的总体状况

传统上，欧美各国在推进哲学社会科学发展方面，多采用项目规划或对重点领域进行资金倾斜等方式进行支持，政策直接干预的程度并不强烈，哲学社会科学的繁荣发展更多的是依赖其自身的惯性积累。与自然科学不完全相同，哲学社会科学，尤其是人文学科的发展有其自身的特性，更需要在宽松环境氛围进行不同观点的争鸣与碰撞，以及对新问题、新领域的大胆思考与探索。不过进入 21 世

纪，全球处于大发展大变革和大调整时期，人类社会面临的各种社会与自然问题层出不穷。如何调整既有的发展方式，充分挖掘与有效发挥哲学社会科学研究的辐射效能，提高国家与社会应对与克服风险危机的能力成为各国政府学术政策的重中之重。这一时代背景构成了当前哲学社会科学发展的新的历史方位。各国政府普遍认识到解决社会风险和社会危机越来越离不开哲学社会科学的智识支持，由此纷纷调整学术研究政策，加大对哲学社会科学发展的投入与政策干预。

综合各国近 10 年出台与实施的哲学社会科学政策，主要有两类模式。一是将哲学社会科学政策作为整体科学发展政策的重要组成部分加以设计与规划。如欧盟委员会（European Commission，EC）2013 年颁布的《地平线 2020》对 2014 ~ 2020 年的欧盟科学技术发展做了整体规划，哲学社会科学被列为其中 7 个重点领域之一；美国国家科学基金会（National Science Foundation，NSF）在 2018 ~ 2022 财年战略规划中将社会、行动和经济科学（Social，Behavioral & Economic Sciences，SEB）作为推动美国社会和科学发展的主要支撑给予重点支持。此外，美国国防部及国立卫生研究院等也在其整体科研规划中设置了社会科学项目，出台相应政策予以支持。这些政策普遍重视哲学社会科学服务国家战略、服务现实问题的职责，重视哲学社会科学作为整个科学领域重要组成部分与自然科学在研究范式及研究方向上的整合与衔接。

二是基于哲学社会科学的学科特殊性，出台专门针对哲学社会科学发展的相关政策。如日本内阁咨询机构日本学术会议（Science Council of Japan）2017 年发布的《面向综合发展的学术：哲学社会科学的建言》强调面临社会各种挑战，哲学社会科学需要进行改革与整合。类似的还有法国国家人文与社会科学联合会（L'alliance Thématique Nationale des Sciences Humaines et Sociales，ATHÉNA）2016 年发布的《人文学、社会科学：面向未来的投资》以及德国联邦教育及研究部（Bundeministerium für Bildung und Forschung，BMBF）发布的《明天社会的人文学社会科学研究框架》等。上述政策更侧重哲学社会科学在国民意识统合、价值观塑造及对外话语权争夺方面的功能。

根据上述政策模式不同状况，考虑到社会发展情况的可借鉴性，本章首先选择了处在世界哲学社会科学研究前沿的美国、欧盟及日本等国家与地区的最新政策文本展开分析比较，识别其目标使命、政策措施和重点领域（详见表 7 - 3）。

表 7 - 3 　　　　各国哲学社会科学发展的基本政策与目标使命

国家	机构与相关政策	目标使命	政策措施	重点领域
美国	国家科学基金会（NSF）：《2018～2022 财年战略规划》（2018）；国家人文基金会（NEH）：《2018～2022 财年战略规划》（2018）；美国人文与科学院（AAAS）：《核心关键：活力、竞争与安全环境下的人文社会科学》（2013）	培育具备 21 世纪所需能力与技能的美国公民；促进创新的、有竞争力的社会；在日益全球化世界中确保美国的领导地位	加强全社会范围内哲学社会科学资源的覆盖情况；改善哲学社会科学研究的基础条件、研究方法与技术手段；促进研究成果转化与实践；立足研究质量的评价指标开发	社会、行动、经济的科学
欧盟	欧盟委员会："地平线 2020"计划（2014～2020）；"地平线欧洲"计划（2021～2027）	培育创新思维；培育社会反思与批判能力；政策制定与研究的知识基础与方法论；活用文化遗产、重新定义与认知欧洲	承认知识多样性；有效的协同；促进跨学科的教育与研究；社会价值与学术评价的有效结合	保健、人口结构变化与福利；食品安全、可持续性农业及生态经济；安全、清洁、有效的能源；便利、有效的运输；对应气候变化的资源有效利用及原材料开发；多元、创新、反思社会的构建；安全的社会环境：欧洲的自由与安全
法国	国家人文与社会科学联合会（AT-EHNA）：《人文学、社会科学：为未来的投资》（2016）	通过哲学社会科学研究强化法国对欧洲乃至世界的贡献与影响力	跨学科的教育与研究；经费支持；年轻学者的专业就业环境改善；国际化；法国在欧盟的话语权与影响力	个人与社会的变化的适应机制的分析；文化历史形态相关比较研究方法的开发

续表

国家	机构与相关政策	目标使命	政策措施	重点领域
德国	联邦教育及研究部（BMBF）:《明天社会的人文学社会科学研究框架》(2019)	通过哲学社会科学研究解决老龄化、地缘政治危机、社会两极分化等挑战	哲学社会科学的国际化；研究机制的持续性发展，年轻学者培养	区域研究；数据处理；文化遗产；多元文化与社会
日本	日本学术会议（Science Council of Japan）:《面向综合发展的学术：人文社会科学的建言》(2017)	新的社会、新的文化；文理融通形成人类共同的价值观	立足年轻人未来的高等教育改革；立足研究质量评价指标开发；稳定的研究经费；女性与年轻学者的援助机制	国际、国家、区域

二、美国哲学社会科学发展政策

美国是当前全球哲学社会科学研究领域最具影响力的国家。美国在两次世界大战期间即注意到哲学社会科学对其拓展国家利益具有强大的助力作用。在第一次世界大战中，美国政府成立的公共信息委员会（Committee on Public Information）吸收历史学家、政治学家和心理学家参与，以发挥其专业特长。在第二次世界大战期间和之后，更多的学科领域的研究人员被动员起来，其中行为与社会科学领域的学者主要为宣传分析、士气研究、军事情报、征兵和退伍军人权利法案的设计做出贡献。[1] 1965 年，为了进一步促进哲学社会科学的全面发展，时任总统约翰逊签署《国家艺术与人文基金会法案》（National foundation on the Arts & Humanities Act），依据该法案建立了美国国家人文基金会（National Endowment for the Humanities，NEH），负责为人文科学研究提供资金资助。《国家艺术与人文基金会法案》对人文科学的定义是：包括但不限于如下学科：语言、语言学、文学、历史、法学、哲学、考古学、比较宗教学、伦理学、艺术史、艺术理论、艺术评论、社会科学中包含人文内容和利用人文科学方法的方面等。[2] 其主要宗旨包括：加强全美人文领域的教学工作；促进人文领域的研究和学术发展；为终

---

[1] 何培忠:《步入 21 世纪的国外社会科学：发展、政策与管理》，中国社会科学出版社 2010 年版，第 270 页。

[2] *About the National Endowment for the Humanities.* https：//www. neh. gov/about.

身教育提供机会；为民众提供获取文化和教育资源的机会；加强人文科学的制度基础。在 NEH 颁布的 2018～2022 财年战略规划中，其对美国哲学社会科学发展的使命陈述有更清晰具体的描述，即通过资助高质量的哲学社会科学研究项目和拓展哲学社会科学在全美的影响，使哲学社会科学成为服务并繁荣美国社会和国家发展的重要力量。在其具体规划中，NEH 明确提出要将哲学社会科学的影响辐射全社会，包括原住民、退伍老兵、少数族裔等人群和地区，为其提供资金和信息的支持与服务。NEH 同时提出，要加强对于小学和中学教师的哲学社会科学教育，使他们在教学中能够为社会的新一代提供更好的哲学社会科学知识和精神。此类的策略明确指向了哲学社会科学发展辐射的全民性。①

美国国家科学基金会（NSF）是根据 1950 年的《国家科学基金会法》（National Science Foundation Act）而建立独立的联邦机构，其宗旨是促进科学的发展，通过对科学和工程学所有领域的研究和教学提供支持来促进国家的健康、繁荣与福利。近年来，NSF 逐渐开始关注哲学社会科学在推动美国科学和社会发展中的重要作用，将社会、行动和经济科学作为其重点资助领域之一。② 美国另外一个覆盖哲学社会科学全部专业领域的基金会是美国人文与科学院（American Academy of Artsand Sciences，AAAS），其同样将支持哲学社会科学发展置于美国社会整体发展的中心地位。在其 2013 年发布的《核心关键：活力、竞争与安全环境下的哲学社会科学》报告中，明确提出哲学社会科学是"国家历史和国民活力，文化理解和交流，个人价值与社会共同愿景实现的来源所在"。因此，AAAS 在此报告中提出了三个战略目标，即培育具备 21 世纪持续繁荣能力与技能的美国公民，着重提高他们的文化水平、公民意识和社区参与；通过对于研究发现的资助、能力导向的课程建设和对于教师与学科的重视，建立一个创新的、有竞争力和活力的社会；通过加强语言学习、跨国学科建设，开展流动项目等方式，来确保美国在日益全球化的世界中的领导地位。③

针对哲学社会科学因学科范式有别于自然科学而缺乏有效的绩效衡量，常饱受争议的情况，自 1998 年开始，美国人文与科学院着力研发专门针对哲学社会科学的绩效评估指标（Humanities Indicators，HI）④。仿照科学和工程学领域的方式，该指标综合了五类信息：一是中小学校阶段哲学社会科学的覆盖和发展情

---

① National Endowment for the Humanities. *NEH Strategic Plan Fiscal Year 2018 – Fiscal Year 2020*. 2018.

② National Science Foundation. NSF Strategic Plan for Fiscal Years 2018 – 2022. *Building the Future：Investing in Discovery and Innovation*. 2018.

③ American Academy of Arts and Sciences. *Heart of the Matter：The Humanities and Social Sciences for a vibrant，competitive，and secure nation*. 2013.

④ American Academy of Arts and Sciences. *The Humanities Indicators*. https：//www. humanitiesindicators. org/content/document. aspx？i = 176.

况，如课程设置、中小学教师学科背景特征等；二是高等教育阶段（包括本科教育和研究生教育）哲学社会科学发展情况，如课程设置和学位授予情况；三是哲学社会科学工作人员情况，特别关注高等教育阶段哲学社会科学教师，以及高等教育阶段取得哲学社会科学学位的毕业生未来职业发展；四是哲学社会科学项目资助和研究情况，如联邦政府、州政府和私人基金会对于哲学社会科学的资助；五是在美国公民生活中哲学社会科学相关基础设施和应用情况，如各地区图书馆和博物馆等人文机构的发展和利用情况。通过这些指标，美国人文与科学院得以构建一套综合的评估体系，追踪性描述并评估美国哲学社会科学质量发展。

三、欧盟的哲学社会科学发展政策

欧洲是现代哲学社会科学研究的发源地，传统上也是全球哲学社会科学研究的主要基地。20 世纪后期以来，随着英语国家在全球学术圈的强势，欧洲大陆国家整体的学术影响力出现日渐式微的趋势。基于重振包括哲学社会科学在内的欧洲学术研究，进而提升欧洲综合实力的考虑，欧盟委员会于 2014 年出台了"地平线 2020"计划（2014 ~ 2020）。该计划提出了三项重点领域，即卓越的科学发展、工业领导力建设和应对社会挑战。在应对社会挑战这一战略主题下，社会科学和人文研究是其中的关键环节。通过高额的资金支持、政策支持和平台建设，该计划将哲学社会科学发展放在了回应社会挑战和促进人类发展的重要目标框架中（重点领域见表 7 - 3）。①

"地平线 2020"计划正式发布的前一年，欧洲各国哲学社会科学界代表在立陶宛首都维尔纽斯召开了名为"社会科学与人文科学的地平"的国际会议。会议发表的《维尔纽斯宣言》强调，自然科学研究成果的社会转化离不开哲学社会科学的媒介作用。哲学社会科学的介入能够确保欧洲理念的持续与文化价值的传承。哲学社会科学助推"地平线 2020"计划成功关键在于：承认知识的多样性，有效的协同，培育跨学科的研究与研究人才，社会价值评价与研究价值评价的有机结合。②

《维尔纽斯宣言》明确，欧洲的发展与问题的解决离不开对特定的经济、社会和文化环境的理解。由此，发展哲学社会科学研究成为"地平线 2020"计划的重心之一。

---

① *Horizon* 2020. https：//ec. europa. eu/inea/horizon – 2020/.

② *Vilnius Declaration*. https：//erc. europa. eu/sites/default/files/content/pages/pdf/Vilnius_SSH_declaration_2013. pdf.

在"地平线 2020"计划下，欧盟各国纷纷出台相应政策和项目，以推动哲学社会科学发展。例如，2014 年，英国哲学社会科学学会（British Academy for the Humanities and Social Sciences）开启了"明智的繁荣"研究项目，并且发布了一系列报告。这些文件再次强调哲学社会科学的重要性，指出哲学社会科学的发展有助于实现物质进步、发展和创新，文化多样性和人类幸福感提升，以及现代民主国家的发展。[①]

2016 年，欧盟进一步发布了该计划下促进哲学社会科学与科学技术有机融合的报告，明确指出"哲学社会科学能够为 2020 计划提出的创新力作出巨大贡献"。[②] 该规划提出，哲学社会科学能够和科学与技术进行有机融合，特别是在识别新的社会需求和政策问题、发展和推行新的社会"技术"和技术治理、批判性地看待当今技术和结构、识别欧洲未来发展核心价值、反思制度设计和将创新人文艺术思维融入技术研究与发展等方面空间巨大。

2014 年底，欧洲研究型大学联盟（League of European Research Universities，LERU），美国大学协会（Association of American Universities，AAU），东亚研究型大学协会（Association of East Asian Research Universities，AEARU），澳大利亚八校联盟（Group of Eight），日本大学联盟 11 校（RU11 Japan），罗素大学集团（Russell Group）[③] 和加拿大研究型大学联盟（U15 – Group of Canadian Research Universities）联合发布《莱顿声明》（*Leiden Statement on the role of the social sciences and humanities in the globe research landscape*）。在该声明中，再次强调了哲学社会科学是理解和解决当今世界各国所面临的挑战和抓住全球化发展机遇的核心关键。在该声明中，欧盟学者和其他各国学者、教育专家在国家认知、政策导向、资金支持、国际合作等方面提出了多项政策建议以推动全球哲学社会科学发展，包括大学必须持续地有效地支持哲学社会科学学科的发展；大学必须充分承担并完成本校的教育使命有清晰的认识；大学必须通过强调哲学社会科学对国家和区域社会的贡献，以提升国家与社会对哲学社会科学重要性的认知；大学必须加大对哲学社会科学的资金分配以促进这些领域的发展；必须促进哲学社会科学研究领域的国际合作与交流以加深对不同文化的理解。[④]

---

① *British Academy for the Humanities and Social Sciences. Prospering wisely.* https：//www. thebritishacademy. ac. uk/documents/272/prospering-wisely-how-humanities-social-sciences-enrich-our-lives. pdf.

② European Commission. *The need to integrate the Social Sciences and Humanities with Science and Engineering in Horizon 2020.* https：//ec. europa. eu/programmes/horizon2020/en/node/2781.

③ 罗素集团：英国 24 所顶尖研究型大学结成的联盟。

④ AAU，AEARU，LERU，GO8，RU11，Russell Group and U15 Canada：*Leiden Statementon the role of the social sciences and humanities in the globe research landscape.* https：//www. ru11. jp/wp-content/uploads/2014/11/Leiden – Statement. pdf.

《莱顿声明》中特别提出了要加强跨学科研究，促进哲学社会科学研究在实践中的应用和转化，并且提出研究型大学应该在这个过程中通过政策引导等方式鼓励哲学社会科学与自然和工程科学的结合。这一点和欧盟"地平线 2020"中的倡导保持了一致，即鼓励将哲学社会科学更多应用于跨学科研究。对此，也有相关学者表示了担忧，认为在大部分的类似的跨学科资助项目中，哲学社会科学的贡献有限，且进一步指出，目前各国政策制定者对于哲学社会科学的角色定位仍旧模糊，对其资助往往有限，且集中在加强战略干预和将其作为工具性解决方法之上，而忽略了其作为"自足和决定性角色"的重要性。[①]

2018 年 6 月，在对于前期工作的总结和评估之上，欧盟发布指导未来 7 年欧洲各国总体发展框架的"地平线欧洲"计划（2021~2027）。这一计划是在前期"地平线 2020"基础上的研发与创新框架计划，提出了高达 1000 亿元的预算投资。作为前期规划的延续和继承，"地平线欧洲"指出未来欧洲地区的发展支柱在于"开放的科学研究""全球挑战和产业竞争力""开放创新"，并且特别强调了"愿景导向"的研究在欧洲研究的重要性。[②] 2018 年 11 月，针对哲学社会科学在这一未来图景中的定位，欧盟召开了相关会议并发表会议集，强调了哲学社会科学在"全球挑战和产业竞争力"这一主题中可以发挥的重要作用，倡导将其发展纳入"地平线欧洲"计划提案中。[③]

通过"地平线 2020"和"地平线欧洲"计划近 10 年的实施与推进，目前，欧洲各国已普遍认知到哲学社会科学研究在整个科学技术研究及社会发展所具有的独特作用。

四、日本哲学社会科学发展的政策

日本是高度行政主导的体制。日本政府在国家战略确定与政策实施过程中发挥着积极主导的作用。

文部科学省是日本主管教育、科学及学术文化发展的职能部门，其对接的半官方团体中央教育审议会和日本学术会议是具体负责政策设计的决策咨询机构。其中，中央教育审议会侧重学校教育的政策设计，日本学术会议则更侧重学术战

---

① Pedersen D. B. *Integrating social sciences and humanities in interdisciplinary research.* https：//www. nature. com/articles/palcomms201636.

② European Commission：*Horizon Europe*（2021 - 2027）. https：//ec. europa. eu/info/horizon-europe-next-research-and-innovation-framework-programme/commissions-proposal-horizon-europe_en.

③ *Social Sciences and Humanties in Horizon Europe.* https：//www. ihs. ac. at/events/event-reviews/social-sciences-and-humanities-in-horizon-europe/.

略的制定与学术政策的设计。

日本从 20 世纪 90 年代中后期即开始实施"科学技术创造立国"战略。2001 年日本学术会议发表《21 世纪哲学社会科学的作用：科学技术的新解读与日本社会文化新体系的构建》报告书，强调将哲学社会科学纳入广义的科学技术的概念中加以理解与定位，哲学社会科学的使命是解决社会文明及科学技术发展所面临的问题，在研究方法上应突破文理学科的壁垒，运用多学科视角分析与解决问题。2010 年 4 月，日本学术会议再次发表《日本的展望：哲学社会科学的建言》的报告书，提出日本哲学社会科学的研究课题是：社会信赖感的确立、多元共存社会的结构、全球化时代的社会与经济政策、公共语言的知识基础、全球史视角的人性育成。上述课题需要哲学社会科学研究进一步把握社会文明与科学技术的发展趋势，突破文理学科壁垒，运用多学科视角进行研究。①

从 2011 年，日本学术会议相继发表了一系列政策建言与声明，对日本哲学社会科学的发展战略进行了勾画。这些政策建言包括《实现知识整合、服务社会的学术》（2011 年 8 月）、《构筑亚洲学术共同体的基础》（2011 年）、《研究评价机制的改革》（2012 年）、《关于人文学的亚洲研究振兴的提言》（2014 年）、《关于哲学社会科学发展方向的声明》（2015 年）、《学术的整体发展：哲学社会科学的建言》（2017 年）、《国立大学教育研究改革与国家支援：基于学术研究基础形成的视角》（2017 年）、《信息化时代的亚洲人文学研究：促进对外发声及持续的研究人才培养》（2017 年）、《产学共创的大学发展方向：面向 2025 达成的知识集约型社会》（2018 年）等。上述报告建言构成了 2010 年以后日本哲学社会科学发展的整体战略。

2011 年出台的《构筑亚洲学术共同体的基础》和 2017 年出台的《信息化时代的亚洲人文学研究：促进对外发声及持续的研究人才培养》两份建言的核心是：亚洲区域共同体的形成已成不可避免的趋势，为此需要加强区域研究，开展基于亚洲经验与传统的理论探索与知识共享，如构建共同的学术数据库，开发对应多语言的即时翻译平台，加强区域内学术研究者特别是年轻人的跨国交流②。其中特别强调，为了提升日本学术研究的海外影响力，需要加强用日语发表研究成果的平台渠道，扩充亚洲青年留日学习及用日语进行区域研究的机会。③

2015 年发表的《关于哲学社会科学发展方向的声明》是针对文部省有关高

① 日本学术会议. 日本の展望：人文・社会科学からの提言. https：//www. scj. go. jp/ja/info/kohyo/pdf/kohyo－21－tsoukai－1. pdf.

② 日本学术会议. アジア学術共同体の基盤形成をめざして. http：//www. scj. go. jp/ja/info/kohyo/pdf/kohyo－21－t135－3. pdf.

③ 日本学术会议. 新たな情報化時代の人文学のアジア研究に向けて. http：//www. scj. go. jp/ja/info/kohyo/pdf/kohyo－23－t247－10. pdf.

校哲学社会科学政策的非约束性声明。当年 6 月 8 日，时任文部科学省大臣的下村博文依据《国立大学法人法》的规定，向日本 86 所国立大学的校长发布《国立大学法人等组织及业务重议通知》（以下简称"通知"）。通知的核心是调整国立大学哲学社会科学专业的数量与结构。通知指出：国立大学有必要"在重新定义自身使命的基础之上实施机构改革"。"考虑到 18 岁人口减少的现实情况、社会人才需求、教研水平能否得到保障以及国立大学的职责等因素"，特别要求"教师教育和哲学社会科学专业的本科和研究生院"努力"制订改革计划，废除不符合条件的专业，或使其积极向社会需求较高的方向转变"。简言之，文部省明确要求国立大学哲学社会科学专业的人才培养和学术研究必须更强化应用服务的导向，否则将受到裁撤。① 在通知出台后不久，文部省更进一步制定了撤销一半国立大学教育学部的方案，以对应人口减少的趋势。通知的短视的功利主义倾向受到了包括日本学术会议在内的整个日本学术界的反对与抵制。以日本学术会议干事会联合声明的形式发表的声明强调，大学改革不能被短视的实用主义左右，需要更宏观的全球性的视野，培养具有丰富教养和高度专业性的人才，而高校哲学社会科学专业的价值正在于此②。

2017 年提交的《学术的整体发展：哲学社会科学的建言》进一步继承了 2015 年声明的核心精神，并做了更具体的展开。建言强调，哲学社会科学具有跨越时空的多视角的批判性价值，从中长期社会发展的需要看，学术发展离不开哲学社会科学的充分运用。而要提升哲学社会科学研究的质量，不仅需要在完善数据库建设、资料电子化处理以及协同研究体制构筑等大平台建设、大经费投入等方面着力，更重要的是尊重与推进研究多样性，必须考虑到哲学社会科学成果发表期限较长的特点，改革评价机制与资金分配方式。当然，哲学社会科学自身也需要基于自身研究领域的特点，开发相应的评价指标，提高成果发表的公开、共享和可视化。③

2017 年《国立大学教育研究改革与国家支援：基于学术研究基础形成的视角》和 2018 年《产学共创的大学发展方向：面向 2025 达成的知识集约型社会》则从高校哲学社会科学建设的视角对《学术的整体发展：哲学社会科学的建言》做了更具体的战略规划。其中前者认为国立大学中的综合性研究型大学，其哲学社会科学的使命在于实现文理融通的跨学科、跨领域研究整合与人才培养。具体

① 文部科学省. 国立大学法人等の組織及び業務全般の見直しについて年通知. https：//www. mext. go. jp/b_menu/shingi/chousa/koutou/062/gijiroku/_icsFiles/afieldfile/2015/06/16/1358924_3_1. pdf.

② 日本学术会议. 日本学术会议干事会声明. http：//www. scj. go. jp/ja/info/kohyo/pdf/kohyo－23－kanji－2. pdf.

③ 日本学术会议. 学术の総合の発展をめざして：人文・社会科学からの提言. http：//www. scj. go. jp/ja/info/kohyo/pdf/kohyo－23－t242－2. pdf.

而言，一是创新研究范式，引领世界学术界，适应日本国家改革与社会发展需要。二是加强区域研究，活用研究成果，发挥区域学术文化中心的引领作用，带动所在地经济社会的活力与发展。三是加强远程教育体系，构建面向新时代的开放性大学协同机制，实现大学在终身学习社会中提升国民综合素质的引领价值①。后者则强调，知识集约型社会体系下，高校必须充分认识到哲学社会科学对人性的深刻理解及相关社会制度的构想能力，结合历史性与区域性特点，打破文理壁垒，推进整体性的学术发展战略和人才培养政策②。

　　总体而言，上述这些政策建言的核心是强调哲学社会科学的特点在于其基础性与学科的交叉整合性，这使其在社会转型与科学发展中具有特殊的价值与意义。日本的哲学社会科学整体存在着与现实脱节的老化倾向，为此需要进行彻底的改革。除了在大学通识教育中发挥更积极的作用外，日本的哲学社会科学研究尤其需要加强亚洲研究以及对外的学术发声，这是日本哲学社会科学发展的突破点。此外，在强化研究的现实性、提升研究质量方面，日本学术会议还积极主张改革哲学社会科学的评价机制，加大对年轻学者的扶持与支持力度，加强学术数据库建设等。这些建议成为 2010 年以后日本哲学社会科学战略发展的重点。虽然 2011 年大地震以后，日本严峻的财经形势导致高校科研经费逐年递减，包括哲学社会科学在内的科研发展受到较大冲击，同时安倍及此后的菅义伟政权的学术政策的保守性与功利性也有较大增强，但在日本学术会议以及日本学术界的坚持下，日本的哲学社会科学虽有曲折，但还是大致能按照上述的政策思路缓慢发展。

第三节　国际哲学社会科学政策发展的趋势

　　百年未有之大变局意味着哲学社会科学面临着新的发展任务和策略重点，从中蕴含着新的变化和新的发展趋势。综观各主要国家近期的哲学社会科学政策动态，可以看出国际哲学社会科学呈现与国家战略相契合、与时代发展同向性、与学科建设互促性、与大众生活相照应和与世界趋势共格局的发展走向。具体而言：

---

① 日本学术会议. 国立大学の教育研究改革と国の支援 – 学術振興の基盤形成の観点から. http：//www. scj. go. jp/ja/info/kohyo/pdf/kohyo – 23 – t247 – 1. pdf.

② 日本学术会议. 産学共創の視点から見た大学のあり方ー 2025 年までに達成する知識集約型社会. http：//www. scj. go. jp/ja/info/kohyo/pdf/kohyo – 24 – t271 – 2. pdf.

一是普遍强调哲学社会科学服务国家战略，服务意识形态建设及对外话语权
争夺的意义与价值。

哲学社会科学作为人类认识世界的价值工具，具有高度的意识形态倾向。这
也是各国普遍重视其布局建设与发展的出发点与立足点。美国人文与科学院在
2012 年发表的《核心关键：活力、竞争与安全环境下的哲学社会科学》报告中
强调，哲学社会科学的价值在于培育具备 21 世纪持续繁荣能力与技能的美国公
民，在相互依存的世界中确保美国的领导地位。同样，欧盟在 2013 年有关哲学
社会科学的《维尔纽斯宣言》中明确指出，哲学社会科学是确保民主主义社会不
可或缺的重要手段；充分利用欧洲的文化资源，通过哲学社会科学研究有效定义
欧洲意识，这是欧洲未来研究与创新的宝贵源泉。法国国家人文与社会科学联合
会更是直接提出法国哲学社会科学的目标在于研究如何影响法国及欧洲的发展，
必须通过哲学社会科学研究强化法国对欧洲乃至世界的贡献与影响力。

与传统欧美学术界强调哲学社会科学批判性功能的倾向不同，随着全球化的
发展及大国交锋的加剧，哲学社会科学作为意识形态传播工具的职能进一步凸
显，其在服务国家战略、承担价值观传播与话语权争夺过程中的角色作用受到普
遍重视。

二是日益强调应用导向的哲学社会科学研究，强调研究服务现实政治、服务
政策制定及评价，以解决重大社会问题。

与传统哲学社会科学更注重思辨式研究及批判性理论建构不同，随着经济发
展、人口、环境、宗教、民族等社会问题的层出不穷，哲学社会科学研究越来越
被强调要回应社会需求，服务决策咨询，解决重大社会问题。如欧盟发表的《维
尔纽斯宣言》中强调，哲学社会科学是实现社会政策目标的必要工具，政策的立
案与政策研究必须充分依赖哲学社会科学的知识与方法论；法国教育科学部 2016
年关于哲学社会科学的政策目标也明确表明，应通过研究促进对信息、国际化、
健康医疗、环境等公共政策制定的贡献。美国国防部更是在 2017 年开始实施
"人和社会的行动理解计划"中强调，计划的目标是促进研究为国家战略服务，
如帮助理解文化与政治环境的差异，在理解与解决分歧方面提供效率性的政策
方案。

三是鼓励哲学社会科学研究范式的创新，推进其与自然科学的有效衔接与学
科交叉。

科学发展的进程表明，新的学科、学科革命往往孕育于学科交叉之中。当前
科学技术发展迅猛，人工智能、大数据、信息技术等的进步已深刻改变社会及学
科学术生态，推进哲学社会科学与自然科学的交叉融合，创新哲学社会科学的研
究范式已成为各国哲学社会科学发展的政策重点。尤其是对哲学社会科学政策咨

询功能的重视推动了其研究范式的创新及对数据应用工具的重视。从政策层面看，各国普遍鼓励哲学社会科学与自然科学的融合统一，推动哲学社会科学引进自然科学的研究方法和参与科学技术问题的研究。在这方面，美国相对走在前列。美国政府通过政策咨询项目鼓励哲学社会科学在研究范式方面引进自然科学研究方法并与之进行交叉融合。如美国国防部的"人和社会的行动理解计划"的目标之一即是，推动社会科学从观察的科学向分析科学的转化，且国立卫生研究院实施"基础行为科学和社会科学交叉网络工程"，重点支持哲学社会科学领域的方法论及统计测量法的开发。另一方面，学科交叉的整合发展既为哲学社会科学带来了新的契机，同时也隐藏着巨大的挑战。2015 年的《莱顿声明》明确了哲学社会科学领域推进计量研究的 10 项原则，强调定量研究与定性研究的有效整合，同时也强调引进自然科学研究方法时要注意学科差异，数据收集与分析过程应公开、透明，严格规范研究伦理等。如何在社会科学研究中谨防对定量研究方法的盲从和崇拜，保持哲学社会科学学科的内在特性与自然科学方法的动态平衡，成为国际哲学社会科学政策发展的新的重点。

四是重视哲学社会科学的基础设施建设，强力推进数据库建设和数据电子化管理。

哲学社会科学研究范式的创新离不开有效的技术支撑。对社会问题导向的重视及推动相应的研究范式的变革，使得哲学社会科学研究对于大数据和实证主义的依赖度越来越得到强化。近年，随着数据管理与分析技术的飞速发展，各国普遍将综合性的社会经济数据库建作为哲学社会科学发展的重中之重，加大数据收集、汇总保管与分析处理的推进力度。打破部门、专业壁垒，整合构建综合性的便利完善的数据库以推动哲学社会科学研究范式从思辨式、经验式研究向实证的分析科学转型。由此哲学社会科学研究相关的数据库建设成为近年各国哲学社会科学政策实施的重点。2013 年，美国总统科技政策办公室（Office of Science and Technology Policy，OSTP）明确要求研究经费 1 亿美元以上的联邦机构，必须加强其信息管理的公开化。受此影响，美国国家科学基金会于 2015 年发表《今天的数据、明天的发现》的报告。强调应对与社会经济发展相关的数据进行电子化管理，以为研究人员提供便利。美国国会图书馆从 2004 年起与各大学及研究机构进行合作，建立社会科学数据库，收集政府统计数据、舆论调查，社会网络及人类行为等各类研究调研数据，以为相关研究的开展提供支撑。英国负责社会科学经费拨款的 ESRC 也在其下设置数据研究中心作为专职数据管理机构，负责整合汇总地方政府及商业的数据，并设立各种研究项目，鼓励研究者收集与分析利用，对儿童健康、教育、社会保健等政策进行评估。此外，法国教育科技部和欧盟委员会也在 2014 年设立哲学社会科学数据库，整合哲学社会科学相关的研究成果及政策数据，以为进一步的研究提供数据支撑。

五是重视哲学社会科学的育人功能，强调哲学社会科学的研究成果面向学校教育与社会公众，加强其科普作用。

近年，各国哲学社会科学政策中普遍加大科研成果向学校教育及公众科普转化的力度。如美国国家人文基金于 2015 年起实施"公众利益：公共事务中的哲学社会科学"工程，以促进哲学社会科学学者与公众在公共现实问题上的对话为目标，推动哲学社会科学研究成果的电子化与课程化；国家哲学社会科学联合会 2016 年的报告中明确提出：推进哲学社会科学领域的知识生产与普及，面向社会公众普及哲学社会科学知识，支援新的哲学社会科学的课程实验与开发。法国还将文化历史形态相关的比较研究作为重点研究方向进行支持，鼓励其向课程教学的转化。总体而言，哲学社会科学因价值观与综合素质塑造功能而受到各国政府的重点关注，并积极鼓励其科研成果面向青少年、社会公众进行科普转化。

六是研究领域上呈现全球意识与地区关注并重的倾向。

哲学社会科学的研究主题、内容和对象是动态的，受各种外部局势的影响而不断变化，近年呈现出对全球问题的普适性关注与区域特殊问题的重点关注并存的趋势。由各国研究型大学联合会达成共识并于 2014 年发表的《莱顿声明》强调，哲学社会科学有助于加强各国理解彼此在社会文化发展方面的同与异，进而促进国际交流与合作。法国教育科技部从 2011 年起，即将区域比较与全球化研究作为其下属研究机构的研究重点，与定量化及建模研究、信息电子化、性别差异研究等并列为重点研究领域。另一方面，美国近年加大了对区域研究的重视力度，如美国国家人文基金和五角大楼都设立了区域研究的研究工程，且五角大楼强调区域研究要在政府制定战略决策时提供社会文化差异理解的有效视角。

七是积极探索与改革哲学社会科学的绩效评价机制。

改革哲学社会科学的绩效评价体系，构建有利于哲学社会科学繁荣发展的长效机制是各国普遍关注又迟迟无法取得创新突破的核心领域。美国国家人文和科学院从 20 世纪末起探索尝试建立哲学社会科学的指标体系，通过对哲学社会科学发展的全阶段进行详细的定量指标测算，以对美国哲学社会科学的发展情况、覆盖程度和质量监控进行全面的追踪和描述。2014 年，美国佐治亚理工学院的公共政策教授戴安娜·希克斯（Diana Hicks）等在荷兰莱顿召开的一次国际会议上，提出的合理利用科学评价指标的 7 条原则，后扩充为 10 条，形成了著名的《莱顿宣言》。

莱顿宣言提出的 10 条原则包括：量化评估应当支撑质化的专家评估，而不是取而代之；衡量绩效应基于机构、团队和个人的科研使命；保护卓越的本地化的相关研究；保持数据采集和分析过程的公开、透明和简单；允许被评估者验证数据和分析；考虑发表和引用的学科差异；对个人研究的评价应基于其综合作品的质性评价；应避免评估指标的不当的具体性和虚假的精确性；识别认清评价指标对科研系统的影响；定期审查评价指标并加以改进。[①] 莱顿宣言特别强调，基于当前全球主要的学术成果影响因子评估所依赖的 Web of Science 数据库主要是以美国和英文期刊为主，这一数据库覆盖期刊的偏差对于全球非英语圈国家哲学社会科学研究所造成的严重后果，在哲学社会科学成果评估中尤其应重视保护卓越的本土研究，只有基于高质量本地语言期刊的评估指标才能正确评价和推动卓越的本地化研究。这一主张在全球哲学社会科学界得到广泛的响应，并在欧洲和日本政府的学术政策中得到逐步的回应。

总之，近年欧美各国在哲学社会科学研究重点上的侧重体现了哲学社会科学服务国家战略的使命与职责。

---

① *The Leiden Manifesto*. http：//www.leidenmanifesto.org/.

第八章

国际一流高校哲学社会科学发展的
特点与经验

国外哲学社会科学发展，除了政策的有效引导外，与高校自身扎实稳步的建设有密切关系。本章将对美英日的五所国际一流高校哲学社会科学的建设进行比较分析，从中探讨总结促进我国高校哲学社会科学发展的有益经验。西方语境下哲学社会科学表征为艺术、人文与社会科学学科，本章所讨论的内容即基于国际高校针对上述学科发展的特点与举措，但本章将其统称为哲学社会科学，以呼应全书。

根据 2035 国家建设高水平哲学社会科学的战略要求，本章选择美、英、日的五所世界一流大学作为高水平哲学社会科学发展的案例样本（见表 8 - 1）。五所样本高校不仅综合实力位居全球领先，且其社会科学发展同样卓越。依据 QS 2020 大学排行榜，牛津大学、剑桥大学、哈佛大学三所大学在社会学、历史学、法学、政治学、英语文学独占前三甲，且其与斯坦福大学共同位于经济学、教育学、语言学、哲学排名前十位。尽管东京大学发展水平稍逊于上述四所大学，但是其经济学排名第 23 名、政治学排名 23 名、传媒学排名第 37 名、哲学排名第 36 名、语言学排名第 20 名、历史学排名第 15 名，在非英语国家中均排名第一。

表 8 - 1 　　　　　　　　　　　5 所样本高校及发展排名

国家	大学	QS 2020		
		大学排名	人文学科排名	社会科学排名
美国	哈佛大学	3	2	1
	斯坦福大学	2	5	3
英国	牛津大学	4	1	4
	剑桥大学	7	3	6
日本	东京大学	23	12	15

第一节　牛津大学哲学社会科学发展的策略与特点

一、发展历程与学科现状

　　牛津大学是在欧洲中世纪后期逐渐建立和发展起来的，是中世纪古典大学的典范，其最早授课记录可追溯至 1096 年。彼时，一个培养牧师、研究学问的中心成了牛津大学的胎息之源。1167 年，由于英法两国交恶，留学于法国巴黎学院的英国学者回国，并自发地在牛津汇集教学，为牛津大学的发展注入了强大的学术基因。初创时期的牛津大学作为教会的附属机构而存在，既深受宗教普世主义价值观的浸染，衍生出进行理智训练、获取普遍知识这一教学理念，又以神学中的经院哲学和人文学科为教学重点。

　　15 世纪末 16 世纪初的文艺复兴和宗教改革时期，牛津大学作为英国思想和学术中心，不可避免地受到人文主义思潮的洗礼，表现为世俗化的自然科学的进驻。这一时期，牛津大学传统文学部的基本科目仍为逻辑学、形而上学、伦理学，但物理学、解剖学、天文学、几何学、地理学等不同程度地被纳入课程体系。此后三四百年间，牛津大学远离政治纷争，专注于科学发现和学院建设。

　　进入 20 世纪以来，随着社会问题的日益复杂化，许多研究问题已经超出了传统学科的界限，牛津大学在坚守哲学社会科学的传统优势外，开始寻求自然科学力量的进驻。在《发展战略规划（2013～2018）》（University of Oxford

Strategic Plan 2013 – 2018）中，牛津大学将"合作、交流和跨学科性"置于核心战略地位。时至今日，跨学科研究和多学科互动，让哲学社会科学焕发新的生机。

牛津师生自发聚集开展教学与研究的历史传统，使大学的建设伴随规模扩大而逐渐演变成型，而非统一规划、建设的过程。这一渐进、松散的发展过程，最终形塑了学院制。学院制类似国家政体中"联邦制"的组织架构，指学院是治理结构的重心和权力运行的主体，享有财政、人事、招生、课程设置以及科研等权利。牛津大学的组织架构从学术层面划分为四个分部：人文学科分部、数学和自然及生物科学分部、医科学分部以及社会科学分部。各分部下设学部、学院、学系、研究院等学术机构。

近年，牛津大学在"基建潮"和奖学金机制的推动下，师生数量不断攀升。截至 2018 年 12 月，牛津大学共有 14 400 名教职工和 24 299 名学生（不包括那些仅由学院或牛津大学出版社雇用的人或临时工）。近五年（2014 ~ 2018 年），学生数量增长 8.03%，平均每年有 23 284 名学生（见图 8 – 1）。就哲学社会科学学科学生数量而言，社会学科增长 1.04%，年均在校生为 5 809 人；人文学科增长 1.73%，年均在校生为 5 801 人（见图 8 – 2）。

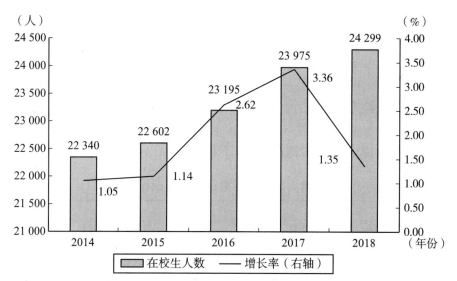

图 8 – 1 牛津大学近五年（2014 ~ 2018 年）学生数及其增长率

资料来源：University of Oxford，https：//public. tableau. com/views/UniversityofOxford – StudentStatistics/YearlySnapshotSummary？：embed = y&：display ＿ count = yes&：showTabs = y&：showVizHome = no.

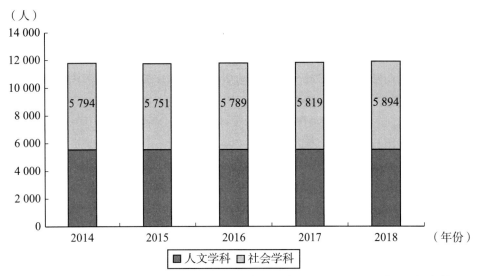

图 8 - 2　牛津大学社会学科、人文学科近五年（2014～2018 年）学生数

资料来源：University of Oxford，https：//public. tableau. com/views/UniversityofOxford – StudentStatistics/YearlySnapshotSummary?：embed = y&：display _ count = yes&：showTabs = y&：showVizHome = no.

社会科学分部是全英国社会科学领域最大的一个学术组织，包括 17 个学术机构（学部、学院、学系、研究院）。其中，14 个内设机构包括人类学与博物馆民族志学院、考古学院、跨学科区域研究学院、赛义德商学院、布拉瓦尼克政治学院、牛津因特网研究院、经济系、教育系、地理与环境系、国际发展系、法学部、政治学与国际关系系、社会学系、社会政策与干预系；另外 3 个跨分部学术单位分别是牛津马丁学院、牛津—曼量化金融研究院和史密斯企业与环境学院。社会科学分部的基本统计数据如表 8 - 2 所示。

表 8 - 2　　　　　　　牛津大学社会科学分部统计数据

项目	数值
2010～2011 学年科研收入	3 499.5 万英镑
"A 类"科研人员	539 人
科研助手、技术人员和其他科研人员	215 人
科研型研究生	1 238 人
荣誉	42 位不列颠学会院士

注：A 类科研人员是 2007 年 10 月 31 日受牛津大学雇佣并领取薪水的那些人员，他们提交科研评估活动（RAE）申报书。

资料来源：University of Oxford，http：//www. ox. ac. uk/research/humanities/humanities_stats. html.

人文学科分部有 13 个内设学术机构（学部、学院、学系、研究院和基金会）：罗瑟米尔美国研究院、古典学部、拉斯金绘画与美术学院、英语语言与文学部、艺术史系、历史学部、语言学和语文学与语音学部、中世纪与现代语言学部、音乐学部、东方研究学部、哲学部、神学部、伏尔泰基金会、牛津人文学科研究中心。人文学科分部的基本统计数据如表 8 - 3 所示。

表 8 - 3   牛津大学人文学科分部统计数据

项目	数值
2010 ~ 2011 学年科研收入	1 092.1 万英镑
"A 类"科研人员	589 人
科研助手、技术人员和其他科研人员	56 人
科研型研究生	1 012 人
荣誉	53 位不列颠学会院士

资料来源：University of Oxford，http：//www.ox.ac.uk/research/humanities/humanities_stats.html.

二、发展策略

（一）制定战略规划

牛津大学于 2018 年发布《发展战略规划（2018 ~ 2023）》（以下简称《规划18 ~ 23》）。该报告基于战略地图方法，以愿景和使命为出发点，围绕教育、科研、认识、参与与合作和资源五大主题做出承诺，并以实现承诺的具体事项为支撑，简明扼要地阐释了五年内牛津大学的发展动向。

愿景和使命分别从内外两个维度阐释了牛津大学五年内的发展期望。外部愿景指向"我们的希望""我们希望如何被外界感知"，传达出牛津大学希望能在研究和教育领域引领世界，能在坚守学术自由传统的基础上有所创新，能推动更广泛的跨学科合作为社会服务；内部的使命旨在明晰"我们为什么存在""我们应当如何做以实现目标"。《规划18 ~ 23》提出以教学和研究促进学习，通过多途径促进知识传播，勾勒出牛津大学通过教学和科研促进现代大学职能履行的思路。上述愿景和使命共同彰显出牛津大学坚守学术自由传统和追求卓越的价值取向。

为实现上述愿景和使命，《规划18 ~ 23》提出五大发展主题并具象成十七项承诺和二十八项行动事项：一是教育主题下，以学术潜力为招生唯一标准，不因性别、种族、社会背景而影响学生招录，强调招生的公平性；保持导师制的优良传统，为学生个人发展提供机会和支持，让学生获得良好的学习体验；加强与世界一流学者的接触，丰富图书资源，与时俱进地更新学术环境。

二是研究主题下，给予研究人员选择研究问题的自由，提升研究质量；对研究者个人给予研究设施、资金的支持，创造促进研究可持续增长的环境；最大化研究对于本地区、国家乃至全世界的文化、社会和经济效益。

三是人事主题下，通过提高薪酬和福利待遇来吸引、招聘和留用最优秀的员工；构建多元化的教职员工框架，为不同岗位提供平等的发展机会；鼓励并支持教职员工个人发展。

四是参与和合作主题下，通过与企业合作实现科技成果转换，创造企业与大学联动的创业生态系统；扩大医疗卫生科学研究成果的转化规模，增强对本地区经济社会发展的参与度；促进研究成果应用于公共政策制定，同时尽可能地吸引公众和决策者参与研究和教育；通过国际合作最大化研究的经济效益。

五是资源主题下，拓宽资金来源途径的基础上，合理配置资金，提高资金使用效率；保存原古建筑的基础上，翻新、新建校舍和师生宿舍，改善教学空间；加强对信息化建设的投入，精简行政程序，提高教学与科研效率；筹集资金资助最优秀的学生，提高教职工的福利待遇。

为了保证《规划 18~23》的贯彻和落实，院系每年按照大学的要求提交年度计划表，而分部则依据该表对学院的财务预算和决算、教学进度、招生、学费收入和教学空间使用等进行审查（见表 8-4）。除了上述学院各自制定的计划表，人文学科分部还规划了重点建设项目：一是新建一座集教学与研究功能于一体的人文学科大楼，供英语、历史、音乐、哲学、神学和哲学、语言学、中世纪和现代语言学七所学院及人文学科办公室使用；二是来自哲学社会科学的学者和行政人员参与《规划 18~23》中的信息建设工程；三是人文学科分部将组织四个学院共建一个网站。

表 8-4　　　　　　　　《规划 18~23》年度审查要点

项目	审核要点	审查部门
财务	人文资本优先事项 人文风险登记册 计划进度	人文学科分部的财务总监、行政主管和规划与资源主管
项目数据	课程开展情况 教师及其所在的系对教学的贡献	人文教育支援小组
学生人数	招生人数	人文教育支持团队和哲学社会科学规划与资源负责人

续表

项目	审核要点	审查部门
空间配置	教学空间使用情况 师生宿舍使用情况	地产服务中心

（二） 顺畅组织架构

牛津大学在 2004～2006 年治理结构改革中成立了学术委员会，作为学术权力分离的载体。学术委员会下设研究委员会分支专门管理科研工作，主要职责包括：与规划和资源配置委员会共同商定牛津大学整体规划中有关学术活动方面的决议；检查、指导大学制定的科研标准，促进四大学科分部的科研活动；发展与校外组织的合作，监督大学科研商业化等。研究委员会通过保障学术科研资源的可持续利用、确保科研设施的正常使用等具体措施成为沟通牛津大学与四大学科分部之间的科研桥梁。

在研究委员会的协调下，科研管理架构采用的是行政权力和学术权力纵横交错的管理体系：横向为学术流，以课题项目为中心助推人力资源整合，从事知识创新和学术发展；纵向为行政流，以行政力量整合物质资源，促进设备、材料等流动（见图 8-3）。纵横交错的科研管理体系中研究问题成为组织管理的落脚点，行政界线弱化和学术导向增强为跨学科研究提供了良性生态环境。

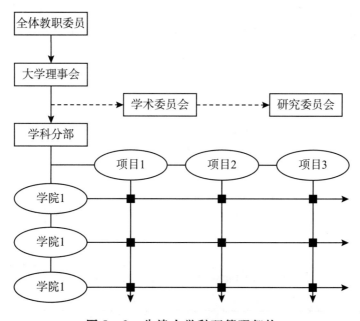

图 8-3　牛津大学科研管理架构

目前哲学社会科学的研究包括政治、经济和法律对社会和福利的影响研究，以及人权和安全问题的研究。该分部的研究人员引领了人口老化、气候变化、全球贫困和全球经济治理等问题的国际学术争鸣。例如，哲学社会科学先后成立了人工智能伦理学院（Institute for Ethicsin AI），引领人工智能及其他新兴计算机科技的伦理研究；环境变化研究所（Environmental Change Institute），通过对气候、能源和资源管理政策的研究，为政府提供清洁增长的建议；由两家研究委员会资助 1 950 万英镑成立的跨机构的英国能源需求研究中心（Centre for Research into Energy Demand Solutions，CREDS），引入跨学科研究促进能源类型向安全经济的低碳能源转型。

（三）支持教师专业发展

牛津大学的教师结构根据不同的招聘主体分为大学注册教师和学院注册教师，前者由大学招聘，主要任务是科学研究，后者由学院招聘，有讲师、高级讲师、准教授和教授的职称差别。

为促进两类教师发展，牛津大学教师绩效考核立足于促进教师学术职业发展这一相对稳定的战略基点。哲学社会科学绩效考核按照评估内容分为科研考核和教学考核。

科研评估标准是科研卓越框架（REF），包括科研成果、科研影响和科研环境三个评估指标（见表 8 - 5）。REF 评估体系采用定性与定量相结合的评估方法，其中对于哲学社会科学的评估以同行评估为主、计量评估为辅。在计量评估中采用三种文献计量模式，分别是基于机构地址的模式、基于作者及其论文的模式、基于作者及其高频被引论文的模式。上述文献计量数据是同行评议的有效参考。

表 8 - 5　　　　　　　科研卓越框架评估指标及标准

评估指标	权重占比（％）	评估内容	评估材料	评估标准
科研成果	65	出版物：期刊文章、专著、书籍章节；其他成果：设计、表演、展览等	代表性科研成果（每人最多四份）	原创性、重要性、严谨性
科研影响	20	对学术界以外的经济、社会、文化、公共政策或服务、健康、环境或生活质量等方面产生的影响	影响力案例、影响力模板报告	影响范围、重要性
科研环境	15	科研活动的战略、资源、基础设施	环境模板、统计数据库	活力、可持续性

242

教学评估标准是教学卓越与学生成果框架（TEF），包括教学质量、学习环境、学习成果三个评估指标（见表8-6）。该评估主要由评估小组依据从全国范围内采集的数据和高校补充说明作出判断。

表8-6　　　　　　　　教学卓越与学生成果框架

评估指标	指标内涵	核心数据
教学质量	学生参与；重视教学；精准与延伸反馈	课程教学；考核与反馈（全国学生民意调查）
学习环境	资源；学术、科研和职业实践；个性化学习	学术支持（全国学生民意调查）
学习成果	就业及深造；就业力和可迁移能力；全体学生的正向结果	就业率、深造率；高技能就业率、深造率（高等教育毕业生去向调查）

（四）构建专业数据库

牛津大学哲学社会科学数据库的建设主要依托牛津大学出版社。牛津大学出版社是世界上历史最悠久和规模最大的大学出版社，其数据库建设始于2003年的牛津学术在线。此后牛津大学出版社逐渐建成了一批数据库，涵盖学术专著、论文和其他教育资源，如大学学术出版社、牛津通识读本在线、牛津手册在线、牛津期刊在线数据库、牛津数字期刊回溯数据库、在线资源中心等。

牛津大学哲学社会科学拥有相当丰富的学术资源，它们将某一领域的众多出版形态的数字资源聚合起来，建立统一的信息检索系统和内容获取入口，形成本领域的特色数据库（见表8-7）。

表8-7　　　　　　　　牛津大学文科特色数据库列表

数据库	简介	资源种类和数量
牛津伊斯兰研究在线	聚合各种伊斯兰研究工具书和学者评论的数据库	5 000个参考条目、古兰学资料、原始文献、图片和时间轴等形态多样的内容资源；牛津伊斯兰世界百科全书、伊斯兰世界：过去与现在、牛津伊斯兰词典等11个线上资源
牛津音乐在线	音乐参考资源的综合数字库	格罗夫音乐在线、牛津音乐指南、牛津音乐词典、格罗夫美国音乐词典、新格罗夫爵士词典、新格罗夫歌剧词典等

续表

数据库	简介	资源种类和数量
牛津艺术在线	集合了牛津所有的在线艺术资源	格罗夫艺术在线、美学百科全书、牛津西方艺术指南和简明牛津艺术术语词典等；一些仅有电子版的书目信息
伯格时尚图书馆	提供国际服装与时尚研究的独一无二的数据库	牛津《伯格世界服装与时尚百科全书》、大量的电子书和一个巨型图片库
牛津非裔美国人研究数据库	关于非裔美国人历史与文化研究的参考数据库	超过1万篇的学术文章；2 500多张图片、450多种一次文献、接近200部地图和150多个图表

三、发展特点

牛津大学在漫长的发展过程中形成了一套行之有效的建设与发展哲学社会科学的思路与策略。

(一) 以规划引领高质量发展

牛津大学在《发展战略规划 (2013~2018)》和《发展战略规划 (2018~2023)》中分别提出了八大科研计划、三大科研承诺和五项科研优先事项 (见表8-8)。连续十年的科研战略共同聚焦于，从环境上打造支持科研可持续发展的良性学术生态环境、人力上吸引和留用具有潜质的科研人才、资金上广泛扩大资金来源，且重点强调开展跨学科科研。

表8-8   《规划 (2013~2018)》和《规划 (2018~2023)》
中的科研战略

三大科研承诺	1.1 提升科学研究的质量
	1.2 投资于人和环境，促进研究可持续增长
	1.3 服务于世界发展
五大优先事项	2.1 加强对早期职业研究人员的支持
	2.2 投入大量资金改善研究环境，包括人力和物力 (包括遗产、图书馆、收藏、设备和IT)

244

五大优先事项	2.3 扩大中央研究基金的规模和范围
	2.4 加强与企业、非政府组织和其他方面合作
	2.5 继续扩展和投资创新活动，为员工和学生营造创业环境
八大科研计划	3.1 留住和招聘最优异、最有潜质的科研人员
	3.2 支持各分部和学系设计和实施自己的科研规划
	3.3 继续提供和培育一种支持性的科研环境，使身处每个事业发展阶段的学者都能够得到发展
	3.4 保持各学科领域的科研实力并进一步鼓励开创跨学科科研
	3.5 最广泛地参与有关未来科研评估活动的国内国际辩论，尤其在科研度量和同行评议的可能发展方面
	3.6 提升行政服务和行政支持以推进科研卓越和知识转换
	3.7 支持国际科研和合作
	3.8 确保科研工作的完成符合适当的伦理标准

在上述科研战略的支撑下，牛津大学哲学社会科学研究取得了长足进步。最新的 2014 年科研评估活动（RAE 2014）沿用 2008 年科研评估活动的质量分级的评价模式（见表 8 - 9）。牛津大学 87% 的 A 类专职科研人员被评为 4* 级或 3* 级（见表 8 - 9），被评为 2* 级和 1* 级的仅 12%，且无一人被评为未分类级别（见表 8 - 10）。该校哲学社会科学类专业持续保持强劲发展态势，所有参评学科均有超过 65% 的 A 类专职科研人员被评为 4* 级或 3* 级，其中社会工作和社会政策、教育两个评估单位分别有 93% 和 92% 的 A 类专职科研人员被评为 4* 级或 3* 级，经济学和计量经济学、商业及管理研究和音乐、戏剧、舞蹈和表演艺术三个评估单位有 85% 及以上的 A 类专职科研人员被评为 4* 级或 3* 级（见表 8 - 11）。

表 8 - 9　　　　科研评估活动（RAE）的质量级别界定

4*	在独创性、重要性和严谨性方面符合世界一流水平的质量
3*	在独创性、重要性和严谨性方面符合国际优异水平但不符合最高优异标准的质量
2*	在独创性、重要性和严谨性方面获得国际认可的质量
1*	在独创性、重要性和严谨性方面获得全国认可的质量
未分类	低于全国认可的工作标准的质量；或与本项评估所界定的科研不相符合的工作

表 8 - 10　　　　　牛津大学 2014 年 REF 的质量分级实例

评估单元 A	申报评估的 A 类专职科研人员	评定为不同质量级别的科研活动百分比				
		4*	3*	2*	1*	未分类
牛津大学	2 409.27	48	39	11	1	0

表 8 - 11　牛津大学社会科学和人文学科在 2014 年 REF 中的表现

评估单元名称	申报评估的 A 类专职科研人员	4*	3*	2*	1*	未分类
考古学	33.33	41	39	18	2	0
地理与环境研究	53.85	41	42	16	1	0
经济学和计量经济学	83.90	56	33	10	1	0
商业及管理研究	42.10	51	36	11	2	0
法律	108.88	40	44	15	1	0
政治与国际研究	76.65	54	27	15	4	0
社会工作和社会政策	27.40	79	14	7	0	0
社会学	32.85	37	45	18	0	0
人类学	55.80	23	45	28	4	0
发展研究	44.13	40	39	20	1	0
教育	39.22	65	27	8	0	0
区域研究	71.10	36	40	19	5	0
现代语言与语言学	116.75	27	43	23	5	2
英语语言文学	87.79	42	42	16	0	0
历史	130.05	45	37	17	1	0
经典	68.65	47	34	17	2	0
哲学	71.50	51	31	16	2	0
神学及宗教研究	32.70	34	38	24	4	0
艺术与设计：历史、实践与理论	9.00	22	53	20	5	0
音乐、戏剧、舞蹈和表演艺术	20.25	55	34	10	1	0

（二）社会力量共建共享科研成果

哲学社会科学的实用价值不够，尤其是其对经济发展的直接作用不明显是其难以在现代社会获得认可的重要缘由，这在一些传统的古典哲学社会科学科目中表现尤甚。为了改善这些弱势古典哲学社会科学科目的发展境遇，牛津大学哲学社会科学不再以束之高阁的"象牙塔"自持，而是在迈向社会中心的同时寻求与校外机构合作来开拓新的学科发展空间。近些年，哲学社会科学与校外机构联合创建了多所科研和教育机构。

首先是牛津—曼量化金融研究院（Oxford – Man Institute of Quantitative Finance）。2007 年，当时全球最大的上市对冲基金公司英仕曼集团（Man Group）旗下的曼 AHL 期货型基金公司（以下简称"AHL"）的 CEO，牛津校友黄文耀先后走访了包括牛津大学在内的多所欧洲大学，寻求合作高校。为了建立合作关系，牛津大学提出量化金融研究院应该由几个不同的学科参与，包括工程学、统计学、数学、经济学、法学和工商管理学等，同时，AHL 员工应该与牛津的学者在同一地点、同一栋大楼里工作，以确保双方合作便利。这些建议都与黄文耀的思路不谋而合，其中多个院系合作并共同研究和发展量化金融科学更是成为竞争的重要"筹码"并最终促成 AHL 选中牛津大学。该公司投资了近 1 400 万英镑与牛津大学合作建成了牛津—曼量化金融研究院，AHL 的部分研究人员常驻在牛津大学，且在伦敦的研究人员，也经常到牛津工作，参加各种学术活动。这是一个跨学科的金融研究中心，涉及学科包括经济、工程、统计、数学、计算机和工商管理。其主要目标是，研究开发量化金融模型，确保在理论和实践上均处于世界领先地位，培养新一代量化金融人才，并开发下一代金融投资模型。

其次是史密斯企业与环境学院（Smith School of Enterprise and the Environment）。同样是在 2007 年，牛津大学校友史密斯（Martin Smith）捐出了 1 000 万英镑促成了史密斯企业与环境学院的成立。前英国政府首席科学顾问金（David King）爵士担任首任院长。史密斯解释说，该学院的长远目标是让牛津大学在应对环境问题方面发挥领导作用。院长金本人希望学院能成为英国政府的智囊机构，也希望学院设计的政策得到联合国和各国政府的采纳。牛津大学社会科学分部部长斯彭斯（Michael Spence）认为，各地都出现了新的研究环境问题的中心，但是从没有任何一个研究中心对私人企业在应对环境问题时的角色给予关注。在科研之外，学院也将"绿化"牛津大学的本科生课程，使环境研究成为所有社会科学学位课程的必备一环。

再次是布拉瓦尼克政府管理学院（Blavatnik School of Government）。2010 年，美国实业家和慈善家布拉瓦尼克捐赠 7 500 万英镑，牛津提供了 2 600 万英镑和位于市中心的拉德克利夫天文台区用地，共同建成了布拉瓦尼克政府管理学院。牛津大学校长汉密尔顿（Andrew D. Hamilton）认为，这家新学院将是"牛津历史上的重大里程碑"。他在一份声明中表示："学院将为未来的领袖们提供牛津的传统优势课程。另外，良好有效的管治需要面对一些挑战，学院会向学生传授了解和应对这些挑战的新方法。牛津已经培养出 26 名英国首相和 30 多名世界领袖，但目前主要的国际政府管理学院全都在欧洲以外的地方，尤其是美国。布拉瓦尼克政府管理学院的建立将改写这种失衡的现状。"① 该学院将成为欧洲首个主要的政府学院，预计会有大约 120 名学生和 40 名教学人员。这所新学院的目的在于培养未来世界领袖，为来自世界各地的研究生提供"政府管理技巧与职责"方面的培训。

最后是苏世民中心（Schwarzman Center）。2019 年，世界最大另类投资机构——美国黑石集团的董事会主席、CEO 兼联合创始人苏世民（Stephen Schwarzman）向牛津大学捐赠 1.5 亿英镑，支持牛津大学新成立的人文中心。这是牛津大学自文艺复兴以来收过的最巨额捐款。筹划中的牛津人文中心将开展从历史到音乐的多学科研究项目，且中心内有一个人工智能道德研究所，专门研究涉及人工智能技术的道德问题。

（三）多学科交叉融合向纵深发展

历经千年的哲学社会科学，在信息科技主导的时代，常因与科技的结合不够密切且自身发展过于久远，而被人们诟病为暮气沉沉。牛津大学哲学社会科学充分利用牛津大学多学科的优势，以创办和重组跨学科科研和教育机构的方式，让哲学社会科学在解决复杂现实问题中占据一席之地，重新获得社会认可。

首先是牛津马丁学院（Oxford Martin School）。2005 年，詹姆斯·马丁 21 世纪学院（Jame Martin 21th Century School）在牛津大学创建，致力于以跨学科科研解决全球未来关键性挑战。2009 年，马丁博士发起 5 000 万英镑的配比资助挑战，吸引了 30 位捐赠者的踊跃募捐，并创设了 19 项科研计划。2010 年秋，该学院更名为"牛津马丁学院"。借助牛津大学的跨学科科研团队，该学院在以下四大领域探究知识的前沿：健康与医学、能源与环境、技术与社会以及伦理学与治理，旨在通过思维创新、跨学科研究和跨界合作来迎接 21 世纪的机遇与挑战。

其次是中国研究中心（University of Oxford China Centre）。2007～2008 学年，牛津增加了 12 个汉学研究职位，将散落于各院系的与中国研究相关的学术团队

① New Oxford school of governance will "groom future world leaders". https://www.theguardian.com/education/2010/sep/20/oxford - university - blavatnik - school - governance, 2010 - 09 - 19/2023 - 03 - 23.

聚集在一起，组建了牛津大学"中国中心"。2014 年，中国中心搬迁至圣·休学院（St. Hugh's College）潘迪生大楼的现址。创建资金来自有史以来规模最大的"牛津大学筹款活动"（Campaign for the University of Oxford），该活动收到来自大中华区个人和组织的捐款和承诺捐款已超过 1 亿元人民币。[①]

（四）多样化的资金来源渠道

近年，受全球金融危机和英国经济持续低迷的影响，牛津大学发展经费紧缩。为缓解经费压力，牛津大学需要裁减 75 个高级教授职位，其中大部分都是实用价值较低的人文学科教授职位，如古典文学和现代语言等。尽管，牛津大学从牛津出版集团的盈利中拨款 6 000 万英镑给这些职位，以勉强维持职位运转，但这些职位所需经费依然严重不足。为了缓解办学经费紧张的局面，哲学社会科学不得不广拓财源。

一是申报重大科研和教育经费，为哲学社会科学发展提供基本保障。2009 年，牛津的人文学科分部向英国人文与艺术研究委员会（Artsand Humanities Research Council）提交拨款申请书，在通过同行评议后，又经过 18 位全英人文和艺术研究专家为期三天的评审，最终从 48 所院校中脱颖而出，赢得了一笔高达 3 000 多万英镑的科研经费。这笔庞大的经费来自人文与艺术研究委员会新设的"大宗拨款伙伴计划"（Block Grant Partnership Scheme），是该校人文学科有史以来获得的最大一笔科研资助经费，也是该研究委员会拨付给单所大学的最大一笔科研经费。在随后的五年里，它为牛津大学人文学科分部和社会学科分部 21 个学科领域的 407 名博士生和 290 名硕士生提供科研资金保障。

二是争取社会捐赠，支持哲学社会科学办学。2012 年，著名富商艾特艮（Ahmet Ertegun）的遗孀捐赠牛津大学 2 600 万英镑，设立了"米可与哈迈德·艾特艮人文学科研究生奖学金计划"（Mica and Ahmet Ertegun Graduate Scholarship Programmer in the Humanities）。该奖学金用于支持全球最优异的人文学科研究生在牛津大学进行高质量科研，他们将角逐文学、历史、音乐、考古、艺术史、亚洲研究与中东研究等多个学科的全额研究生奖学金，每年将至少有 35 名研究生得到资助。奖学金获得者可以使用专门设立的米可与艾哈迈德·艾特艮人文学科研究所（Mica and Ahmet Ertegun House for the Study of the Humanities）。它位于牛津大学的中心地带，配备了最好的设施，是进修和研究的绝佳基地。这笔捐赠金还将用于支付全职艾特艮驻校资深学者的薪水，学者们将负责指导研究生的学习和研究。

---

① History of the China Centre. https：//www. chinacentre. ox. ac. uk/history – 0.

第二节 剑桥大学哲学社会科学发展的策略与特点

一、发展历程与学科现状

剑桥大学的建立主要得益于中世纪大学的迁徙传统。1209 年，为了躲避与当地居民间的冲突，一批牛津大学学者迁往剑桥小镇聚众讲学并形成剑桥大学的雏形——学者团体。大约 1226 年，剑桥大学的学者团体取得了合法的社团地位，并建立起了最早的教学结构。彼时，最早的学科是人文学科、神学和教会法，授课方式以阅读和讲解为主，考试则采用口头辩论的方式。

16 世纪，随着文艺复兴和宗教改革的推进，剑桥大学深受人文主义思想的影响，表现为教学目标从培养牧师转向有学问的政治领袖，原始文献研究取代经院哲学，古典语言、文学占有重要地位。此后 18 世纪中期，英国工业革命促进自然科学进驻剑桥大学。剑桥大学于 1849 年增设自然科学荣誉学位考试，标志着一向以远离世俗而自持的大学也开始迎合社会发展需要。19 世纪六七十年代，剑桥大学又增设新的自然科学教授职位。

进入 20 世纪后，颇具剑桥特色的导师制渐成，吸引了各地优秀学者和学生。20 世纪 60 年代后期，剑桥大学出台《莫特报告》（Mott Report），提出"必须加强教学和科学的联系，同时也必须大力将研究成果用于工业、医药和农业"，表明剑桥大学主动与工商企业和行政当局合作的态度。1970 年，剑桥三一学院发起建立的科学园成为高新技术研究和产学研一体化的孵化站，由此形成了"剑桥现象"。时至今日，剑桥大学与工业界的结合还在持续推动英国经济发展，也促使剑桥大学登上世界一流大学的峰巅。

从学术组织结构看，剑桥大学共有 31 个学部，各学部下设学系和其他更小的一些附属研究机构。六个学院分别是物理科学学院、生物科学学院、临床医学学院、技术学院、艺术与人文学院和人文与社会科学学院。除此之外，剑桥和牛津一样，也是学院制大学。

从学生规模看，近些年受英国本土大学升学人数减少的影响，剑桥大学在校生人数呈波动起伏态势，总体增长缓慢。2013～2014 学年在校生 18 977 人，2017～2018 学年在校生 19 147 人，近五年（2013～2014 学年至 2017～2018 学年）增长率 0.9%，年均在校生为 19 001 人（见图 8 - 4）。

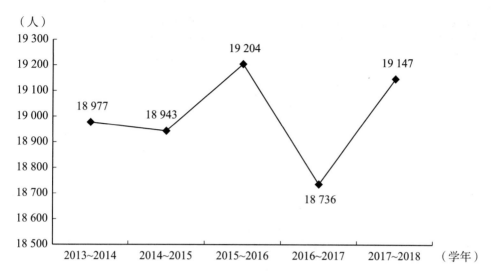

图 8 - 4　近五年剑桥大学（2013～2014 学年至 2017～2018 学年）在校生人数

资料来源：https：//www. information-hub. admin. cam. ac. uk/university-profile/facts-figures。

从全校学生构成状况来看，这五年在校生中，哲学社会科学在校生规模最大，始终占据在校生总数的 40% 及以上（见表 8 - 12）。以 2017～2018 学年为例，当年的哲学社会科学在校生 8 143 人，占比高达 42.53%，几乎占据在校生规模的半壁江山；理科在校生 5 533 人，占比为 39.72%；工科在校生 3 168 人，占比为 16.55%。

表 8 - 12　　　近五年剑桥大学（2013～2014 学年至 2017～
2018 学年）六个学院在校生规模

学年	艺术与人文学院	人文与社会科学院	物理科学院	生物科学院	临床医学学院	技术学院
2017～2018	3 338	4 805	2 317	1 935	1 281	3 168
2016～2017	3 267	4 657	2 261	1 971	1 115	3 024
2015～2016	3 312	4 978	3 635	2 600	1 154	3 106
2014～2015	3 256	4 921	3 635	2 588	1 040	3 031
2013～2014	3 342	5 039	3 632	2 598	953	2 978

资料来源：https：//www. information-hub. admin. cam. ac. uk/university-profile/facts-figures。

剑桥大学的六所学院中有两所哲学社会科学学院，分别是艺术与人文学院、人文与社会科学学院，其内部学科方向如表 8 - 13 所示。

表 8 - 13 　　　　　　　剑桥大学哲学社会科学学科方向

学院	学部	学系	附属研究机构
艺术和人文学院	建筑学与艺术史学部	建筑学系； 艺术史系	—
	亚洲与中东研究学部	东亚研究系； 中东研究系	—
	古典学部	古典考古学博物馆	—
	神学部	—	—
	英语学部	盎格鲁—撒克逊语、挪威语和凯尔特语系	—
	中世纪与现代语言学部（含现代希腊语和近代拉丁语）	法语系； 德语与荷兰语系； 意大利语系； 斯拉夫语研究系； 西班牙语和葡萄牙语系； 理论与应用语言学系； 近代希腊语学系； 新拉丁语学系	—
	音乐学部	—	—
	哲学学部	—	—
	艺术、社会科学与人文学科研究中心	语言中心	—
人文和社会科学学院	人类、社会与政治科学部	考古系	生物人类学； 勒弗休姆人类进化研究中心； 麦克唐纳考古研究所
		社会人类学系	蒙古和内亚洲研究中心； 考古与人类学博物馆
		政治与国际研究系	非洲研究中心； 发展研究中心； 性别研究中心； 拉丁美洲研究中心； 南亚研究中心
		社会学系	—

续表

学院	学部	学系	附属研究机构
人文和社会科学学院	经济学部	—	—
	教育学部	—	—
	历史学部	—	—
	科学的历史和哲学	惠普尔科学史博物馆	—
	法学部	劳特帕赫特国际法中心	—
	犯罪学研究所	土地经济系	—

    艺术与人文学院是剑桥大学最古老的学院，其神学自建校以来开设至今。目前学院下设 8 个学部和 1 个研究机构，其中 8 个学部又分设了 13 个学系和 1 所博物馆。

    人文与社会科学院是剑桥大学 2017～2018 学年学生规模最大的学院，内部学科范围广，涉及经济学、教育学、历史学、法学、哲学等学科门类，分散于 6 个学部和 1 个研究机构。其下又设置了 5 个学系、1 个中心和 1 个博物馆。其中，人类、社会与政治科学部的 4 个学系还下设了 8 个附属研究中心和 1 所博物馆。

二、发展策略

（一）制定战略规划

    剑桥大学的使命是以国际顶尖的教育、学习和研究为全社会做贡献。自 2012 年起，剑桥大学委员会每隔三年就进行一次教学战略规划，至今已经发布两版，分别是《学习与教学策略（2012～2015）》（*Learning and Teaching Strategy* 2012 – 2015）和《学习与教学策略（2015～2018）》（*Learning and Teaching Strategy* 2015 – 2018）。

    《学习与教学策略（2015～2018）》的目标包括保持剑桥大学学位质量在国际上的领先地位、吸引优秀的国外留学生、挖掘学生自主学习和追求未来生活的潜能、培养学生成为未来工作领域的领导者。为了实现上述目标，剑桥大学致力于营造高度重视教学工作的氛围，以为学生的身心发展提供优良环境，同时加强技术在教育中的供给，为学生的校外、境外交流提供机会。具体而言，策略聚焦于如表 8 – 14 所示的议题。

表 8 – 14 　　　《学习与教学策略（2015 ~ 2018）》具体议题

议题		具体内容
教学与学习		强调教学的重要性； 确保教学与研究并重； 建立奖励优秀教学和创新教学的机制； 开展提高教学和考试效率的活动； 开发教学中心网站； 发展卓越教与学中心； 建立院校教学主任网络
学生福利与平等		重点关注心理健康、残疾学生、校园欺凌和暴力、酗酒等； 审议师生工作量； 确保学生投诉和申诉系统通畅； 监测和处理教学中的平等和多样化问题
加强研究生培养	课程	加强课程教学的监督； 及时调整硕士课程的数目和范围； 帮助学生建立课程期待； 面向全部硕士生开展自我评价
	研究	改进学生反馈机制，确保专业发展； 为研究生参与教学和监督提供机会； 加强个人专业发展、博士学位晋升和职业发展间的联系； 整合各种形式的个人和专业发展信息
科技支持教学		围绕教职工和学生的教与学需要使用技术； 认识到不同阶段采用不同技术是有益的； 鼓励教师反思教学实践，思考不同的教与学方式； 考虑残疾等群体需要，增强教育的包容性； 增加教学资源的可及性； 开辟人际互动的新途径； 校外合作共建的资源说明清楚成果分割
拓宽学术交流和实习机会		改善就业技能培养方法； 阐明教育的附加价值； 提供境外学习、实习机会； 促进荣誉学位的流动； 鼓励学生参与院外讲座和部门； 鼓励论文和课程方面的跨部门合作

值得关注的是，教学战略三年计划并非固定不变的，而是在实施中动态调整的。校教师委员会每年都对教学规划执行情况予以年度评估，定期对行动规划给予审核，再根据各学院教学成果和外部需求变化对教学规划进行修订。

从《学习与教学策略（2012~2015）》施行的首年开始，艺术与人文学院、人文与社会科学院就按照大学的要求每年提交年度质量报告，从教学与研究、制度与管理、问责制与审计、政府政策和国家环境、剑桥评估和剑桥大学出版社、剑桥地产管理、与校友间关系等方面系统总结年度发展情况。大学每年对外发布一次发展报告和财务报表。最近发布的 2017~2018 年度发展报告和财务报表中包括董事会向理事会提交的年度报告、理事会年度报告和上一学年的财务报表。

（二）顺畅组织架构

剑桥大学实行院校两级管理。大学层面最高管理机构是剑桥摄政院，由 31 个学院的教学和管理人员组成，是大学实质的立法和选举机构。摄政院下设大学理事会和总学系委员会。大学理事会是主要的行政和决策机构，下设多个常设理事会，包括财务委员会、监督委员会等；总学系委员会主管所有教学与研究工作，包括提出教育政策的意见，分配大学教学与研究资金，监督学院、学系和系的教学与科研活动，主管大学考试等。总学系委员会下设的系委员会具体负责科研管理，包括研究经费的管理、研究人员的培训、组织研究项目申报等。

具体而言，科研管理形成了一个"总学系委员会—学院委员会—系委员会—科研团队"四层的管理架构（见图 8-5）。在大学层面由总学系委员会提出科研管理相关政策，出台科研管理的实施程序指导并监督学院委员会的科研运行管理；学院层面由学院委员会根据大学战略规划合理设置本学院的科研规划，具体设计本学院的科研培训事项；系层面的委员会根据本院的科研管理规划具体实施科研项目管理；科研团队对科研项目直接负责，其有责任按照科研管理相关规定完成科研项目。

就研究经费管理而言，艺术与人文学院、人文与社会科学院分别设置了研究管理专员，负责协助研究者将研究想法转化成符合资助者要求的研究项目；为选择适合研究计划的资助提供建议；在研究申请的撰写和反馈上给予支持；为资助机构及其资助计划寻求意见；建立和资助跨学科研究、国际项目等；向大学内部的同行评审提交提案，获得评审意见。

值得关注的是，为了便于研究团队和研究管理者及时了解研究的基本信息和各项进度，剑桥大学开发了一个"研究仪表盘"（the research dashboard）系统。该系统详细地呈现了申请资助的进度、研究经费的使用情况、研究的截止日期、研究已完成的部分、研究合约的状态等。

255

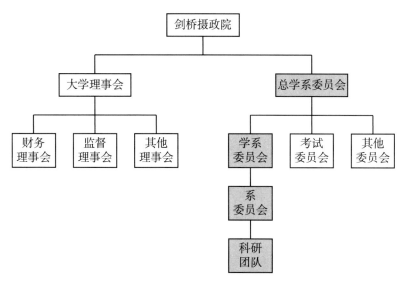

图 8 – 5 剑桥大学科研管理系统

（三）支持教师专业发展

剑桥大学教师分为三类：学术人员、行政管理人员和支持人员。学术人员指教授、副教授、高级讲师、讲师和其他教学人员，其聘任由学部委员会按照规定的人事程序产生，对一般委员会负责；行政人员是大学和学院办公室工作人员，由大学理事会或各部门聘任，对大学理事会负责；支持人员是指后勤服务人员，由大学或学院自行聘用。

哲学社会科学教师的招聘由学院理事会决定招聘程序，大学校长监督招聘全过程。通常，学院向大学理事会和大学资源管理委员会提出人员新增申请，在获批后才能开展招聘工作（见图 8 – 6）。招聘前学院组成招聘委员会。招聘委员会成员由不少于 5 名学术官员组成，其中须有一名为学院外人员。招聘委员会成员选取的首要标准是学科背景、知识和经验，其次要综合种族、性别和族裔的多样性，再次要考虑候选人与委员间的关系，如亲戚等不允许参与。选定招聘委员会后，委员会成员与其他招聘工作人员共同接受招聘工作培训，了解招聘的程序和原则。

招聘分成两轮：第一轮由委员会成员对候选人进行面试并辅之以其他一些测试，只有通过第一轮考核的候选者才有机会参加第二轮面试。第二轮面试后，委员会成员进行投票，以 2/3 的票数做出决定。招聘委员会产生的结果需以书面形式提交至学校人力资源理事处和大学校长处，得到大学校长批准方可聘用。若大学校长对招聘结果存疑，则需向校董会提交完整的说明报告。校董会获批后，校长可否决委任。

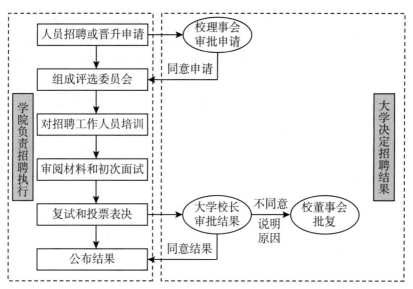

图8-6　剑桥大学哲学社会科学教师招聘程序

　　贯穿整个招聘过程的十项原则分别是：尽可能吸引广泛的人员前来应聘；招聘应及时、灵活和有效；唯才任用，保证公平性；公开透明，向候选人反馈结果及原因；招聘全程体现大学正面形象，提高大学声誉；招聘的工作人员须参加培训；适当时候展示薪酬待遇；招聘文件保密；节约成本，提高效率。概而言之，唯才任用、价值多元和公正透明是剑桥大学人才招聘的核心理念。

　　剑桥大学的绩效考核采用内外结合的方式，即外部院系反馈意见和内部教师自我检查。

　　外部院系反馈意见来源于学生、同行和考核人员。剑桥大学人力资源部制定了通用性职员评估和发展表，专门用于教师绩效评估。每年，艺术与人文学院、人文与社会科学院的教学委员会都定期利用该评估表对教师进行考核评估，并及时将考核搜集的改进意见反馈给教师。

　　教师自我评价旨在激发教师的自我能动性，主动反省自身需要改进之处。自2002年开始，校教师委员会要求学院每年提交年度质量报告，对教师绩效在内的诸多指标进行质量考核。校教师委员会指派管理人员去学院进行现场考察，并对院校的学术领导进行"质量访谈"，重点考察教学、科研等质量保证情况。随后，由院校与校教师委员会共同作出一份双方认可的"年度质量报告"。各学院根据本年度发展实况，逐年对质量年报进行必要的修订。

（四）构建专业数据库

　　剑桥大学的数据库建设主要依托剑桥大学出版社。2000年，剑桥大学出版了第一本电子书，自此踏上数字化图书资源发展道路。五年后，剑桥大学出版社推出第一个数据库——剑桥电子书集（Cambridge book collections），标志着数据库建设的启程。至今，剑桥大学出版社已经建成作者资料数据库、市场销售预算数据库、电子内容数据库等。就哲学社会科学而言，其数据库分为两类：内含于某一综合数据库下的子数据库和哲学社会科学专有的特色数据库（见表 8-15）。

表 8-15　　　　剑桥大学哲学社会科学数据库列举（部分）

类别	名称	简介	资源种类
综合数据库	剑桥图书馆馆藏	剑桥大学出版社与各大图书馆的合作项目	覆盖各个学科领域的古书籍
	剑桥图书在线	B2B 方式，将该数据库销售给图书馆	覆盖理、工、医学、人文、社科及英语教学学科领域的 13 000 多本学术专著
	大学出版在线	学术数据库集合	将涵盖科学、技术、医药，到哲学社会科学领域的数据库与自身数据库结合
专门化特色数据库	剑桥同伴在线	全集、文学经典部、哲学宗教与文化部及音乐部四个主题的线上论文数据库	分布于 500 个主题的超过 5 000 篇文章
	剑桥历史在线	纸质出版物的在线平台	收录了 1960 年后的纸质出版物
	剑桥莎士比亚学院	免费在线资源	莎士比亚作品、互动游戏及测试、照片库、视频与音频剪辑、演出脚本、相关学者博客及网络视频会议
	剑桥本·琼生作品在线	本·琼生相关研究资源库	本·琼生的作品原文、与原文相关的档案资料、文本分析文章、500 年演出记录的戏剧、100 多种音乐配乐、7 000 多条目的参考书目
	奥兰多大不列颠女性写作研究	女性作品集合	女性作家的生平、作品文本、相关档案资料和传记的资源库

258

值得关注的是，2014 年剑桥大学与我国四川大学合作建设全球最"高"数据库——喜马拉雅多媒体数据库。该数据库的前身为剑桥大学"康河计划——保护即将消失的世界"。剑桥大学社会人类学家通过搜集和保存喜马拉雅地域的影像与档案资料、多媒体数字资源，展示、研究、教学、传播不同社会与文化的知识，保护即将消失的世界。该项目整合了剑桥大学 30 余年的数字与在线数据库搭建技术、管理经验，传统"中国知网"式的文档数据库，与最新的静动态影像数据库、3D 数据库等内容，建成世界上容量最大的喜马拉雅地域文化多媒体数据平台。

三、发展特点

（一）战略叠加提升办学质量

剑桥大学出台了一系列的战略规划，提供全方位的制度供给作保障，如《教育数字化战略（2016～2020 年）》（*Digital Strategy for Education*（2016–2020））、《学生心理健康和幸福策略》（*Student Mental Health and Wellbeing Strategy*）、《学习与教学策略（2015～2018）》（*Learning and Teaching Strategy* 2015–2018）等。其中关于教学与学习的规划持续时间最久，自 2012 年第一个三年规划颁布至今已经实施 6 年了，被视为诸多战略规划中的核心规划。上述众多战略规划围绕《学习与教学策略》形成叠加之势，哲学社会科学借助制度红利进入快速发展时期。

根据最近的英国 2014 年科研评估活动（RAE 2008）的评估结果，剑桥大学 2 040 位学术人员提交了学科科研评估申报书，占 32.0% 的 A 类专职科研人员的科研质量被评为最高的 4* 级，占 39.2% 的 A 类专职科研人员被评为 3* 级。该校哲学社会科学在此次排名结果中的整体表现非常突出（见表 8-16）。例如，该校艺术与人文学院的建筑学与建筑环境、凯尔特语、古典学与古代史及拜占庭与现代希腊研究、意大利语、中东与非洲研究 5 个学科领域排名全国第一位。在"泰晤士优秀大学指南 2009 年排行榜"中，该学院的教学评价结果也非常出色。排名全国第一的学科有 12 个：凯尔特语、古典学、东亚研究、英语、德语、艺术史、伊比利亚语言、意大利语、语言学、哲学、俄语与东欧语言以及神学。

表 8 – 16　　　剑桥大学哲学社会科学在 2014 年 REF 中的表现

评估单元名称	A 类专职科研人员	4*	3*	2*	1*	未分类
临床医学	192.05	58	29	12	0	1
公共卫生、卫生服务和初级保健	57.07	50	43	6	0	1
心理学、精神病学和神经科学	75.95	58	35	7	0	0
生物科学	189.63	52	35	12	0	1
农业、兽医和食品科学	39.60	40	40	18	2	0
地球系统和环境科学	42.55	40	54	6	0	0
化学	62.70	57	40	3	0	0
物理	153.30	38	53	9	0	0
数学科学	143.77	45	47	7	1	0
计算机科学与信息学	54.60	48	41	10	1	0
航空、机械、化学和制造工程	32.30	47	45	7	1	0
电气与电子工程、冶金与材料	33.56	69	28	2	1	0
一般工程	177.20	53	42	5	0	0
建筑、建筑环境和规划	39.09	50	38	9	3	0
地理、环境研究与考古学：A – 考古学	42.70	35	41	20	4	0
经济学和计量经济学	27.00	47	49	3	1	0
商业及管理研究	38.90	60	29	8	1	2
法律	75.80	44	44	11	1	0
政治与国际研究	29.50	32	40	25	2	1
社会学	15.87	27	45	27	1	0
人类学与发展研究	35.88	31	42	24	2	1
教育	34.20	54	24	20	2	0
现代语言与语言学	96.53	40	42	16	2	0
英语语言文学	66.60	34	48	16	2	0
历史	115.10	44	37	18	1	0
经典	38.50	53	36	10	1	0
哲学：A – 哲学	18.20	30	49	18	3	0
哲学：B – 科学的历史和哲学	34.96	41	40	16	3	0
神学及宗教研究	24.40	34	46	19	0	1
音乐、戏剧、舞蹈和表演艺术	22.40	34	42	20	4	0

（二）柔化组织边界促进跨学科发展

在跨学科科研组织方面，该校的"艺术、社会科学与人文学科中心"（CRASSH）是一个典型的横跨两大哲学社会科学的跨学科组织。它成立于 2001 年，使命是通过艺术、社会科学与人文学科三大学科领域的合作，激发创新性的学科交叉思维。安德鲁·W. 梅隆（Andrew W. Mellon）基金会为该中心的"核心计划"和"科研首创计划"提供科研资助，每项资助为期四年。

此外，该校人文与社会科学院的跨学科科研中心"历史学与经济学联合中心"（Joint Centre for History and Economics）是校际国际合作的重要产物。它由该校的马格德伦学院、国王学院与哈佛大学的文理学部共同组建于 1991 年，以促进历史学家和经济学家在重大科研和教育领域发展。通过将经济学观念应用于历史、经济、社会等领域问题，为学者们提供一个交流共同话题的论坛。该中心设定的目标是鼓励两个学科领域的基础研究，也鼓励历史学家和经济学家参与解决重大的公共问题，包括经济安全、贫困和不平等以及政治与宗教的关系。

（三）强有力的风险监控

为迎接哲学社会科学发展面临的各类挑战，尤其是应对科研经费不足、科研质量评估压力等难题，该校最近几年陆续开展了哲学社会科学发展战略风险预估，并依据评估结果做出相应的策略调整。

以艺术与人文学院为例，通过 2009 年的关键战略风险评估，对学院的财务问题提出了预警（原始风险被评为 16 分，属于学院的高风险领域）。还通过年度风险高低比较，对财务、科研资助、科研质量和监控、人员配备等不同领域面临的风险变化进行测评，以达到警示效果（见表 8 - 17）。

表 8 - 17　　　　2010 年剑桥大学艺术与人文学院风险变化

风险编号	风险	剩余风险得分（2009 - 6）	位次（2009 - 6）	剩余得分（2010 - 6）	位次（2010 - 6）	位次变化	评论
1	财务	12/25	＝1	18/25	1	—	评估和得分有变化
2	800 年校庆活动/募款	12/25	＝1	12/25	2	-1	评估有变化；得分无变化

续表

风险编号	风险	剩余风险得分（2009−6）	位次（2009−6）	剩余得分（2010−6）	位次（2010−6）	位次变化	评论
3	教职员工资源	6/25	5	9/25	3	+2	评估和得分有变化
4	艺术与人文学院在学院制大学内部的地位	8/25	=2	8/25	=6	−2	评估有变化；得分无变化
5	科研资助	8/25	=2	8/25	=6	−2	评估有变化；得分无变化
6	科研优异	6/25	6	6/25	4	——	评估有变化；得分无变化

注：风险的可能性：1−很低，2−低，3−适中，4−高，5−很高；风险的影响：1−显著，2−较小，3−适中，4−严重，5−很严重；风险总分：1~6，低；8~12，适中；14~20，高；20以上，很高。

资料来源：sunmission10. PDF，http：//www. csah. cam. ac. uk/council. html。

（四）注重科研成果的转换与应用

增加科研对社会的影响是剑桥大学科研使命的核心。剑桥大学贾吉商学院（Cambridge Judge Business School）是哲学社会科学直接参与经济社会发展的典型代表。贾吉商学院下设企业家学习中心、剑桥 – MIT 部门、剑桥金融部、剑桥公司部、剑桥企业项目部等。其中，由商学院校友创立的剑桥商学院俱乐部意在促进企业与学校间的合作。此外，贾吉商学院还下设了一系列研究中心，扎根于剑桥工业园区进行商业研究，如商业研究中心、金融分析及政策中心、国际商务与管理中心、风险研究中心等。

为了促进哲学社会科学研究在实践中的应用，提升哲学社会科学对社会的直接影响力，剑桥大学成立了艺术与人文学院、人文与社会科学院科研影响促进中心和专项基金。该科研影响促进中心的职责包括：为准备申请研究项目的研究人员提供专业建议和支持；与研究人员进行一对一的会面，以探讨当前和未来研究计划可能产生的影响；为学院和部门提供定制的培训课程；协助申请内部资助计划，包括艺术与人文学院、人文与社会科学院科研专项基金；鼓励对公众参与性事务进行研究以扩大影响力；帮助研究人员与跨学科和跨部门的组织和网络建立联系。

艺术与人文学院、人文与社会科学院科研专项基金旨在通过发展与非学术利益相关者、受益人和合作伙伴的关系来支持研究和专业知识的使用。这可以通过多种方式实现，但首先要仔细考虑该研究项目希望与之合作的人、团体、组织或机构，并明确与这些利益相关者接触的最佳方法。同时，了解大众的需求对于强有力的影响工作是至关重要的。剑桥大学有一个成熟的科研影响生态系统，可以通过与政策制定者、行业伙伴、更广泛的公众等的合作，支持研究成果应用于实际。

第三节　哈佛大学哲学社会科学发展的策略与特点

一、发展历程与学科现状

成立于 1636 年的哈佛大学是美国历史最悠久的大学。在院系设置上，哈佛大学在美国的大学中是比较独特而又有代表性的。首先受英国传统学院制的影响，哈佛大学高度重视通识教育，设置了集本科和研究生教育为一体的哈佛文理学院。作为哈佛大学规模最大的院系，哈佛大学文理学院致力于重塑 21 世纪的人文和科学教育。哈佛文理学院包括哈佛学院、文理研究生院、工程与应用科学学院和继续教育学院。哈佛学院的核心使命在于为哈佛大学的本科生提供人文和科学教育，为社会培养公民与领袖。拉德克利夫高级研究院专注于研究，其他 8 个专业学院聚焦专业学位的教育和相关研究。

哈佛大学教育科研的组织管理形式，除了学院和独立机构之外，还设置了大量的实体或平台类的研究所和中心。实体的研究所或中心拥有独立或与学院、系共同任命的教职、研究人员。平台类的研究所和中心由任职学院和系或大学其他机构的教职研究人员构成。

哈佛大学的院校设置在数量和规模上偏重哲学社会科学。从表 8－18 可以看出，哈佛大学的在校生数、学位获得者中，绝大多数是哲学社会科学类的。

表 8－18　　　　历年哈佛大学分学院在校生数统计　　　　　单位：人

学院	2005～2006 学年	2009～2010 学年	2015～2016 学年	2016～2017 学年	2017～2018 学年	2018～2019 学年
哈佛学院	6 587	6 617	6 634	6 645	6 699	6 722
文理研究生院	3 772	3 754	4 069	4 207	4 300	4 488

续表

学院	2005 ~ 2006 学年	2009 ~ 2010 学年	2015 ~ 2016 学年	2016 ~ 2017 学年	2017 ~ 2018 学年	2018 ~ 2019 学年
商学院	1 851	1 911	1 938	1 947	1 922	1 903
牙医学院	226	244	239	252	243	253
设计学院	566	654	826	889	906	903
神学院	422	384	316	312	325	275
教育学院	975	992	918	887	853	870
管理学院	925	951	915	935	974	958
法学院	1 948	1 987	1 990	2 035	1 992	1 986
医学院	784	756	831	863	903	973
公共卫生	787	827	1 088	1 032	986	955
继续教育：研究生	599	1 461	1 472	1 718	2 072	2 344
继续教育：本科	451	632	699	802	845	865
艺术学院	46	42	45	44	22	
总数	19 939	21 212	21 980	22 568	23 042	23 495
减去双学位	70	96	88	133	95	159
调整后总数	19 869	21 116	21 892	22 435	22 947	23 336

资料来源：Office of Institutional Research and Analytics，https：//oir. harvard. edu/fact-book/ enrollment。

二、发展策略

（一）制定战略规划

哈佛大学素有重视哲学社会科学教育与研究的传统，其高质量、高标准的人文教育与学科建设自 19 世纪以来一直被广为称道。由于哲学社会科学的学科特点和学院制管理的传统，其哲学社会科学的建设与发展主要通过自然积累而成。同时，学校非常注重顶层设计，抓住有利时机，助推哲学社会科学的快速突破。

20 世纪前期，哈佛大学的社会科学处于一种较为尴尬的境地，其学术声望无法媲美哈佛的人文学科，在科研活力方面又远逊于自然科学。20 世纪三四十年代，哈佛大学聘请了一批在社会科学领域或声名卓著或极具潜力的学者加盟，从而为哈佛大学社会科学学科的腾飞奠定了人才基础。

在推动社会科学发展的具体路径选择上，哈佛大学认识到社会科学的发展不能仅靠纯粹的学理思辨，必须高度重视现实问题、关注应用研究。从"二战"后到 20 世纪 70 年代，哈佛大学认真分析战后新的国际格局，敏锐捕捉到美国对外关系调整将产生激增的政策研判的需求。因此，该校以区域研究、国际关系及外交政策研究作为社会科学学科发展的突破口，自觉拓展社会科学服务美国国家战略的职能尝试，相继成立了俄罗斯研究中心（1948 年）、中东研究中心（1954 年）、东亚研究中心（1955 年）、国际事务中心（1958 年）、国际发展研究所（1962 年）、贝尔福科学与国际事务研究中心（1973 年）、日本研究所（1973 年）等智库机构。这一社会科学研究重心的转移密切联系了外部需求，且依托该校强大的研究队伍和学术资源，使哈佛大学社会科学在这一时期取得了显著成就。俄罗斯研究、东亚研究、国际事务发展研究都成为哈佛大学社会科学学科的金字招牌，并保持至今①。在 2021～2022 年的 QS 大学学科排名中，哈佛大学在社会科学学科的整体排名、政治学与国际关系学科以及社会政策与行政管理学科领域均高居榜首②，从而确立了哈佛大学在全球高校社会科学研究的领先优势与卓越声誉。

进入 21 世纪，随着全球化进程的加快、信息通信技术的快速发展和广泛应用以及新自由主义潮流对市场价值以及功用性的倡导，哈佛大学的哲学社会科学尤其是传统人文学科也遭遇了前所未有的冲击。人文学科的本科规模从 1954 年的 24% 下降至 2012 年的 17%，人文学科新生中有 57% 表达出转出人文学科的意向③。面对人文学科的现实困境，哈佛大学于 2011～2012 学年发起了旨在重振人文学科的"人文学科计划"（Humanities Project）。改革主要在负责本科教育的哈佛学院进行，目的是"提高学生交流、解释和辩论"等人文素质，并在学科间的合作中发挥人文学科的重要影响。

2013 年 6 月，哈佛大学文理学院连续公布了三份关于人文学科发展的系列报告，对人文学科未来的发展趋势等问题进行了详细分析。第一份报告《描绘未来》（Mapping the Future）侧重于描绘人文学科的哲学基础；第二份报告《课程工作组的任务声明》（Curriculum Working Group Mission Statement）将焦点放在了课程改革上；第三份报告《补遗》（Addendum）则强调人文学科对其他学科也有重要作用。上述报告强调，要加大对人文学科教师的资助力度，强化人文学科与其他学科的协同交叉④。新的人文学科发展计划成为哈佛大学人文学科进一步发展的出发点。

---

① 田山俊等：《一流大学智库群的崛起》，载于《教育研究》2016 年第 4 期。

② 《QS 大学学科排名》，https：//www. qschina. cn/en/subject-rankings/2021，2021 年 11 月 28 日。

③④ Mapping the Future ［EB/OL］. https：//news. harvard. edu/gazette/story/2013/06/mapping-the-future/，2021－11－28.

（二） 顺畅组织架构

哈佛大学的管理体制是典型的矩阵制，纵向的校、学院和系结构与横向功能结构相结合。横向结构包括服务和后勤机构以及独立的联合机构（Allied Institutions）。服务和后勤机构包括图书馆、医疗、网络信息、餐饮、场地、交通、采购和财务等。独立的联合机构包括天文馆、动植物园、剧团和博物馆等。

校、学院和系之间的三级纵向管理关系倾向于分权制，校级机构负责整体规划、政策与协调事务，学院和系是教学、科研和社会服务的中心。学院与系之间的权力分权，根据学院的规模和学科特征安排各异。

在校级层面，哈佛大学设有董事会和监事会。董事会是哈佛大学的最高决策机构，负责学校重大政策制定及校长等重大人事任命等事项。董事会任期每届6年，可连任1届。董事会传统上由7名成员构成。2010年董事会扩编，成员一举增至13人。新的董事会不仅代表性增强，而且宏观决策职能也得到加强。由于成员增多，董事会下设若干专业委员会。如新成立的基础设施和资产规划委员会以及财务委员会中，除董事会成员外，也吸收有相关专业经验的监事会成员、校友和其他专业人士参与。专业委员会不仅是专业领域的咨询机构，也是董事会在相关领域的决策机构，其做出的决策通常由董事会审议批准。通过这样的改造，董事会在顶层制度设计和战略规划确立方面的专业性大幅提升[①]。监事会多从哈佛大学校友中产生，任期也是6年，每年更换5名成员。其职责主要是对校务起监督和咨询的作用。监事会代表校友和教师的利益，在校务管理发生争议时，有权组建独立调查委员会，对事件进行调查。校长是哈佛大学董事会的核心，代表董事会全面负责大学的工作。校长之下设教务长和若干副校长，教务长负责全校学术、行政管理和财务的协调合作，副校长则分别负责法律事务、校友事务、财务、人力资源、公共关系等具体领域的管理工作[②]。

相比学校管理层主要侧重宏观决策，哈佛大学的日常具体事务由各个学院负责。在哈佛大学的管理架构中学院享有较大的自主权，可独立决定本院的课程设置、招生标准、教师评聘和财务管理等。学院下设的系是最基本的教学实体，负责完成具体专业的教学和学科科研任务。系在教师聘任和晋升、教学计划的制订、课程设置、科研项目的申请与实施、科研经费预算等方面享有较大的发言权，但没有独立的财务管理权。

---

① 刘慧珍等：《哈佛大学董事会组织机构与治理改革》，载于《现代教育管理》2016 年第 3 期。

② 哈佛大学官网，https：//www.harvard.edu/about-harvard/leadership-and-governance/，2021 年 11 月 28 日。

哈佛大学治理架构通过董事会决策、校长治校和院系教授治学的方式，使得行政权力和学术权力处于相互制约与平行运作的状态，一定程度上减少了某一群体单方面的独断专横，有利于提升全校教职员工的工作主动性与责任感。

值得一提的是，哈佛大学科学合理的筹款组织架构为科研募集到充足的经费。哈佛大学的筹款组织层次分为校级、院级两层。在具体筹款时采用分散式筹款，即院系参与筹款的模式，而非学校整体操作模式。学校层面和学院层面共同协商制定学校、院系筹款目标，院系筹款部门在学校发展部的指导监督下独立开展筹款活动。在学校层面，哈佛大学负责筹款的核心部门包括：董事会、校友事务与发展部、财务管理部门、哈佛管理公司、公共事务与沟通部，具体组织架构如图 8-7 所示。在学院层面，各学院具有较大的自主权，在学校总体谋划的基础上，各学院设立自身的筹款目标，并开展筹款活动。院级层面同校级层面的组织结构基本一致，由学院校友事务与发展副院长领导院系层级的发展办公室（有些学院称主要设对外关系办公室，代替发展办公室）和校友事务办公室，分别负责组织院系的筹款管理工作、校友关系维护等。

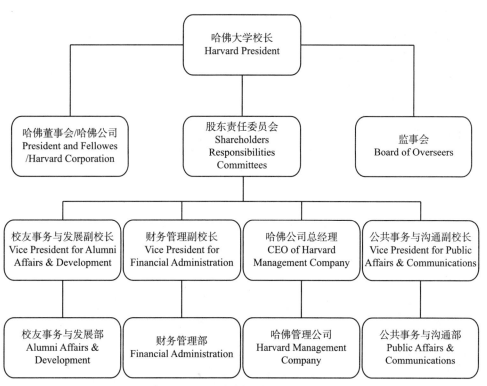

图 8-7　哈佛大学筹款组织架构

（三）支持教师专业发展

哈佛大学围绕教师终身教师评聘，为每位教师提供职业导师制度、咨询服务以及各种教师发展工作坊。

首先，学校为每位教师提供问题诊断式的咨询服务。学校规定职业导师主要由资深教师而非系主任等院系领导担任，与之相反，提供咨询服务的则必须是院系领导或是他们的代表。咨询服务的内容主要是院系领导对处于前终身教职阶段的教师的年度表现进行问题诊断，明确指出存在的问题，以及申请终身教职的可能性障碍等。

其次，学校给教师提供的教师手册涵盖了终身教师申请所需准备的档案材料的具体内容、格式要求、材料样本以及档案材料的排列顺序等细节性的信息。而且手册里明确规定，虽然职称晋升通用标准是统一的，适用于所有单位，但精确的标准和要求因领域和院系而异，因此，教师必须了解其所在的院系对于满足大学终身教职标准的要求的解释。

截至 2016 年，哈佛大学一共有 1 570 名全职教职人员（见表 8 - 19），其中近一半属于终身或候选终身教职的教职人员。哲学社会科学类学院（文理学院、法学院、商学院、管理学院、教育学院和神学院）的终身系列教职人员和非教研系统核心人员的总量都要远高于理工医等学院，他们的终身系列教职人员的比例也要高于理工医等学院。

表 8 - 19　　　　　　　哈佛大学各学院教师统计

学院	终身教职		终身教职前		非教研系统核心人员		非教研系统其他人员		总数（人）
	人数（人）	百分比（%）	人数（人）	百分比（%）	人数（人）	百分比（%）	人数（人）	百分比（%）	
大学总数	1 012	37	485	18	714	26	509	19	2 720
文理学院	484	46	158	15	369	35	32	3	1 043
法学院	86	53	9	6	52	32	15	9	162
商学院	92	39	86	36	51	22	7	3	236
管理学院	54	31	19	11	45	26	55	32	173
教育学院	25	20	21	17	37	30	42	34	125
神学院	21	32	9	14	8	12	28	42	66
小计	762	42	302	17	562	31	179	10	1 805

续表

学院	终身教职		终身教职前		非教研系统 核心人员		非教研系统 其他人员		总数 (人)
	人数 (人)	百分比 (%)	人数 (人)	百分比 (%)	人数 (人)	百分比 (%)	人数 (人)	百分比 (%)	
工程学院	56	65	19	22	9	10	2	2	86
公共卫生	75	26	65	22	86	30	163	56	289
设计学院	30	28	23	21	54	50	1	1	108
医学院	112	35	65	20	67	21	77	24	321
牙医学院	6	3	19	9	49	22	146	66	220
其他	10	83	0	0	2	17	0	0	12
小计	289	28	191	18	267	26	389	38	1 036
附属医院	796	7	3 019	28	4 884	45	2 264	21	10 963

注：终身教职：教授、讲座教授、大学教授；终身教职前：副教授、助理教授、同等待遇讲师；非教研系统核心人员：实践教授、临床教授、临床副教授、临床助理教授、高级和其他讲师、训导主任等；非教研系统其他人员：访问学者（教授、副教授、助理教授、讲师）、临时教职人员、临床讲师和助理等。

资料来源：Faculty Development & Diversity. https：//faculty. harvard. edu/files/faculty-diversity/files/2018 - 19_full_annual_report_for_web. pdf.

各学院的高级与非高级教职人员之比差异较大（见表 8 - 20）。相比之下，哲学社会科学学科的高级与非高级教职人员之比较高，自然科学学科次之，专业学院更低（法学院例外）。

表 8 - 20　　　　　　　　哈佛大学教师职称结构统计

学院		助理教授		副教授		教授	
		人数 (人)	百分比 (%)	人数 (人)	百分比 (%)	人数 (人)	百分比 (%)
大学总数	1 570	281	18	230	15	1 059	67
总数	1 606	284	18	232	14	1 090	68
人文	200	17	9	21	11	162	81
社科	229	30	13	21	9	178	78
自然	215	33	15	31	14	151	70
工程	77	10	13	10	13	57	74

续表

学院		助理教授		副教授		教授	
		人数（人）	百分比（％）	人数（人）	百分比（％）	人数（人）	百分比（％）
小计	721	90	12	83	12	548	76
商学院	187	48	26	44	24	95	51
管理学院	74	15	20	7	9	52	70
教育学院	47	13	28	10	21	24	51
神学院	28	7	25	1	4	20	71
法学院	94	8	9	0	0	86	91
设计学院	57	11	19	14	25	32	56
公共卫生	146	34	23	33	23	79	54
医学院	227	42	19	36	16	149	66
牙医	25	16	64	4	16	5	20
小计	885	194	22	149	17	542	61
其他	9		0		0	9	100
附属医院	10 051			9 222		829	8

注：附属医院的助理与副教授不分。

资料来源：Faculty Development & Diversity. https：//faculty. harvard. edu/files/faculty-diversi-ty/files/2018 – 19_full_annual_report_for_web. pdf.

三、发展特点

（一）以课程改革为抓手

重振哲学社会科学的首要任务是留住学生，而想要留住学生则必须建设高质量并具有吸引力的课程体系。在这次改革中，新入门课程（new gateway courses）成为了重点建设项目，包括于 2013 ~ 2014 学年实施的三门哲学社会科学课程——《倾听的艺术》《阅读的艺术》《探寻的艺术》，以及于 2014 ~ 2015 学年实施的针对大一、大二学生的艺术人文概论课。通过新入门课程的学习，改革者们希望学生从一开始就对人文学科充满兴趣并打下扎实的基础。课程改革的另一个重要领域是跨学科课程建设。哈佛大学跨学科培养的传统由来已久，而哲学社会科学本身就具有跨学科的天然优势。跨学科课程建设有助于哲学社会科学冲破专业的"藩篱"，在整个大学内部实现自我复兴。同时，改革者们正在设计新的跨学科性质的哲学社会科学专业。这个新专业有些类似哈佛大学的"特别主修"，将为那些在哲学社会科学有特殊兴趣及突出表现的学生量身打造。除此之外，哈佛大学还引入了一些其他方面的具体改革措施。比如，围绕某一主题或问题建立起跨系的课程群（course clusters）或全校范围内跨专业的交叉课程（crossroads courses）；为哲学社会科学实习计划筹集资金，通过实习让在校生提前意识到良好的人文训练对就业的重要影响；开发更强的人文课程导航工具，使得各个学科的学生能够方便地理解人文课程间的相互联系，并快速找到自己心仪的课程，等等。

（二）发挥师生主体作用

哈佛大学认为教师和学生是实现哲学社会科学复兴的主力军。除了关注自身的专业研究，教师应该抽出更多的时间和精力帮助学生。哈佛大学鼓励教师"更多地参与"大一新生的指导，让学生在刚入校时就能了解哲学社会科学的课程设置和各种项目计划。同时，成立专门负责监督项目计划和提供咨询服务的教师委员会，以保证"人文学科计划"的顺利进行。在教学方面，鼓励教师组织开展各年级段的学生研讨会。研讨会可以使学生接触到不同的学科思维和文化，同时训练学生通过论证、解释和讨论来进行表达和沟通的能力。而且，研讨会关注诸如时间、正义、爱情和幸福等一些人文学科的永恒主题，以帮助学生更好地理解和体验人文经典。另外，在哲学社会科学的课堂上，鼓励教师关注当下，把人文与当代社会联系起来，强调人文智慧对现实的影响。

（三）服务于国家战略需求

作为美国一流大学的代表，哈佛大学自"二战"之后开始致力于智库建设。到20世纪70年代，哈佛大学充分发挥自身在哲学社会科学的人才、科研、组织和资源等方面优势，逐步建成了众多在公共政策领域具有广泛影响力的高水平智库。2019年1月31日，由美国宾夕法尼亚大学"智库研究项目"研究编写的《全球智库报告2018》（2018 *Global Go to Think Tank Index Report*）在纽约、华盛顿及北京等全球100多个城市发布。其中，哈佛大学的"贝尔弗科学与国际事务中心"（Belfer Center for Science and International Affairs）、"国际发展中心"（Center for International Development）、"韦瑟海德国际事务中心"（Weatherhead Center for International Affairs）、"阿什民主治理中心"（Ash Center for Democratic Governance）、"莫萨瓦尔—拉赫马尼商业与政府中心"（Mossavar – Rahmani Center for Business and Government）、"戴维斯俄罗斯与欧亚研究中心"（Davis Center

271

for Russian and Eurasian Studies）等智库都被纳入了全球最佳智库之列。可以看到，哈佛大学敏锐捕捉公共政策需求、有效拓展经费来源、准确定位服务领域，充分挖掘哲学社会科学服务国家战略和现实问题的功能，在短短的20余年间建成了令世人瞩目的一流大学"智库群"。哈佛大学"智库群"的崛起，不仅为哈佛大学哲学社会科学社会服务职能的拓展与深化提供了有效平台，而且为哈佛大学赢得了广泛声誉。

（四）强劲的资源拓展能力

哈佛大学筹款也常常被称为"资源拓展"。作为美国最富有的大学，该校多次在美国大学筹款中居于首位。哈佛大学最具影响力的筹款运动即"您的哈佛"筹款运动（2013～2018）。在筹款运动时期，哈佛大学除了重要职能部门负责筹款具体事宜外，还会成立临时的校级筹款运动委员会具体领导和负责几个阶段的筹款活动。为了唤起哈佛人和其他潜在捐赠人的捐赠意识，哈佛大学在筹款运动中充分利用了品牌的效应，将品牌作为沟通、筹款和部门宣传的主题；大学校长将其"历史积淀的品牌"和"未来将树立的品牌"作为与潜在捐赠者的重要沟通内容和工具，并通过公开筹款演说对其品牌进行"营销"；哈佛大学公共事务关系、校友事务与发展部门有效利用多媒体技术对哈佛大学的区域发展服务实践、筹款影响故事等进行"推广"。得益于强劲的资源拓展能力，哈佛大学2018年的收入中捐赠收入占经费来源的最大份额（见表8-21）。

表8-21　　　　　　2018年哈佛大学收入　　　　　单位：%

学院	捐赠收入	学生收入	资助支持	赠物	其他
学校总况	35	21	18	9	17
拉德克里夫高等研究院	85	—	3	11	1
神学院	70	6	1	12	11
文理学院	51	23	13	8	5
工程与应用科学学院	36	—	36	6	22
法学院	33	45	5	11	6
设计学院	33	42	2	13	10
医学院	27	9	42	8	14
肯尼迪学院	24	27	19	24	6
教育学院	19	29	22	19	11
口腔医学院	25	24	18	3	30

续表

学院	捐赠收入	学生收入	资助支持	赠物	其他
商学院	18	41	9	—	32
公共卫生	17	10	65	5	3

资料来源：financial report fiscal year 2018. https：//finance. harvard. edu/files/fad/files/harvard_annual_report_2018_final. pdf.

第四节　斯坦福大学哲学社会科学发展的策略与特点

一、发展历程与学科现状

斯坦福大学成立于 1885 年，并于 1891 年 10 月 1 日接纳第一批学生，是加利福尼亚州斯坦福市的一所私立研究大学。在开学典礼上，主席台前挂着"科学""艺术""文学"和"技术"四面锦旗，充分体现了该校文理交融、教学与科研结合、文化教育与职业教育兼顾的办学思想。作为一所私立大学，斯坦福大学的发展历史远不如哈佛和耶鲁那样悠久，且在创建后的很长一段时间都徘徊于生存的边缘，直至 20 世纪 60 年代在短期内迅速上升为世界顶尖大学。

该校在创办之初就提出了独具特色的办学宗旨，"要使学生所学知识能为其未来生活起到帮助作用。通过发挥人类文明的影响力，充分显示大学的积极作用，促进公共福祉；使学生感受到自由的氛围，教导他们遵守国家的规章制度；教导学生尊重和热爱民主中固有的崇高原则，这些原则源于人们与生俱来的生存、自由和追求幸福的权力"。尽管该校是一所理工科优势明显的综合性大学，但是从该校办学宗旨看，该校重视哲学社会科学在人才培养中的支撑作用。

斯坦福大学的院校设置和规模整体上呈现哲学社会科学与自然科学相平衡的状况。目前斯坦福大学一共有 7 个学院，分别是商学院、地球、能源与环境科学院、教育学院、工程学院、人文科学院、法学院以及医学院。其中，商学院、教育学院、人文科学院和法学院 4 个学院属于哲学社会科学类院系（见表 8 - 22）。这 4 个学院中，仅人文科学院（23 个系以及 23 个交叉学科项目）设有研究生和本科生课程，而法律、医学、教育和商业学院仅设有研究生课程。

273

表 8 – 22　　　　　　　　斯坦福大学哲学社会科学学院

学院	成立时间	办学目标
教育学院	1981 年	致力于使所有人受益于其教育历程的理念，并培养富有革新意识、坚定信念和有远见的、改变世界的领导者
法学院	1983 年	以法律、知识和自由的牢固结合作为办学信念
商学院	1925 年	以创新理念加深和引导对管理的认知，并培养富有革新意识、坚定信念和有远见的、会改变世界的领导者
人文与科学院	1948 年	培养文雅、优秀的公民

2015～2016 学年的学位授予中（见表 8 – 23），学士学位授予数量偏重哲学社会科学，人文学院学士学位数量占学士学位总数的一半以上。硕士学位授予数量偏重理工科，工程学院的硕士学位授予数量占硕士学位总数的 45.5%。博士学位授予数量中哲学社会科学与自然科学相对持平，各占总数的 50% 左右。

表 8 – 23　　　　　　　2015～2016 学年斯坦福大学学位授予数量

学院	学士（个）	占比（%）	硕士（个）	占比（%）	博士（个）	占比（%）
地球、能源与环境科学院	34	1.9	73	3.1	42	4.1
工程学院	672	38.3	1 064	45.5	304	29.5
人文科学院	1 049	59.8	368	15.7	280	27.1
商学院	—	—	510	21.8	21	2.0
教育学院	—	—	196	8.4	28	2.7
法学院	—	—	67	2.9	186	18.0
医学院	—	—	51	2.2	171	16.6
继续学习	—	—	9	0.4	—	—
总计	1 755	—	2 338	—	1 032	—

注：总计中的学士学位数据包含获得双学位数量。
资料来源：Stanford University. https：//irds. stanford. edu/institutional-research/stanford-university.

从斯坦福大学 2018～2019 学年注册生人数看（见表 8 – 24），哲学社会科学的学生人数占总数的半壁江山（48.3%）。其中，工商管理、教育学、法学、管理学、管理科学与工程、经济学、国际关系等是哲学社会科学领域的热门专业。

表 8 - 24　　　　　2018~2019 学年分学院注册学生数统计

学院	人数	占比（%）	学院	人数	占比（%）
商学院	1 047	7.8	人文科学院	4 403	33
地球、能源与环境科学院	496	3.7	法学院	658	4.9
教育学院	339	2.6	医学院	1 237	9.3
工程学院	5 173	38.7	总计	13 353	100

资料来源：Office of the University Registrar. https：//registrar. stanford. edu/everyone/enroll-ment-statistics/enrollment-statistics - 2018 - 19.

二、发展策略

（一）制定战略规划

2019 年，斯坦福校长马克·泰西耶·拉维涅（Marc Tessier - Lavigne）首次发布了未来 10 年发展愿景（见表 8 - 25）。与此同时，斯坦福大学经过严密的科学推理与调查研究，于 2019 年推出《斯坦福大学 2025 计划》（*Stanford* 2025），旨在探索改善学习体验、引领未来教育变革。即通过"开环大学"突破了学生入学年龄的限制，增强学校和社会关系；"转轴翻转"强调能力培养，以能力取代学科知识作为教学中心；"自适应教育"鼓励个性自主，给予学生学习自主权；"目的性学习"着眼于课题探究，开展跨学科合作研究。

表 8 - 25　　　　　　　斯坦福大学未来 10 年愿景规划

愿景主题	主题内涵	具体行动倡议
解决方案	通过解决全球紧迫问题并建立大学外的合作伙伴关系以扩大解决方案规模的举措，从而进一步开发紧急挑战的解决方案	1. 斯坦福影响实验室：为社会科学创建创新的研发渠道，开发基于证据的社会问题解决方案； 2. 创新药物加速器实验室：通过建立和扩展斯坦福大学现有资源来克服开发新药的障碍； 3. 变革学习：导向以学生为中心的学习方法和学习设计，利用多学科教员、外部伙伴关系和教学网络来改善所有人的教育体验； 4. 可持续发展：成为关注改善全球气候的校园中心

续表

愿景主题	主题内涵	具体行动倡议
知识	通过艺术、人文、社会科学、科学和工程等基础工作，增进我们对世界和自身的了解	1. 改变人类体验：促进人文和社会科学的研究，探索我们不断变化的世界，包括我们不断变化的身体、思想、世界和政治结构； 2. 艺术孵化器：通过培养创新研究，跨学科知识生产，推进学生、教师和在艺术创新前沿工作的访问艺术家之间的有意义的合作，来培育具有变革意义的新作品； 3. 支持斯坦福研究人员：支持在自然科学领域从事独立研究的博士后学者； 4. 设立战略平台：提供共享的资源和设施，使跨学科研究团队能够流动
教育	为本科生和研究生提供更好的教育机会，在他们的学术旅程中创建一个共同体以支持不同的学生	1. 扩大受教育机会； 2. ResX（学生住房项目）和镇中心：规划振兴凝聚力的住宅社区和对白色广场区域，共同创造一个舒适的住宅体验和校园环境； 3. 更新通识教育
社区	支持我们的教职员工和学生	1. 成立生活负担任务小组：负责开发一套可持续、广泛的和数据导向的建议册，以解决大学社区成员的生活负担问题； 2. 职业发展与幸福：通过加强员工的能力和依托网络加强联系，增加就业机会等来支持员工的职业发展； 3. 加强社区参与，推动斯坦福大学和外部社区之间建立更具目的性和组织性的互动

资料来源：斯坦福大学官方网站和相关新闻报道。

　　基于大学层面战略规划，哲学社会科学领域的各学科厘清了本学科领域的发展机遇与挑战。例如，教育学科梳理出了九项发展机遇和挑战（见表 8-26）。九项发展机遇与挑战依据主题可以划分为三类：第一类是"发现"，揭示尚未被人类所认知的事物，如数据革命、儿童无差别教育和学习科学；第二类是"创新"，利用创造力将发现的知识转换成可以运用的实践知识，如对社区发展的认同与参与、技术变革、教育价值提升；第三类是"推动变革"，通过激励措施将发现和创新的成果付诸实践，如教育者赋权行动、完善教育体系、研究与实践互动。

表 8 - 26 　　　　斯坦福大学教育学科领域面临的九项机遇与挑战

序号		机遇与挑战
1	数据革命	借助教育技术获得教育数据，研究利用数据促进教育发展
2	每个孩子的承诺	关注弱势儿童、少数民族儿童、特殊需求儿童和幼儿教育
3	学习科学	脑科学、心理学、语言学和人类学共同致力于探究人类学习的秘密，了解学习差异的原因
4	认同和参与	提升个人对社区发展的认同感，加深学习者对文化、种族和不同社会优势的理解
5	变革性技术	人工智能等技术创新为教育提供了基于证据的改进方式，旨在探究技术如何更好辅助教学
6	教育价值提升	通过不断研究学习者的变化和社会的需求来开发最有价值的课程，帮助学习者成为信息的分析者而非单纯的接收者
7	教育者赋权行动	通过教师专业发展计划，提升教师和教育管理者知识、能力和社会声望
8	完善教育体系	通过政策研究为政策制定者提供完善本国和全球教育体系的依据，如减少差距、培养卓越人才
9	研究与实践互动	开创研究与区域发展的新型伙伴关系，研究积极响应社区需求，社区为研究提供更多的支持和合作的机会，实现互赢

（二）顺畅组织架构

斯坦福大学的组织管理采取的是政府宏观指导，大学自主管理的基本模式。该校在办学过程陆续形成了《创始基金及修订、立法和法令》《学术委员会的评议会和专门委员会手册》和《行政管理指南》等政策文件，共同理顺了斯坦福大学的治理结构和运行体系。

作为一所私立非营利大学，斯坦福大学是一家根据加利福尼亚州法律拥有公司权力的信托机构。根据创始基金的规定，董事会（最多 38 名成员）是大学最高权力机构，负责管理投资基金，制定年度预算，并制定学校的运营和控制政策。董事会选举受托人，受托人任期五年（不超过两个连续任期），每年开会五次。新的受托人由现任受托人投票选出。斯坦福受托人还负责监督斯坦福研究公园、斯坦福购物中心、康托视觉艺术中心、斯坦福大学医疗中心和许多相关的医疗设施（包括 Lucile Packard 儿童医院）。

在董事会的领导下，斯坦福大学形成了学术管理体系、行政管理体系、咨询建议机构、学术权力机构和学生自治组织构成的主要运营体系（见图 8 - 8）。

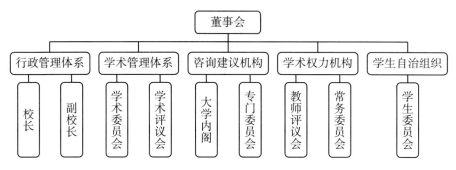

图 8 - 8 斯坦福大学运营体系

一是校长牵头的行政管理体系。董事会任命一名校长担任大学的首席执行官，并任命九名副校长。主要负责行政事务决策，包括干部的任免、行政规章制度制定和发布、行政组织机构组建。

二是以学术委员会或评议会为中心的学术管理体系。学术委员会由终身制和非终身制教师、政策中心和研究所的高级研究员、大学校长和部分学术管理人员组成。主要负责学术事务决策，如教师聘任和晋升、学术政策制定和发布、学科院系组建，以及人才培养方案制定等。

三是大学内阁和专门委员会构成的咨询建议机构。大学内阁负责为校长和教务长制定大学发展战略和规划提供意见和建议，审查大学政策和规划的科学性；专门委员会是校长"智囊团"，负责就校内教学、科研等事务为校长提供咨询服务。

四是以教师评议会和常务委员会为中心的大学学术权力机构。教师评议会由55名被选举的教师代表组成，主要负责审议学院院长和教务处长批准的院系教师聘任名单，并就教师聘任、晋升等相关事务向校长提出建议。

五是学生组建的学生联合会是学生自治组织。学生联合会是斯坦福大学的学生政府，所有注册学生均为会员。它的领导班子由本科生选举产生的本科生参议院、研究生选举产生的研究生理事会、全体学生团体选举产生的主席和副主席组成。学生联合会既对组织自身的预算、财务、投资和运营等负责，也对学生生活相关问题采取行动。

（三） 支持教师专业发展

纵览一百多年的斯坦福大学发展史，卓越的学术人才和的领导者为学科发展提供了人力支撑。该校师资选聘上遵循宁缺毋滥的原则，据第一任校长乔丹（David Starr Jordan）回忆，"斯坦福先生要我物色最优秀的教师，坚决不要那种徒有虚名或游手好闲的人担任教授"。① 同时，斯坦福大学的教师发展战略也卓

---

① 周少南编著：《斯坦福大学》，湖南教育出版社 1988 年版，第 64 页。

有成效，即依靠终身教育制度对教师专业发展形成外部压力和内部动力；给予教师"线上＋线下"结合的专业发展资源，提供教师成长"帮扶"机制为教师专业发展提供充足的资源支持；基于不同教师的学科背景、教学年龄等特征设计多样化的教师专业发展项目，提升专业发展的针对性和个性化。

其中，斯坦福大学为新进教师提供的职业导师最有特色。职业导师主要履行职业指导和心理支持两方面的职能，前者指帮助初任教师为职业晋升做好准备，后者指帮助初任教师增强效能感、归属感和身份意识。职业导师需要扮演多重的角色，例如因其行为、态度、价值观和伦理方面的优秀表现在斯坦福大学取得成功的榜样角色；鼓励学员创新思维方式和研究方向，并推动学员拓展其能力；作为缓冲保护学员免受伤害；通过支持学员、尊重他们的目标和利益来接受和肯定学员；通过评审学员的学术成就来提供反馈并为其职业发展提供建议；为学员处理困难处境提供咨询服务，例如平衡家庭和工作、处理管理失误和困难决定等。

同时，斯坦福大学规定院系领导或是他们的代表每年需要给每一位初任教师提供咨询服务。例如，根据晋升标准对初任教师的工作表现做出反馈，具体反馈内容包括学术成果质量和生产力、学科对发表数量的一般性期望、对其他认可指标如项目经费的期望、有助于学术发展的建议、教学的数量和质量、其他学术活动的成果质量、对初任教师社会服务水平的一般性期望以及获取终身教职的可能性分析等。

根据 2017 年秋季的统计，斯坦福大学教职人员（professoriate）人数达到 2 219 人，比上一年度增加 39 人（1.8%）。按所属院校计算，教职人员由 1 524 名（69%）大学终身制（University Tenure Line，UTL）教员、548 名（25%）医学中心所属（Medical Center Line，MCL）教员、128 名（6%）非终身制（Non - Tenure Line，NTL）教员和 19 名（1%）高级研究人员（Senior and Center Fellows，SF/CF）组成（见表 8 - 27）。

表 8 - 27　　　　2017 年斯坦福大学各类型教职工数量　　　单位：人

层次	终身制教员	非终身制教员	医学中心教员	高级研究人员	总计
助理教授	305	19	130	—	454
副教授	254	41	151	—	446
教授	965	68	267	—	1 300
高级和中心研究员	—	—	—	19	19
总计	1 524	128	548	19	2 219

资料来源：https：//stanford. app. box. com/v/faculty-report - 2017.

279

从表 8 – 28 可以看出，哲学社会科学专业的教师占了全部教师数的 50% 以上，哲学社会科学专业对斯坦福大学的重要性可见一斑。

表 8 – 28　　　　　　　2017 年斯坦福大学各学院教职工数量

学院	人数	教师类型
地球、能源与环境科学院	59	教授 38、副教授 11、助理教授 10
教育学院	59	教授 32、副教授 14、助理教授 13
工程学院	261	教授 154、副教授 52、助理教授 54
商学院	124	教授 75、副教授 24、助理教授 25
人文科学院	578	教授 137、副教授 51、助理教授 48
		教授 129、副教授 22、助理教授 34
		教授 101、副教授 20、助理教授 36
法学院	63	教授 55、副教授 4、助理教授 4
医学院	1 020	教授 78、副教授 21、助理教授 27
		教授 204、副教授 70、助理教授 73
		教授 266、副教授 151、助理教授 130
国家加速器实验室	36	教授 30、副教授 6
独立实验室/中心/研究所	19	高级和中心研究员 18

资料来源：https：//stanford. app. box. com/v/faculty-report – 2017.

三、发展特点

（一）发挥学科渗透作用

斯坦福大学的哲学社会科学在较长的历史积累中，逐渐形成了一批专业覆盖面较广的学科群，基本涵盖了文、史、哲、艺、政治、心理、法律、社会、经济、管理等哲学社会科学主要领域，呈现出基础与应用哲学社会科学并重、传统与新兴交叉哲学社会科学相匹配的学科格局。日益优化的学科结构使得哲学社会科学在学校整体发展中发挥愈来愈独特的功能。一方面，文、史、哲、艺等基础哲学社会科学开设了广泛而深刻的人文必修课、选修课，使得理工学生从狭隘的工程范式扩展到浩瀚的人类精神领域，有机会接触到人文教育的真正思想内核，使其能够思考社会生活的价值，从而实现理工院校发展哲学社会科学的主旨。另一方面，"空间文本分析"等领域的兴起，反映出哲学社会科学知识能渗透进工程技术知识，形成问题导向的新哲学社会科学，以解决诸如全球发展、不平等和技术的政策规划等紧迫的现实挑战。

（二）信息技术驱动"数字化"转向

关注技术发展对传统哲学社会科学的影响，促进"数字化"人文的转向。传统上，斯坦福大学出版社的出版物以其对欧洲哲学、拉丁美洲历史以及中东研究的贡献而享誉世界。近年来，斯坦福大学在传统哲学社会科学的发展模式外开始关注"数字化"，以此提高哲学社会科学的实用性。例如，"空间文本分析"中心（Center for Spatial and Textual Analysis）注重批判性地使用数字工具，以在计算机、设计和人文学科的交叉领域创造哲学社会科学知识，从而促进斯坦福大学传统哲学社会科学研究的"数字化"转向。在信息技术的驱动下，斯坦福大学的哲学社会科学借鉴应用型学科"技术推动"为核心的学术战略，强调弘扬学术与服务社会的二元统一。"从本质上说，大学其实是在一张天衣无缝的网中发展运行的，它要协助实现整个地区的发展目标，在推动创造一系列公司的过程中提高自身的学术水平。"① 通过将哲学社会科学学术活动与社会需求结合，使哲学社会科学活动、资源延伸至社会实践，寻找学术与实践的交汇点，促进学术影响向社会影响转变，提升哲学社会科学在研究型大学内部的学科地位和生存能力。

（三）以项目建设为依托

面对全球范围内的"哲学社会科学危机"，斯坦福大学2012年以来启动了系列改革以凸显和巩固人文学科的价值，例如夏季人文学院（The Summer Humanities Institute）、人文核心项目（Humanities Core）、纽约城市学院—斯坦福教学交流（City College of New York – Stanford Teaching Exchange）等改革项目。其中，夏季人文学院招募高中生参加为期三周的由杰出的斯坦福教授主持的讨论会，探讨哲学社会科学的核心问题。人文核心项目是斯坦福大学文理学院为学生提供为期一年的哲学、文学和文化等哲学社会科学课程，引导学生思考价值和意义等终极问题，并且修课后对学生授予哲学社会科学辅修文凭。斯坦福大学自20世纪末成立的人文中心，是美国最早建立的人文学科研究机构，拥有30多个跨学科项目和研究实验室，包括胡佛研究所、斯坦福家庭、儿童和青少年研究中心等。表8-29列出了部分哲学社会科学研究中心。

---

① ［美］亨利·埃兹科维茨著，王孙禹、袁本涛等译：《麻省理工学院与创业科学的兴起》，清华大学出版社2007年版，第148页。

表 8 - 29　　　　　　　　部分哲学社会科学研究中心

	弗里曼斯波利国际研究所
政策研究所	斯坦福经济政策研究所
	以人为本的人工智能
	斯坦福森林环境研究所
	Precourt 能源研究所
人文社会科学中心	斯坦福人文中心
	行为科学高级研究中心
	语言与信息研究中心
胡佛研究所	

（四）汇集高水平与跨学科的专家学者

师资是学科构成的最主要因素，在很大程度上，师资水平决定教育水平和教育质量。斯坦福大学的第五任副校长特曼（Frederick Emmons Terman）任职时曾提出，"如果有 9 万美元在手，预期平均分给 5 位教授，每人得 1.8 万美元，就不如把 3 万美元支付给其中一名佼佼者，而其他人各得 1.5 万美元"。世界著名理工大学荟萃了哲学社会科学领域的著名专家学者，其中不少是学科泰斗、杏坛精英，有的甚至是诺贝尔奖获得者。他们开创性的科研和优秀的教学为后起的哲学社会科学增色不少，吸引了更多的哲学社会科学人才，推动着哲学社会科学在理工大学的迅速崛起与发展。例如，斯坦福大学目前有 1 179名教师（哲学社会科学教师占比 36%），其中，诺贝尔奖获得者 19 人，国家人文奖获得者（National Humanities Medal recipients）4 人、美国艺术与科学学会会员 300 人、美国教育学会会员 28 人。同时，哲学社会科学的教师学科背景呈现出明显的跨学科特色。以该校教育学院 82 名教育学教师为例，其中50%（41 人）的教师博士学位是非教育学科背景，如心理学 10 人，经济学 5人。这些教育学学科背景的教师也来自多个教育学二级学科和教育学交叉学科，如既有高等教育、幼儿发展、课程研究与教师教育等，也有与学科教育紧密相关的数学教育、科学教育等，还有交叉学科，如教育社会学、教育心理学、教育哲学等。

第五节　东京大学哲学社会科学发展的策略与特点

一、发展历程与学科现状

东京大学创设于 1877 年，1886 年改名东京帝国大学，1947 年恢复东京大学的原名。东京大学是日本第一所近代大学，也是日本第一所国立综合性研究型大学。一百多年以来，东京大学一直以培养日本各界的精英领袖为使命，这既奠定了东京大学各学科建设的坚实基础，也使其学科布局与整体实力相对均衡。在 2021 年 QS 全球大学排名中，东京大学总排名第 23 名，其艺术与人文学科排名第 22 名，社会科学排名第 34 名，各项排名均居日本第一。

自建校以来，东京大学培养了大批社会精英，其中包括 11 位诺贝尔奖获得者。在该校的《第四个中期计划》（第四期中期目标·中期计划）中提到要培养具有卓越才能的人才，这种人才能深刻理解本国历史文化，具有宽阔的国际视野和强烈的开拓精神，具有精深的专业知识和解决问题的能力，具有独立提出问题、做出思考并解决问题的能力。1921 ～ 1962 年，京东大学累计培养了 11 182 名博士生，其中文学博士 289 人、法学博士 157 人、经济学博士 63 人、理学博士 1 402 人、工学博士 1 916 人、农学博士 1 112 人、药学博士 571 人、医学博士 5 672 人。近年来，东京大学授予博士生学位的学科不断增加，如 2020 年新增工商管理学博士学位，且博士学位获得者人数稳步提升。截至 2020 年，东京大学累计授予 18 603 人博士学位（见表 8 - 30）。

表 8 - 30　　2016 ～ 2020 年东京大学各学科授予博士学位人数

学科	2016 年	2017 年	2018 年	2019 年	2020 年	总计
文学	3	5	2	3	3	472
心理学	0	0	0	0	0	7
社会学	0	3	1	2	0	55
社会心理学	0	0	0	0	0	3
社会情报学 1	0	0	0	0	0	2

续表

学科	2016 年	2017 年	2018 年	2019 年	2020 年	总计
教育学	0	4	3	5	1	148
法学	0	2	3	1	3	97
经济学	3	2	4	2	4	224
工商管理	—	—	—	—	1	1
学术 1	11	9	7	8	8	297
理学	2	2	3	2	4	1 948
工学	24	32	36	34	30	6 063
学术 2	0	0	2	1	1	15
农学	10	23	19	15	15	3 381
兽医学	4	6	1	1	5	217
医学	18	18	14	9	6	3 642
保健学	1	6	2	4	1	212
药科学（制造）	16	9	8	11	14	58
药学（应用）	2	0	0	0	2	1 513
数理科学	2	0	1	0	0	58
科学	0	2	0	3	1	36
生命科学	2	0	1	0	1	18
医科学	—	—	3	0	0	3
环境学	1	2	2	1	0	37
国际合作研究	1	0	2	0	2	10
信息科学与工程	0	0	0	1	1	76
跨学科信息学	0	0	0	1	0	5
社会情报学 2	0	0	1	0	1	5

注：文理研究生院授予学术 1 博士学位、工学研究生院授予学术 2 博士学位、人文学院授予社会情报学 1 博士学位、跨学科信息研究生院授予社会情报学 2 博士学位。

资料来源：論文博士の取得者数 . https：//www. u-tokyo. ac. jp/ja/admissions/adm-data/e10_01. html.

目前东京大学每年在籍生人数都在 2 万人以上（见表 8 - 31）。

表 8 - 31 　　　　　　　东京大学 2016~2020 年在籍生人数　　　　单位：人

年份	在籍本科生	在籍硕士生	在籍博士生
2016	13 998	6 814	5 775
2017	13 947	6 944	5 749
2018	13 986	7 095	5 679
2019	14 007	7 134	5 763
2020	14 010	7 297	5 794

资料来源：学生数の詳細について. https：//www. u-tokyo. ac. jp/ja/students/edu-data/e08_02_01. html.

东京大学的学术组织体系采用学部—研究科两级体制。学部负责本科生教育。现有 10 个本科学部，其中哲学社会科学领域有文学部、教育学部、法学部、经济学部和教养学部（负责全校性通识教育）5 个学部。研究科既是研究生的教育组织，也是教师的研究组织和身份挂靠单位。研究科的组织结构实行研究科—学科（专业）—研究室的体制。现有 15 个研究科，其中哲学社会科学相关的有人文社会系研究科（4 个学科 29 个研究室）、教育学研究科（10 个专业）、法学政治学研究科（3 个专业和 2 个专业学位课程）、经济学研究科（5 个专业 14 个讲座以及 3 个附属研究中心）、综合文化研究科（7 个专业中 4 个属人文社会科学领域）、公共政策研究科（法学与经济学合办的专业学位研究生课程）6 个研究科。

除了上述以研究与研究生教学为导向的研究科外，东京大学还设有全校性的专职研究所 11 个，其中属哲学社会科学的有 3 个：东洋文化研究所、社会科学研究所及史料编辑所。研究所组织结构采用部门制。东洋文化研究所下设泛亚研究部、东亚第一部、东亚第二部、西亚部、南亚部及新亚洲部 6 部及国际学术交流室。社会科学研究所下设比较现代法、比较现代政治、比较现代经济、比较现代社会和国际日本社会 5 个研究部及附属社会调查与数据处理中心。

二、发展举措

（一）制定战略规划

东京大学的哲学社会科学发展战略包含在其整体的发展战略中。2004 年国立大学法人化开始之时，东京大学即制定并颁布《东京大学宪章》，从长期战略的视角阐明了东京大学建设与发展的基本原则。根据上述原则，2005年东京大学制定颁布了《2005～2008行动计划》（アクション・プラン2005～2008），对该阶段的发展战略做了清晰的规划。2011年，东京大学在时任校长滨田纯一的主导下制定并颁布了《东京大学2015行动方略》，具体规划了2010年至2015年乃至2020年的大学发展战略，成为指导东京大学建设与发展的基本战略纲领。

《东京大学2015行动方略》的发展战略包括6部分，其中有关学术发展战略的内容主要体现在"知识的公共性与国际性"和"知识共创"两个章节中。

所谓知识的公共性与国际性，即强调在复杂多变的国际政治、经济及生态环境中，东京大学作为代表日本的大学，应充分发挥其知识创造与知识传承的职能。具体而言，明确其作为"世界最高水平的学术研究的引擎"及"具有国际视野的、能为社会公正、科学进步与文化创造贡献力量的领导人才培育据点"的定位，尤其是在全球一体化不断强化的趋势下，通过国际化与多元化的推进，积极传播日本学术研究的魅力与优势，提升其在国际社会及学术界的存在感。这实际上强调的是战略发展规划必须体现大学作为国家创新主体的定位与职能。

所谓知识共创，即强调打破大学象牙之塔的封闭格局，以知识研究为媒介，构筑大学与社会协同发现问题，解决问题，创造新知识的共生关系。具体而言，将世界最高水准的研究成果以快捷明了的方式传播至日本及全球。这实质是要求大学规划发展必须面向社会变革，必须适应与引领社会经济发展。

为体现大学知识创造的公共性与国际性，东京大学主要从"确保学术多样性与追求卓越"以及"构建国际化的校园"两方面实施。

"确保学术多样性与追求卓越"的具体目标在于：一是通过强化确保研究时间、提升研究积极性及促进研究人员在大学间的流动性等支持性政策，推动全校的教师及研究人员努力开展高水平的教学科研；二是推进学科的融合，孕育新知识的创造环境；三是强化国际存在感，确保东京大学拥有50个以上的世界最高水平的研究机构。

针对上述目标，规划构想的实施重点主要集中在4个方面：第一，强化高水平研究的支持体制。具体内容包括，一是改善高水平科研活动的环境，构建全校共同利用的科研平台、确立大型科研项目的支持机制、数据资料的电子化及确保与日本国内外高校在科研合作方面的信息沟通渠道等；二是确立顶尖研究人员的沟通机制，充实共同利用的研究据点、增强跨学科的研究机构的活力、积极发展与国际顶尖大学间的师生交流、推动与日本国内其他大学的教师交流；三是建立合理的研究活动评估机制，积极开展对大学科研的各类评估活动特别是外部评估，建立客观公正的能够反映大学高水平科研的评估指标体系。第二，积极推进研究的多样化，强化高水平研究的基础。具体措施包括：促进各校区的科研活动的个性化、特色化及研究重点与职能的分工；明确各系部组织的学科优势与发展重点，同时积极构建系部之间的研究协力体制；强化对人文社会科学研究的扶持与支援、大力推进研究成果的翻译与出版事业；灵活运用东京大学基金等学校经费重点扶持新兴学科的研究发展，抢占国际学术发展的前沿；推动并强化校内外跨学科的研究协力机制，以此推动并创造新的学术领域的形成。第三，积极构建结构合理的学术梯队，大力培育青年及女性等此前未得到重点关注的学术群体，努力挖掘其学术研究潜力。具体政策包括：改革人事制度，积极聘用女性及年轻的学术研究人员；推动大学及系所间的研究人员的流动化，促进组织的新陈代谢。第四，推进科研活动的国际化水平，提升东京大学在科研领域的国际存在感。具体措施包括：面向全球招聘高水平外国研究人员；吸收国际专家参与博士论文审查，推进博士论文的英语化与国际化；积极充实在海外的国际高等研究所，强化科研成果的对外翻译，积极举办国际会议，提升东京大学在国际学术界的存在感。

高水平的科研需要有一定的国际化的基础。东京大学发展战略实施的第二个重点是构建国际化校园，其目标是尽力吸收全球的精英人才，形成国际化的师生结构，提高教学科研的国际化基础与环境。其中与研究人才培养及研究体制改革相关的措施包括：一是扩招海外留学生及外籍研究人员。为此东京大学计划增加全英文教学课程的数量；增加外籍教师数量，强化教育科研的多样性；在课程及教学机制方面强化国际通用性。二是推动国际交流，强化对海外的信息发布。例如，培育具备国际宣传能力的人才，强化对外宣传；活用东京大学在海外的各类机构，在世界各地独立举办留学说明会；通过网络、出版物等多种渠道在全球范围宣传东京大学的科研成果，提升国际知名度及国际形象。三是强化与亚洲的交流联系。例如，积极开展与亚洲相关的教学科研活动，如外语教育及区域研究等；与中国、印度等强化在人才培养方面的合作，积极吸引其优秀人才来东京大学留学或开展科研活动；强化与中韩及东南亚在各方面的合作等。

总体而言，东京大学在"确保学术多样性与追求卓越"以及"构建国际化的校园"方面所实施的政策与日本政府自21世纪起开始实施的COE战略（世界一流大学建设战略）及大学国际化战略在内容上基本一致，不过东京大学作为日本的顶尖大学，其在数值目标及具体政策方面推进得更为彻底。

东京大学战略发展的另一重点是推动大学面向社会经济发展，强化大学服务社会的意识与职能。由于国际竞争的加剧，大学在国家社会经济发展中的作用日益突出，如何凸显大学在国家创新发展中的作用，强化其与社会经济的互动，成为各国政府与大学普遍关注的焦点。日本政府从 20 世纪 90 年代起即积极鼓励大学打破封闭的象牙塔的壁垒，努力构建产学研协同机制。这是东京大学实施服务社会经济发展战略的基础。具体而言，其战略实施的目标从单纯的向社会还原科研成果走向构建与社会共同进行知识创新的协同体系，强化大学适应及服务社会的能力。具体实施重点集中于 5 个方面：一是在全校范围内构建开放的 "知识共创平台"，将推进校企合作作为组织机制改革的重要方向及组织的中心职能。二是推进以科研成果还原及相关创新创业为核心的产学协同体制的构建。例如，围绕知识创新、保护及应用，强化组织环境的改革；强化与株式会社东京大学 TLO 在知识产权保护及应用方面的战略合作；通过与株式会社东京大学创业合作基金的协力加大对大学创业研发型企业的支援力度；通过大学产学研联协会议等加大对企业与社会的科研成果信息的公开化；积极推进在海外的产学合作事业；加快产学协力及新兴产业创业人才的培育工作。三是在强化产学合作的基础上推进"知识共创"。例如，以价值创造为目标，构建校企合作机制平台，实现全方位、全过程的产学合作。这一产学合作的知识共创尤其侧重于前沿及交叉领域。四是在教育教学方面积极推进大学与社会互动的人才培养机制的构建。例如，开放大学优质教学资源，开展各种层次类型的继续教育及生涯教育；强化校企合作机制及内容，在学生培养方面充实社会经济发展的需求。五是在社会服务方面，充分发挥大学对区域社会发展的支撑及咨询职责，开展全方位的各种形式层次的社会服务，努力将大学科研教学成果回馈社会。总览上述，东京大学在社会服务方面的规划重点，一是充分利用东京大学雄厚的科研实力，强化科研在产业技术革新与升级中的作用；二是在终身学习的社会趋势下，充分利用东京大学的平台优势为社会与民众提供各种形式与层次的学习服务，以此体现大学作为社会文化中心的辐射作用。

除了大学整体发展战略外，《东京大学 2015 行动方案》中也对人文社会科学研究做了具体要求，即在方法上重视文理结合与学科交叉，研究取向上重视全球化及区域社会发展中的现实问题，研究梯队建设上重视年轻学者的培养。

另外，2004 年的国立大学法人化改革以后，每 6 年一期的《中期计划》成为大学战略发展的具体指针。在 2016～2022 年的最新一期中期计划中，有关研究发展的目标确定为，在哲学社会科学和自然科学等领域追求卓越性与多样性，以此为基础构筑世界一流的研究型大学。为了实现这一目标，一是建立立体化、适应全方位需求的研究体制。其中学部和研究科的任务是实施从基础理论到应用实践的宽领域的研究，推进学术研究领域的综合化；校级研究所的任务是作为全球开放型的前沿研究据点，开拓引领新的学术领域。小型研究中心的任务是培育前沿研究的萌芽，支撑综合性、基础性的教学研究。二是对应研究多样性的发展，建立灵活的教师招聘与管理体制。其中的重点是年轻学者的培养与扶持。中期计划设想增设 300 个研究岗位，确保年轻教师占比达到 28%。对于具有实践经验的在职人员、女性及外国研究人才的吸收与活用，中期计划也明确了系统性的改革方向。三是强化研究的应用及社会服务导向。总之，在最新一期中期计划中，有关《东京大学 2015 行动方案》对哲学社会科学发展的相关政策得到进一步确认。

（二） 顺畅组织架构

2004 年国立大学法人化改革以后，日本调整了此前教授会议主导的教授治校的管理体制，强化了以校长为中心的自上而下的管理架构（见图 8 - 9）。在学校层面的管理架构中，法人化以后，国立大学普遍增设了大学理事会作为大学的最高决策机构，同时设置了经营委员会和教学科研评议会两个专职管理机构，分别负责学校经营管理和教学科研事务管理。而校长同时出任这三个委员会的委员长，有权任命理事，提名并任命经营协会和教学科研评议会成员，这样就突出了校长的地位和作用，使之成为学校决策的重心所在。

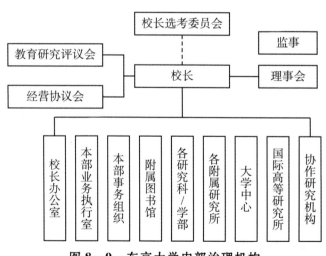

图 8 - 9　东京大学内部治理机构

除了上述管理架构外，东京大学在校长室下设政策战略研究中心，筹划包括科研在内的学校发展战略，在学校行政部门中设置研究推进部，负责科研战略的实施及各项支持活动。

在学术研究的组织方面，东京大学针对不同类别的学术组织，根据其不同的组织结构特点，赋予其差异化的学术研究使命。学部、研究科是大学基本的学术组织，承担核心的教学与人才培养使命。其学术研究主要集中于基础性的、综合性的领域。研究所是专职的、常态化的研究机构，基于其技术设施先进的特点，学校鼓励其强化与国内外学术界的协同交流，积极开展前沿研究，使之成为开放的顶级研究据点。研究中心主要是东京大学为培育萌芽状态的前沿研究或是支撑教育教学及研究发展的交叉性、临时性研究机构，其使命侧重强化学科领域之间的交叉协同，推进创新，促进研究成果的社会还原。

基于不同的研究组织的特性，开展不同形式与目标的学术研究，促进了东京大学科研的整体发展。

（三）支持教师专业发展

20 世纪末，日本政府颁布了《大学设置基准》《关于 21 世纪的大学形象想以及今后的改革方案》等政策，明确强调了大学教师必备的基本素质。在国家政策的引导下，东京大学开始重视大学教师专业发展。东京大学的教师专业发展的主要目的是通过改进教师的课堂教学表现，培养教师的教育能力以提升科研水平和人才培养能力，最终推动整个国家国民素质的提升和社会进步。

东京大学促进教师专业发展的制度化活动以满足教师发展需求和服务于教师为宗旨。东京大学在确定讲座或工作坊主题时，会提前调查各专业教师的需求，并结合教师的实际需求确定主题。而且活动结束后，学校会通过发放问卷、访谈等方式了解教师们对活动的反馈，并将反馈意见用于未来教师培训活动的改革中。

东京大学教师专业发展的特色体现在三方面：一是校内外组织机构的资源共享。东京大学不仅内部成立了教师发展机构，定期组织各类教学科研交流活动，且校外的学术组织也会不定期举办讲座、培训活动、学术会议，为校内外的教师提供交流平台。二是有效结合制度化和市场化。未来紧跟市场的步伐，东京大学通过实施教师专业发展来适应市场的需求并促进自身的改革与发展，强调按照市场的要求安排教师发展的具体内容。三是偏重教学的导向。大学教师重科研轻教学的实际状况使得日本政府在教师发展制度中强调教师的教学能力。作为对国家政策的回应，东京大学教师专业发展同样强调教师教学能力培养，但是作为一所研究型大学，该校教师专业发展中还强调教学与科研的结合。

目前，哲学社会科学领域的专职教师约占全校教师的 30%（见表 8-32）。

表 8 – 32　　　　东京大学哲学社会科学领域专职教师分布

学部/研究所		专职教师人数	教授	非常勤
学部	人文社会系研究科	126	75	91
	教育学研究科	36	24	49
	法学政治学研究科	76	63	22
	经济学研究科	54	42	13
	综合文化研究科	290	148	165
研究所	东洋文化研究所	专职 28 人、兼职教授副教授及讲师 7 人、任期制助教 2 人、特任研究员 6 人、博士后 12 人、客座研究员 18 人		
	社会科学研究所	专职 43 人（其中教授 23 人、副教授 14 人、助教 6 人），非常勤研究人员 22 人，外籍客座教授 7 人		

注：公共政策研究科为由法学与经济学合办的专业学位研究生课程，其教师分属于这两个学部。

资料来源：東京大学の概要，https://www.u-tokyo.ac.jp/content/400141005.pdf.

三、发展特点

（一）尊重哲学社会科学的规律

在研究组织结构方面给予各学科自主权，允许其根据自身的学科特点构建教学科研的组织结构模式，学校并不强求一律。从 6 个哲学社会科学研究科（学院）的内部组织形式看，既有保持日本传统的讲座制体制的，也有强调综合化、交叉化倾向的学科制体制。如人文社会系研究科主要从事基础理论研究，其组织结构采用专业—研究室体制，其下设思想文化学科、历史文化学科、言语文化学科、行动文化学科 4 个专业，每个专业下再设 3~12 个研究室（如言语文化学科按语言研究种类分成 12 个研究室），对专业研究领域及方向做进一步细化，每个研究室 3~5 名专职教师。类似的还有经济学与教育学研究科。与此相比综合文化研究科则采用大学科制，专业之下不再设讲座。如该研究科内也设有言语信息科学专业，拥有 60 余名专职教师。虽然其研究方向包括言语科学基础理论、言语信息分析、语态分析、言语学习、日韩语比较等，但并不人为地设置研究组织，对其进行分类。类似的有法学政治学研究科。

（二）多学科融合的研究视角

2001 年日本学术会议发表《21 世纪人文社会科学的作用：科学技术的新解

读与日本社会文化新体系的构建》报告书，强调将哲学社会科学纳入广义的科学技术的概念中加以理解与定位，哲学社会科学的使命是解决社会文明及科学技术发展所面临的问题，在研究方法上应突破文理学科的壁垒，运用多学科视角分析与解决问题，尤其强调引进自然科学的研究视角与方法进行革新。如学校设置专职的综合性研究所，研究所的专职研究人员虽可参与相关学科的教学工作，但研究所本身没有教学考核指标。这种综合性的专职研究所可以整合多学科的资源，有利于大团队高水平科研成果的产出，如战后创立的社会科学研究所，整合法学、经济学、社会学和政治学等多科学资源与研究视角从事区域社会发展研究。

（三）紧跟国家和社会需求

东京大学地处日本政治经济的中心地带，其哲学社会科学研究与京都大学"不问实际，只追求学问"不同，带有更强的入世意识，强调研究要为推动国家及社会发展服务。以社会科学研究所为例，其研究模式主要分成 3 个层面。最底层是研究人员各自的专业研究领域。最高层面集全所之力，围绕有关社会发展的重大课题进行团队研究，以推出具有重大社会影响的科研成果。在这两个层面之间，研究人员可根据个人研究兴趣及全所性课题的需要，结合所内外人员自由组成研究班（目前有 36 个研究班），对上述两个层面的研究进行补充发展。全所课题一般选择与社会发展关联密切的问题进行总结或展望。比较有影响力的课题有战后改革、法西斯时期的国家与社会、福利国家、转型期的福利国家、现代日本社会、20 世纪系统、20 世纪 90 年代的日本的总结等。

（四）社会对大学的反哺效应明显

日本社会对东京大学的反哺效应体现在学术研究、人才培养、资源供给和声誉塑造四方面。学术研究上，日本社会突显的老龄化现象、年轻人低欲望的心理现状等为哲学社会科学研究提供了丰富素材，使得东京大学形成了相关特色研究领域；人才培养上，日本社会对东京大学人才培养提供了各种企业实习机会，为应用型高级人才的培养提供了实践条件；资源供给上，大量社会资金流入东京大学，成为继政府财政拨款后最大的款项来源，为哲学社会科学巩固教育和科研水平提供了充足的经费；声誉塑造上，哲学社会科学通过科研成果转换服务于社会，其本身也在服务的过程中增强了大学的美誉度，有助于吸引更多的科研项目、更优质的师资和丰富的办学经费。

第六节　国际一流高校哲学社会科学发展的经验

　　五所世界一流高校哲学科学发展水平较高并非偶然，通过梳理其所在国家的哲学社会科学发展战略规划，识别样本高校的院系设置、学科布局、教职员工状况和管理体制，本节进一步从中归纳、总结出"共通性"的发展经验。

　　一是高度重视哲学社会科学发展对学校的牵引作用与影响。

　　样本高校都非常重视哲学社会科学对学校整体发展的推动作用，这有多方面的理由。在科学技术日益强盛且国家化交流愈发频繁的时代，人文艺术教育对于激发人的想象力、创造力、包容性和智慧的不可或缺性，也是国家和地区间交流的最佳途径。因此，样本高校通过哲学社会科学涵养学生综合素质，注重哲学社会科学丰富大学文化内涵的作用，发挥哲学社会科学提升大学公共参与和社会服务等方面的能力。总体而言，哲学社会学科的学科特性决定了其对大学软实力与文化内涵建设方面具有决定性意义，这是世界一流大学建设中不可忽视的关键因素。

　　二是重视基层学术组织的建设。

　　尊重基层学术自主权是样本高校的普遍特征。校级管理部门主要负责规划、预算、院校分析、协调等方面的工作，人事、经费使用等权力往往在系、所、中心或学院等教学研究单位。例如，哈佛大学教职人员聘任、晋升和解聘的权力在系、所；而有关教职人员的名额，尤其是终身教职人员的名额，由基层与学院一起和大学人事部门协商确定。非终身教职人员的聘任、晋升和解聘由系所自主决定，向学院报备，以此激发基层学术组织的活力。

　　三是立足服务社会，瞄准全球社会热点问题。

　　样本高校的哲学社会科学研究不仅重视知识的发现和创新，更重视为区域和全球的经济社会发展服务。例如，日本东京大学社会科学研究所非常重视为政府决策和社会服务，该所每隔数年都要集全所之力，围绕社会发展的重大课题进行团队研究，以推出具有重大社会影响的科研成果。再如，牛津大学一直关注社会热点问题研究，近几年还创办了几个面向社会热点问题的研究机构，如 2007 年创办的史密斯企业与环境学院（Smith School of Enterprise and the Environment）希望通过该学院对环境问题的研究，尤其是对私人企业应对环境问题的研究使牛津大学在研究环境问题方面发挥领导作用，并使该学院能成为英国政府的智囊机构，也希望学院设计的政策得到联合国和各国政府的采纳。2010 年，牛津大学创办的布拉瓦尼克政府管理学院（Blavatnik School of Government）则以培养具有全球化思维能力和处理复杂问题的知识与技能的未来世界领袖为目标。

四是整合研究力量，着力推进学科交叉。

样本高校普遍重视研究力量整合和学科交叉工作。日本东京大学在战后建立了社会科学研究所，整合法学、经济学、社会学和政治学等多学科资源与研究视角从事区域发展研究，又设立了综合文化研究科，融合数理科学、环境科学、人文社会科学等领域的人才和资源从事跨学科文化研究。在牛津大学的八大科研战略中，"进一步鼓励开创跨学科科研"是其重要战略之一，该校近几年连续创办了一批跨学科学术研究机构，以推进科研的深度发展，如 2005 年创办的詹姆斯·马丁二十一世纪学院、2007 年创办的牛津—曼量化金融研究院，以及 2008 年组建了中国中心。剑桥大学 2001 年成立的"艺术、社会科学与人文学科中心""历史学与经济学联合中心"等都鼓励各领域学者围绕重大公共问题开展学科交叉与合作。

第九章

我国高校哲学社会科学战略重点与发展路径

党的十八大以来，习近平总书记站在党和国家事业全局高度，将哲学社会科学工作摆在重要位置，作出一系列重要论述，深刻阐明了哲学社会科学的地位作用、目标任务、时代使命、实践要求，深刻回答了一系列方向性、全局性、战略性重大问题，为加快构建中国特色哲学社会科学提供了思想指引。教育系统深入贯彻习近平新时代中国特色社会主义思想，贯彻落实习近平总书记关于哲学社会科学工作的重要论述，坚决落实党中央决策部署，坚持党的全面领导，抓理论武装、抓体系建设、抓育人育才、抓意识形态，推动高校哲学社会科学取得了历史性成就，发生了历史性变革，马克思主义指导地位更加巩固，体系构建提质增速，教材建设取得突破，育人功能更加凸显，人才队伍建设成效显著，中国特色新型高校智库建设精准发力，国际影响力快速提升，为新时代坚持和发展中国特色社会主义作出了重要贡献。

当今世界正经历百年未有之大变局，我国正处于实现中华民族伟大复兴的关键时期，社会大变革必定带来哲学社会科学大发展。面对新时代坚持和发展中国特色社会主义，迫切需要高校哲学社会科学培养更多德智体美劳全面发展的社会主义建设者和接班人，讲清中国奇迹背后的道理学理哲理，推动中华优秀传统文化创造性转化创新性发展，为加快国家治理体系和治理能力现代化提供理论支撑和智力支持。面对全球治理体系变革，迫切需要高校哲学社会科学讲好中国故事传播中国声音，提升国家文化软实力，深化文明交流互鉴，为推动构建人类命运共同体贡献中国智慧、中国方案。

面向 2035 发展愿景，我们也要清醒地认识到，高校哲学社会科学原创性思想引领有待强化，国际话语权有待提升，体系构建有待优化，改革力度有待加大，人才队伍建设有待加强，必须通过高质量内涵式发展不断提升发展新高度。

第一节　高校哲学社会科学发展的指导思想与战略思路

一、高校哲学社会科学发展的指导思想

高校哲学社会科学高质量发展要以习近平新时代中国特色社会主义思想为指导，全面贯彻落实党的十九大及历次全会精神，贯彻落实习近平总书记关于哲学社会科学工作的重要论述和指示精神，坚持以人为本、守正创新、自主构建、引领未来的指导方针，坚持为人民服务、为中国共产党治国理政服务、为巩固和发展中国特色社会主义制度服务、为改革开放和社会主义现代化建设服务的高等教育使命，坚持面向世界科技前沿、面向经济主战场、面向国家重大需求、面向人民生命健康的科研方向，加快构建中国特色、世界一流的高校哲学社会科学体系，为实现"两个一百年"奋斗目标和中华民族伟大复兴中国梦贡献智慧与力量。

二、高校哲学社会科学发展的基本原则

坚持马克思主义中国化。促进高校哲学社会科学高质量发展，要推进马克思主义与中国特色社会主义伟大实践相结合，与中国历史文化相结合，深化21世纪中国马克思主义研究。

坚持扎根中国伟大实践。促进高校哲学社会科学高质量发展，要聚焦国家重大战略需求，服务国家治理体系和治理能力现代化，重点解决学术研究与实践创新相脱节的问题，坚持扎根中国大地实现理论创新，推动面向伟大实践和解决中国问题的学术转型。

坚持育人育才相结合。促进高校哲学社会科学高质量发展，要聚焦高校优势特色，服务立德树人根本任务，以培养新人、培育人才、武装人民为目标，培养德智体美劳全面发展的社会主义建设者和接班人，为增强"四个意识"、坚定"四个自信"、做到"两个维护"夯实思想之基。

坚持文明交融互鉴。促进高校哲学社会科学高质量发展，要融入全球哲学社

会科学范式转型，构建全球哲学社会科学深度合作平台，主动参与并逐渐引领全球性重大议题设置和问题研究，为推进全球治理体系变革、构建人类命运共同体提供思想理论贡献。

三、高校哲学社会科学发展的战略思路

推动高校哲学社会科学战略转型。推动高校哲学社会科学高质量发展，要推动高校哲学社会科学实现四大战略转型：学科体系建设要从服务于学术研究的"小逻辑"转向服务于经济社会发展的"大逻辑"；学术体系建设要从对西方学术范式的路径依赖转向扎根伟大实践的范式创新；话语体系建设要从适应国际规则的跟随状态转向基于文化自觉的价值引领；育人体系建设要从局限于知识传授的偏狭状态转向德育为先、全面发展的时代新人培育。

引领高校哲学社会科学迭代升级。推动高校哲学社会科学高质量发展，要聚焦知识创新和研究范式转型，通过新型交叉研究基地建设和优势特色项目合理布局，引领数字智能时代的全球潮流。适应人工智能、大数据等新技术革命的发展，推进数据密集型研究，引导范式转型和战略跃迁，瞄准可能产生重大突破的领域，布局一批国家级哲学社会科学重点实验室，建设一批国际一流的国家级基础数据库和专题数据库、学科知识和情报咨询服务体系，推动高校哲学社会科学强化实验研究、政策仿真研究。

强化高校哲学社会科学自主创新。推动高校哲学社会科学高质量发展，要大力开展面向未来的自主构建行动，探索设立专项基金稳定支持一批高校骨干教师或创新团队，开展具有前沿性、交叉性、独创性、引领性的研究，引领哲学社会科学基础理论、研究范式、实验方法的变革，在融汇古今中外、贯通科技人文、关照人类未来等方面作出开创性贡献，逐渐实现哲学社会科学从"跟跑"到"并跑"，在部分领域实现"领跑"。

深化高校哲学社会科学开放融合。推动高校哲学社会科学高质量发展，要参与并引领重大国际问题研究，支持高校围绕全球治理、全球正义、发展中国家现代化等热点问题加强探索，为解决文化冲突、促进文明交流互鉴作出高校贡献。发挥哲学社会科学在中外人文交流中的独特作用，构建全球战略伙伴合作网络，支持高校实施一流学科全球伙伴计划，汇聚全球哲学社会科学学者在推动经济社会发展、消除贫困、文化遗产保护、人类文明演进等方面深化合作，让世界更好地读懂"学术中国""人文中国"。支持高校哲学社会科学教师积极参与国际组织有关政策、规则、标准的研究和制定，为建设人类命运共同体提供中国方案。

第二节　坚持习近平新时代中国特色社会主义思想统领

推动高校哲学社会科学高质量发展，要高举中国特色社会主义伟大旗帜，坚持将习近平新时代中国特色社会主义作为加快构建中国特色哲学社会科学的指导思想，努力打造"真学、真懂、真信、真用"的高校哲学社会科学队伍，推动创新学科体系、学术体系、话语体系，着力构建高校哲学社会科学的中国特色、中国风格、中国气派。

一、坚持马克思主义在高校哲学社会科学领域的指导地位

坚持马克思主义的科学性和发展性。要坚持马克思主义的理论定力，坚持以马克思主义的科学性揭示自然、人类社会、人类思维发展的普遍规律，坚持以马克思主义的人民性坚定以人民为中心的价值立场，坚持以马克思主义的实践性提供改变世界的最新理论武器。努力推动发展马克思主义的深刻内涵，继续将推进马克思主义中国化、时代化、大众化作为高校哲学社会科学的重要责任担当。

坚持马克思主义的高校人才队伍建设方向。要坚持以理想信念教育为哲学社会科学工作者持续"补钙"，提高哲学社会科学工作者拒腐抗变的政治定力和自觉运用马克思主义方法的理论自觉。切实提高高校哲学社会科学工作者的马克思主义理论水平，提高哲学社会科学工作者运用马克思主义理论的精确性、实践性和时代性。坚持加强和改善党对高校哲学社会科学工作的领导，继续推动高校哲学社会科学教师自觉坚持以马克思主义为指导，自觉把中国特色社会主义理论体系贯穿研究和教学全过程；坚持完善高校哲学社会科学建设方针和制度导向，保护真懂、真信、真用马克思主义的高校教师的积极性，推动更多的高校教师勇于担当、敢于亮剑。

坚持马克思主义的教学研究立场。要坚持通过制度建设、人才队伍建设和意识形态工作确保高校哲学社会科学队伍的人民性立场，推动教学和理论的实践能够从人民真实的生存经验和美好愿望中汲取源源不断的力量。坚持将习近平新时代中国特色社会主义思想作为发展和阐释马克思主义理论体系的核心主题、价值追求、基本方法，解决好高校哲学社会科学"为了谁""依靠谁"的问题，进一步提高哲学社会科学在高校和全社会的吸引力、感染力、影响力、生命力。确保高校哲学社会科学工作者在实际工作中始终坚持正确的历史观和群众观，以全心

全意为人民服务的精神与中国特色社会主义现代化同频共振。

二、深化习近平新时代中国特色社会主义思想原创性学理化学科化研究阐释以实事求是的思想路线推动原创性研究

要坚持以高质量的哲学社会科学教研引导青年学生精准理解习近平新时代中国特色社会主义思想的内涵，以中国特色社会主义现代化成就阐释当代大学生的历史方位和初心使命。坚持遵循党史、新中国史、改革开放史、社会主义发展史的线索，在理论研究、宣传、教学中呈现出新思想萌发、发展和实践的历史必然性，在习近平新时代中国特色社会主义思想研究阐释中反映中国特色社会主义道路取得的历史性成就，在围绕新思想的理论创新中不断回答改革发展实践提出的重大课题。

以平台建设推进研究阐释的学理化。要坚持构建具有系统性、整体性、全局性、辩证性的高校哲学社会科学研究体系，以理论协同研究工程带动高校哲学社会科学学科群的发展，引领马克思主义理论工作队伍的建设，促进高校学科学术体系、教材体系、话语体系的建设。积极面对现实和未来的挑战，坚持不忘初心、牢记使命、顺势而为、善作善成的追求和作风，创新理论研究平台，不断开展基础性、战略性、全局性、系统性的研究。坚持发挥好各学科高层次人才的引领和组织作用，在高校中积极设立习近平新时代中国特色社会主义思想研究相关的重大工程、重大课题、重要智库，不断探索核心内容诠释路径的创新，增强青年学生在教学和宣传中的政治认同、思想认同、情感认同。

以立德树人的根本任务推进学科建设高质量发展。要坚持以学科建设作为立德树人和理论研究的重要抓手，将新思想贯穿学科建设的基本目标、每个环节和整个过程中。坚持课程思政建设，引导不同专业背景的青年学生通过学习习近平新时代中国特色社会主义思想的历史地位和实践溯源，深刻理解共产党执政规律、社会主义建设规律和人类社会发展规律。积极推动青年学生通过学习新思想所蕴含的科学思维，客观解读世情、国情、党情，坚定"四个自信"。努力确保青年学生通过学习新思想的问题意识和问题导向，深刻把握马克思主义立场、观点、方法与实际工作的辩证关系。

三、以党的创新理论引领构建中国特色哲学社会科学知识体系

学习研究宣传党的创新理论。要坚持不懈地用党的创新理论武装高校哲学社

会科学工作者，确保哲学社会科学研究每前进一步，党的创新理论武装就跟进一步。坚持抓住"关键少数"带头加强学习和理论武装，引领高校哲学社会科学工作者深刻领会党的创新理论的时代背景、精神实质、历史地位和重大贡献，学会自觉运用其中蕴含的深刻内涵、科学方法和价值立场。努力确保习近平新时代中国特色社会主义思想始终统领高校哲学社会科学的各项工作，持续建设高校意识形态和马克思主义坚强阵地。

推进学科体系的自主构建。要坚持高校哲学社会科学体系始终扎根中国大地，坚持问题导向，鼓励聆听时代声音、回应时代呼唤。积极推进立足中国实际、聚焦党和国家关注的重大问题的高校哲学社会科学研究项目，充分用好高校哲学社会科学研究交叉性强、学科建制完备、人才梯队完整等特点，发挥知识体系创新的集成效应。努力发挥习近平新时代中国特色社会主义思想的引领作用，推动高校哲学社会科学协同创新发展。

持续推进党的创新理论发展。要努力形成系统协同的高层次高校哲学社会科学工作者队伍，不断以理论提炼中国人民创造历史的生动案例和伟大成就，以重大课题攻坚升华具体的发展实践，以更具理论解释力、话语说服力、学术思想力的思想政治教育占领高校的舆论阵地。坚持党的创新理论在学科体系、话语体系、教材体系建设中的统领地位，推动党的创新理论与高校学科体系建设中的高度融合。坚持将高层次科研协同的规模效应转化为辐射带动立德树人的力量。坚持为党的创新理论培养后备人才队伍，以坚定的立场把好教材编纂和教学质量提升的政治关，以深厚的学养把好思想政治教育的学术关；推动党的创新理论进课堂、进教材、进头脑，努力推动新时代思想理论建设新局面的建设。

第三节　服务国家重大战略需求

一、自主构建适应国家需求引领学术发展的学科体系

立足国情，积极服务国家战略和经济社会发展，统筹协调，优化学科布局、瞄准国际前沿、强化队伍建设和资源保障，全面加强学科体系建设，重点培育一批一流学科和学科集群，推动学术创新和铸魂育人。加强社会参与和国际交流合作，在国际交流、交锋中提升中国特色哲学社会科学体系的综合水平和影响力，为建设学术强国奠定坚实基础。

（一）强化基础学科

进一步完善学科设置。围绕党和国家重大战略需求、经济社会发展及对外交流合作等具体需要，及时增设一批新的学科门类和相应学科。完善国家哲学社会科学学科指导目录，完成新一轮学科目录修订，明确学科设立标准，规范学科设置程序，优化学科分级管理体制和资源配置机制。根据实践的发展和学科自身的规律，继续加强学科体系建设，形成更完整的学科建制，逐步形成更健全的学科领域、学科群和学科集群。使文学、史学、哲学、考古学、艺术学、语言学、政治学、经济学、法学、社会学、人口学、民族学、宗教学、新闻传播学、心理学等基础学科都得到更进一步完善和发展。积极推进学科动态调整。扩大教学科研单位学科调整自主权，对不适应经济社会需要的学科名称、机构设置、资源投入进行动态调整。统筹学科资源配置、优化学科建设结构和布局，对缺乏特色、力量分散、低水平重复设置的学科进行整合、归并、提高和优化。

重新梳理学科体系的内在逻辑。系统梳理相关学科的知识体系，对各相关学科及学科体系的概念、假设、论断、命题、理论、范式等进行重新研究和评估。组织力量对一系列重要议题、重要现象或基本问题进行深入系统的研究，更好地立足中国实际，建设自主的基础学科体系。立足国际学术进展，根据中国的学术特质和现实需求，进行创新性发展，逐步探索符合中国特点的基础学科体系。力争在一系列重要问题的研究上有所突破。立足中国国情，探索更符合中国需要的、能够反映中国人民的生产、生活方式和思维、表达方式的学科体系，从根本上解决中国学科自主性及学术的自主创新问题。

立足实践推动理论创新。坚持我国哲学社会科学的中国立场和实践导向，从中国革命、建设和改革的光辉历程中，从改革开放建设中国特色社会主义的伟大实践中挖掘新材料、发现新问题、提出新观点、构建新理论，用中国的概念、理念、思想和话语深入分析中国实践的独特发展道路及其根源，深刻阐明实践和成就所蕴含的历史逻辑、理论逻辑、实践逻辑。用不断发展的中国实践推动中国理论创新，用不断创新的中国理论指导中国实践。加强哲学社会科学基础理论和重要范畴研究，不断夯实学科基础，提升学科整体水平和国际影响力。坚持辩证唯物主义和历史唯物主义方法论，研究借鉴一切有益于理论创新和学科建设的科学方法，分析研究重大理论问题和现实问题，不断提高研究水平。站在学科前沿，加强对学科概念、范畴与基础理论重要性的认识，提高阐释实践的能力，提升学科理论化水平。

布局一批一流基础学科。根据不同高校的历史基础、现实情况及国家战略需求，扎实推进世界一流学科建设，在基础学科领域择优重点建设一批高原学科和高峰学科，有效引领高校其他学科建设，形成一批高水平学科和学科集群。实现不同区域、不同高校的协调发展和整体性提升，大幅提升基础学科的水平和能力贡献度。加强计划实施进程中的统筹协调和动态调整。

（二）发展特色学科

加强顶层设计和总体部署。推动特色学科建设的总体设计和战略规划，加强资源保障和队伍建设，优化体制机制，全面推进特色学科的发展，助力于中国传统文化传承创新，为中国特色社会主义建设提供强有力的学理基础和文化支撑，进一步增强"四个自信"。

积极建设中国特色的学科及学科集群。根据中国独特历史文化传统、中国革命和建设的丰富经验以及中国特色社会主义现代化建设伟大实践，逐步构建一系列富有特色的学科和学科集群，对中国历史、文化、政治及社会经济等重要领域进行深入系统的研究，形成能体现中华民族鲜明特色的学科体系和学术领域。打造具有中国特色和普遍意义的学科体系，为中国特色、中国风格、中国气派奠定坚实基础。汲取中华文化养分。深化中华优秀传统文化经典研究，加强对古代典籍、古代思想流派、古代学术及制度文明的多学科研究，深入挖掘传统文化的现代意义。生动阐明优秀传统思想的当代价值，充分展示当代中国文化发展的丰富基因，展现中华文化的独特魅力，为哲学社会科学繁荣发展提供思想来源和不竭动力。

积极推动学科特色化发展。充分考虑各高校的具体情况，从其历史基础、现实条件、学科传统、区域方位等各方面综合考虑，统筹兼顾，积极鼓励不同高校在学科建设方面探索，形成各自的区域特色、行业特色、民族特色和各流派的风格，促进其传承和发展，培育一批富有特色的学科或学科集群。各高校应充分发挥积极性和创造性，建设各具特点的基础学科体系，彰显各自特色。加强高等院校与科研院所、党校（行政学院）、军队院校及党政部门研究机构的协调合作，发挥各自优势，建设符合自身定位、凸显各自优势、形成特色鲜明的学科集群。

（三）保护冷门绝学

加强队伍建设和人才培养。增加资源投入，切实加强队伍建设和基础设施建设。积极推进人才工作，创造良好条件，凝聚人才，组建高水平团队，确保冷门绝学的事业发展后继有人，各项工作持续发展。发挥资深专家作用；优化人才队伍结构，助力于青年教师的迅速成长。在青年学生中积极遴选优秀后备人才进入冷门绝学的相关队伍，为相关领域的长期发展提供充足的人才准备。拓宽视野，促进冷门绝学与其他学科领域的交流合作，吸收各学科的相关研究，加强冷门绝学的科学化和现代化水平，丰富其学术内涵和知识意蕴，并逐步提升其影响力。

加强平台及制度建设。加强高水平期刊建设，创建一批优质期刊，加大成果出版资助力度凝聚和展现高水平成果，促进国内学术同行交流及国内与国际的交流互动，为学科领域的发展提供充足动力。加强相关领域的学会组织建设，促进不同团队、高校或区域之间的交流合作。加强平台基地建设，通过基地建设来盘活资源、凝聚人才、推动学科。调动一切积极因素，创造有利条件，加强大范围协作。加强国内各高校的冷门绝学的相关学科专业之间的优势互补，资源共享，积极推动协同创新。探索科学合理的评价体系和激励机制。尊重冷门学科的自身特点，探索符合其学科规律的评价体系，坚持学术效益优先的评价方式，尊重学科的独立性，促进其可持续发展。要科学合理地实施学科评估，以评促管、以评促建，更好地服务于学科建设与发展。要抓住重点，树立典型，发挥示范引领作用，带动学科水平和科研工作者能力的普遍提升。

加强重点布局及国际参与。根据国家需求和学术发展需要，遴选若干重点领域，进行精准支持，进行动态的支持。对古典文化、语言文字、边疆史地、国别区域与海外社会研究等重要研究领域进行常态化支持，使相关领域得到充分发展，助力人类文明的传承，以备不时之需。主动出击，灵活应变，积极促变，加强互动。开门办学，与社会的相关部门或一线的研究机构、实习实践基地积极开展合作。推动知识整合和学术升级，坚守冷门学科的基本领域和传统，同时积极与其他学科对话，适当吸收其他学科的养分，为我所用。同时要加强国际交流合作，推动中国文化走出去。加强冷门绝学与国际同行的深度交流及全方位合作，促进文化的传播、共享和互惠，为人类文明的积累做出应有的贡献。

主动服务国家重大战略。遵循学科规律，回应国家需求，直面重大议题，推动知识创新，参与到国家经济发展和社会改革的主战场，融入国家改革发展的大局，为国家发展贡献智慧和力量。实施哲学社会科学创新工程。集中优势资源，设立实施一批重大工程和重大研究专项，积极回应重大的现实问题和理论问题。大力推进哲学社会科学创新工程落地落实，部署开展若干重大领域和问题研究，力争完成一批重大课题项目，提升学科的服务能力。围绕如何发展当代中国马克思主义、阐释习近平新时代中国特色社会主义思想，如何强化马克思主义在意识形态领域的指导地位，如何贯彻落实新发展理念、提高经济发展质量和效益，如何更好改善民生、促进社会公平正义，如何推进国家治理体系和治理能力现代化，如何应对世界变局、推动构建人类命运共同体等重大问题，进行跨学科的创新性深度研究，作出重要贡献，助力于国家的改革发展事业。

二、构建有效提升国家文化软实力的学术体系

结合时代发展推进理论创新,全面加强我国哲学社会科学的原创力,着力打造具有中国特色学术体系,增强学术议题设置能力,形成中国风格、中国气派;坚持中国特色社会主义文化发展道路,推动中华优秀传统文化创造性转化与创新性发展,推进传统优秀文化的阐释工作、加快传统经典的文献整理与集成式出版、融合传统文化传承与国民教育发展、推动中华优秀传统文化的理论创新;深入推进哲学社会科学创新工程落地落实,部署开展若干重大领域和研究问题;布局一流水准、特色鲜明的研究平台,建设哲学社会科学学术期刊、高校文科实验室、人文社会科学重点研究基地、哲学社会科学文献中心建设与新文科创新公共平台建设等,实现研究平台差异化发展战略,发挥研究平台比较优势,提高平台质量和影响力。

(一) 立足中国实践构建具有独创性解释力的中国理论

强化问题意识与实践导向。强化哲学社会科学研究者在中国的发展过程中的责任担当,引导他们充分利用本学科的专业知识,对现阶段存在的问题做好调查研究,研究问题的性质、问题发展的程度、问题涉及的面度和问题解决的方法等,对当前中国的发展任务、发展阶段和发展重难点进行研究和界定。

提炼中国改革开放以来的理论成果。从我国改革发展的实践中挖掘新材料、发现新问题、提出新观点、构建新理论,加强对改革开放和社会主义现代化建设实践经验的系统总结,加强对发展社会主义市场经济、民主政治、先进文化、和谐社会、生态文明以及党的执政能力建设等领域的分析研究,加强对党中央治国理政新理念新思想新战略的研究阐释,提炼出有学理性的新理论,概括出有规律性的新实践,不断推动中国特色社会主义向前发展。

结合中国实践检验新成果新理论。在解决问题中发现新规律、提出新学说、阐明新道理、创造新办法,同时,要在解决问题的过程中进行归纳、总结和运用新的理论和成果,提炼出系统化的理论体系,产生具有原创性的理论成果,加快构建具有中国特色、中国风格、中国气派的哲学社会科学,并积极为世界哲学社会科学的发展作出新的贡献。

(二) 推动中华优秀传统文化创造性转化与创新性发展

持续推进传统优秀文化的阐释工作。在新的历史站位重新正确认识中国传统

优秀文化与社会现代化建设的关系，强调传统优秀文化的当代价值和意义。杜绝狭隘的功利主义，立足于求真求实的科学精神。扬弃传统文化的优点与不足，区别对待，取长补短，继承、发扬和创新传统文化中的优秀成分。

加快传统经典的文献整理与集成式出版。多举措鼓励对传统优秀文化中传统经典文献的研究，鼓励相关学者对大型历史文献进行整理和出版，推动文化典籍的数字化，对于传统文化研究项目和课题可在资金拨付和出版审核环节给予优先地位。实施国家古籍保护工程，完善国家珍贵古籍名录和全国古籍重点保护单位评定制度。

推动中国传统优秀文化创造性转化。按照时代特点和要求，对仍有借鉴价值的内涵和陈旧的表现形式加以改造，赋予其新的时代内涵和现代表达形式，激活其生命力。创新传统优秀文化的表达形式，尤其是注重将传统优秀文化与数字技术、数字设备等结合起来，使传统优秀文化在形式和内容上都更加多样化。

融合传统文化传承与国民教育发展。将中国传统文化中的精髓内容融入到国民教育中，用古人的深邃智慧和名家轶事来教育和启发社会大众与当代学生，作为人才培养与大众教育的必修课。使传统文化发扬创新与国民教育之间形成相互支持相互促进的关系。

推动优秀传统文化的创新性发展。正确认识中华优秀传统文化在中国特色哲学社会科学建设中的位置，合理处理中国传统优秀文化与马克思主义和西方文化之间的张力关系。主动吸收借鉴国外优秀文明成果，积极参与世界文化的对话交流。

（三）实施重大学术创新工程

继续实施好马克思主义理论研究和建设工程、哲学社会科学创新工程，做好哲学社会科学人才工程、哲学社会科学话语体系建设工程、"学术名刊"建设工程、重点学术社团建设工程，探索实施中华学术传承创新工程、铸牢中华民族共同体意识研究工程。

深化发展当代中国马克思主义、研究阐释习近平新时代中国特色社会主义思想对马克思主义的原创性贡献，重点聚焦习近平新时代中国特色社会主义思想重大意义研究、习近平新时代中国特色社会主义思想理论体系研究、习近平新时代中国特色社会主义思想的马克思主义观等研究领域的重大学术创新工程。

围绕坚持和完善党的领导，提高党科学执政、民主执政、依法执政水平，重点聚焦以下学术创新工程：不忘初心、牢记使命的制度研究；坚定维护党中央权威和集中统一领导的各项制度研究；健全党的全面领导制度研究；健全提高党的执政能力和领导水平制度研究；完善全面从严治党制度研究。

围绕全面深化改革，构建高水平社会主义市场经济体制，重点聚焦以下学术创新工程：激发市场主体活力研究；完善宏观经济政策制定和执行机制研究；完善现代财税金融监管体系研究；建设高标准市场体系研究；加快政府职能转变研究。

围绕优先发展农业农村，全面推进乡村振兴战略，重点聚焦以下学术创新工程：全面实施乡村振兴战略研究；新型工农城乡关系研究；提高农业质量效益和竞争力研究；推动乡村振兴战略研究；健全城乡融合发展机制研究；巩固拓展脱贫攻坚成果同乡村振兴有效衔接机制研究。

围绕推进区域协调发展和新型城镇化建设，重点聚焦以下学术创新工程：推动区域协调发展体制机制研究；高标准、高质量建设雄安新区研究；推进以人为核心的新型城镇化研究；构建高质量发展的国土空间布局和支撑体系研究；构建国土空间开发保护新格局研究。

围绕坚持和完善生态文明制度体系，促进人与自然和谐共生，重点聚焦以下学术创新工程：建设美丽中国研究；全面建立资源高效利用制度研究；健全生态保护和修复制度研究；生态环境保护制度和责任制度研究。

围绕更好地保障高质量民生，促进社会公平正义，满足人民日益增长的美好生活需要，重点聚焦以下重大学术创新工程：扎实推动共同富裕研究；全面推进健康中国建设研究；新时代中国社会主要矛盾研究；更充分更高质量就业的促进机制研究；构建服务全民终身学习的教育体系研究；完善覆盖全民的多层次社会保障体系研究；应对人口老龄化国家战略研究。

围绕构建高水平社会治理，实现社会既稳定有序又充满活力，重点聚焦以下重大学术创新工程：建设更高水平的平安中国研究；完善正确处理新形势下人民内部矛盾有效机制研究；完善社会治安防控体系研究；构建共建共治共享的基层社会治理新格局研究；坚持和发展新时代"枫桥经验"与"三治融合"研究；加强国家安全体系研究和能力建设。

围绕应对世界百年未有之大变局，推动构建人类命运共同体，重点聚焦以下研究：构建"人类命运共同体"推动全球经济治理机制变革研究；"一带一路"倡议研究；国别、区域与中国对外关系研究；中国特色大国外交与建立新型国际关系研究；全球化演进的规律和新趋势研究。

（四）布局一流水准的研究平台

打造哲学社会科学高端学术期刊。加强实施哲学社会科学学术期刊"名优"工程建设，通过多渠道筹措办刊经费支持学术期刊建设，推进办刊体制机制改革，探索出一条具有中国特色的学术期刊管理创新之路。积极创办高端哲学社会科学外文学术期刊,推动中国学术走向世界,提升国际学术传播力。将哲学社会科学外文学术期刊打造为中国哲学社会科学优秀成果的高端发布平台,在世界范围内展现当代中国特色、中国风格、中国气派。

支持建设一批高校文科实验室。重点支持建设一批文科实验室,促进研究方法创新和学科交叉融合,引领学术发展。推动哲学社会科学与新科技革命交叉融合,培养新时代哲学社会科学与交叉学科人才。重点聚焦具有综合性、交叉性、实践性等特点的哲学社会科学学科开展文科实验室建设,通过整合多方学术资源,结合高性能计算集群与可视化模拟技术,为跨学科学术研究提供重要支持。

动态评估教育部人文社会科学重点研究基地。鼓励通过竞争性评估方式差异化赋权和支持人文社会科学重点研究基地。通过科学研究、人才培养、社会服务、学术交流、基础条件建设等方面,筛选出一批对学科建设、科研方式、科研体制、文科地位等产生重大影响的重点研究基地,并依据其动态表现持续加大资助、重点支持其发展。对于科学研究弱、人才培养少、社会服务不足,未能拓展学术交流的广度和深度,无法改善哲学社会科学科研条件的重点研究基地,应加强动态监管力度,强化其退出机制,为更具活力和竞争力的其他研究机构申请增补重点研究基地拓展生态空间。

巩固推进哲学社会科学研究信息化平台。秉承人文思想与技术创新有机结合的理念,加强哲学社会科学图书文献、网络、数据库等基础设施和信息化建设,进一步加强高校人文社会科学文献中心建设,持续推进国家哲学社会科学文献中心建设,推动哲学社会科学研究信息资源的共建共享共治,促进我国学术资源的开放共享、集中获取和深度利用,为我国哲学社会科学创新发展提供坚实的基础平台。

组建哲学社会科学创新公共平台。借鉴自然科学研究与创新的公共平台建设的成功经验,组建跨学科的大文科创新公共平台。平台围绕文科研究的关键性特点分为四大模块:调研数据共享中心、项目实施组织实践中心、材料搜集与译介中心、跨学科协同中心,促进我国哲学社会科学交叉融合。

三、推动话语体系时代化大众化

坚持马克思主义指导,立足中国实践,积极服务构建人类命运共同体,持续推进中国哲学社会科学话语体系的时代化、大众化和国际化,积极打造立足中国问题的新概念和新阐释,加快原创性话语生产,大力推动中国话语"走出去",提升中国话语的国际影响力和国际话语权。

（一）推动话语体系时代化

创新马克思主义中国化话语。发掘经典马克思主义理论的时代价值，推动马克思主义持续深入中国化。创新马克思主义话语体系，阐释中国特色社会主义实践，解答当下问题。探求马克思主义和中华优秀传统文化之间的共通性，在立足中国实践和吸收优秀传统文化的基础上提炼符合中国特色的新概念、新范畴、新表达，推动马克思主义中国化的理论创新。

依托中国实践创造中国话语。培育中国实践和中国道路研究课题，探索经济社会发展中具有战略性和前瞻性的话题，创新中国特色话语，对中国实践进行解读、阐释及理论建构。加强社会责任感与历史使命感，树立理论联系实际的优良学风，增强学术自主与理论自觉，提升锻造标志性概念和原创性理论的能力。从实践中来，到实践中去，用中国实践丰富中国理论，及时凝练出具有科学概括性和广泛传播力的理论和话语概念，引领研究热点，增强话语权。

（二）推动话语体系大众化

促进学术话语大众化转化。深入群众，了解群众思维和话语模式，使用通俗化话语，创造易于为群众接受的话语体系，推动哲学社会科学话语体系的大众化传播。增设"中国话语"实践调研项目，加大对田野调查的扶持力度，支持学者调研借鉴民间话语，创新学术话语的大众化表达。以"实践"作为学术话语和大众话语沟通的中间介质，注重将抽象的理论具化到生活实践，以大众的生活实践为依托，结合具体实践进行哲学社会科学话语阐释，创造以大众接受为导向的、具有创新性的高质量出版物，引导大众从自我生活经验中理解具有概括性、普遍性的理论。注意区分受众群体，依据群体特质进行不同的话语加工，依照不同的传播介质和平台进行话语风格的转换。

推动学术话语大众化传播。推动建设线上线下相结合的学习平台，分享高校教学资源，鼓励哲学社会科学工作者通过多样化方式与公众对话交流。进一步推进大学网络公开课和慕课平台建设，出品更加丰富多元的哲学社会科学精品课程，拓宽传播渠道，丰富对话形式，创新对话内容，培养大众主动了解和学习哲学社会科学理论的习惯。推动打造融媒体阵地，支持高校独立运营多种形式的新媒体，加强高校与社会媒体的即时合作，通过公众号、短视频、直播等形式将哲学社会科学理论话语传播出去。充分利用网络社群空间，依据不同的社群属性在社群网络中开展互动对话，形成具有影响力的讨论场域，扩大中国哲学社会科学话语的影响。

引导青年参与话语大众化生产传播。把握青年群体性差异和心理接受特点，锻造在新时代和新形势下具备较强育人能力的话语体系，满足青年获取哲学社会科学知识的需求。丰富哲学社会科学出版物形态，摆脱原有"平面化""灌输式"的框架，引入新兴数字化信息技术，将理论著作转化到青年持有的移动终端。把握青年的思维方式和接受特点，转变话语风格，锻造适合广大青年接受的中国话语体系，促进话语体系与青年亚文化交流融合。利用青年广泛聚集的新兴传媒平台，向青年人讲述"中国道路"和"中国模式"，推动青年成为中国话语大众化生产和传播的重要力量。

四、打造具有中国特色的新型高校智库

坚持"四个面向"引领，充分发挥高校人才、学科、科研等资源优势，高起点推进、高水平建设、专业化整合、特色化拓展，加强整体规划和科学布局，以问题解决为导向，大力推动"智政产研媒合作"，全面加强前瞻性、针对性、储备性政策研究，不断创新高校智库体制机制和组织模式，构建蕴含中国特色的新型高校智库体系。

（一）加强总体谋划和整体布局

明确高校智库功能定位。高校智库始终坚持正确的政治方向和国家利益至上的基本原则，党对高校智库在根本方向上给予指引，对高校智库在建设上给予总体设计。高校智库是中国特色新型智库的重要组成部分，始终服务党和国家发展大局，始终服务党和国家发展战略，始终为党和国家探索执政规律、提高执政科学化水平提供强大智力支撑。高校智库充分发挥好人才培养、科学研究、社会服务、文化传承和国际交流等传统功能，借力高校学科齐全、人才汇聚和对外交流广泛的优势，弘扬高等教育支撑经济社会发展、引领社会舆论与发挥二轨外交等作用，为中国特色新型智库建设供给人才资源，为决策科学化、规范化、法治化提供坚实理论支撑，成为新时代国家发展的重要决策参谋。

优化高校智库整体布局。坚持研以咨政、特色咨政，构建以"双一流"高校为核心、地方重点高校、行业特色型和应用型高校为支撑的整体布局，突出问题导向，强化质量本位，凝练主攻方向，形成特色品牌，着力推进综合型、专业型、特色型高校智库建设，形成"1+3"的高校智库生态链。推进"一流大学"为主导，构建综合性高校智库，服务党和国家战略决策。支持地方重点高校和"一流学科"建设高校，构建地方决策支撑型和专业引领型高校智库，强化人文学科和理工科智库协同互促，服务区域经济社会发展。鼓励行业特色型和应用型高校根据自身办学和研究特色，做好相关行业领域和当地政府部门的决策服务。

着力支持 15 所左右高校智库打造国家高端智库、支持 200 所左右的高校建设地方决策支撑型和专业引领型智库。到 2035 年，培育形成多所高校智库进入全球顶尖智库行列。

谋划高校智库战略重点。推进高校科学研究、人才培养、社会服务、国际交流、文化传承与决策咨政一体贯通，将决策咨政服务的理念贯穿于世界一流大学和学科建设全过程。加快智库人才队伍建设，推动智库研究人才与教学人才、学术研究人才、科技成果转化人才等享有同等地位，促进高校各类人才岗位有序流动、人人出彩、待遇等同。提高研究成果支撑决策服务的能力和水平，提高智库成果的高校系统认可度，改革科研成果评价机制，提升智库类成果的贡献认同。建立形式多样、结构合理的高校智库机构，整合现有的教育部基地、科技部基地、重点实验室、软科学研究基地、2011 协同创新中心、图书信息资源中心、国别和区域研究中心、海外中国学术研究中心等资源，凝练特色，聚焦问题，汇成合力，促进高校智库机构协同。

创新高校智库组织模式。按照"贡献为本、质量为先、虚实结合、突出重点、彰显特色"的理念，创新体制机制，整合优质资源，支持高校发展新型决策型、应用型、服务型、学术型综合研究平台，打造高校智库品牌，以高校科研促进科学决策，以科学决策引领科研发展，提升高校智库对科学决策和经济社会发展的支撑力和贡献度。高校因地制宜探索多样化的智库组织模式，打造以领军人才为核心，围绕某一专业领域，集聚和培养青年智库人才，形成"研究团队型智库"。打造以智库实体机构建设为重点，培育建设一批具有集成优势的新型高校智库机构，形成"特色机构型智库"。打造以重大项目为抓手，汇集各方人才和资源，以解决重大攻关问题和重大体制机制创新问题为目标，着力推进项目研究成果支撑国家决策的效益，形成"研究项目服务型智库"。打造以高校、政府、企业、行业协会等多方主体的智库组织，支持由地方和高校联合建立特色化、区域化智库联盟，形成"无边界共同体型智库"。

（二）提升咨政建言水平

提升智库研究思维能力，提高成果质量深度。强化智库研究战略意识、战略眼光和战略思维，始终将具体的技术问题融入宏观战略背景加以思考和研究。强化智库研究历史思维，善于从历史中总结经验、吸取教训，具备总结历史、学习历史、重视历史的思维品质。强化智库研究辩证思维，立足辩证方法论，有解决"器"的本领，更要把握"术"的真谛，以一般指导个别，以思维力提升操作力，增强解决具体问题的可持续性。强化智库研究创新思维，智库研究要敢于创新、善于求异，不做低水平的重复研究。广泛运用大数据、互联网、云计算等新技术新方法，注重研究的包容性，促进不同于主流观点和理论的学术思想与观点发光出彩。强化智库研究实践思维，做真问题研究，注重直接调研掌握第一手资料的深度和广度，增强智库研究的针对性、时效性和有效性。强化智库研究国际思维，充分认识国家命运与全球命运紧紧相连、密不可分，智库学者始终秉持国内问题与国际问题衔接研究的思想。

加强智库研究大数据分析，提升成果质量信度。鼓励用数据说话、用数据决策、用数据管理、用数据创新，实现基于数据分析的科学决策。加快数据库建设，支持高校智库根据自身发展定位与研究特色，建立相应的专业大数据库，强化大数据思维应用作为特色新型高校智库建设和研究基础。建立配套功能完备的信息采集系统，创新发展统计分析功能模块。鼓励运用大数据、人工智能、政策仿真等技术，深入挖掘有用信息打造各种智库产品，服务于验证、指导及支撑智库研究成果。鼓励运用一手调研数据，开展大数据统计佐证分析研究，积极开展纵向时序比较和同类横向比较。培养建设数据研究分析师，加强引进兼有实践经验和大数据分析特长人才，有效提高智库产品信息情报分析的科学性和准确性，提升智库服务产品的质量。

注重智库研究时机时效，提高智库成果效度。牢固树立"及时建言"意识，按照"紧抓时效、注重效果"的原则，建立一支快速反应的高校智库队伍。认真学习中共中央、国务院出台的各项文件精神要求，紧跟党委政府的近期决策动向，把握舆情动态，及时提交研究报告，提高智库研究反应能力。紧密跟踪国际动态，精准把握国际地缘政治、全球经贸秩序等国际形势变化，及时分析并撰写提交国际经济社会形势变化的咨政建言报告。充分做好"研究超前"工作，鼓励各高校智库，结合国内国际形势变化，国家重大发展战略计划，谋划一批适度超前的研究选题，以宽广的眼界超前思考和谋划，提出具有前瞻性、预见性的研究成果。

强化智库研究实际调查，提高智库成果影响力度。坚持全球视野，加强与国际知名智库合作，有针对性地开展国际实践调研和田野调查，研究国外政治制度、经济基础、社会结构和文化特点，用中国话语解释全球或本土的经验和实践，提高中国高校智库话语体系的影响力。坚持政校企合作，强化高校智库与各级党委、政府部门、企事业单位、社会组织等建立广泛的合作联系，借助多方力量开展实地调研，提高调研质量和效果。支持高校智库积极承担外交部、国家发展改革委、财政部、商务部等部委委托课题，联合开展课题调研。加强深入基层一线开展调研，切实掌握社情民意和实际问题，将智库研究更多地做到祖国大地上。支持高校与政府部门共建智库调研课题补贴制度，加大对实地调查的扶持力度。

（三）创新运行管理体制

构建高校独特风格的智库治理体系。积极支持高校建立健全实体智库机构，加强高校对智库平台的统一管理，探索特色新型高校智库体制机制创新。将高校智库融入国家治理体系，破除"五唯""行政化"等因素影响，进一步激发创新活力。鼓励高校建立与院系和专业相互补充融合，又具备独立编制、预算和考核标准的实体机构，设立智库研究岗位并进行单独序列管理。深化改革学术评价机制，将智库成果纳入现行科研成果体系，鼓励高校建立既平行又区别于院系、职能部门的智库专门序列考核体系，建立分层分类、科学可行的智库成果认定机制。打破行政式科研模式，尊重知识、明晰产权，构建分工合理、相互尊重、平等协商的智库科研环境，完善智库研究奖励机制和成果产权保护制度，充分激发智库人员积极性、主动性。

推进符合高校智库人才发展规律的人事制度改革。坚持"人才立库、人才强库"理念，不断推进大师汇聚、人才培育和人事服务等制度改革。明确智库、智库人才和智库成果在高校享有与教学科研人员同等重要地位，保障智库及智库研究人员能够得到同行、政府和高校自身的充分尊重。完善以品德、能力和贡献为导向的人才评价机制，创新智库人才激励政策和激励方式。引导有潜力的学术型专家向智库型专家转型，支持建立高校学术岗位与智库岗位晋升的相互转化通道。鼓励适度灵活引进具有较高理论素养的党政企事业高级领导干部，打造中国特色的"旋转门"机制。鼓励高校建立智库人才流动通道，与中直机关、国家部委、地方政府等建立稳定密切联系，定期选拔青年骨干到决策一线挂职锻炼，着力培养一批专门从事决策咨询服务的人才。加大对智库中青年优秀人才发现、培养和使用力度，提供丰富多元支持。建立国内外智库学者访问访学制度，促进不同领域智库人才的沟通交流。

建立多方主体共建高校智库的互动机制。加强高校智库同政、产、研、媒之间的信息共享与互动交流，探索建立以高校为主，政府、民主党派、企业、研究机构、媒体等多种力量共同参与的智库研究联盟。鼓励高校智库与决策部门建立稳定畅通的对接机制，建立多种类型决策需求发现机制，把政府决策需要同智库对策研究紧密结合起来，鼓励两者合作建立适度开放、定向使用、严格保密的数据库，定期围绕重要问题进行联合调研。拓展高校智库多层次、多载体的成果传播与舆论影响渠道，与新闻媒体、互联网媒体、新闻出版等建立良性互动，做好公共政策专家解读工作，扩大智库研究成果的社会效益。

提升高校智库参与全球治理的能力。发挥高校智库公共外交与舆论引导功能，助力传播中国理念、讲好中国故事。鼓励高校智库发挥特长，围绕党和国家重大外事活动、领导人出访以及党和国家重大事件，适时开展舆论引导、智库人文交流、国际合作等工作，充分发挥高校智库在二轨外交中的积极作用。支持高校结合学科特色，建立国际化团队，开展国别与区域比较研究，及时掌握全球发展真实动态，提升国际影响力与话语权。高校智库要善于打造国际品牌，善于提炼和打造易于国际社会所理解和接受的新概念、新范畴、新表述，善用"中国理论""中国思想"和"中国话语"，阐释中国方案，发出中国声音，讲好中国故事，为中国的持续健康发展营造良好的国际舆论环境，为建构人类命运共同体做出高校智库的贡献。

拓展高校智库资金的多元化筹措渠道。鼓励高校通过政府购买、项目委托、社会捐赠等多种渠道加大智库建设的资源保障，支持"双一流"高校将智库建设纳入学校"双一流"建设总体发展规划。借力地方政府和企业拓展合作平台经费，加大智库研究软硬件投入，从而保障智库能够充分利用大数据、云计算等技术开展政策仿真与预测研究。将高校智库建设经费专项纳入各级政府财政预算，鼓励高校智库在充分利用政府经费基础上，探索市场导向型智库发展基金制度，实行更加灵活的收入分配和绩效激励制度。

第四节　发挥新时代高校哲学社会科学的育人育才功能

一、发挥新时代高校哲学社会科学育人功能

聚焦新时代高校教书育人基本职能，充分发挥高校哲学社会科学培根、铸魂、启智、润心的价值，支撑学生德智体美劳全面发展，全面加强"四史"研究与思政教育，加强高校教材体系建设，引领新时代社会文化风尚，提高高校哲学社会科学育人效果，为民族繁荣复兴提供人才基础。

（一）支撑德智体美劳全面发展

强化高校哲学社会科学对德智体美劳教育的引领作用。深入贯彻习近平新时代中国特色社会主义思想和党的十九大精神，全面落实习近平总书记在全国教育大会上的重要讲话要求，全面贯彻党的教育方针政策，统一思想，统一行动，促进高校哲学社会科学学术研究与育人工作深度融合，鼓励高校哲学社会科学各学科教师围绕立德树人根本目标，紧密结合各学科学术科研和专业教学工作，开展

313

相关理论研究，为高校全面推进德智体美劳教育提供理论引领。

强化高校哲学社会科学"以文化人"的育人作用。推进以育人为中心的新文科建设，完善高校哲学社会科学学科体系、学术体系、教材体系、组织体系、育人体系，鼓励高校哲学社会科学各学科专业把德智体美劳教育融入学科教学科研全过程、全环节，支持哲学社会科学教师将最新科研成果融入思政课程、通识课程、专业课程、实践教学、社会服务各环节之中，提高思政课程、通识课程、专业课程、实践教学、社会服务的学术含量，提升育人水平和育人效果。适当提高高校哲学社会科学科研项目经费额度，增加学生参加教师科研项目支出，鼓励学生深度参与教师哲学社会科学课题研究，使学生在参与教师科研课题的过程中接受德智体美劳全面发展教育。

强化高校哲学社会科学育人支撑功能。推动高校教学体系、课程体系、专业培养改革，合理增加高校哲学社会科学必修通识课程数量，推进高校哲学社会科学精品课程计划，加大优质哲学社会科学课程支持力度，鼓励高校、教师开设跨学科性高质量精品哲学社会科学选修课程，提高高校哲学社会科学必修通识课程、选修课程质量，鼓励学生多修哲学社会科学选修课程。支持将高校哲学社会科学的育人功能贯穿于新工科、新医科、新农科建设全领域、全过程、全环节，把哲学社会科学相关育人最新理论研究成果贯穿于新工科、新医科、新农科各学科专业的通识课程、专业课程、实践教学、社会服务各环节之中，实现以育人为中心的新文科与新工科、新医科、新农科深度融合。充分发挥高校哲学社会科学面向社会的育人支撑作用，鼓励高校哲学社会科学在服务好高校内部育人作用的同时，面向社会提供育人理论和育人服务。

（二）全面加强"四史"研究与思政教育

加强高校马克思主义基本理论和思想政治教育各学科的"四史"理论研究。强化高校马克思主义基本原理、党史党建、思想政治教育学科的"四史"研究，鼓励各专业教师深入挖掘"四史"素材，开展"四史"研究，讲好"四史"故事，创新"四史"理论，将最新研究成果融入高校思想政治理论课程、课程思政教学内容之中，提升高校思想政治教育教学水平。

加强高校哲学社会科学其他各学科、专业教师的"四史"研究。鼓励高校哲学社会科学其他各学科教师结合所从事学科、专业领域开展"四史"研究，支持将"四史"研究成果融入学科、专业课程教学之中，提升学科、专业课程的思想政治教育内涵，培养德智体美劳全面发展的学科、专业人才。鼓励高校哲学社会科学各学科、专业学生参与教师"四史"课题研究，从中接受"四史"教育。

加强高校思政教育。改革高校思想政治教育课程教学方式，创新符合教育教学规律的思想政治教育方式方法，改变灌输式思想政治教育传统，探索实施的高校思政教育新范式，将思政课程与课程思政、课堂思政与实践思政、思政教育与实践践行、思政传播与思政学习相融合，创新高校思政教育形式，提升高校思想政治教育质量。

（三）强化高校教材体系建设

强化高校哲学社会科学专业教材体系建设。推进自主专业理论教材攻坚计划，开展自主专业理论教材编撰工程，组织学科、专业领域内顶尖专家、中青年骨干，根据学科专业知识理论体系，编撰具有自主性的哲学社会科学理论教材，鼓励各高校开展具有中国自主性的哲学社会科学专业理论教材编撰工作，形成百花齐放、百家争鸣的竞争性自主性哲学社会科学专业理论教材编撰出版格局，同时加大哲学社会科学自主性理论教材的规划、审查、出版、使用力度，逐步形成、推广、应用具有中国自主性的哲学社会科学专业理论教材体系。

强化高校哲学社会科学研究方法教材体系建设。根据各学科、专业特点，组织引进、精选一批哲学社会科学一般性、专业性研究方法教材，开展自主性研究方法攻关，引进大数据、人工智能等新兴技术手段，实现哲学社会科学研究方法革新，建设形成适应新文科要求的前沿性哲学社会科学研究方法体系和教材体系，助力中国特色哲学社会科学研究范式革命和自主性理论创新。

强化高校哲学社会科学通识课教材体系建设。加强哲学社会科学通识课教材编撰工作，实施哲学社会科学通识课教材编撰计划，系统推进全国性、地方性一般性必修通识课教材编撰出版工作，同时鼓励各高校教师编写质量优先、适宜教学、具有特色的必修课、选修课教材，形成一般性通识课程教材、地方性通识课程教材、自主性通识课程教材三个层次的必修通识课程教材、选修通识课程教材体系。

强化高校辅助性哲学社会科学教材体系建设。鼓励交叉研究和跨学科研究，针对新工科、新医科、新农科建设，组织编写交叉性、跨学科性、辅助性哲学社会科学教材，为新工科、新医科、新农科提供哲学社会科学思想理论支撑，增强新工科、新医科、新农科的人文性和伦理关怀，提升各类人才的人文素养。

强化高校哲学社会科学科普性教材体系建设工作。发挥高校哲学社会科学的开放育人功能，组织编写出版哲学社会科学科普性教材，以多种形式出版各类专业性、非专业性哲学社会科学教材和科普教材，向社会普及哲学社会科学知识，提高整个社会的哲学社会科学素养。

（四）引领新时代社会文化风尚

发挥高校哲学社会科学对高校校园文化建设的引领支撑作用。鼓励高校哲学社会科学各学科教师通过各类哲学社会科学讲座、论坛、演讲、沙龙、知识竞赛、文艺活动等，开展新时代文化风尚教育，引领支撑新时代高校内部文化风尚建设。

发挥高校哲学社会科学对社会文化风尚建设的宣传引领价值。鼓励高校及其教师通过各种类型的作品向社会传递高校哲学社会科学新思想和新发现，发出高校哲学社会科学的声音，以精品力作占领社会文化市场，武装人民，丰富人民群众文化生活，引领新时代社会文化风尚。

发挥高校哲学社会科学对社会文化风尚建设的支撑服务功能。鼓励高校及其教师开展面向社会的学术科研、决策咨询、管理咨询、培训服务等活动为社会文化风尚建设服务，培养社会文化风尚建设人才，提高社会文化风尚建设质量，丰富社会文化风尚建设形式，增强社会文化风尚建设效果。

二、建强新时代高校哲学社会科学人才队伍

坚持党管人才原则，大力提升新时代哲学社会科学人才政治素质和师德素养，全面拓展面向未来的人才发展能力，全方位激发人才队伍活力，打造一支政治素质过硬、专业能力精湛、育人水平高超、师风学风清正的高素质专业化创新型高校哲学社会科学人才队伍。

（一）实施政治引领行动

聚力建设高校政治核心。强化党对高校的政治领导，增强高校党组织政治功能，加强教师党员教育管理的顶层设计与系统监督，引导广大教师坚持"四个相统一"，争做"四有"好老师，当好"四个引路人"，增强"四个意识"、坚定"四个自信"、做到"两个维护"。健全党委对人才工作等学校重大工作的领导体制机制，把好人才工作政治方向，抓好教师聘用思政关、师德关，优化"凡引必审"机制。落实主体责任，将教师思想政治与师德师风建设绩效纳入高校、院系领导班子考核内容。完善思想政治工作组织管理体系，充分发挥高校党委教师工作部在教师思想政治工作和师德师风建设中的统筹能力，推进高校党支部标准化规范化，充分激发基层党支部生机活力。加强民办高校思想政治建设，配齐建强民办高校思想政治工作队伍。

全面提升教师政治素质。政治成熟源自理论清醒，推动马克思主义科学理论教育，强化高校教师"四史"教育，突出习近平新时代中国特色社会主义思想学习教育，形成武装头脑的思想政治理论体系。健全教师理论学习制度，实施中青年骨干教师滚动轮训计划，构建按"领军教师—骨干教师—新进教师"分层分类分批学习机制，规范学时要求，设计学习课程，推动思想政治学习制度化长效化全员化。建立健全高校哲学社会科学工作者党员发展制度，构建校、院两级领导班子成员、党员学术带头人担任中青年骨干教师积极分子入党联系人和介绍人机制，以中青年骨干人才、海外留学归国人才为重点，形成新时代党员发展对象预备梯队。

大力培育弘扬师德素养。常态化推进师德培育涵养，完善师德教育课程体系，强化"四史"教育，将各类师德规范纳入新教师岗前培训、考核和在职教师全员培训必修内容，规范学时要求，在一定周期内做到全员全覆盖。创新师德教育方式，建好师德基地，挖掘师德典范，通过榜样引领、情景体验、实践教育、师生互动等形式，激发教师涵养师德的内生动力。加大教师表彰力度，健全教师荣誉制度，支持地方和高校建立优秀教师库，设立以教书育人为导向的奖励，激励教师潜心育人。鼓励推出主题鲜明、展现教师时代风貌的影视文学作品。强化师德考评落实，落实《新时代高校教师职业行为十项准则》，将师德师风考核作为教师招聘引进、职称评审、评优奖励等工作首要要求和第一标准，依法依规严肃查处师德失范问题，建立健全教育行业从业限制制度。

（二）实施能力提升行动

健全高校哲学社会科学教师能力升级长效机制。高校要健全哲学社会科学教师发展制度体系，完善教师发展培训制度、保障制度、激励制度和督导制度，营造有利于教师能力可持续发展的良性环境。深化大数据、"互联网＋"等新兴数字科技与哲学社会科学教育融合发展，全面提升文科教师运用数字技术、融合人工智能科技的教育教学与科研能力。加大支持哲学社会科学教师进行国内外访学研修，参与国际交流合作。继续实施高校青年教师示范性培训项目、高职教师教学创新团队建设项目。探索教师培训学分管理，将培训学分纳入哲学社会科学教师考核内容。

实施新时代高校哲学社会科学人才培育工程。统筹实施好各类人才计划，加大哲学社会科学人才入选比例，构建定位明确、层次清晰、种类齐全、梯队衔接的优秀人才培养和支持体系。设立育人引人专项基金，奖励在人才培育、团队打造、海内外人才引进中取得突出成绩的个人或高校。依托重大研究项目、重点研究学科、重点研究基地，实施新时代哲学社会科学人才培育工程，培养造就一批有深厚马克思主义理论素养、有国际影响力的卓越思想家和理论家，一批理论功底扎实、勇于开拓创新的学科领军人才与学术骨干，一批学科领域交叉、工具方法多元的跨学科青年英才，一批推动理论运用、服务国家决策的特色新型智库人才。

打造高校哲学社会科学人才能力拓展支撑平台。高校要加强哲学社会科学教师发展工作和人员专业化建设，加大教师发展的人员、资金、场地等资源投入，推动建设各级示范性教师发展中心。加强哲学社会科学青年教师学社、学会等学术平台与网络建设，促进高校内、高校间人才交流对话，激发能力提升追求。鼓励高校与大中型企事业单位共建哲学社会科学教师培养培训基地，推动高校教师与经济、管理、社会、法律、媒体等行业部门人员交流，提升哲学社会科学教师实践能力、创新能力。鼓励有条件高校文科单位与国家部委、地方政府部门、国际智库机构等共建新型智库平台，畅通政策需求与供给互通渠道，推动智库人才在政府部门挂职、兼职锻炼，提升高校智库人才决策服务能力。

（三）实施关怀激励行动

多渠道提升高校哲学社会科学教师综合待遇。推进高校薪酬制度改革，扩大高校工资分配自主权，落实以增加知识价值为导向的收入分配政策，加快建立符合高校特点的薪酬制度。探索建立高校薪酬、学科薪酬水平调查比较制度，健全完善高校工资水平决定和正常增长机制，在保障基本工资水平正常调整的基础上，适当提升哲学社会科学教师工资收入水平。加大向高层次人才密集、教学科研任务繁重的高校倾斜力度。高校教师依法取得的文科研究成果转化现金奖励计入当年本单位绩效工资总量，但不受总量限制，不纳入总量基数。落实高层次人才工资收入分配激励、兼职兼薪和离岗创业等政策规定。大力支持有条件高校设立由第三方出资的文科讲席教授岗位。

全方位激发高校哲学社会科学人才队伍活力。落实高校内部分配自主权，高校要结合实际健全内部收入分配机制，完善绩效考核办法，向扎根教学一线业绩突出的教师倾斜，向从事具有中国特色哲学社会科学前沿研究教师倾斜，向承担国家经济社会发展战略决策需求课题的教师倾斜，切实发挥收入分配政策的激励导向作用。营造鼓励创新、宽容失败的学术环境，为文科人才开展研究留出足够的探索时间和试错空间。推进实施岗位聘期制管理，进一步探索准聘与长聘相结合等管理方式，严格人才聘后管理，落实和完善能上能下、能进能出的聘用机制。发挥哲学社会科学教学名师和教学成果奖的示范效应，增强教师荣誉感和获得感。

精准化解决哲学社会科学青年教师后顾之忧。优化校园配套措施，扩大临时性、过渡性住房资源，惠及更多新入职教师。地方和高校要加强统筹协调，对符合公租房保障条件的，按政策规定予以保障，加强通过发展租赁住房、盘活挖掘校内存量资源、发放补助等多种方式，切实解决青年教师的住房困难。鼓励高校与社会力量、政府合作举办幼儿园和中小学，解决青年教师子女入托入学问题。强化附属医院、校医院建设，分层次、有规划做好教师医疗检查和保健服务。重视青年教师身心健康，关心关爱青年教师，确保青年教师将精力放在哲学社会科学教学科研上。

（四）实施学风清源行动

大力弘扬优良学风。坚持习近平新时代中国特色社会主义思想指导，突出现实问题导向，克服重国外轻国内倾向，引导广大哲学社会科学工作者紧跟国家重大战略需求，推动将学术论文写在中国大地上。强化马克思主义优良学风指导地位，密切联系实际，潜心调查研究，力戒学术浮躁，鼓励从实践中发现和研究真问题做真学问。坚持和发扬学术民主，提倡学术平等，鼓励学术争鸣，提升科研单位足够学术自主权，扩大理论创新和知识创新的广阔空间。强化理论自信与理论精品意识，改变我国哲学社会科学领域有数量缺质量、有专家缺大师状况，营造心无旁骛从事基础研究机制环境，倡导哲学社会科学工作者立足国际学术前沿，创造精品力作。完善优良学风激励机制，加大对精品成果和优秀工作者表彰力度，树立优良学风典型，分类推进人才评价机制改革，推动各类人才"帽子"、人才称号回归荣誉、回归学术本质。

健全学风治理组织体系。充分发挥教育部哲学社会科学学风建设委员会作用，提升哲学社会科学科研诚信建设联席会议功能，设立国家哲学社会科学学风委员会，加强哲学社会科学领域学风建设顶层设计与系统推进。督促科研管理机构切实履行科研诚信建设主体责任，各类学会、协会、研究会等积极发挥学术监督功能，将学风建设要求体现到教学评估、学位授予、教师考核、职务评聘等各方面。

强化学风刚性约束管理。加强法治建设，惩戒哲学社会科学领域严重失信行为，完善奖惩制度。对列入科研诚信严重失信行为记录名单的相关责任主体进行动态管理，限制或取消相关责任主体在一定期限内申报或承担国家社科基金等项目的资格，构筑诚实守信的哲学社会科学创新环境。建立健全师风、学风违规通报曝光机制，发挥警示震慑作用。加快建立哲学社会科学成果奖励和表彰撤销追回制度，以强力约束，保持优良学风刚性要求。

第五节　加快高校哲学社会科学的范式转型

当前，科学研究正处在新一轮科学技术革命的转折点上，数据驱动型研究方法正不断涌现与融合强化，呈现出研究范式跃迁的显著特征。大数据技术的推广，带来的是方法论的变革和知识生产模式的转型，有助于推动哲学社会科学的跨学科、跨专业、跨领域交叉融合性研究。但是，高校哲学社会科学由于受到路径依赖的束缚，对信息技术革命和数据密集型研究范式的崛起不够敏锐，困守于学科边界内，未能主动突破学科壁垒，未能自觉承担引领哲学社会科学实现方法论变革和范式转型的使命。

一、推动知识生产方式转型

创新知识生产方式。促进知识之间的交叉融合，实现变道超车、引领发展。为新兴学科提供更多资源和发展空间。加强学科的动态挑战，推动学科体系的更新和升级，为新兴学科提供各种更多资源，在经费、项目、队伍、人才培养、平台机构等方面重点扶持。着力推进其成果转化，推进国际交流合作，提高社会服务水平。充分挖掘现有教学科研机构中非实体中心的作用，逐步把符合现实需要、拥有较大发展潜力和一定建设基础的学科发展方向确定为新兴学科。支持学科带头人打造创新学术团队，培育新的学科增长点。鼓励学会、社团、企业等社会力量支持哲学社会科学事业发展，围绕社会急需和哲学社会科学前沿问题开展专项研究，拓展研究领域，培养急需人才，培育学科增长极。扩大哲学社会科学的国际交流与合作，设立一批符合学科发展方向的国际性学术研究机构。

加快研究方法和技术手段创新。充分考察人工智能、大数据等新技术革命提出的新要求，适应数字时代的现实需求，适应信息科技革命带来的哲学社会科学发展新趋势、新特点，发展大数据驱动的社会科学研究。加强哲学社会科学学术创新与重大现实需求的贯通融合，实现学科发展与社会经济发展的互惠共赢。加快哲学社会科学领域"新基建"步伐，加强哲学社会科学数字化建设工程，着力建设一批哲学社会科学数字基础设施平台，为产出具有国际水平和世界影响力的成果提供坚实保障。

塑造支持范式转型的学术环境。通过课题立项、职称评选、人才选拔等手段推动高校哲学社会科学研究从传统范式向新一代的研究范式迭代。推进学术期刊改革，选稿重点向反映前沿最新研究范式的研究成果倾斜，减少无病呻吟、自说自话、拍脑袋、观点表达的相关成果，杜绝学术垃圾；健全做好匿名审稿、项目评审制度，杜绝学术发表、项目申报靠找关系、看官职、拼职称的不良学术风气，正本清源，推动学术创新氛围形成。

二、推进学科间的交叉融合

推动学科调整和交叉融合。进一步优化学科分类，淡化学科边界，突出问题导向，突破固有学科约束；创造有利条件，推动知识之间的融合与重组，加强学科之间的相互支援，厘清内部关系，更有效地对交叉学科进行针对性支持和强化。着力加强多层次、全方位的学科交叉融合。促进哲学社会科学内部不同学科领域的交叉融合，更要创造有利条，推进哲学社会科学与自然科学、工程科学、生命科学医学等跨大类的学科相互渗透、融合发展。建设前沿性文理交叉、多学科融合创新平台，建设自然科学和哲学社会科学交叉研究实验室。充分抓住信息革命的机遇促进交叉学科的融合，积极发展以人工智能、认知神经科学等为代表的新兴科技与哲学社会科学的交叉融合，拓展相关研究领域。制定交叉学科设置管理办法，明确交叉学科门类中一级学科的设置标准，为交叉学科发展提供制度保障。

加大政策倾斜及资源保障。在相关评审中设立专门的交叉学科委员会，为交叉学科发展提供更切实有力的支持。在招生名额、学生毕业论文评审、人才引进、项目设立和评优评奖等环节中，向交叉学科适当倾斜，为其学术增长点创造更大的空间。在更多的评审环节中单列交叉学科的专项，并逐步酝酿相适应的学术评价规则和体系，为其拓展更大的发展空间。积极营造促进学科交叉学科的发展的环境，促进不同学科之间人员、项目、信息和资源的交流，激发思想的碰撞。加强物理空间建设和制度环境的营造，通过学科编制、课程、会议、项目沙龙、工作坊等方式，为交叉学科的成长和科研工作的实质性进展创造良好环境，促使其更好地释放内在活力。

加强人才培养及交流合作。探索建立完善的人才培养体系建设。优化学术生态及体制机制，为优秀青年教师的脱颖而出创造有利条件。加强后备人才的持续培养。在本科阶段积极探索宽口径的人才培养模式，研究生阶段招收跨学科领域的学生，进行系统的个性化培养，更好地提升跨学科研究人才的培养质量。积极营造有利的环境，为人才的成长奠定更好的基础。综合性高校要充分利用学科齐全、人才资源丰富的有利条件，汇聚各方面人才进行集中攻关。加强与外国高水平高校、学科及学者的深度交流，深化实质性合作，为知识创新和学科发展提供更丰富的思想和资源，在国际学术的前沿进展中赢得应有的位置。加强高校与行业产业部门的对接和交流，从社会实践第一线汲取养分，让社会实践为交叉学科提供更多的发展动力、思想支持和研究课题，实质性地推进不同学科领域的深度融合，也加强交叉学科回应社会需求的能力，从根本上加强其创新能力和服务能力。

实施学科会聚计划。打造一批跨领域、跨学科、跨单位创新团队和研究科研平台，积极开展学科综合性强、创新性大、有重大意义的研究工作，凝聚不同学科领域、不同院校机构的多方面人才，进行集中攻关。"以项目带科研"，通过项目带动学科建设和人才培养，同时带动其他学科领域发展、体制机制创新，并成长一批优秀人才。通过改革创新和学科交叉的方式方法推动知识积累，为问题的解决和实践的进步贡献力量。坚持问题导向，推动跨学科跨领域研究，提升基础学科的创新活力，解决应用学科面对的挑战，发现各学科共同研究方向。创新科研组织方式，跨部门跨系统跨单位联合攻关。促进基础学科和应用学科优势互补，鼓励多学科联合申报国家、部门、地区的重大科研项目，改革学科绩效成果激励办法，建立对重点高校学科交叉融合项目的稳定支持机制。

加快高端交叉平台建设。围绕国家重大经济社会发展战略，以问题为导向，发挥多学科交叉优势，选准交叉领域，凝练学科方向，大力推动人文社科与理工农医的大交叉大融合。加强跨学科交叉研究平台的顶层设计和分类管理，探索推进实质性跨学科合作的体制机制创新，推进跨院系的学科建设，培育重大创新团队。围绕国家大数据战略，前瞻谋划具有浙大特色和独特竞争优势的学科增长点，积极探索"互联网＋"、大数据、新一代人工智能与哲学社会科学的深度融合，力争在运用大数据提升国家治理现代化水平、促进保障和改善民生以及保障国家数据安全等方面形成一批新的学科制高点和特色科研基地，构建具有重要影响的理论体系、话语体系。搭建社会服务平台，增强服务国家和地方经济社会发展能力。创新智库建设体制，做好区域协调发展研究中心国家高端智库培育工作，推进智库和学科建设联动互促，形成全校智库"一盘棋"的良好格局。

三、推动学术知识体系创新

抓住科技革命契机培育新的研究领域。密切关注新一轮科技革命，分析科技革命对人类生产、生活和科学研究的深刻变革，准确研判世界科技革命的潮流和我国科技发展等现状及需要，凝练一系列新的学术领域和研究方向，培育更多的学术增长点。积极发展反映世界科技趋势的人工智能、数字治理等新的学科或领域，推动学术进展。

推动中国本土理论创生。推动学术理论中国化，坚持用中国理论阐释与指导中国实践，用中国实践升华中国理论，提升相关领域的学术原创能力和水平。积极吸收借鉴各种有益的理论观点和学术成果，依托哲学社会科学研究新方法新范式，不断推进中国化知识创新、理论创新、方法创新，为人类文明和社会发展贡献智慧与方案。积极响应国家"一带一路"倡议，通过实施国家区域战略研究计划、创新驱动发展战略计划，深入开展一批重大现实问题研究，力争在经济社会发展、全球治理等国家和区域战略层面形成重要影响力。围绕建设文化强国战略，通过实施中华优秀传统文化传承与创新工程，推动文化遗产研究力量汇聚提升，开展优秀传统文化的发掘、整理、研究和传播，打造开源创新的思想文化高地，推动文明交流互鉴。

建设高校哲学社会科学创新体系。建设从自娱自乐走向开放重构的学术体系，坚持以重大问题为导向，集中解决人民群众紧迫关心的、事关民族复兴大业和改革开放大局的重大现实问题，在破解重大问题过程中构建具有中国特色的高校哲学社会科学学术体系。建设从路径依赖走向范式创新的学术体系，要有先觉先行意识，率先把握学术范式革命的动态和动向，预先谋划，预先布局，预先启动，通过精准的资源投放和平台建设，成为科学研究第四次范式革命的先行者。建设从全球学徒走向自主引领的话语体系，增强话语体系创新的意识和能力，从西方话语体系的跟随者角色中走出来，走向自主的话语创新，并自觉承担未来价值引领者的角色。

第六节　推动高校哲学社会科学的对外开放

"他山之石，可以攻玉"，不同文明之间的交流互鉴、取长补短，是哲学社会科学保持生命活力的关键，也是人类文明进步的重要动力。"各美其美，美人之美"，通过国家间的文明交流，及时汲取国外各种社会思潮中的科学成分。同时，也要在国际沟通与交流中构建融通中外、开放自信的话语体系，提升我国的软实力与国际话语权，从跟跑、并跑走向思想的领跑。

一、深化国家间的开放互鉴

坚持开放包容、互学互鉴，吸收国外优秀文化，深化国家间文明交流。坚持弘扬平等、互鉴、对话、包容的文明观，批判学习符合中国国情、中国特色的文化，走出"文明优越论""文明冲突论"的观念桎梏，深化不同文明之间的交流互鉴，在平等对话中深化理解、沟通，寻求广泛共识，以推动人类文明进步、应对世界共同挑战，构建人类命运共同体。坚持以开放的姿态保持多边互动，中华文明在坚持汲取世界文明保持历久弥新的同时，也要将有活力的中华文明成就贡献世界，让"让中华文明同各国人民创造的多彩文明一道，为人类提供正确精神指引"，和而不同，美美与共。

发挥高校的资源优势，激发中华文明创新创造活力。积极提升中华文化的世界影响力，对外讲好中国故事、传播好中国声音、阐释好中国特色、展示好中国形象。推动中华传统文化的创造性转化、创新性发展，要让收藏在博物馆里的文物、陈列在广阔大地上的遗产、书写在古籍里的文字都活起来；要以开放的眼光、开阔的胸怀对待世界各国人民的文明创造；要以坚持辩证取舍、推陈出新为原则，让新时代的中华文明在古今文化、中外文化的大交流、大交融、大交锋中不断发展壮大。

二、启动文化软实力海外提升行动

融汇发扬优秀传统文化。立足马克思主义的实践品格，积极发掘优秀传统文化中的丰富资源，提取关键内容与核心精神，融入话语体系的构建，增强话语表述的中国特色、中国风格和中国气派，提升文化自信，培育话语体系持续发展的内生力量，为中国道路和中国实践提供强有力的理论阐释，为高校哲学社会科学"走出去"奠定根基。

打造新型国际传播格局。加强文化共情力建设，做好国际传播的话语转化。尊重传播对象的思维方式与话语习惯，渐进式推进国际社会对中国政治制度、社会文化的认可与接受。创新国际传播艺术和技巧，将中国的历史文化、民族精神、时代风貌和价值观念，经过提炼，融汇于国际传播之中，打造一批兼具中国元素与全球视野的作品典型。以"人类命运共同体"理念的国际传播为契机，高度关注人类共同理念和核心价值的定义权和解释权，突破西方话语垄断，传播中国声音，全面提升文化和学术软实力。加快打造国际传播融媒体平台，构建友好平等的新型国际传播格局。积极创新国际传播体制机制建设，打破束缚国际传播的障碍，不断塑造传播媒介的灵活性、应变性和机动性，加强媒介危机传播机制的柔韧性建设，为中国话语的国际传播提供良好环境。

完善"走出去"体制建设。大力推动中国传统典籍和当代著作在国外的翻译、出版和评介工作，打破因语言所造成的传播壁垒。鼓励中国学者积极介入国际学术刊物和学术组织的管理工作，鼓励中国机构创办国际学术刊物或媒体。积极引导热点问题研讨，广泛动员学界、政界、媒体等各界力量参与中国话语建构，以中国特色社会主义伟大实践引领世界关键和热点问题的讨论，增强国际议程设置能力。

三、构建全球战略伙伴合作网络

在深化国家间文明交流、启动文化软实力海外提升行动的同时，高校要积极探索我国人文社会科学领域国际交流合作的新形式、新方法，在坚持平等性、和平性、包容性的基础上，通过与国外高水平科研机构开展深度合作等方式，构建全球战略伙伴合作关系，在人才培养、科研合作、学术交流领域展开合作。

积极融入全球教育网络。加快哲学社会科学国际化步伐，积极融入全球教育网络，形成多层次国际合作格局，营造包容开放、共生共享的创新生态系统，进一步扩大和提升中华传统优秀文化、智慧经济与社会、创新创业与全球治理等领域的国际竞争力、影响力和美誉度。探索更深层次、更加多元的合作形式，深化开放办学、开放合作以实现互利共赢。不断扩大国际合作的地区、主体，通过单独或共建研究机构等形式，不断提升高校哲学社会科学国家间战略合作与交流的广度、深度。

推进国际哲学社会科学项目合作。构建全球战略伙伴合作网络，积极参与和牵头实施国际重大学术研究计划，优化推动哲学社会科学国际合作发展布局，拓展全球战略伙伴合作网络，共建高水平国际合作平台，开展实质性项目合作。通过联合承担项目、合著发表论文等形式，实现全方位的交流合作，促进全球战略伙伴合作网络的深化，增强我国学术的国际话语权，提升中华民族的国际影响力。

促进国际人文交流。汇聚全球学者围绕人类面临的共同挑战深化合作，在交流互鉴中发出中国声音，为构建人类命运共同体贡献中国力量。发挥哲学社会科学在中外人文交流中的积极作用，积极开展教育外交和人文外交项目，加强与联合国教科文组织等国际组织的合作，提升我国人文社科的国际形象。

四、推动话语体系国际化

拓展话语体系创生的国际视野。在吸收世界各国优秀思想理论的同时，自觉开展国际实践调研，加强国际合作，以中国话语解释世界。中国哲学社会科学不仅要构建起研究中国问题、阐释中国道路的哲学社会科学话语体系，还要将研究视点和研究模式拓展到全球范围，针对性地开展国际实践调研和田野调查，研究他国的政治制度、经济基础、社会结构和文化特点，用中国话语解释其他国家或地区的经验和实践，回答和解决世界范围的普遍性问题，提供中国方案，提升中国哲学社会科学的国际话语权和国际认同感，创立和完善更多具有国际影响力的学术理论。

积极借鉴和改造西方话语。批判吸收和转化西方话语，推进西方概念范畴的本土化、中国概念范畴的世界化，实现民族化与国际化的辩证统一。积极改造有阐释力和影响力的西方话语，在其中融入中国特色社会主义实践所产生的新概念和新表达，从而提出具有中国特色的新解读和新命题。推动中国话语体系由单纯依附西方，发展到逐渐确立概念自主性和理论原创性，实现中国哲学社会科学话语体系的独创性和国际引领性。

积极推动中国话语的国际传播。深化国别和区域研究，用中国话语解释国际经验和实践，回答和解决世界范围的普遍性问题，为全球重大挑战提出中国方案中国主张。积极参与国际规则制定，增强议题设置能力，不断提升人类共同理念和核心价值的定义权和解释权。推动中国传统典籍和当代著作外译，积极创办国际学术刊物或媒体，主动参与国际学术刊物和学术组织管理工作，创新国际传播体制机制，打造新型国际传播格局，推动高校哲学社会科学"走出去"。

第十章

我国高校哲学社会科学发展的未来生态建构

以习近平新时代中国特色社会主义思想为指导，营造更有创新创造活力的学术生态是我国高校哲学社会科学高质量发展的重要方向和支撑，本章主要从加强哲学社科的价值引领和精神文化建设、构建具有中国特色的科研组织制度与科学合理的多元化评价体系、强化繁荣哲学社会科学发展的政策支持与要素保障等几个方面明确我国高校哲学社会科学发展未来生态建构的着力点。

第一节 价值引领与精神文化建设

一、充分发挥哲学社会科学的价值引领作用

未来，高校哲学社会科学将为新时代中国特色社会主义发展贡献巨大力量。习近平总书记强调，当代中国哲学社会科学工作者要着力解决五大方面的问题。第一，在思想文化方面，在人们的思想观念日益多元活跃的情况下，如何巩固马克思主义在哲学社会科学领域的指导地位，如何更好地凝聚社会共识。第二，在经济发展方面，面对我国经济发展进入新常态、新阶段，国际发展环境发生深刻变化的新形势，如何实现更高质量发展，如何推进更高水平开放。第三，在社会治理方面，面对矛盾、风险和挑战不断增多的新形势，如何提高社会治理水平和

327

治理能力。第四，在对外交流方面，面对日益复杂严峻的外部挑战，如何加强文化软实力建设，如何提高我国的国际话语权。第五，在党的建设与发展方面，面对全面从严治党不断推进、党的建设内外部环境发生新变化，如何推进新时代党的建设伟大工程，如何保持党的先进性和纯洁性，如何使党的领导更加坚强有力。这既为中国特色的哲学社会科学的发展提供了科学目标，也是未来哲学社会科学发展将面临的巨大挑战。本节内容结合高校教学、科研和社会服务的基本职能思考如何在未来进一步激发我国哲学社会科学的价值引领作用。

（一）哲学社会科学对新时代人才培养的价值引领

正如习近平总书记在哲学社会科学工作座谈会上的重要讲话中所指出的："高校哲学社会科学有重要的育人功能，要面向全体学生，促进身心和人格健康发展。"① 在新时代，大学必须充分发挥哲学社会科学在教书育人方面的功效，使哲学社会科学成为培养中国特色社会主义事业接班人的有力支撑。要将哲学社会科学作为科学发展与历史变革的"思想先导"，② 通过课程与教材建设为高等教育育人、养人与化人提供精神滋养。立足立德树人根本任务，全面深化教育教学改革，以课堂教学为主渠道，以通识课程建设为着眼点，丰富多元化的课程内容体系，融合高校精神和专业知识，充分发挥高校精神文化的育人作用。此外，也需要创新教育教学手段，发挥第二课堂作用，在实践活动中引导学生领悟践行哲学社会科学蕴含的理念与精神。

（二）哲学社会科学对新时代学术研究的价值引领

正如习近平总书记指出的："创新是哲学社会科学发展的永恒主题，也是社会发展、实践深化、历史前进对哲学社会科学的必然要求。社会总是在发展的，新情况新问题总是层出不穷的，其中有一些可以凭老经验、用老办法来应对和解决，同时也有不少是老经验、老办法不能应对和解决的。如果不能及时研究、提出、运用新思想、新理念、新办法，理论就会苍白无力，哲学社会科学就会'肌无力'"。③ 因此，必须加强哲学社会科学对新时代学术研究的价值引领，始终坚持解放思想、实事求是、与时俱进、开拓创新的精神导向，从我国改革发展的实践中挖掘新材料、发现新问题、提出新观点、构建新理论，真正做到把马克思主义基本原理同中国具体实际相结合，积极推动马克思主义中国化进程，同时准确

---

① 习近平：《在哲学社会科学工作座谈会上的讲话》，人民出版社 2016 年版，第 23 页。
② 靳诺：《为什么说哲学社会科学是"思想先导"》，载于《光明日报》2016 年 6 月 22 日，第 7 版。
③ 习近平：《论党的宣传思想工作　大字本》，中央文献出版社 2020 年版，第 229 页。

把握当今世界发展趋势和当代中国经济社会发展规律，以此积极推动学术观点创新、学科体系创新和科研方法创新。[①]

（三）哲学社会科学对新时代公共服务的价值引领

"坚定文化自信，推动社会主义文化繁荣"[②] 是党的十九大报告对文化建设提出的总要求。这提醒广大高校哲学社会科学工作者要以建设中国特色社会主义文化自信为使命，加强哲学社会科学对新时代公共服务的价值引领，不做西方理论和思想的"搬运工"，而是要在批判和鉴别的基础上，结合中国大地的真实情境，做中国学术和中国思想的创造者，在全球舞台上更好地传播中国思想，发出中国声音，构建具有中国特色的哲学社会科学学术话语体系。在此基础上，高校哲学社会科学工作者要积极主动地融入我国新时代社会主义发展的伟大实践，以人民群众为中心，以现实问题和中国问题为导向，强化高校哲学社会科学在国民经济和社会发展等公共领域中的力量贡献，进而提高具有时代特色的中国特色社会主义制度的国际影响力，为我国积极参与全球治理、构建人类命运共同体贡献中国智慧、提供中国方案。[③]

二、加强大学的精神文化建设

（一）加强立德树人的育人文化，激发哲学社会科学的人才培养作用

正如习近平总书记在哲学社会科学工作座谈会上的重要讲话中所指出的："高校哲学社会科学有重要的育人功能，要面向全体学生，促进身心和人格健康发展。"[④] 这既是对高校哲学社会科学的科学定位，也是对高校哲学社会科学的明确要求。由于人的精神的形成是从知识到方法到观念的过程，培养大学精神要从最需要、最基本的人文（文、史、哲）课程开始，实现人文课程与专业课程相互融合与渗透，大学应为学生精神成熟提供课程化的、旨在传承人文知识的优质思想资源。然而在大学的现实环境中，哲学、文学、美学、艺术等人文课程长时间微不足道，甚至备受冷落，专业课的人文渗透更无从谈起，进而导致哲学社会

---

① 王伟光：《学习贯彻落实习近平总书记关于哲学社会科学重要讲话精神，加快构建中国特色哲学社会科学》，载于《中国社会科学》2016 年第 12 期，第 4～23、204 页。

② 习近平：《决胜全面建成小康社会夺取新时代中国特色社会主义伟大胜利》，人民出版社 2017 年版，第 40、41～42 页。

③ 汪谦干：《肩负起新时代哲学社会科学工作者的历史使命——学习习近平关于做好哲学社会科学工作的重要论述》，载于《党的文献》2020 年第 2 期，第 3～8 页。

④ 习近平：《在哲学社会科学工作座谈会上的讲话》，人民出版社 2016 年版，第 23 页。

科学与自然科学之间难以融洽结合，更遑论人文精神与科学精神的相互渗透。[1]

这也提醒我们，课程建设可以作为大学精神文明建设的有形抓手，人文理念渗透的教育载体以及哲学社会科学发展的有效手段。一方面，需要加强通识教育的人文精神导向，强化哲学社会科学在通识课程设置中的精神引领作用，这点在理论上是可行的。正如杰出的德国物理学家普朗克所指出的，科学是同一的整体，是一个从自然科学到社会科学再到人文科学的连续体，而这个连续体不应该被分离和割裂。[2] 另一方面，需要在实践过程中融合人文与科学教育，以通识教育课程为基础构建与专业培养目标有关的人文和科学教育课程体系，开设综合性课程，兼顾人文与科学课程，打通文、理、工相互隔离的壁垒，强调知识的融合、方法的贯通，并且可尝试以知识串为基础，开设系列的人文教育与科学教育相融合的课程，[3] 进一步为人文精神和科学精神的融合共生提供课程土壤。

与此同时，严格对标完善教材体系同样是构建高校哲学社会科学育人育才新格局的核心环节。教材不仅是科学理论的"承载者"，也是思想教育的"引领者"。高校哲学社会科学教材体系要在巩固马克思主义意识形态领域指导地位、把握高等教育立德树人发展方向和发展理念、增强中国特色社会主义文化自信的基础上，建立涵盖政治、经济、历史等全要素的教材体系。同时以习近平新时代中国特色社会主义思想为指导，以具有中国特色、中国风格、中国气派的教材体系为依托，立足中国实践，基于中华优秀传统文化，充分彰显时代要求，完善哲学社会科学教材体系，以文化人、以德育人，真正将哲学社会科学教材建设为鲜活的马克思主义经典材料。通过完善的高校哲学社会科学教材体系承载高校育人育才的时代任务，内化学生的精神品质，使哲学社会科学进行知识传授和思想引领的双重作用得到全面提升。[4] 此外，加强高校哲学社会科学的育人功能，重建大学的人文精神同样要注重"知和行"的有机结合，既要认真学习专业理论，也要不断丰富哲学社会科学知识，通过参加学校有计划、有组织、有针对性的各种校园文化活动和社会实践活动来丰富和发展自己，通过哲学社会科学的理论和工具来观察世界，了解国情，认识社会，分析形势，把握未来，[5] 使之真正成为具

---

① 李辉、林亦平：《大学精神的人文解读与回归》，载于《高等工程教育研究》2004年第1期。
② B.戈特、3.谢梅纽克、A.乌尔苏尔、王兴权：《科学知识整体化的基本方向、因素和手段》，载于《国外社会科学》1984年第6期。
③ 莫亮金、刘少雪：《从通识课程改革看人文教育与科学教育融合》，载于《中国高等教育》2010年第2期。
④ 盖逸馨、王姝晴：《高校哲学社会科学育人育才新格局的构建》，载于《学校党建与思想教育》2020年第15期。
⑤ 张振刚：《发挥高校哲学社会科学育人功能的方法论思考》，载于《中国高等教育》2011年第1期。

有家国情怀与人文理念的新时代大学生。随着课程与教材建设的逐步完善，哲学社会科学的育人功能将不断增强，进而有效推动我国新时代大学精神在人文理念的支撑下实现复归。

（二）营造风清气正的科研文化，激发哲学社会科学的学术引领作用

以人文理念为支撑的大学精神文化还能够为营造风清气正的高校学术科研环境提供助力。现代大学是科学研究的主阵地，也是科研生态与学术共同体的重要载体。无论是自然科学还是哲学社会科学，其精神内核都是人类不断追求真实和理性的过程。在这个过程中，学术人自身的人文素养和所处场域的人文底蕴构成了科学技术发展的人文环境，为持续深入探索科学扎下了人文精神的根基。纵观世界科学技术发展史，科学研究的昌盛无不与人文理念和精神的繁茂有关，科学研究的最终目的是实现人与自然、人与社会、人与人的和谐相处及整体幸福，人文伦理和人文知识在各个学科领域的扩散与渗透不仅为科学技术的发展提供了人文关怀的柔性基础，同时也推动了学科边界的扩张与交叉，不断激发着科学研究的蓬勃活力[1]。面对飞速发展的科技力量，我们必须相应超前性地大力弘扬人文精神主旋律、确立人文科学的统驭地位和加大人文手段的开发利用，切实有效地使科学技术接受人文调控、承载人文目标和促进人文发展，从而实现物质文明、制度文明、精神文明、生态文明和人自身文明发展的和谐统一[2]。

对高校而言，科学研究同样要服务于新时代中国特色社会主义立德树人的根本任务，高校哲学社会科学更应通过对人文理念的提炼与践行，在重建大学精神文化的同时营造良性的科学研究环境。具体而言，高校哲学社会科学工作者需要在教学、科研及公共服务的过程中充分展现人文理念底蕴，润物细无声地将人文关怀与人文伦理渗透至高校师生群体、学术共同体乃至整个社会，为打造一种充满人文色彩的科学研究氛围添砖加瓦。与此同时，广大高校哲学社会科学工作者必须承担起自己的责任，践行科研诚信要求，坚守底线，严格自律，恪守科学道德准则，遵守科研活动规范[3]。正如习近平总书记在党的第十八届中央纪律检查委员会第六次全体会议上的讲话："政治生态好，人心就顺、正气就足；政治生态不好，就会人心涣散、弊病丛生。"[4] 学术生态同样如此，而高校哲学社会科

---

① 傅正华：《人文环境对科学技术发展的影响分析——兼论世界科学活动中心转移的人文因素》，载于《科学学研究》1999 年第 1 期。

② 王忠武：《论自然科学、社会科学、人文科学的三位一体关系》，载于《科学学研究》1999 年第 3 期。

③ 《清除害群之马，营造风清气正的学术环境》，载于《科技日报》2020 年 9 月 17 日，第 1 版。

④ 《学党章党规 学系列讲话 做合格党员》编写组：《学党章党规 学系列讲话 做合格党员》，人民出版社 2016 年版，第 23 页。

学蕴含的人文理念，以及人文理念支撑的大学精神文化都可以作为学术共同体激浊扬清，扶正祛邪的有效助力。如此，以人文理念及其学术精神作为大学精神的内核和宝贵根基，聚焦学术创新，净化学术风气，优化学术生态，不仅能够培养批判创新的科学研究氛围，更加能够弘扬踏实进取的科学研究文化，最终建构出一种风清气正的科学研究生态环境，为新时代我国高校哲学社会科学的大繁荣固本培元。

（三）加强扎根现实的服务文化，激发哲学社会科学的公共话语作用

伴随着科技革命和"大数据"时代的到来，国内外哲学社会科学发展面临着新的机遇和挑战，在国际软实力竞争日益激烈的情境下，扎根我国现实，探索出适合我国本土的中国特色哲学社会科学发展道路，占据国际哲学社会学术领域制高点，不断增强我国在哲学社会科学领域的国际话语权，同时增强学术创新能力、提供高质量学术成果，为世界学术发展和人类文明进步贡献中国学术力量是实现我国哲学社会科学未来生态构建的重要目标。习近平总书记在给《文史哲》编辑部全体编辑人员的回信中强调，"增强做中国人的骨气和底气，让世界更好认识中国、了解中国，需要深入理解中华文明，从历史和现实、理论和实践相结合的角度深入阐释如何更好坚持中国道路、弘扬中国精神、凝聚中国力量。回答好这一重大课题，需要广大哲学社会科学工作者共同努力，在新的时代条件下推动中华优秀传统文化创造性转化、创新性发展"[1]。因此，面对新的机遇和挑战，哲学社会科学工作者必须敢于承担历史责任和学术使命，紧跟时代步伐，迎难而上，以高度的思想自觉和行动自觉，永不懈怠的精神状态和一往无前的奋斗姿态，[2] 做出积极的学术贡献。在哲学社会科学座谈会上，习近平总书记指出："要按照立足中国、借鉴国外，挖掘历史、把握当代，关怀人类、面向未来的思路，着力构建中国特色哲学社会科学，在指导思想、学科体系、学术体系、话语体系等方面充分体现中国特色、中国风格、中国气派。"[3] 因此，在学术创作过程中，哲学社会科学工作者应在更深的思想维度、更广的历史坐标指引下，围绕我国新的发展阶段、理念与格局深化自身学术研究，努力将理论与实践相结合，积极为党和人民建言献策、著书立说，[4]担当起新时代促进我国哲学社会科学事业繁荣发展的崇高使命，承担起为学术创新、为人民建言、为民族发展以及为文

---

① 樊丽明：《弘扬中华文明，构建中国特色哲学社会科学体系——习近平总书记给〈文史哲〉编辑部全体编辑人员重要回信学习体会》，载于《中国高等教育》2021 年第 11 期。

②④ 蓝志勇：《大力发展哲学社会科学，推进国家治理体系和治理能力现代化》，载于《公共管理评论》2019 年第 1 期。

③ 习近平：《在哲学社会科学工作座谈会上的讲话（2016 年 5 月 17 日）》，人民出版社 2016 年版，第 15 页。

明传承的历史责任，不断推进我国哲学社会科学向新的发展阶段迈进，为我国实现全面建设现代化强国的征程贡献智慧和力量。

此外，为进一步加强扎根现实的服务文化，激发哲学社会科学的公共话语作用，高校应引导哲学社会科学工作者重视问题研究、树立问题意识、开拓创造性思维、破除教条主义束缚，鼓励和支持专家学者扎根中国大地、立足中国实际、研究中国问题，不断推进知识创新、理论创新和方法创新，从中国特色社会主义实践中挖掘新材料、提炼新概念、提出新观点、构建新理论。[1] 只有不断加强对全局性、前瞻性、战略性重大理论和实际问题研究，才能最大程度发挥哲学社会科学促进社会发展的神圣职责。同时，应努力健全哲学社会科学优秀成果转化机制，通过树立更加开放的思想体系、引导教师围绕社会需求开展科研活动、优化资源配置、加强与政府和企业的合作交流等方式，提升社会科学研究成果的推广和应用转化率，发挥应有的经济和社会效益。[2]

第二节　组织制度与评价体系建设

科学的科研组织制度与一流的学术评价体系不仅在高校哲学社会科学的学术资源配置、学术文化传承以及学术生态营造过程中发挥着至关重要的作用，而且对于提升学术水平和质量以及提高我国的国际竞争力也极为关键。国务院于2015年11月印发了《关于统筹推进世界一流大学和一流学科建设总体方案》，该方案中明确提出应"大力推进科研组织模式创新，围绕重大科研项目，健全科研机制，开展协同创新，优化资源配置，提高科技创新能力"[3]。2018年，习近平总书记在全国教育大会上指出，要深化教育体制改革，健全立德树人落实机制，扭转不科学的教育评价导向，坚决克服唯分数、唯升学、唯文凭、唯论文、唯帽子的顽瘴痼疾，从根本上解决教育评价指挥棒问题，为我国新时期教育评价体系建设指明了方向。[4] 创新体制机制和调整科研组织模式是构建科学的高校哲学社科

---

① 焦扬：《把握五个着力点，系统推进高校哲学社会科学繁荣发展》，载于《复旦学报》（社会科学版）2017年第5期。
② 任宗哲、卜晓军：《提升地方高校哲学社会科学学科社会服务能力》，载于《中国高等教育》2012年第23期。
③ 国务院：《国务院关于印发统筹推进世界一流大学和一流学科建设总体方案的通知》，中华人民共和国教育部，http://www.moe.gov.cn/jyb_xxgk/moe_1777/moe_1778/201511/t20151105_217823.html，2015年10月24日，2021年6月28日。
④ 习近平：《坚持中国特色社会主义教育发展道路培养德智体美劳全面发展的社会主义建设者和接班人》，中共中央党校，https://www.ccps.gov.cn/xytt/201812/t20181208_113807.shtml，2018年9月10日，2021年1月2日。

科研组织制度的有力抓手。同时，推进一流的学术评价体系建设需重点从学科评价体系、成果评价体系以及学者评价体系入手，完善评价标准，规范评价方式，健全制度保障，为建构富有时代特征同时兼具中国特色的哲学社会科学的未来生态奠定坚实的基础。

一、构建科学的哲学社会科学科研组织制度

（一）创新哲学社会科学的科研体制机制

随着信息技术的飞速发展和知识社会的悄然来临，高校的知识生产模式和相应的科研组织形式发生了深层次的变化。创新哲学社会科学科研机制体制在推动哲学社会科学发展的过程中发挥着重要作用，不仅能够有效激发科研人员的创造力和活力，不断提高科研人员的科研效率，而且能够提升我国研究型大学的世界影响力，增强我国的综合国力。具体说来，可以考虑从以下几个方面着手创新高校哲学社会科学科学研究的体制机制。

第一，在创新哲学社会科学科研体制机制方面要始终面向国家战略，以服务国家创新战略为导向，增强科研活动的组织创新性。创新哲学社会科学的学术研究组织体系和学术平台支撑体系，给予科研人员足够的自主性，引导科研人员进行跨院系、跨学科合作与交流，组建稳定的协同攻关团队承接国家社会科学重大基金项目。充分发挥科研基地的重要作用，针对国家社会科学重大需求项目，每年由基地挑选和推荐项目负责人，集基地之全力支持其承接和完成项目，[①] 不断加大哲学社会科学科研组织中重大科研项目研究人才和团队的培育力度。建立激发科研活力的体制机制，落实社会科学领域财政科研项目资金管理改革政策，统筹管理好重要人才、重要阵地、重大研究规划、重大研究项目、重大资金分配，加强学术共同体建设、哲学社会科学基础设施和信息化建设，鼓励社会资金通过捐赠、设立学术基金会等方式支持科研工作[②]。

第二，在依托科研基地和国家重大科研项目的基础上，推进哲学社会科学人事体制改革，根据学校重点发展的科研领域吸引国际和国内的高水平专职科研人员，增强引进人才与学校事业发展的匹配度。打破以往的编制体制，提供竞争性

---

① 王纬超、陈健、曹冠英等：《对科研组织管理新模式的探索——以北京大学为例》，载于《中国高校科技》2019 年第 3 期。

② 《中共中央印发〈关于加快构建中国特色哲学社会科学的意见〉》，新华社，http：//www.gov.cn/zhengce/2017 - 05/16/content_5194467.htm，2017 年 5 月 16 日。

薪酬和福利待遇，组建带有流动性的专职科研团队，同时设立学者计划，对专职科研人员和优秀的博士后人才进行整合，为其提供强有力的发展平台保障，营造良好的发展空间，使得高层次人才能够充分发挥其聪明才智。此外，还要注重培养青年创新人才，[①] 给优秀的青年学者创造良好的哲学社会科学研究环境，让其能够充分发挥潜力，持续产生一流成果，逐渐成长为国家紧缺型的卓越学者。

第三，学校管理部门应为哲学社会科学科研活动提供全过程的服务保障机制。首先，在项目申报和立项阶段，学校管理部门应发挥相应的指导作用，主要包括经费预算、人员配备以及技术把关等方面。其次，在项目实施过程中，学校管理部门应发挥协调服务作用，主要包括校内协作支持、科研条件（包括人员、设备以及资金等）保障以及经费使用过程监管等方面。再次，在项目实施过程中，学校管理部门应发挥对经费使用的财务服务与审核监督作用，主要包括各种票据管理、经费审查监督以及经费收支记录等方面。最后是在科研成果管理过程中，学校管理部门应发挥统筹开放的作用，主要包括对所取得科研成果的统一管理以及对已有研究成果的引用和借鉴等方面。[②] 总之，高校管理部门应为哲学社会科学科研活动的全过程提供强有力的支持和相应的服务，不断推动学校科研体制的创新，从而为高校高水平哲学社会科学研究成果的产生打下坚实的基础。

（二）调整哲学社会科学的科研组织模式

近年来，随着哲学社会科学在促进国家创新发展过程中发挥着越来越重要的作用，高校哲学社会科学的研究课题逐渐由单一学科向跨学科合作转变，科研队伍从单人作战向多人合作转变，研究内容也由教师自主决定研究主题向面向国家重大需求转变。在此背景下，为保证高校哲学社会科学科研的高效率发展，其相应的科研组织模式也需要进行适时调整，以适应变化中的内外部环境。调整哲学社会科学科研组织模式，主要可以从以下几个方面进行。

第一，基于"共同演进"构建矩阵式的哲学社会科学科研组织模式。传统的科研模式以"直线式"为主，具体表现为以单一课题组和梯队为科研组织基础，这种单一的模式无法适应不同领域知识的"共同演进"。美国的研究型大学自20世纪60年代以来纷纷成立了"两栖型组织结构"，即横跨院系和学科的矩阵式科研组织模式，该模式要求在"共同演进"理念的基础上，促进不同研究单元在信息以及资金等方面形成协同与竞争并存的关系。"共同演进"理念下的科研组织

---

① 陈霞玲：《"十四五"时期高等教育服务创新驱动发展：新要求，重点领域与推进举措》，载于《现代教育管理》2021年第9期。

② 周勇：《立足协同创新，改革科研组织与管理运行机制》，载于《中国高等教育》2013年第9期。

模式主要体现出两个主要特征：在纵向上，形成"主管副校长—跨学科科研组织"的科研管理体系；在横向上，以重大哲学社会科学研究项目为依托，构建"矩阵式"跨院系和跨学科的科研组织，凝聚不同的科研力量，形成强有力的人才培养和联合攻关基地。① 因此，基于"共同演进"构建矩阵式的哲学社会科学科研组织模式，探索跨院系和跨学科科研组织平台的建立，实现人才之间的互动与交流，推动学科交叉与创新，形成不同研究领域间的良性互动，是调整我国哲学社会科学科研组织模式的重要路径。

第二，依托"边界组织"构建哲学社会科学跨学科协同创新体系。跨学科协同创新体系主要有以下三种模式：首先是协同创新模式。该模式的特点是以问题解决为导向，以协议或项目为牵引，由研究型大学科研组织和其他不同主体组成协同创新发展的知识生产联盟，打破知识生产主体之间的流动障碍和壁垒，调动研究型大学中的不同学科组织和其他主体的力量，实现理论创新与实践之间的协同发展，促进研究型大学和其他主体的双赢。其次是委托—代理模式。该模式的特点是以国家创新战略驱动为导向，以研究型大学为知识创新主体，以政府企业等为技术创新实践主体，将研究型大学与政府企业等其他主体之间的优势进行整合，充分发挥多个主体之间的能动性，共同打造"产学研"合作发展平台。最后是混合治理模式，该模式是集市场化特征和科层制特征为一体的中间治理结构，该模式通过跨学科联合研究或者联合聘任等方式实现大学、市场以及政府之间的知识流动。② 对于研究型大学中的哲学社会科学而言，应瞄准国家重大战略需求，依托"边界组织"构建哲学社会科学跨学科协同创新体系，从而促进哲学社会科学的繁荣发展。

第三，促进哲学社会科学领域基础研究与应用研究的融合。我国高校哲学社会科学工作者在研究过程中存在追求前沿性、基础性和理论性研究，缺乏对社会实践和应用性研究的关注的问题。此外，受考核机制的影响，也存在过度关注发表文章数量、发表期刊档次以及课题的级别和数量的现象，缺乏对研究成果是否具有社会价值引领方面的考量。因此，在调整科研组织模式过程中，必须改变哲学社会科学科研评价机制，利用评价指挥棒引导科研模式的转变，引导哲学社会科学工作者真正沉下心来做一些对社会有价值的研究。③ 高校应通过完善新文科建设、鼓励交叉学科专业设置、革新传统单一学科教学模式等为哲学社会科学领域基础研究和应用研究的融合提供有力支撑。

---

①② 张洋磊：《研究型大学科研组织模式危机与创新——知识生产模式转型视角的研究》，载于《科技进步与对策》2016 年第 11 期。

③ 李向荣：《国外典型科研组织创新机制对我国高校科研机构改革的启示》，载于《科学管理研究》2019 年第 4 期。

二、推进高校哲学社会科学评价体系建设

(一) 学科评价体系

1. 学科评价体系的内涵

学科评价属于教育评价在高等教育内的延伸，其内涵随着高等教育领域中学科概念的不断发展而逐渐深化。近代以来，学科首先分化发展，而后在高度分化和综合的基础上呈整体化发展态势。目前，学科之间的交叉与融合趋势日渐频繁，但学科之间的研究范式、知识属性、制度规训以及成果表现形式等差异依旧存在，这种差异构成了实施学科评价的基础。[①] 换言之，学科评价是一种基于学科差异对不同学科的内在知识生产以及外在组织管理进行价值判断的认识活动，[②] 主要反映了评价者对于评价对象的价值取向。学科评价作为教育评价的一部分，其理论基础主要源于教育评价，但具体内涵与教育评价有所不同。学科评价主要关注高等教育的发展质量评价，较为关注发展的效率和效益，具有较为明显的结果导向。[③]

学科评价的具体内容也是随着时代发展而逐渐完善的。早期的学科评价较为注重论文发表以及著作出版等科研成果方面的学科差异。有研究表明，一般而言，人文社科的教师倾向于出版著作，理工学科的教师则倾向于发表论文。此外，理工科很大部分研究成果是合作完成的，人文社科一般是由个人完成。[④] 随着高等教育的不断发展，学科评价的范围逐渐开始扩展到学术声誉、教师质量以及教学质量等诸多方面。[⑤] 评价的主要目的在于突破国内学科评价视野，充分吸收国外先进的学科评价经验，从而使我国的学科评价水平达到能够与世界发达国家的学科评价体系相对话的高度。此外，学科评价的价值主体主要包含政府、大学以及学者，其中，学科评价对于政府的价值主要体现在作为财政投入以及绩效考核的依据；对于大学而言主要体现在作为大学学科建设成效的检验标准；对于学者而言主要体现在作为学者自身学术水平的诊断依据。[⑥] 总而言之，学科评价是对政府、大学以及学者等价值主体进行评价的重要依据，也是我国学科建设成效的重要判断标准。

[①④] 顾建民：《学科差异与学术评价》，载于《高等教育研究》2006 年第 2 期。

[②⑤] 曹志峰、汪霞：《世界一流大学重点学科评价模式的比较分析》，载于《江苏高教》2018 年第 1 期。

[③] 蒋林浩、沈文钦、陈洪捷等：《学科评估的方法、指标体系及其政策影响：美英中三国的比较研究》，载于《高等教育研究》2014 年第 11 期。

[⑥] 宣勇、张凤娟：《大学学科评价与排名中的基本问题》，载于《教育发展研究》2020 年第 19 期。

2. 学科评价的主要模式

学科评价模式随着高等教育的迅速发展而不断完善，学科评价体系越来越具有多样性，学科评价的方法也越来越具有科学性。目前，国内外已经建构了一些具有较高认可度的学科评价体系。其中，国外受到广泛认可的学科评价体系主要由国际高等教育研究机构（Quacquarelli Symonds，QS）、美国新闻与世界报道（U. S. News & World Report，U. S. News）以及泰晤士高等教育（Times Higher Education，THE）三大排名机构推出；国内较为出名的学科评价体系主要包括上海交通大学世界一流大学研究中心（Center for World - Class Universities，CWCU）发布的世界一流学科排名以及教育部学位与研究生教育发展中心发布的全国第四轮学科评估体系。这五种学科评价体系的模式各具特色，共同发挥着重要的评价功能，下文分别对这五种学科评价体系参照的具体指标进行阐述。

QS 学科排名体系是目前涵盖领域最广、学科分类最复杂的排名系统，该系统的评价指标中包含四个一级指标，分别为雇主声誉、学术声誉、h 指数以及篇均论文引用次数，不同学科的指标权重虽有所不同，但在各个学科中占比最高的均为学术声誉。U. S. News 学科排名体系的评价指标数量多且含义复杂，该排名体系采用定性和定量相结合的排名方式，其中定性指标主要包括全球学术声誉、区域研究声誉，定量指标主要包含刊物总数、书籍总数、会议活动、标准化引文影响力、论文总引用量、高被引用文献数量（前 10%）、高被引用文献比例（前 10%）、高被引论文数量（各领域前 1%）、高被引论文比例（各领域前 1%）、国际论文数以及国际论文合作指数。THE 学科排名体系主要包含五种一级评价指标：教学、科研、论文引用、产业收入和国际视野，其中，教学主要包含教学声誉、师均学校收入、师生比、博士授予人数与教师总数比以及博士与学士授予比；科研主要包含师均研究收入、科研声誉以及科研论文产出效率；论文引用主要是指篇均引用次数；国际视野主要包括国际国内教师比、国际国内学生比以及与国际学者共同发表研究论文比例。CWCU 学科排名体系主要包括五大类定量评价指标：论文总数、顶尖期刊论文数、国际合作论文比例、论文标准化影响力、教师获权威奖项数，其中与论文发表相关的指标占据重要地位。全国第四轮学科评估体系主要包括人才培养质量、师资队伍与资源、社会服务与学科声誉以及科学研究水平 4 类一级指标，师资数量、师资质量、培养过程质量、毕业生质量、在校生质量、学科声誉、支撑平台、科研项目、科研成果、科研获奖以及社会服务贡献 11 类二级指标，三级指标分为 22 类（9 类定性指标、13 类定量指标），其中，9 类定性指标主要包括师资队伍质量、导师指导质量、学科声誉、学术论文质量、创造表演水平、优秀在校生、优秀毕业生、用人单位评价以及社会服务特色与贡献，13 类定量指标主要包括专任教师数、课程教学质量、重点实验室

（基地、中心）、学生国际交流、学生体育比赛获奖、授予学位数、学位论文质量、科研项目、科研获奖、出版教材、出版专著、专利转化以及建筑设计获奖。[①]总体而言，这五种评价体系大多采用定性与定量相结合的评价方式，在考虑数量的同时也较为注重质量。此外，与论文相关的指标被广泛运用于学科排名，可见论文发表是各大排行榜重视程度较高的指标，也是学科排名的重要依据。

3. 现有学科评价体系存在的不足

（1）现有评价体系存在缺陷，哲学社会科学学科评价缺位。

目前流行的评价体系几乎都以引文数据作为依据，SCI 是一个客观的文献检索工具，只能作为评价工作中的一个角度，不能代表被评价对象的全部，因此不能简单地将 SCI 中的评价指标视为学术水平和创新贡献的直接依据。[②] 近年来 SCI 论文数量、被引次数、高被引论文等相关量化指标，在科学评价体系中处于"至上"地位，带来了科技创新价值追求扭曲、学风浮夸浮躁和急功近利等诸多问题。[③] 因此，破除"SCI 至上"，建立科学的学科评价体系，是新时代教育改革发展、建设教育强国和科技强国的必然要求。此外，"人文学科的引文和其他两个学科有所不同，与其学科性质有关，或者他引数据量不足够大"，[④] 可见在当前学科评价体系中，对哲学社会科学尤其是人文学科，虽有量化指标反映，但不太充分，若依然采用引文评价方法则更失偏颇。在学科评价体系建设过程中应利用"双一流"建设契机，明晰学科评价指标体系，特别要考虑结合哲学社会科学研究的特点设立指标。

（2）本土学科评价体系话语权缺失，学术导向易发生偏离。

在全球竞争不断加剧、国际社会意识形态和话语权竞争日趋激烈的形势下，我国已作出加快推进教育治理体系和治理能力现代化的重大决策，从借鉴学习到自主创新，从跟随到主导、引领转变，从追求量到重视质的转变。这就迫切需要加快构建中国特色学科体系、树立中国主导地位和话语权，而评价体系是其中重要的一环。只有建立具有本土特色的学科评价体系，按照正确导向引领学术文化建设、优化学术评价体制机制，才能高质量建设学术环境，引导正确的学术观，回归学术初心。中国在建设学科评价体系过程中，"最根本的评价标准是兼顾世界标准和中国特色，既要在世界范围内取得能够发挥引领作用的话语权，又要充分体现具有中国特色的文化、道路、理论以及体制等软文化，进而形成适合中国

---

① 倪晓茹、郭笑笑：《"双一流"建设下学科评价指标体系研究》，载于《中国高校科技》2021 年。

② 刘筱敏：《从期刊本质看学者发表论文的选择》，载于《情报资料工作》2020 年第 3 期。

③ 教育部、科技部：《关于规范高等学校 SCI 论文相关指标使用树立正确评价导向的若干意见》，中国政府网，http://www.gov.cn/zhengce/zhengceku/2020 - 03/03/content_5486229.htm，2020 年 2 月 18 日，2020 年 4 月 9 日。

④ 叶继元：《学术"全评价"体系与中国特色哲学社会科学学术评价体系的构建与完善》，载于《社会科学文摘》2021 年第 7 期。

社会发展的中国特色知识体系"①。

4. 学科评价体系建设的主要原则

大学学科评价在高等教育发展过程中越来越显示出强势的主导力量，提升学科排名逐渐成为诸多大学的工作重点和战略目标，学科评价在我国"双一流"大学建设中所发挥的重要作用也日渐凸显。但目前各大学科排行榜发布的学科排名受到越来越多的批评与质疑，有学者认为高等教育政策越来越依赖在外面的、与学问无关的量化标准。在学科排名的指挥棒与压力下，大学办学逐渐失去了其特色，多样性的文化与学术传统逐渐走向趋同。② 在此背景下，如何构建科学的学科评价体系成为不可忽略的重要议题。

构建科学的学科评价体系主要应遵循以下主要原则。首先，应坚持"科学有效、统筹兼顾"的原则，充分吸收高校哲学社科评价体系改革的经验教训，积极探索符合高校哲学社科的学科特点和适应百年未有之大变局哲学社科发展战略需求的评价体系，不断创新优化评价方式。其次，应在多方协商的基础上进行分类评价，充分尊重学科特色。不同学科之间存在着较大差异，甚至同一学科的不同专业间也存在着差异，因此在进行学科评价时应以充分尊重学术规律和学科差异为出发点，切入落实分类评价，综合考虑基础学科、特色学科、新兴学科、交叉学科等不同学科领域，基础研究、应用对策研究等不同研究类型，教学为主型、教学科研型等不同教师岗位类别，以及"绝学"、冷门学科等特殊领域，制定不同评价指标，尤其要增加能够体现学科特色的指标权重，③ 避免"一刀切"。再次，应优化学科评价指标，探索全方位评价体系。以立德树人、学术原始创新为主线，推进健全综合评价，对高校哲学社会科学工作者从思想政治、师德师风、教育教学、科学研究、社会服务、专业发展等进行全方位评价，突出品德、能力、业绩和质量、贡献、影响。以"破五维"为导向，改进结果评价，强化过程评价，探索增值评价，打破依赖数据开展评价的思维定势，淡化学科评价、机构评价、期刊评价和人才评价对"五唯"的依赖，探索长周期的弹性考核，建立以质量为导向、以标志性成果为核心、注重学术原创性和学术贡献度的评价标准。此外，应以人工智能、大数据为支撑，完善同行评价。积极建设同行评议大数据平台，丰富同行评议数据，严格规范专家评审行为，重视小同行评价意见，坚持以专家意见为主、定性与定量评价相结合，充分发挥学术共同体在学术标准制定和学

---

① 武宝瑞：《新文科建设需要解决好的三个前置性问题》，载于《上海交通大学学报》（哲学社会科学版）2020 年第 2 期。

② 宣勇、张凤娟：《大学学科评价与排名中的基本问题》，载于《教育发展研究》2020 年第 19 期。

③ 马国赘、宁小花、王红梅等：《教育评价转型视角下我国学科评价的挑战与发展方向》，载于《研究生教育研究》2020 年第 3 期。

术评价过程中的重要作用。最后，应在借鉴发达国家的学科评价经验的基础上，构建符合我国高等教育实际的学科评价体系。以构建中国特色、世界一流的学科评价体系为指引，积极借鉴发达国家的经验，将发达国家的先进评估理论以及技术方法引进国内，为我国吸收和借鉴。[①] 同时，应保持开放的心态，积极与国际同行专家交流，不断提升我国学科评价体系在世界上的话语权和影响力。总之，在学科评价体系建构过程中，应始终以构建中国特色、世界一流的哲学社会科学为指引，进一步推进哲学社会科学创新工程，在充分考虑哲学社会科学的民族性、原创性、时代性和专业性等本质特征的基础上构建中国社会科学权威评价体系，注重参与全球学术评价标准的制定，在文化输出的过程中逐步掌握学术评价话语权。

5. 学科评价体系的建构思路

（1）整体思路。

首先，通过辨别学者群可以有效评价期刊的质量。同一学科的期刊群构成若干同质化的学术社区，每个社区对应相关学者群，学者群既有作者也有读者。古语云"物以类聚，人以群分"，具有同样旨趣的人会互相吸引和集聚，高质量的社区会集聚高质量的学者，反之高质量的学者也会造就高质量的社区。其次，一流学术圈由一流的学者构成，而一流的学者来源于一流的学科与学校。以学者的投稿行为作为切入点，基于一流学者发文期刊信息，构建一流学科学术圈。再次，进行学者评价及期刊遴选，进而构建科学的评价体系。最后，基于大学集合、学科集合、论文集合、期刊集合，进行评价分析（如图 10-1 所示）。

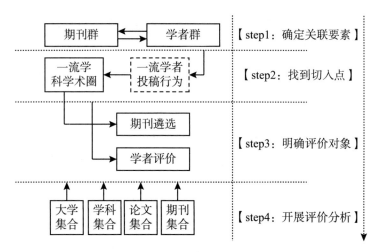

图 10-1　一流学科评价方法整体思路

① 解德渤、李泉鹰：《中国特色学科评估体系的优化路径：基于第四轮学科评估若干问题的分析》，载于《厦门大学学报》（哲学社会科学版）2019 年第 1 期。

（2）可行性研判。

整个学科评价体系围绕 6 个关键词展开：学科、大学、学者群、期刊群、学术圈、评价。从一流学科出发，指向一流学科所在的一流大学，以大学的一流学者群投稿行为跟踪到相应的一流学科期刊群，勾画一流学科学术圈，设计评价指标体系，开展期刊评价、学者评价、学科评价（如图 10 - 2 所示）。

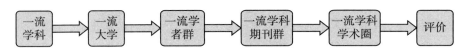

图 10 - 2　一流学科评价方法体系

学科：哲学社会科学领域的一流学科。

大学：学科对应的一流大学集合，由近 5 年该学科排名前 10 位的大学组成。

学者群：来自一流大学的学者。

期刊群：一流大学学者在该学科发表的所有论文所在的期刊集合。

学术圈：所有学科对应的学者与论文（学术产出）所形成的集合。

评价：通过期刊评价与遴选，可以得到一个学科期刊的可靠评价尺度。期刊的评价与遴选依据一流论文在一流期刊中的命中率。

（3）数据实证。

针对特定学科，构建其一流学术圈，获得该学科对应的期刊集合及一流论文集合，统计其中每一本期刊所发表的一流论文数量，基于不同期刊对应的一流论文命中比例，作为核心期刊、非核心期刊或者不同级别期刊的分区依据。

例 1：人文学科示例。

我们已基于人文学科期刊发文统计数据分析，对该方法论进行验证，并以学科专家的期刊分级评价结论作为佐证。

以人文学科入手进行数据处理和分析。QS[①] 人文学科共有九个类目：Philosophy（哲学）、Theology，Divinity & Religious Studies（神学与宗教研究）、Classics & Ancient History（古典文学与古代史）、English Language & Literature（英语与文学）、Modern Languages（现代语言）、Archaeology（考古学）、History（历史）、Performing Arts（表演艺术）、Art & Design（艺术与设计）。以 QS2019 的学科排名为依据，即每个学科 TOP10 高校共 90 所，去重后为 45 所。

对 45 所大学 2014 ~ 2018 年 5 年内在 A&HCI 中所发的论文进行统计，共计

---

①　QS 的学科划分与我国的学科分类，尤其是人文社科具有更好的对应性，我们以 QS 排名作为取值依据。《QS 世界大学学科排名》在 48 个学科领域，从学术声誉、雇主评价、论文引文和 h 指数四个维度对世界一流大学进行排名。

59 745 篇论文，其中 56 150 篇发表在 A&HCI 2019 收录的 1 834 种人文期刊中的 1 696 种上，占比约为 92.5%。对上述九个学科的期刊进行统计和分布分析。结果表明，针对 QS 9 个人文学科类目，前 25% 期刊的平均发文占到一流大学学科发文量的 75% 左右，其分布符合统计学特征，也证明了我们的假设和评价的有效性。我们同时对 QS 排名的 17 个社科学科也进行了统计分析，TOP10 高校在前 25% 期刊的发文占比没有人文学科集中度高，但仍呈现出明显的集中趋势（见表 10 - 1）。

表 10 - 1 人文社科期刊发文统计

学科名称	期刊总数	TOP10 高校发文	Q1 期刊数	Q1 期刊发文数	Q1 期刊发文占比（%）
哲学	213	3 067	53	2 262	73.75
神学与宗教研究	118	2 374	30	1 705	71.82
英语与文学、现代语言*	461	5 161	115	4 013	77.76
古典文学	46	727	12	567	77.99
考古学	86	1 122	22	798	71.12
历史	303	5 170	76	3 959	76.58
表演艺术**	140	820	35	586	71.46
艺术与设计**	127	514	32	446	86.77
总计	1 494	18 955	375	14 336	75.63
经济学	363	9 652	91	7 005	72.58
法学	148	3 962	37	2 363	59.64
政治学	283	7 289	71	3 730	51.17
社会学	326	5 956	82	3 836	64.41
人类学	90	3 393	23	2 207	65.05
教育学	283	4 978	71	3 167	63.62
心理学	613	22 557	153	15 474	68.60
语言学	184	1 560	46	1 042	66.80
传播学	88	1 881	22	1 120	59.54
工商管理	174	2 320	44	1 881	81.08
会计与金融	103	1 863	26	1 377	73.91
旅游管理	52	1 050	13	837	79.71
公共管理	389	13 950	98	8 037	57.61
图书馆与信息管理	89	1 505	22	1 041	69.17
总计	4 679	100 871	1 174	67 453	66.87

注：*现代语言、英语与文学期刊很难区分，故联合排名。QS 学科排名两者有 8 所相同，现代语言第九名为 The University of Tokyo（语言文学共发文 42 篇），第十名为 Peking University（语言文学共发文 51 篇），考虑到保持十个学校的统计数据，且上述发文数据较小，未统计入上述数据中。

**艺术两个学科排名前十高校均只有 7 所高校有发文。

例 2：经济学科示例。

进一步地，以《浙江大学经济学院国际学术期刊分类目录（2020 年版）》中的期刊分级作为学科专家的评价依据，分别用影响因子和一流学科评价法进行比较研究发现，从学科专家认定的顶级 5 种期刊来看，一流学科评价法得出的排名分别为 1、2、3、5、12，而影响因子得出的排名分别为 1、5、14、20、25，结果表明影响因子评价有较大偏颇（见表 10 - 2）。

表 10 - 2　　　　　　　　评价方法比较

学科专家期刊定级	影响因子期刊命中数	一流学科评价法期刊命中数
顶级 5 种	2	4
顶级与 A + 19 种	6	11
顶级 A + A 共前 30 种	10	18

综上，初步的数据统计与研究证明一流学科评价法在哲学社会科学领域有明显的优势和可行性。因此，在学科评价体系建构过程中，可以将一流学科评价法与同行评议法相结合，使我国的学科评价体系更为权威和科学。

（二）成果评价体系

1. 成果评价的主要指标

成果评价是学术评价的重要组成部分，也是开展人才、机构以及期刊等其他学术评价的基础。成果评价相关指标的遴选关系着成果评价的效果与信服力，因此选取科学的成果评价指标是成果评价的关键，也是构建公正合理的中国特色哲学社会科学成果评价体系的内在要求，更是提高我国学术研究成果质量和水平的重要前提和基础。实现建构公正、合理以及科学的成果评价体系这一重要战略目标，首先需要做的就是明晰各种成果评价指标所代表的意义和内涵，从而遴选出较为科学的指标。

指标是指当研究者确定研究现象时，能够将该现象进行概念化，并将概念的操作性定义转化为可以测量的变量，之后再进行数据收集以及变量指标的建构工作。[①] 简言之，指标是将具有原则性、概括性和抽象性特征的评价目标，逐级分解，使之最终成为具体的、行为化和可测的诸分目标，这种经分解后可测的分目标，我们称为指标。我们在人文社会科学成果评价中经常提到的评价指标体系是指表征评价对象各方面特性及相互联系的各个指标所构成的具有内在结构的有机

---

① 刘大椿等：《人文社会科学研究成果评价体系研究》，经济科学出版社 2009 年版。

整体。① 目前，人文社科成果评价形式主要包括学术论文、学术研究报告以及学术专著三种类别。其中，学术论文的成果评价主要依据发表期刊的级别进行评价，人文社科成果评价的期刊级别主要包括国内和国外期刊索引，国内的期刊索引主要包括普通期刊、南京大学于 1999 年探索开发的 "中文社会科学引文索引"（CSSCI）、北京大学发布的中文核心期刊目录以及学校自主认定的权威核心期刊等，国外的期刊索引主要包括人文社会科学三大索引："社会科学引文索引"（SSCI）、"国际学术会议社会科学引文索引"（ISSTP）以及 "艺术与人文科学引文索引"（A&HCI），评价标准主要包括论文数量、期刊影响因子、被引次数以及 h 指数等一系列量化指标。除量化标准外，同行评议也在学术成果评价过程中发挥着重要作用，但同行评议的公信力和权威性受评议过程中的程序正义以及评议专家本身的道德操守、学术水平、所持观点、个人兴趣等因素的影响极大，易造成评价结果差异较大。该评价方法与量化评价标准相比有着明显的局限性，因此难以得到贯彻实施。学术研究报告一般作为学术项目的结题形式出现，研究报告是否具有一定的理论和实践价值，一般情况下只需要项目负责人出具说明，再经由项目主管单位以及相关学科专家鉴定。学术专著的形式主要包括编著、专著以及编等，其中创新性最高的为专著，属于学者的原创学术成果；其次为编著，部分为学者的原创成果，部分引用他人观点；创新性层次最低的为编，主要将他人观点进行编纂，几乎没有学者自身的原创成果。目前学术成果评价中使用较为频繁的形式为学术论文，学术研究报告和学术专著使用频率较低。

2. 成果评价存在的问题

科研评价是推动高校科研发展的重要抓手，也是提升科研管理质量的关键步骤。成果评价是科研评价的重要组成部分，成果评价对于学术研究的发展以及科研资源的分配等发挥着重要的定向以及引导作用。依据科学、客观、公正的成果评价标准对教师的学术成果进行评价在一定程度上能够激发教师积极从事科学研究的动力，推动高校学术成果的产出，从而使我国在国际学术成果竞争中处于有利地位。自教育部颁布《教育部关于深入推进高等学校哲学社会科学繁荣发展的意见》《教育部关于进一步改进高等学校哲学社会科学研究评价的意见》等政策文件以来，人文社科学术成果评价工作的重要性日渐凸显，越来越成为政府、高校以及社会各界关注的重点问题。但由于人文社科具有成果形式多样、内容复杂以及具有一定滞后性等特点，其成果评价体系仍然存在着一定的问题和争议，对其存在的问题进行深入思考研究对于人文社科成果评价体系的完善具有重要意义。

---

① 姜春林、孙军卫、田文霞：《人文社会科学成果评价若干指标内涵及其关系》，载于《情报杂志》2013 年第 11 期。

目前，我国的哲学社会科学成果评价主要存在以下几个方面的问题：首先，评价标准存在简单化现象。目前，在关于成果评价的具体实践中存在着一定程度的简单化倾向，一定程度上忽视了人文社科成果呈现形式的特殊性与独特性。人文社科的不同学科之间存在着一定程度的差异，在研究类型上分为基础性研究和应用性研究两种类别，基础性研究重视知识的传承与创新、人类文明的继承与发展，应用性研究注重实际问题的解决，用同样的标准进行衡量显然存在争议；在成果呈现形式上主要包括论文、专著以及研究报告等，目前除在论文方面主要采用量化方法进行评价外，专著和研究报告等成果评价体系不太完善，① 成果评价体系的完善还需要付出较长时期的努力。其次，以量化评价为主，忽视质性评价。现有的人文社科评价体系多参照项目级别、论文数量、期刊级别、被引次数以及奖项称号等比较容易获取的外部量化数据，甚至以外在的标准化数据作为唯一评价指标，在一定程度上忽视了学术成果的意义和价值评价。以学术期刊、获奖以及科研项目等的级别来判断学术成果的质量可能出现的问题主要有：以学术期刊级别评价论文质量容易将发表在高级别期刊上的质量较差甚至只有一两页的论文评定为高质量论文；学术界的"马太效应"使各类奖项容易集中于相同一群人手中，以获奖级别评价学术成果质量容易将学者个人的声誉和地位与学术成果挂钩，是否能够真正反映出学术成果质量有待商榷；目前高校引进人才中大部分都要求主持过相应级别的科研项目，在科研分数计算时，高级别科研项目甚至可以折合成十篇甚至二十篇学术论文的分数，这种以科研项目级别评价学术成果质量的做法是否合理，也值得商榷。② 再次，成果评价具有明显行政化倾向。不同评价取向会产生不同的评价结果，人文社科成果评价通常存在以学术价值为主导和以学科发展为主导两种不同的评价取向。由于成果评价的标准和规则由行政管理部门制定，且通常与科研绩效和奖励挂钩，即科研资源、项目以及经费等的配置权力牢牢掌握在行政机构手中，行政人员对于学术成果的评价掌握着较大的决定权与话语权，使得学术成果评价蒙上了较为浓厚的行政色彩。学术评价的行政化容易挫伤科研人员的研究积极性，甚至使学者产生急功近利的浮躁心态，只顾眼前功名利禄，不为追求真理，只求发表数量，不顾发表质量，③ 学者内在的学术志趣也在这个过程中被不断削弱，从而对学术事业的发展造成一定程度的不良影响。

3. 成果评价体系建构措施

针对目前人文社科成果评价体系存在的问题，建构科学合理的成果评价体系

---

① 姜帆、黄孚：《人文社会科学成果评价的思考及建议》，载于《研究与发展管理》2016 年第 4 期。

② 陈敏、王轶：《破"五唯"政策视角下的学术成果评价研究》，载于《重庆大学学报》（社会科学版）2021 年第 3 期。

③ 潘启亮：《人文社科科研量化评价研究》，载于《暨南学报》（哲学社会科学版）2011 年第 3 期。

主要可以从以下几个方面着手。首先，制定多样化与合理化的成果评价标准，将定量评价与定性评价结合起来。由于定量评价和定性评价都有各自的局限性，定量评价主要依据论文数量、期刊级别以及被引频次等量化指标将科研成果折合成一定分值，再按照分数高低评定学术成果的价值，分数越高，代表学术价值越高，这种评价方法在一定程度上忽视了研究成果的内容与价值；定性评价主要依赖同行评议法，同行评议是指由同一学科领域或相近学科领域的相关专家来对学术成果的价值进行评价，这种评价方法的主要缺陷在于对学术成果的评价容易受到评议专家个人情感以及学者的学术地位和权威等因素的影响，具有一定程度的主观性。因此，将定量评价方法与定性评价方法结合起来对学术成果进行评价，在一定程度上能够克服各自的缺点，实现理性评价与感性评价的合理结合，从而使成果评价体系更为公正和科学。此外，在评价过程中，还应关注到学科差异，对于不同学科应运用与学科特点相适应的学术成果评价方式，对同类或相似学科运用相同的评价方式，以保证学术成果评价的合理性、公平性以及准确性。

其次，完善学术成果评价程序，建构科学合理的成果评价体系。人文社科学术成果评价体系主要包括定性的同行评议指标体系和定量的文献计量指标体系两种。同行评议在人文社科成果评价中发挥着重要的守门人作用，在一定程度上决定了论文是否有质量或价值。[①] 文献计量在成果评价过程中发挥着重要的辅助作用，在一定程度上代表了论文评价的科学性。因此，两种评价指标缺一不可。对于同行评议，在实施过程中要努力挖掘出真正的学科小同行，实现学科评审专家的动态筛选，真正建立科学的专家遴选机制，从而为实现构建合理科学的学术成果评价体系奠定坚实的基础。此外，根据不同学科的特色建构不同类型的学术共同体，也是解决目前学术成果评价体系存在问题的一个关键策略。[②] 学术共同体作为生活在同一学术部落、具有共同学术信仰的人，他们对于学术精神有着长期的信仰与追求，可能比外行人具有更为敏锐的学术洞察力，更清楚哪些学术成果具有长远的意义和价值，哪些学者在学术界应享有什么样的学术地位等。学术成果的评价标准以及学术研究中出现的各种分歧等多种学术问题，只有在学术共同体的内部交流中才能够得到有效解决。当然，学术共同体也会存在一些问题，但此种评价方式目前看来确实是最好的选择。

再次，淡化学术成果的管理评价，不断改进和完善学术成果评价机制。近年来，国家不断加大人力、物力和财力投入以支持学术事业发展，在国家大力支持的情境下，行政管理人员应重视在立项前对项目的遴选，挑选出具备完成项目能

---

① Czellar J., Lanares J. Quality of Research：Which Underlying Values. *Sciento metrics*，2013（95）：1003 – 1021.

② 杜向民：《高校人文社会科学评价理论与方法研究》，中国社会科学出版社2018年版。

347

力的个人或研究团队，在立项后应减少对项目实施过程的管控，给项目负责人较大的自由权以及自主性，淡化量化评价指标，延长考核周期，同时可以减少对项目负责人的聘期考核要求，使其能够长时期潜心投入科研项目的研究。此外，在立项后应淡化对项目结题的形式要求。项目结项后，可以将其研究成果予以发表，借助学术同行对学术研究成果进行评价，[①] 淡化或取消管理评价代之以学术共同体进行评价。此外，机制是指系统内部各要素之间的作用关系及其运行通则，评价机制是指与评价相关的各个要素、机理及其之间的相互作用关系和运行方式。目前，我国人文社科学术评价机制存在"以创新和质量为导向的评价管理控制机制"严重缺位和失效的问题。对这一评价管理控制机制进行进一步深入研究和推行，是完善我国人文社科成果评价体系的重要一环，也是推动人文社科学术成果评价理论和实践发展的重要基础，更是促进我国人文社科不断繁荣和发展的迫切要求。因此，构建科学的学术成果评价机制已成为重要议题，基于评价的相关理论，构建出由管控导向、管控维度、管控措施、管控问题和实施策略构成的"以创新和质量导向的中国特色哲学社科学术成果评价管控机制"的基本架构和内容体系，[②] 进一步完善学术成果评价体系的理论和实践，是推动我国哲学社科未来生态构建的重要基础。

4. 成果评价体系探索

同行评议理论上是最佳的学术评价手段，其核心在于圈内人的学术价值评估。但是如何界定高质量学术圈，如何保证同行评议的客观，由于人的社会属性使得其中的干扰因素无法有效排除，这一方法一直无法广泛应用，因此需要量化评价方式予以补充。对于文献计量评价，在实施过程中需要十分关注的是评价指标的科学性。运用"权威指数"评价模型对人文社科学术成果进行评价具有一定的科学性。"权威指数"评价模型主要参考借鉴"自然指数"的评价方法。自然指数是一个包含作者从属关系信息的数据库，这些信息提取自发表在 82 份高质量科学期刊中的研究文章。自然指数每月更新一次，以 12 个月作为滚动窗口，在机构、国家和区域层面实时展现了高质量研究成果的产出和合作情况，也为机构提供了一种识别自身优秀科研产出的方法。自然指数收录的文章主要输出全计数（Count）和分数计数（Share）两个基础指标。此外，基于分数计数，自然指数衍生出了修正分数计数（AS）、双边合作指数（CS）以及多边合作指数（MCS）三个指标。参考借鉴"自然指数"的方法，"权威指数"评价模型通过对人文社科领域的高质量期刊进行遴选并分类，主要围绕期刊、文章、学者以及

---

① 姜帆、黄孚：《人文社会科学成果评价的思考及建议》，载于《研究与发展管理》2016 年第 4 期。

② 杨红艳：《科研项目介绍：中国人文社科学术成果评价存在的问题与对策》，中国人民大学评价研究中心，https：//mp. weixin. qq. com/s/ij55sczMR_u6Wso4OV0eWA，2020 年 6 月 18 日，2021 年 6 月 20 日。

机构的层级等依次展开，通过制定的规则将基本计分单元的分值分配给各机构，之后对机构学术成果的得分进行统计汇总并排名，从而得出各机构的学术贡献。

此外，"Top 高校"法也可以作为一种重要的评价标准。"Top 高校"法评价模型以学者的投稿行为作为切入点，基于一流学者发文期刊信息，构建一流学科学术圈，并对学术圈的学术论文分布进行统计分析，构建基于大学集合、学科集合、论文集合、期刊集合的科学评价体系，进而识别高水平期刊与论文。评价学者的学术成果目前主要依赖于发文期刊，评价期刊则依赖基于引文分析的评测，离开引文分析几乎无法构建有效的评价尺度。有别于理工学科流行的引文分析法，人文学者在发文量和引用量上都很难进行计量比较，Web of Science 也不提供人文学者的被引数据，学界对于人文学者普遍缺乏有效的计量分析手段。鉴于此，我们尝试从构建有效的学术圈入手，对学术圈的学术论文分布进行统计分析，从而识别高水平期刊与论文，以完成评价。

（1）一流学科学术圈。

基于学科排名，可以构建作为动态计量评价方法的基础：一流学科学术圈。首先定义学术圈评价全集 Uac：

$$Uac = \{Sac, \ Unac, \ Pac, \ Jac\}$$

其中：

Sac 代表学科全集；

Unac 代表学校全集；

Pac 代表论文全集；

Jac 代表期刊全集。

定义常数如下：

Cqr：表示研究只针对学科排名前 Cqr 的学校；

MAX：表示当学科排名超过 Cqr 时所定义的学科最大值；

C：表示学科排名前 C 的学校定义为一流学科学校，本书后续验证取为 10。

定义学科学术圈相关集合如下：

学校集合 $U(S, Y)$：表示在年 year 学科 sub 的所有学科排名前 C 的院校集合。

$$U(S, Y) = \{u_i \mid \forall u_i \in U_{nac}, Rank(u_i, S, Y) \leqslant C\} \quad (10.1)$$

$Rank(ui, S, Y)$ 表示学校（ui）在学科（S）在年（Y）的排名。

论文集合 $P(S, Y)$：表示在年 year 学科 sub 的所有学科排名前 C 的院校发表的所有论文集合。

$$P(S, Y) = \{pi \mid \forall u_i \in U(sub, year), p_i \in Get\_P(sub, u_i, year)\} \quad (10.2)$$

其中，

$$Get\_P(U, S, Y) = \{p_i \mid \forall p_i \in P_{sub}, search\_p(U, p_i, Y) = True\}$$

表示学校（U）在学科（S）在（Y）年发表的所有论文集合；$Psub$ 表示 Pac 全集中所有 sub 学科的论文，$search\_p(U, pi, Y)$ 为 $True$ 表示 Y 年 U 学校发表了一篇论文 pi。

期刊集合 $J(S, Y)$：表示在年 $year$ 学科为 sub 的所有学科排名前 C 的院校发表的所有论文所在的期刊

$$J(S, Y) = \{j_i \mid \forall p_i \in P(sub, year), j_i = Get\_J(p_i, Y)\} \qquad (10.3)$$

其中，

$$Get\_J(p, Y) = \{j \mid \exists j \in J_{ac}, search\_j(p, j, Y) = True\}$$

表示论文 p 所在的期刊 j，$search\_j(p, j, Y)$ 为 $True$ 表示 Y 年论文 p 发表在期刊上。

于是有，基于学科排名，Y 年的一流学科学术圈 Uac_f：

$$U_{ac\_f} = \left\{S_{ac}, \bigcup_{s_i \in S_{ac}} U(s_i, Y), \bigcup_{s_i \in S_{ac}} P(s_i, Y), \bigcup_{s_i \in S_{ac}} J(S_i, Y)\right\} \qquad (10.4)$$

基于上述定义与函数，可以得到一个学科期刊的可靠评价尺度。由于是利用学者的投稿行为来进行评判，而不是通过问卷、访谈形式，可以有效规避人情和盲点的主观干扰。

（2）学科映射。

上述定义与推演的出发点是学科排名，并由此确定常数 C 以及 Cqr 的取值。有研究表明，2017 年发布的"双一流"入围高校与学科是在 2012 年教育部学科评估的基础上，兼顾了 ESI 和 QS 两者 2017 年学科排名做出的选择。可见 ESI 与 QS 是我国高校一流学科建设对标的重要参照。

调研发现，ESI 学科排名是汤姆森科技信息集团在汇集和分析 ISI Web of Science（SCI）所收录的学术文献及其所引用的参考文献的基础上建立起来的，针对数学、物理、化学、医学、农学等 22 个专业领域进行排名。而英国国际教育市场咨询公司 Quacquarelli Symonds（以下简称 QS）每年发布的《QS 世界大学学科排名》在 48 个学科领域，从学术声誉、雇主评价、论文引文和 h 指数四个维度对世界一流大学进行排名。[①] 考虑到 QS 的学科划分与我国的学科分类，尤其是人文社科具有更好的对应性，对于学术圈 Uac_f，我们目前以 QS 排名作为取值依据，未来也可以采用其他排名数据做比较研究。

我国的学科分类有国标《学科分类与代码》（GB/T 13745—2009）和教育部学科分类，国外像 WOS 和爱思唯尔都有各自的学科分类。由于每个分类体系的思路和目标不同导致对学科划分的差异，相同的学科名称其概念内涵不尽相同，

---

① 《中共中央办公厅、国务院办公厅印发〈关于加强中国特色新型智库建设的意见〉》，中国政府网，http://www.gov.cn/zhengce/2015 - 01/20/content_2807126.htm，2015 年 1 月 20 日，2020 年 7 月 13 日。

不同名称的学科其内涵却有可能一致。本书选择教育部的学科分类体系作为评价基准，WOS 对期刊的分类作为重要参考。将教育部学科、QS 学科与 WOS 分类进行一致性分析，建立"学科映射表"，从而使得三个体系的分类可以有相互比较，乃至转换的可能。

每个教育部一级学科会对应多个 WOS 的期刊分类，个别学科由于 WOS 分类、QS 分类与教育部学科分类的差异性，归总到学科门类或对二级学科进行单独评价。需要特别说明的是，部分教育部归属于人文的学科在 WOS 中归属于社科，相反的情况也存在。例如民俗学，在 WOS 学科分类中归属人文，在教育部学科分类中归属社科法学门类。又如教育部文学门类下有新闻传播学，而在 WOS 有传播学一类，归属于社科。虽然在 A&HCI 期刊列表中，有传播学一类，并有 17 种期刊，但在 SSCI 的传播学一类中有 88 种期刊，所以对于 WOS 来说，传播学主要归属于社科。上述 17 种期刊只有 4 种与 88 种期刊相重，并且这 17 种期刊第二分类大多为语言或语言学。所以，如前所述我们对期刊的分类主要依据第一分类，但也会参考其他分类来确定期刊的归属。

研究发现，国内外对于人文学科的界定具有相当的一致性。即教育部人文一级学科（即哲学、文学、历史、艺术四个学科门类下的一级学科）与 QS 人文学科分类及 WOS 对 A&HCI 中期刊分类有较高的一致性，同时，社科学科（即经济学、法学、教育学、管理学四个学科门类）部分学科与 QS 学科分类及 WOS 对 SSCI 中期刊分类也有较高的一致性，这让一流学科的评价方法在 A&HCI 和 SSCI 期刊上有了较好的可行性。因此，可以考虑使用"Top 高校"法对学者的学术成果进行量化评价。

（三）学者评价体系

学者评价是以学者为主要评价对象的学术评价活动，也是学术评价体系的重要组成部分。随着科技创新在国家发展中发挥的重要作用日渐凸显，科研人才日渐成为高校和科研院所强力争取的对象。科学合理的学者评价，不仅可以为高校挑选出优质的科研人才，而且能够实现科研人才的有效配置和合理流动，真正实现人尽其才、才尽其用。[①] 近几年来，教育部印发了《关于深化高等学校科技评价改革的意见》《关于深化高校教师考核评价制度改革的指导意见》《关于进一步加强科研诚信建设的若干意见》以及《关于规范高等学校 SCI 论文相关指标使用树立正确评价导向的若干意见》等一系列文件，旨在克服"五唯"，完善代表作评价制度，建立合理规范的学者评价体系，从而使学者能够产出更多高质量研

---

① 雷忠：《高校人才评价的若干思考》，载于《华中农业大学学报》（社会科学版）2009 年第 2 期。

究成果，为实现我国哲学社科未来生态构建目标奠定坚实的基础。

近年来，关于学者评价的一系列指标相继产生，既有同行评议等传统评价方式，也催生出了一系列量化评价指标，如篇均被引次数、总被引次数、g 指数、h 指数、I 指数、R 指数、AR 指数、P 指数等一系列指标。其中，h 指数是由美国物理学家赫希（Hirsch，2005）提出的，[①] h 指数被认为是用来进行学者评价的最经典的方法。h 指数不仅综合考虑了论文的数量和质量，而且可以预测学者未来的发展潜力以及科学成就，克服了出版物数量、影响因子以及被引次数等指标无法兼顾论文数量和质量评价的缺点，成为最具影响力的学者评价指标。[②] 但 h 指数也有诸如将论文被引频次等同于学者被引频次，并没有考虑合作论文中每位作者的贡献大小；只升不降，不利于对科研生涯较短的学者进行评价；不适合跨学科评价以及敏感度较差等缺点。[③] 由于 h 指数存在这些缺点，一些学者提出一些衍生指标弥补这些缺陷，如 I 指数、P 指数、Altmetrics 指标等，这些指标的具体内涵阐述如下。

I 指数的定义为：[④] 已知 C_i 是第 i 篇文章的被引频次，N_i 是第 i 篇文章的作者数，N_p 是作者发表的文章总数，N_c 是所有文章的总被引频次，则 I 指数定义可以为：

$$I = \frac{\sum_{i=1}^{N_p} c_i / n_i}{N_c}$$

I 指数主要有以下几个特点：首先，与 h 指数相比，I 指数几乎很少受到时间因素的影响，假如学者因身体原因或家庭原因等主观因素在一段时间内中断学术研究，不会对 I 指数产生影响；其次，与论文被引频次相比，I 指数不易受到学者资历、地位、从属关系以及名气等主观因素的影响；再次，与被引频次和 h 指数只增不降的特点相比，I 指数会随着合作论文作者数量的增加而降低。此外，当学者个人的贡献较大时，I 指数会比较大。[⑤] 因此，使用 I 指数进行学者评价会更为客观公正。

[①]　Hirsch J. E. An index to quantify an individual's scientific research output. *Proceedings of the National Academy of Sciences of the United States of America*，2005，102（46）：16569 – 16572.

[②]　刘雪梅：《作者合作与期刊影响因素视角下的学者评价研究》，载于《情报理论与实践》2018 年第 11 期。

[③]　傅俊逸、庄倩：《学者学术生命视角下评价指标的实证研究》，载于《情报杂志》2021 年第 8 期。

[④]　刘雪梅、王海花：《基于I指数及其扩展指数的学者评价研究》，载于《情报杂志》2018 年第 7 期。

[⑤]　Sahoo S. Analyzing research performance：proposition of a new complementary index，*Scientometrics*，2006（108）：489 – 504.

P 指数又称为杰出指数（Prominence Factor）或威望指数（Prestige Factor），[1] 是继影响因子、被引次数、h 指数之后的一种新的测量指标。P 指数是在 h 指数的基础上发展而来的，并由 Prathap 在 2010 年正式提出。Prathap 认为 P 指数属于绩效性能评价指标，不仅继承了 h 指数能够同时反映出论文数量和质量的优点，而且能够在较高程度上平衡平均被引率与被引频次，具有较高的灵活性、区分度、简洁性以及通用性且不易受到时间因素的影响。[2] 综合来看，P 指数具有较高的合理性和科学性，在学者影响力评价方面有着强大的生命力和应用前景。

Altmetrics 指标是随着学术信息在网络上的大量传播而发展起来的，该指标旨在通过利用网络平台对学术信息的提及以及转发等行为判断学者的学术影响力，主要包括提及量、点赞量、评论量、转发量以及推荐量等指标。[3] Altmetrics 指标的评价结果与传统文献计量的评价结果有一定的相关度，但相关程度比较低。[4] Altmetrics 指标更适合对学者的网络使用能力以及科学普及度进行评价，[5] 文献计量更适合对学者的引文影响力进行评价，两者对学者影响力进行评价的维度和侧重点有所不同。目前，Altmetrics 指标用于评价学者影响力的有效性以及科学性已得到基本证实，可以作为传统文献计量指标的补充性评价指标来评价学者的社会影响力。

此外，关于学者评价的指标还包括近年来发展的术语区分能力（Term Discriminative Capacity，TDC），TDC 的均值在一定程度上可以反映出学者研究范围的广度以及研究主题的新颖性；[6] 基于 h 指数的 R 指数、AR 指数，其中，R 指数可以对 h 指数相同的学者进行进一步分析，AR 指数可以用来弥补 h 指数只增不减的缺陷；[7] hc 指数是对 h 指数的改进，hc 指数由 hc_1 和 hc_2 两部分构成，其中，hc_1 用来描述学者文章的被引程度，hc_2 用来描述学者的活跃程度；[8] g 指数是由

---

[1] Prathap G. The 100 most prolific economists using the p-index. *Scientometrics*, 2010, 84（1）: 167 – 172.

[2] Prathap G. Evaluating journal performance metrics. *Scientometrics*, 2012, 92（2）: 403 – 408.

[3] 郭颖、肖仙桃：《国内学者影响力评价 Altmetrics 指标研究》，载于《情报理论与实践》2019 年第 4 期。

[4] Ortega J. L. Relationship between altmetric and bibliometric indicators across academic social sites: The case of CSIC's members [J]. *Journal of Informetrics*, 2015, 9（1）: 39 – 49.

[5] Sotudeh H., Mazarei Z., Mirzabeigi M. CiteULike bookmarks are correlated to citations at journal and author levels in library and information science [J]. *Scientometrics*, 2015, 105（3）: 2237 – 2248.

[6] 王昊、唐慧慧、张海潮等：《面向学术资源的术语区分能力的测度方法研究》，载于《情报学报》2019 年第 10 期。

[7] 金碧辉、Ronald R.：《R 指数、AR 指数：h 指数功能扩展的补充指标》，载于《科学观察》2007 年第 3 期。

[8] 熊回香、叶佳鑫、丁玲等：《基于改进的 h 指数的学者评价研究》，载于《情报学报》2019 年第 10 期。

Egghe 在分析 h 指数的评价效果时提出的；g 指数在一定程度上能够评价产出文章数量较少但质量层次较高的学者；[①] n 指数是由 Namazi 等学者在 2010 年提出的，n 指数能够较为准确地描述初学者在某领域的学术水平，并且能够进一步对跨领域学者的学术能力进行对比。[②] 总而言之，评价学者学术影响力的指标较多且较为复杂，从中选取较为科学合理的指标评价学者的学术影响力不仅对学者是否能够客观判断自身学术水平有着较大影响，而且对于我国识别优秀科研人才，促进哲学社会科学繁荣发展及未来生态构建发挥着重要的奠基作用。

第三节　政策支持与要素保障

2021 年 5 月，习近平总书记在给《文史哲》编辑部全体员工的回信中提到"要增强做中国人的骨气和底气，让世界更好认识中国、了解中国，需要深入理解中华文明，从历史和现实、理论和实践相结合的角度深入阐释如何更好坚持中国道路、弘扬中国精神、凝聚中国力量"，[③] 习近平总书记的指示充分体现了当代哲学社会科学在弘扬中华文化中发挥的重要作用，优化哲学社会科学发展的未来生态建设是高校不可回避的历史使命与时代责任，提供政策支持和要素保障则是未来哲学社会科学生态建构的重要抓手。

一、加强哲学社会科学发展未来生态构建的政策支持

（一）创设有利于哲学社会科学发展的政策环境

建构科学合理、充满活力的政策环境是推动新时代中国特色社会主义高校哲学社会科学发展的重要基础，具体可以分解为政策系统的顶层设计、政策项目的具体规划与政策评价的适时反馈[④]。

---

① Egghe L. An improvement of the h-index: The g-index. *ISSI Newsletter*, 2006, 2（1）: 8 – 9.

② Namazi M., Fallahzadeh M. N – index: A novel and easily-calculable parameter for comparison of researchers working in different scientific fields. *Indian Journal of Dermatology*, *Venereology*, *and Leprology*, 2010, 76（3）: 229.

③ 任少波：《高校哲学社会科学的时代担当》，载于《国家教育行政学院学报》2021 年第 7 期。

④ 白恩来、赵玉林：《战略性新兴产业发展的政策支持机制研究》，载于《科学学研究》2018 年第 363 期。

在政策系统的顶层设计方面，首先要坚持马克思主义指导思想，将高校哲学社会科学的发展视作对接国家战略需求，推动新中国建设事业的重要构成部分。高校作为意识形态工作前沿阵地，承担着为实现中华民族伟大复兴的中国梦提供人才保障和智力支持的重要任务，其对马克思主义指导思想以及社会主义核心价值观的践行程度直接关系着我国未来人才队伍的发展方向。只有坚实的思想基础才能生成真正适合中国道路的高校哲学社会科学发展政策。2017 年中共中央印发的《关于加快构建中国特色哲学社会科学的意见》中也指出要坚持马克思主义在哲学社会科学领域的指导地位，深化党的理论创新成果的学理阐释，将党的理论创新成果的核心思想、关键话语体现到各学科领域。与此同时，高校哲学社会科学发展政策的价值导向需要进一步强调扎根中国大地的必要性，要引领广大哲学社会科学工作者立足中国情境，突出时代特色，树立国际视野，传播中国声音，推动高校哲学社会科学学术理论中国化[1]。基于上述顶层设计，可以进一步引导高校哲学社会科学将建设新时代中国特色社会主义经济、政治、文化、社会等现实议题作为出发点，整合学科力量，发挥学科优势，拓展学科领域，突出学科特色和服务大局能力。

在政策项目的具体规划层面，需要通过加强机制保障优化我国高校哲学社会科学的发展环境。《中共中央关于进一步繁荣发展哲学社会科学的意见》指出，优化评价机制、激励机制和保障机制是促进当前我国哲学社会科学未来发展的重要任务[2]。在评价机制方面，要发挥立德树人的根本导向，以破"五唯"为契机，在尊重学科发展规律，注重原创性和实际价值的基础上以学术质量、社会影响、实际效果为衡量标准，鼓励多元的高校哲学社会科学成果形式，以建立具有自身特质的学术评价体系。在激励机制方面，坚持精神激励和物质激励相结合，保障外在激励与内在激励相结合，进而实现工作激励与价值激励相结合，激发广大哲学社会科学工作人员的创新活力。在保障机制方面，要在确保高校哲学社会科学基本地位的基础上充分整合和挖掘各类资源，实现办学科研经费、人才队伍建设、办公场所等方面的充分保障，探索多种协同的教学和科研模式，进而为推动高校哲学社会科学的制度保障打稳根基。

在政策评价的适时反馈层面，要坚持实践是检验整理的唯一标准，要将新时代中国特色社会主义高校哲学社会科学的政策成效与评价作为政策支持过程中的关键部分。这提醒我们需要明确认识高校哲学社会科学发展将经历的阶段，以及

① 新华社：《中共中央印发〈关于加快构建中国特色哲学社会科学的意见〉》，中国政府网，http：//www.gov.cn/zhengce/2017-05/16/content_5194467.htm，2017 年 5 月 16 日。
② 林永柏、江桂珍：《关于推进高校哲学社会科学繁荣发展的思考与建议》，载于《东北师大学报（哲学社会科学版）》2014 年第 6 期。

各个阶段的价值目标、核心工作与后续任务等。具体而言，首先需要从宏观的角度对促进高校哲学社会科学发展的相关政策进行系统性考察，从系统运行的全局观出发判断政策体系设计的合理性与有效性，审视诸如高校哲学社会科学是否在政策支持下实现了预期的发展目标、各学科之间的沟通交流是否充足、整体学术导向是否与国家发展充分耦合等问题；之后需要从微观的角度考察各个具体政策项目是否有效发挥了其作为政策工具的指导作用，并精确分析不同政策工具的作用范围和运行机理，对诸如人才队伍建设政策在选才育才方面的成效、学术平台建设政策在方向凝聚方面的成效、学术期刊建设政策在思想传播方面的成效等问题进行深入评价；最后需要统筹宏观和微观视角，通过科学、合理、客观、可行的反馈手段发现政策实施过程中的缺陷与不足，并将之作为信息源进一步协调整合，力争实现具体政策项目修正和整体政策调试之间的同步，为高校哲学社会科学发展的后续政策制定积累充足经验。

（二）建立稳定的哲学社会科学经费支持体系

积极构建稳定的经费支持体系和保障机制是促进哲学社会科学未来生态构建的前提条件。正如《中共中央关于进一步繁荣发展哲学社会科学的意见》所强调的，"高度重视哲学社会科学研究和人才培养条件的改善，不断加大经费投入力度。合理确定并逐步提高哲学社会科学在教育经费中所占的比例，保证哲学社会科学经费随着教育事业经费的逐年增加而相应增长"[1]。为积极促进哲学社会科学发展的未来生态构建，有必要进一步加大对哲学社会科学的经费投入，提升哲学社会科学工作者的物质保障，激发他们的科研热情和工作活力。例如，可通过提升对哲学社会科学研究基地、基础理论研究、重点学科和课题研究的支持力度；加强基础设施和硬件设施建设，构建重点研究院和知名实验室；优化哲学社会科学期刊、书籍、报纸、图书馆等资料检索系统；设立专项经费用于引进高层次人才、搭建高水平科研平台、推动哲学社会科学优秀成果转化和国际会议资助等；构建一批适用于我国高校人文社会科学的专题数据库、优化高校内部或专业领域内的知识共享平台；提升对哲学社会科学工作者的奖励级别、加大奖励额度、丰富奖励种类、增强奖励频次等方式完善哲学社会科学的经费支持体系。[2]

---

① 习近平：《在哲学社会科学工作座谈会上的讲话（2016年5月17日）》，人民出版社2016年版，第7~10页。

② 梁晓丽：《高校哲学社会科学繁荣发展的路径选择》，载于《教育理论与实践》2018年第21期。

（三）构建政府主导、多元参与的外部支持体系

加强对哲学社会科学发展的外部支持与资源投入是实现我国哲学社会科学未来生态构建的重要前提条件。习近平总书记指出："构建中国特色哲学社会科学是一个系统工程，是一项极其繁重的任务，要加强顶层设计，统筹各方面力量协同推进……把政府资助和社会捐赠结合起来，加大科研投入，提高经费使用效率。"① 目前，我国哲学社会科学的资金来源主要是依靠政府拨款，如何想方设法将政府资助和社会捐赠结合起来，完善政府主导、多元参与的资助体系是加强我国哲学社会科学外部支持和资源投入的重要方面。因此，在优化政府资助体系的同时应借鉴国外的资助经验，鼓励和引导企业、社会组织或个人对哲学社会科学领域的经费资助，促进多元化资助体系的发展，推动构建政府为主、多元资助手段并存的资助格局和体系。在具体操作层面，首先可以将资助哲学社会科学研究纳入国有控股企业考核体系之中，引导国有企业对哲学社会科学领域的研究进行资助，发挥模范带头作用；其次可以通过引导私人基金会等社会组织，设置哲学社会科学领域的独立研究基金，对哲学社会科学的基础研究和应用研究进行资助。通过这些方式努力推进建立"以政府资助为主导、社会各界多渠道参与"的哲学社会科学资助体系建设，② 从而为促进我国哲学社会科学未来生态构建奠定坚实的基础。

二、强化哲学社会科学发展未来生态构建的要素保障

（一）战略要素：跨学科研究大平台

自 20 世纪末以来，知识经济的迅速发展使得知识生产模式进入了转型阶段，跨学科研究越来越成为不可阻挡的潮流，这种潮流促使知识生产的主阵地——研究型大学做出了与之相适应的变革，进一步加速了跨学科研究的发展。③ 2018年，国务院颁布了《国务院关于全面加强基础科学研究的若干意见》，该文件也强调要"鼓励开展跨学科研究……组建跨学科、综合交叉的科研团队"，使得跨

---

① 习近平：《在哲学社会科学工作座谈会上的讲话（2016 年 5 月 17 日）》，人民出版社 2016 年版，第 24～25 页。

② 温美荣、王申成：《中国特色哲学社会科学研究政府资助模式：内在张力与优化路径》，载于《行政论坛》2021 年第 2 期。

③ 殷红春、闫小丽：《美国研究型大学跨学科研究平台的构建机制——基于项目导向型组织理论》，载于《中国高校科技》2020 年第 6 期。

学科研究得到进一步推进。随着跨学科研究的蓬勃发展，建构战略性跨学科研究平台日益成为研究型大学极为关注的重要议题。

跨学科有着丰富的内涵，一方面可以是指为了解决某个或某些共同的问题，不同学科的研究团队之间进行交流、合作与协调的过程，[①] 另一方面也可以是指两个及以上不同学科之间的思想、理论、工具、方法以及规范等要素之间的重新组合与创新。[②] 从本质上来说，跨学科的重要意义在于打破学科间隔绝的藩篱，跨越传统学科间的界限，推动学科"范式"的转型，勾画学科发展的新图景。目前，我国正处于"双一流"建设的关键时期，推动一流跨学科研究平台的建设是实现跨学科发展的重要路径。当前，我国跨学科研究平台建设主要存在资源配置不合理，资源利用效率不高以及运转效率低下等方面的问题，具体表现为跨学科支持较为薄弱，内部资源的整合程度不高，外部资源的协调能力不足，合作形式较为单一等。在跨学科支持方面，虽然我国的跨学科研究平台的学科交叉趋势已经逐渐形成，跨学科资源共享机制也已初步建立，但仍然存在不同学科之间融合深度浅、范围小以及数量少等问题。[③]

目前，推动我国哲学社会科学战略性跨学科研究大平台主要可以从以下几个方面着手。首先，进一步推动高校哲学社会科学研究信息化平台建设，搭建跨学科研究平台载体。在秉承人文思想与技术创新有机结合理念的基础上，加强哲学社会科学图书、文献、网络、数据库等基础设施方面的信息化建设，进一步加强高校人文社会科学文献中心建设，推动哲学社会科学研究信息资源的共建共享共治，促进我国学术资源的开放共享、集中获取和深度利用，为我国哲学社会科学创新发展提供坚实的平台基础。其次，组建哲学社会科学创新公共平台，提高跨学科研究平台资源的整合与利用效率。借鉴自然科学研究与创新的公共平台建设的成功经验，组建跨学科的大文科创新公共平台。平台可以围绕文科研究的关键性特征分为四大模块：调研数据共享中心、项目实施组织实践中心、材料搜集与译介中心、跨学科协同中心，以此使来自不同学科的不同研究者都能够在这个具有流动性和开放性的空间中找到属于自己的定位，促进我国哲学社会科学不同学科间的交叉融合。再次，完善跨学科研究平台的职能，推动人才培养与科学研究的共同发展。跨学科研究平台不仅可以作为科研项目的合作研究平台，同时也是发挥人才培养功能的重要平台，对于培养跨学科人才具有重要意义。因此，在跨

---

① 谢恩泽、赵树智：《跨学科研究概论》，山东教育出版社 1991 年版。

② Committee on Facilitating Inter-disciplinary Research and Committee on Science. *Engineering, and Public Policy: Facilitating Interdisciplinary Research*. Washington: The National Academies Press, 2004: 26.

③ 王娜、黄巨臣：《推进跨学科建设：我国世界一流大学形成的路径选择》，载于《现代教育管理》2018 年第 5 期。

学科研究平台建设中要充分发挥人才培养与科学研究的双重作用，既要推动跨学科研究的进展，也要在实践中促进跨学科人才的培养。

（二）智力要素：前瞻性、针对性、储备性的政策研究智库

2013 年 4 月，习近平总书记对中国新型智库建设作出了重要批示，开启了我国智库建设的新章程。2014 年，教育部印发了《中国特色新型高校智库建设推进计划》，明确提出高校要发挥学科门类齐全的优势，围绕国家重大现实问题，开展跨学科综合性研究，构建多学科交叉协作机制。2015 年 1 月，国务院公布了《关于加强中国特色新型智库建设的意见》，进一步加速了全国各地高校建设新型智库的步伐。因此，建设前瞻性、针对性和储备性的政策研究智库，也是促进高校哲学社会科学繁荣发展的重要环节。

在推进高校智库建设的过程中，必须充分发挥高校资源优势，高起点推进、高水平建设、专业化整合、特色化拓展，加强整体规划和科学布局，以战略需求和问题解决为导向，大力推动"智政合作""智企合作"，全面加强前瞻性、针对性、储备性政策研究，不断创新高校智库体制机制和组织模式，构建蕴含中国特色的新型高校智库体系，具体可以采取以下几个方面的措施。首先，要明确高校哲学社会科学领域智库的功能定位。高校哲学社会科学领域的智库应始终坚持正确的政治方向和国家利益至上的基本原则，要始终服务党和国家发展大局，要始终服务党和国家发展战略，要始终为党和国家探索执政规律、提高执政科学化水平提供强大智力支撑，既不能满足于做政策阐释的"传声筒"，也要跳出西方智库只为精英群体服务的窠臼，而是要始终以人民利益为根本价值取向。其次，高校智库要充分发挥自身优势，继承高校人才培养、科学研究、社会服务、文化传承和国际交流等传统功能，借力高校学科齐全、人才汇聚和对外交流广泛的优势，弘扬高等教育支撑经济社会发展、引领社会舆论与发挥二轨外交等作用，为中国特色新型智库建设供给人才资源，为决策科学化、规范化、法治化提供坚实理论支撑。再次，构建具有我国哲学社会科学独特风格的智库治理体系，依托一支政治素质过硬、专业能力精湛和育人水平高超的高校哲学社会科学人才队伍，聚焦关系全局、影响深远的重大问题，充分运用大数据和人工智能等新兴技术，展开前瞻性、战略性和针对性的研究，提高哲学社科对策研究的科学性，提升智库服务党和政策决策的有效性。

（三）学理要素：旗舰型期刊

学术期刊是提升国家科研和文化软实力的关键组成部分，也是发表学术成果的重要平台，是体现党的思想路线和促进我国科学文化事业发展的重要

窗口。① 加快建设高质量哲学社会科学学术期刊，对于促进高校哲学社会科学的理论研究、学术发展以及人才培养等有着重要意义。

近年来，我国的学术期刊建设取得了一些成就，期刊数目和种类增长迅速，目前已初步形成学科门类齐全并且能够基本满足学者学术交流需要的哲学社科学术期刊出版体系。从期刊的数量和种类来看，我国已成为学术期刊大国，其中也不乏一些具有影响力的知名期刊。但总体来说，我国的学术期刊质量与出版仍然存在着一些问题。首先，学术期刊数量较多，但期刊质量有待提高，具体表现为盲目崇拜西方理论、问题意识薄弱以及理论思维弱化等。其次，期刊结构不合理，同质化、低质化现象较为严重，具体表现为学术期刊趋同化现象较为普遍、学科分布不均衡以及部分期刊成为主办单位的"自留地"等。此外，我国学术期刊还存在国际化定位不明确，盲目崇拜国外 SSCI 期刊；数字化准备较为薄弱，应对新信息技术挑战的能力不足；编辑队伍较为边缘化，编辑学术水平有待提高等问题。② 面对这些学术期刊发展存在的具体问题，需要采取具体措施打造我国哲学社会科学领域的旗舰型期刊。

打造哲学社会科学旗舰型学术期刊是实现我国哲学社会科学繁荣的必由之路。目前，集约化、数字化、国际化是学术期刊的发展趋势，也是哲学社会科学学术期刊的建设路径。在学术期刊建设过程中，首先应加强实施哲学社会科学学术期刊"名优"工程建设，通过多渠道筹措办刊经费支持学术期刊建设，同时也要进一步推进办刊体制机制改革，探索出一条具有中国特色的学术期刊管理创新之路，从而不断提高期刊的质量和水平。其次，科学调整期刊结构，从推动期刊发展的全局出发，合理布局期刊，实现期刊向多样化、个性化以及特色化发展。此外，还要积极创办高端哲学社会科学外文学术期刊，努力将其打造为中国哲学社会科学优秀成果的高端发布平台，在世界范围内展现当代哲学社会科学研究的中国特色、中国风格、中国气派，推动我国的哲学社会科学走向世界，提升哲学社会科学的国际传播力和影响力。

（四）工具要素：文科实验室与大数据中心

1. 文科实验室建设

文科实验室是推动学科交叉融合、呈现信息技术革命成果以及落实文科教学实践的重要载体，同时是我国新文科建设的重要一环，对实现哲学社会科学发展的未来生态构建以及推动文科人才培养模式的创新具有重要意义。近年来，国家

---

①② 王广：《哲学社会科学学术期刊建设面临的问题与应对之策》，载于《武汉大学学报》（人文科学版）2017 年第 5 期。

对于文科实验室的建设愈加重视，2019 年 4 月，教育部联合科技部、信息化部等 13 个部门在天津启动"六卓越一拔尖"计划 2.0，全面推进新工科、新医科、新农科、新文科建设，旨在提高高校的经济社会发展服务能力。其中，新文科建设的目标为"推动哲学社会科学与新科技革命交叉融合，培养新时代的哲学社会科学家"。此外，《教育部社会科学司 2020 年工作要点》进一步提出，"重点支持建设一批文科实验室，促进研究方法创新和学科交叉融合，引领学术发展"①。因此，推进文科实验室的建设成为促进新文科发展的重要平台和窗口，在推动哲学社会科学发展过程中发挥的重要作用日益凸显。

基于此，推动高校哲学社会科学的文科实验室建设，应重点从以下几个方面着手。首先，重视研究方法创新和学科交叉融合，重点聚焦具有综合性、交叉性、实践性等特点的哲学社会科学学科开展文科实验室建设，通过整合多方学术资源，结合高性能计算集群与可视化模拟技术，为跨学科学术研究提供重要支持。其次，更新文科实验室管理理念，对实验室成员进行有机对接和集成优化，形成中心建设和发展规划，增强实验室成员对工作的参与度与支持度，提高文科实验室的利用效率。再次需要创新文科实验室运行机制，实现网络共享。运用信息和网络技术搭建"网络平台共享"运行机制，即以校园网为平台建立实验项目数据库，搭建开放共享的"菜单式"管理网络实验环境。此外，还需要完善监督评估机制。明确文科实验室的责权及与实验室、教务处、设备管理处以及相关文科学院等的关系，将实验资源的分配、项目评审、内部组织职能及其有关的业务流程都作出明确规定。② 总之，通过研究方法的创新、管理理念的更新、运行机制的创新以及监督评估机制的完善能够进一步推进高校文科实验室的发展，从而为我国新文科建设提供重要的平台保障。

2. 大数据中心建设

随着信息技术的迅速发展，网络对人们生产、学习、工作等方面产生了极大影响，数字化时代成为不可逆转的时代潮流，高校受到信息技术发展的影响日益加深。为满足快速增长的社会服务需求，建设大数据中心成为国家极为关注的重要议题。近年来，国家颁布了一系列与教育信息化相关的政策文件，如《教育信息化十年发展规划（2010～2020）》中多次提及"规范数据采集与管理流程""推动学校管理信息系统建设与应用、实现系统整合与数据共享"等与校园数据相关的内容。《中国教育现代化 2035》中也明确指出，应"建设智能化校园，统

① 王震宇、薛妍燕、邓理：《跨越边界的思考：新文科视角下的社会科学实验室探索》，载于《中国高教研究》2020 年第 12 期。

② 徐玖平、李小平：《突破障碍探寻文科综合实验教学中心管理模式》，载于《中国高等教育》2013 年第 24 期。

筹建设一体化智能化教学、管理与服务平台"。此外,《教育信息化 2.0 行动计划》进一步强调了信息时代下新技术对于教育发展的诸多影响,并且多次提及大数据与教育治理的关系。① 随着信息技术逐渐渗透到高校的教学、科研和办公等核心业务,各类信息系统数量和存储的数据越来越多,数据中心规模越来越大,学校对数据中心的可靠性、安全性、灵活性也提出了更为苛刻的要求。② 由此可见,信息技术对教育产生了深刻的影响,高校哲学社会科学大数据中心建设成了促进高校哲学社会科学繁荣发展的有力推手。

基于此,推动高校哲学社会科学的大数据中心建设,应重点从以下几个方面着手。首先,从数据基础入手,充分扩充哲学社会科学的相关数据资源。将数据资源与数据中心结合起来,从已开展或待开展的数据治理工作开始,将数据治理纳入数据中心,用数据中心支撑数据治理实践,同时又以数据治理成果充实数据中心内容、积累数据资产,为数据中心未来的升级扩建、功能拓展打下基础。其次,以数据驱动的哲学社会科学创新发展为目标,旨在于通过数据驱动拓展问题导向的哲学社会科学研究,以哲学社会科学数据的获取、共享、整合和增值创新为抓手建设大数据中心,以数字治理促进哲学社会科学的科研创新,从而实现高校哲学社会科学的研究范式转型。再次,将"以数据为中心"的理念从"以信息技术为中心"的传统建设观念中独立出来,加快培养哲学社会科学数据管理和技术人才,建设专业化的数据团队,积极引入新技术,推动数据中心向智能化转型③。

总体而言,建设哲学社会科学战略性跨学科研究大平台、高校政策研究智库、旗舰型学术期刊、高校文科实验室以及大数据中心等平台,努力发挥各研究平台比较优势,竭尽全力打造具有中国特色的国际化高端哲学社会科学平台,是实现我国哲学社会科学未来生态构建的必由之路,也是不断提升我国哲学社会科学国际影响力和话语权的关键路径。

---

①③ 宋苏轩、杨现民、宋子强:《智能时代高校数据中心的新内涵及其体系架构》,载于《现代教育技术》2020 年第 7 期。

② 孟凡立、徐明、张慰:《基于云计算的高校数据中心设计与实现》,载于《现代教育技术》2012 年第 3 期。

结语：高校哲学社会科学的时代担当

2021 年 5 月 9 日，习近平总书记在给《文史哲》编辑部全体编辑人员的回信中强调，"增强做中国人的骨气和底气，让世界更好认识中国、了解中国，需要深入理解中华文明，从历史和现实、理论和实践相结合的角度深入阐释如何更好坚持中国道路、弘扬中国精神、凝聚中国力量"。[①] 习近平总书记的重要指示，体现了党对哲学社会科学工作的高度重视和殷切期待。当代中国高校哲学社会科学应当认清新发展阶段的历史使命，在实现社会主义现代化过程中更加担当有为。

一、我国高校哲学社会科学面临自主建构的机遇与挑战

高校哲学社会科学承担着立德树人、培根铸魂的根本任务。在我国迈向社会主义现代化强国的新发展阶段，高校哲学社会科学肩负着新的历史使命和时代担当，迫切需要通过体系变革加快自主性建构，形成中国特色的学科体系、学术体系和话语体系。

（一）中国哲学社会科学的历史轨迹与时代方位

从历史的视角看，中西方的知识分类体系差异很大，并由此形成截然不同的学术传统。西方的学科体系是纵向层次结构，将宗教、政治与科学（包括自然科学、社会科学）、人文艺术完全分开；而中国传统的学术体系是横向综合结构，体现了系统论、天人相应等思维模式。从现代学术角度看，中国传统学术基本是文史哲不分，之后随着中国传统学术门类的分化，由"通人之学"逐步转向

---

① 《习近平给〈文史哲〉编辑部全体编辑人员的回信》，http://news.dongyingnews.cn/system/2021/05/11/010750157.shtml，2021 年 5 月 11 日，2023 年 3 月 25 日引用。

"专门之学"，才发展成为近代意义上的人文与社会科学。清末民初时期，中国的知识系统受到西方分科观念和学术体系的严重冲击，开始引入西方学科和学术体系。在此大变局下，学术界纷纷向西方学术看齐，就此开启了知识系统的全面转型，而中体西用、西学中源等都是当时文化转型中的代表性观点和思想。

在近代中国，大学是学科和学术制度的核心载体。从1906年废除科举，建立现代学堂并开启长达20年的学制改革，中国大学制度终于迈上现代化的发展轨道。近现代学制与大学的变革，直接推动着学科制度的变迁。随着学制改革的启动，教育体系的变迁也带动了中国学术体系、学科体系的历史性转型，长期以来的"四部之学"开始实质性地向"七科之学"转变。自此，"分科治学"成为常态，而现代学科制度在中国也日趋成型并逐步完善。

新中国成立后，人文社会科学发展有过一段全方位学习苏联模式、否定西方模式的历程，并在"文革"动乱中一度中断，但最终走上了兼容并包、开放自信的自主发展道路，中国特色哲学社会科学学科体系逐步构建并完善定型。在党的正确领导下，我国哲学社会科学经历了长足的发展，为促进马克思主义中国化、服务党和国家建设、推动社会文明进步等作出了重要贡献，取得了历史性的成就，也在世界舞台上展示了独特的中国学术魅力。

与此同时，我国哲学社会科学体系也面临着发展中的问题和挑战，主要集中在：一是原创能力不足，高水平原创思想和文化成果供给不足，全球议题设置和具有国际影响的重大理论和话语创新匮乏；二是实践互动不够，简单照搬西方理论无法真正解释中国丰富的实践和指导中国现代化发展，立足高校引领立德树人和塑造时代精神的原创性成果也偏少；三是学术生态有待优化，现行学科制度和学术分类体系不适应经济社会发展需求，学术评价的"指挥棒"不利于激发创新创造活力，良好自治的学术共同体尚未形成。长期以来，一些学科对西方概念、理论、逻辑和知识体系有路径依赖，缺乏能够为国际接受和理解的知识体系来阐发我们自己的历史文化与政治经济。知识体系的自主建构缺失使得中国在国际上的话语空间显得逼仄狭小，尽管强调要"走出去"，但理论落后于实践。

在当前的时代背景下，伴随着我国经济社会的加速转型发展，党和国家对哲学社会科学发展提出了更高的要求，期待其在理论引领、话语传播、智力支撑等方面发挥更大的作用，亟须加快我国哲学社会科学体系的自主性、引领性建构，建立起具有时代特征的学科体系、学术体系和话语体系，能够反映中国国情和历史深度，进而指导中国现实发展，并和西方知识体系进行平等对话。

（二）当代中国高校哲学社会科学发展迎来新机遇

当代中国正面对历史上最广泛深刻的社会变革，以及最气势恢宏的实践创新。中共中央关于加快构建中国特色哲学社会科学的重大决策部署，对当前高校提升哲学社会科学整体水平提出了更高要求，也提供了前所未有的发展机遇。

马克思主义中国化的巩固提升为高校哲学社会科学发展提供新思想。作为马克思主义中国化的最新理论成果，习近平新时代中国特色社会主义思想应运而生，其指引哲学社会科学发展的思想，充分体现了党中央站在巩固马克思主义指导地位培养社会主义合格建设者和可靠接班人、践行社会主义核心价值观、巩固全党全国各族人民团结奋斗共同思想基础的高度，对高校改革发展提出了战略要求。在党中央高度重视和坚强领导下，党的思想理论建设不断推进，为高校哲学社会科学在新时代的繁荣发展提供了科学理论指导和坚强政治保证。

迈向第二个百年奋斗目标的实现亟须高校哲学社会科学提供理论与文化新动力。我国已经全面建成小康社会，顺利实现了第一个百年奋斗目标，正在向第二个百年奋斗目标迈进，进入又一个新的伟大征程。在"两个大局"交织激荡的时代背景下，世界进入动荡变革期，发展的外部环境日益复杂。我国更加坚定自立自强和自主创新的发展道路，创新作为"第一动力"的地位和作用更加明显，同时哲学社会科学作为综合国力特别是文化软实力重要组成部分的地位和作用也更加突出。我国不断推进经济、政治体制改革和社会转型发展，不断扩大对外开放，加快构建新发展格局，利益关系、经济体制、社会结构发生深刻变化，人民群众对高质量思想和文化的需要更加迫切也更加多样，这为哲学社会科学的繁荣发展拓展了空间、注入了活力。在启航建设社会主义现代化国家征途中，完成第二个百年奋斗目标任务，实现中华民族伟大复兴，需要推动高校哲学社会科学新的繁荣发展，在实践中坚持和发展中国特色社会主义，并不断丰富其实践特色、理论特色、民族特色、时代特色。

人类命运共同体建设为高校哲学社会科学国际话语权提供新舞台。在当今世界舞台上，中国的形象基本上仍是"他塑"而非"自塑"，经常处于"有理说不出、说了传不开"的尴尬境地，议题的主动设置和引领能力偏弱，对外话语权及影响力有待提升。目前，我国高校哲学社会科学在学术命题、学术观点、学术话语、学术思想上的能力、水平同我国的综合国力和国际地位还不太相称。面对当前世界和中国政治、经济、社会、文化的深刻变革，我国哲学社会科学还没有给出一系列充分、有力、前瞻和广为接受的分析概念、价值命题和逻辑框架。面对全球各种思想和文化交流交融交锋的新形势，我国如何提高国际话语权、增强文化软实力、加快建设社会主义文化强国，迫切需要高校哲学社会科学更好地发挥作用。

（三）自主构建中国特色高校哲学社会科学体系面临新挑战

从当前我国高校哲学社会科学的现状看，与新时代对哲学社会科学的使命与责任相比，其自主建构基础不强，仍然面临困难和挑战。

365

高校哲学社会科学理论创新落后于新时代的伟大实践，急需发挥引领经济社会发展功能。随着我国进入新时代，经济社会各个领域都迎来了新一轮的深化改革与扩大开放。同时，我国仍面临发展不平衡不充分的矛盾，面对国际国内新形势和新冠肺炎疫情等不确定因素，迫切需要高校哲学社会科学发挥思想引领和智库主力军作用。然而，目前我国高校哲学社会科学还是较多地延续西方国家的理论和方法，在理论创新、实践创造上面临时代急需变革的挑战，发现真问题、解决真问题的能力仍然较弱。我国正经历着需要思想、创造思想的伟大时代，但高校哲学社会科学促进理论诞生，助力生产发展的能力整体上落后于经济社会的变革实践与创新的需求。

高校哲学社会科学的研究水平和影响力提升滞后于我国国际地位的提升，急需增强文化传承与创新能力。没有高度的文化自信和文化繁荣兴盛，就没有中华民族伟大复兴。中华民族在五千年文明历史中孕育出中华优秀传统文化，党领导人民通过革命、建设、改革不断创造出革命文化和社会主义先进文化，这些都需要哲学社会科学研究阐释其中丰富的内涵和深刻的机理。随着我国经济和科技实力的快速提升，我国的国际地位不断上升，而与此同时高校哲学社会科学的整体研究实力和影响力提升却相对滞后，无法满足党中央治国理政和参与全球治理的需要。

高校哲学社会科学育人功能面临新的挑战，急需担当为党育人、为国育才使命。伴随"两个大局"交织演进，以美国为主的西方国家对我国进行遏制打压，同时也在意识形态领域加大对我国的围堵，给大学生群体思想带来了消极影响，甚至有少数学生不同程度地存在价值取向扭曲、社会责任感缺乏、艰苦奋斗精神淡化、心理素质欠佳等问题，对高校育人能力提出了更加严峻的挑战。以大学生为代表的青年肩负着中华民族伟大复兴的责任和使命，不仅要掌握强国的本领和技能，更要树立坚定的理想信念，这就需要高校哲学社会科学发挥育人优势，着力履行为党育人、为国育才的使命。

二、高校哲学社会科学要通过自主建构担当新时代的使命

当今世界百年未有之大变局加速演进，我国正处于中华民族伟大复兴的关键期，高校哲学社会科学需要自觉承担新的历史使命。

(一) 在民族复兴中更加坚定"四个自信"，继续巩固发展当代中国马克思主义

当今世界和中国正在发生全方位的变革，但我国哲学社会科学还不具备前瞻

性的理论诠释能力和引领能力，在议题设置、理论引领、话语创新、国际对话等方面还处于相对弱势地位。面对全球各种思想文化和价值观、话语权相互交融交锋的复杂形势，我国亟待在马克思主义指导下加快理论建构，从而进一步增强软实力，提高国际影响力和话语权。在此背景下，当前我国高校哲学社会科学研究者既要成为"四个自信"的筑基者，也要大力促进"四个自信"成为大众文化的坚实基础。

面对社会思潮纷纭激荡、思想观念和价值取向日趋活跃的新形势，高校哲学社会科学应主动担当新的历史使命，继续巩固和深入发展 21 世纪中国化的马克思主义，切实把马克思主义基本原理与中国特色社会主义伟大实践相融合，进一步聚焦习近平新时代中国特色社会主义思想，全方位服务党的全面领导和党中央治国理政。

（二）在全球化进程中强化铸魂育人，为中国特色社会主义全力培养时代新人

高校哲学社会科学的根本任务是铸魂育人，这也是高校在哲学社会科学"五路大军"中特色优势的重要体现。高校应切实担负起铸魂育人的历史使命，聚焦培育时代新人、武装人民的核心目标，进一步提升民众的道德水平、文化认同和理论素养，培养德智体美劳全面发展的社会主义建设者和接班人。

在当前的全球化进程中，包括国家在内的各种实体、组织变得越来越相互依存，同时也充斥着反全球化力量的阻抗与增生，新冠肺炎疫情则使全球化产生更大的不确定性。新一轮的全球化发展需要重建以人类命运共同体为内核的新型全球治理体系，以有效应对全球化和反全球化的激烈交锋，以及全球治理范式变革带来的全面挑战。面对不同价值观、不同思想文化、不同发展模式的冲突，高校哲学社会科学需坚持以习近平新时代中国特色社会主义思想为指引，从根本上解决好培养什么人、怎样培养人、为谁培养人的重大问题，引导学生自觉投身中国特色社会主义伟大事业，为实现中华民族伟大复兴的中国梦而不懈奋斗。

（三）应对世界百年未有之大变局，全面推出中国立场中国方案中国理论

当今世界伴随着国际秩序和国际体系深度调整，大国博弈呈现出愈加复杂多变的态势。新兴经济体的群体性崛起，深刻影响了全球经济格局和经济可持续发展，特别是中国的快速崛起对全球经济增长的贡献率不断攀升。全球治理、贸易规则、文明冲突、气候变化等全球性议题，决定了建立一种全球合作框架的重要

367

性。当前的全球经济治理体系正在发生深刻变化，由西方国家主导的格局将逐步转向新兴经济体与西方发达国家的共同治理，基于人类命运共同体的共治模式将取得优势地位，并可能成为全球化时代的新治理架构。

面对大变局带来的各种挑战，当代中国高校哲学社会科学的任务，就是要从理论上对诸多百年未有的内生逻辑作出深刻回答，阐明中国特色社会主义道路的价值内涵和制度优势，并针对如何应对世界百年未有之大变局作出系统性、战略性的规划研究，为全世界的国家和民族发展提供中国方案、中国智慧、中国理论。

（四）积极参与构建人类命运共同体，为创造新世界秩序提供建构性思想理论

习近平总书记倡导提出的人类命运共同体伟大构想，已经成为破解全球性治理难题的中国方案，这是中国创新发展 21 世纪马克思主义理论的重大原创性贡献。人类命运共同体理念，是对中华民族五千年文明传统的创造性转化和创新性发展，为克服少数西方发达国家主导的全球治理困境、建立更加公正合理的世界新秩序，提出了更具建设性、更有吸引力的系统解决方案。

构建人类命运共同体的思想，从更加长远的未来情景出发深入思考人类共存与发展的模式，提出解决人类所面临全球问题的新方案，这显然超越了西方资本主义的认知局限，具有重大理论和实践价值。作为人类命运共同体理念的首倡国，中国应当主动对此进行深入阐释和科学论证。我国高校哲学社会科学要善于利用话语领先优势积极布局研究，力争在新世界秩序、全球正义、全球治理等领域打造一批高水平原创研究成果，为促进文明交流互鉴、增进文化理解认同提供丰富的理论支撑，同时让世界更好认识中国、了解中国，为构建更美好的新世界秩序贡献中国力量。

三、自主构建中国特色高校哲学社会科学体系的路径思考

贯彻落实习近平总书记给《文史哲》编辑部全体编辑人员的回信精神，更好地坚持中国道路、弘扬中国精神、凝聚中国力量，需要通过扎根中国、铸魂育人、范式迭代、文明互鉴等路径，促进中国特色高校哲学社会科学体系自主构建。

（一）扎根中国的自主构建

一是发展 21 世纪中国马克思主义。坚持和发展马克思主义，用马克思主义

中国化理论武装头脑、指导实践、推动工作，将马克思主义融入学术研究、人才培养、文化传播等各个领域，实现理论与实践的有机统一。

二是推动中华优秀传统文化传承发展和创新创造。坚持走中国特色社会主义道路，进一步继承、弘扬和发展中华优秀传统文化。继承中华优秀传统文化，厘清中华文化发展的历史脉络，剖析中华文化组成的各个部分，找到联系中华文化各部分的肯綮枢纽，汲取其中的思想精华并做到推陈出新。弘扬中华优秀传统文化，加强传统文化经典文献研究和整理出版，把中华优秀传统文化全方位融入人才培养各环节，以中华传统文化中的思想精华及道德精髓滋润社会主义核心价值观。发展中华优秀传统文化，加快推进现代转型和创新创造，赋予新的时代内涵，服务于新时代的文化建设需求。

三是促进高校学术研究面向中国本土实践。塑造实践导向的观念体系，推动高校哲学社会科学研究始终坚持面向中国本土实践，与中国实践相结合设置研究命题和概念。加强调查研究，重视经验材料的作用，获取第一手资料，推动理论研究为实践发展发挥重要的指导作用。坚持人民至上，勇于回答时代课题，着眼群众需要的解疑释惑、阐明道理，把学问写进群众心坎里。顺应时代潮流，聚焦时代问题，洞悉时代精神，凝聚时代共识，引领人民前进。坚持立德树人，树立高远的理想追求和深沉的家国情怀，培养德才兼备的社会主义建设者和接班人。

四是加强高校新型智库建设与咨政建言。贯彻落实习近平总书记关于智库的重要论述和指示精神，加强高校智库建设，以服务党委政府决策为第一要务，以政策决策咨询为主攻方向，紧密对接党和国家需求，提升智库研究水平，发挥智库咨政建言、理论创新、舆论引导、社会服务、对外交流等重要功能，打造党和政府"信得过、用得上"的新型智库。

（二）铸魂育人的主动担当

一是加强高品质思想文化的源头供给。融通古今中外，利用好马克思主义、中华优秀传统文化和革命文化、国外哲学社会科学三个方面的学术资源。坚持以马克思主义为指导，对习近平新时代中国特色社会主义思想等马克思主义最新成果加强学理化阐释和学术化表达，在马克思主义立场原理和马克思主义中国化理论成果的指导下加快构建中国哲学社会科学学术体系。创新性转化中华优秀传统文化，推动传统价值理念、传统治国之道、传统文明体系的创新性转化，赋予革命文化新的时代内涵，促进中国治理体系和治理能力的现代化，增强中国的文化软实力。批判吸收国外哲学社会科学的思想资源，同时保持坚定的文化立场，坚守中国哲学社会科学的主体性和独立性，自觉抵制文化殖民主义和文化霸权的侵蚀，发展具有民族性、开放精神、百家之长的新型现代中国文化。

二是推动教材体系的学术化和开放化建设。建设高质量的教材体系，推动教材的学术化发展，创造更多有价值的原创性学术成果，将学术成果及时融入教材。立足新时代要求，系统总结中国经验，提炼具有中国风格的新概念新表述，推动中国特色教材体系建设。加强政治指导，确保每一部教材都坚持正确的政治方向和价值取向，确保教材体系全面贯彻党的领导和治国理政要求。

三是发挥哲学社会科学育人功能。发挥思想引领功能，帮助学生树立科学思想，努力实现中国特色社会主义共同理想。发挥精神塑造功能，不断丰富学生的精神世界，培养学生良好的精神品质，为其全面发展提供必要的精神动力支撑。发挥行为规范功能，推动学生将理论成果转化为外在行为，用实践检验思想政治教育的成效。发挥人文关怀功能，促进学生综合能力素质的全面发展，引领学生健康成长。

四是构建融合育人体系。以学生成长为中心，深化教育教学改革，推进思政教育的现代化转型，将思想教育和价值引领融于知识传授过程，助推学生健康成长。以学术为基础，推进教学与科研的深度融合，自觉把马克思主义及党的理论创新成果充分体现在学生培养的各个环节，把学术成果转化为人才培养新引擎。以学科为支撑，打造学术创新和学生培养的平台，坚持以人为核心推进学科建设，确保学科资源和成果对人才培养的溢出。

（三）范式创新的战略迭代

一是遵循育人育才导向促进范式迭代。坚持以育人育才为中心构建新时代高校哲学社会科学高质量发展战略，加大力度推动哲学社会科学研究范式转型，促进"以解决现实问题为导向"向"以育人育才为中心"纵深发展。

二是推动新型交叉学科建设。加强学科交叉融合的顶层设计和系统谋划，促进"文理工艺"多学科交叉和跨界整合，为跨学科专业定制知识图谱和能力图谱，构建包含建立元认知、训练跨学科元能力、掌握当代文明通识及跨学科领域知识、具备跨学科专业领域技能四个层次的交叉学科教育体系。面向国家战略急需和国际前沿领域，以重大理论和实践问题牵引哲学社会科学的交叉汇聚研究，凝练培育新的学科方向。

三是完成大数据时代的旨趣转换。适应大数据时代的思维转变和方法变革，推动大数据与哲学社会科学的交叉融合，运用先进的大数据处理和智能化方法，研究互联网空间和数字孪生世界的重大学术问题，发展"数字＋"哲学社会科学新领域。借助大数据所掌握的"全"信息，有效打破学科研究获取信息的数量和覆盖面有限及研究方法单一的状况，为学科发展创造出更坚实的基础和更开阔的空间。构建大数据时代学术成果的多元化传播体系，提高学术成果传播的效率和趣味性。

（四）文明互鉴的动能激发

一是深化文明交流与互鉴。多措并举将文明交流互鉴落到实处，推动构建人类命运共同体。充分挖掘中华文明中蕴藏的丰富智慧，弘扬博大精深、灿烂悠久的中华文明，推动中华文明与其他文明的共同发展。深化新时代文明交流互鉴，倡导不同文明平等包容、和谐共处，探索多元文明长期共存的理想模式，让世界的文明花园更加多姿多彩。

二是不断提升文化软实力。坚定文明自信，向全世界主动传播中华优秀传统文化、弘扬时代精神的当代中国文化创新成果。坚持与时俱进，把握国际传播领域移动化、社交化、可视化趋势，加快构建全媒体传播新格局，努力以国外受众听得懂、听得进、听得明白且喜闻乐见的方式传播中华文明，为推动中外文明交流互鉴创造条件。

三是构建全球战略伙伴合作网络。积极探索我国哲学社会科学领域国际交流和教育合作的新形式、新方法，与国外高水平大学和科研机构开展深度合作，构建全球战略伙伴合作网络，在人才培养、科学研究、学术交流等领域开展实质性合作。推进高水平大学的国际化进程，坚持以引进优质教育资源为导向，以培养国际化人才为核心，提高中外合作办学的质量和水平。

结语：高校哲学社会科学的时代担当

参 考 文 献

[1] 陈力卫：《东来东往：近代中日之间的语词概念》，社会科学文献出版社 2019 年版。

[2] 邓伯军：《马克思主义中国化话语体系的方法论研究》，人民出版社 2020 年版。

[3] 邓正来：《反思与批判体制中的体制外》，法律出版社 2006 年版。

[4] 翟学伟：《人情、面子与权力的再生产》，北京大学出版社 2005 年版。

[5] 杜向民：《高校人文社会科学评价理论与方法研究》，中国社会科学出版社 2018 年版。

[6] 费孝通：《重建社会学与人类学的回顾和体会》，载于《中国社会科学》 2000 年第 1 期。

[7] 郝文武：《教育哲学》，人民教育出版社 2006 年版。

[8] 江华：《世界体系理论研究以沃勒斯坦为中心》，上海三联书店 2007 年版。

[9] 金吾伦：《跨学科研究引论》，中央编译出版社 1997 年版。

[10] 李大钊：《李大钊全集》，人民出版社 2006 年版。

[11] 梁启超：《饮冰室合集·文集》，中华书局 1989 年版。

[12] 林久贵、周春健：《中国学术史研究》，崇文书局 2009 年版。

[13] 刘大椿等：《人文社会科学研究成果评价体系研究》，经济科学出版社 2009 年版。

[14] 刘大椿：《中国高校哲学社会科学发展报告（1978～2008）交叉学科》，2008 年。

[15] 刘小枫：《拯救与逍遥》，上海三联书店 2001 年版。

[16] 刘小枫编、谭立柱译：《从普遍历史到历史主义》，华夏出版社 2017 年版。

[17] 刘远航：《汤因比历史哲学》，九州出版社 2010 年版。

［18］罗竹风：《汉语大词典》（第 11 卷·上），上海辞书出版社 2008 年版。

［19］罗竹风：《汉语大词典》，汉语大词典出版社 1989 年版。

［20］罗兹曼：《中国的现代化》，江苏人民出版社 1995 年版。

［21］吕明臣：《话语意义的建构》，东北师范大学出版社 2015 年版。

［22］《马克思恩格斯选集》（第一卷），人民出版社 1995 年版。

［23］《毛泽东文集》（第二卷），人民出版社 1993 年版。

［24］《毛泽东文集》（第三卷），人民出版社 1996 年版。

［25］《毛泽东选集》，人民出版社 1991 年版。

［26］《瞿秋白选集》，人民出版社 1991 年版。

［27］托马斯·库恩著，金吾伦等译：《科学革命的结构》，北京大学出版社 2012 年版。

［28］托尼·比彻、保罗·特罗勒尔：《学术部落及其领地：知识探索与学科文化》，北京大学出版社 2008 年版。

［29］王荣华：《多元视野下的中国》，学林出版社 2006 年版。

［30］王星拱：《科学概论》，武汉大学出版社 2008 年版。

［31］吴刚：《知识演化与社会控制中国教育知识史的比较社会学分析》，教育科学出版社 2002 年版。

［32］习近平：《决胜全面建成小康社会　夺取新时代中国特色社会主义伟大胜利》，人民出版社 2017 年版。

［33］《习近平谈治国理政》第二卷，人民出版社 2017 年版。

［34］习近平：《在哲学社会科学工作座谈会上的讲话》，人民出版社 2016 年版。

［35］谢恩泽、赵树智：《跨学科研究概论》，山东教育出版社 1991 年版。

［36］谢和耐著，刘东译：《蒙元入侵前中国的日常生活》，江苏人民出版社 1995 年版。

［37］休·劳德、迈克尔·扬：《把知识带回来》，教育科学出版社 2019 年版。

［38］许甜：《从社会建构主义到社会实在论：麦克扬教育思想转向研究》，清华大学出版社 2018 年版。

［39］严格：《严复集年》第四册，中华书局 1986 年版。

［40］杨国枢、文崇一：《社会及行为科学研究的中国化》，中央研究院民族学研究所 1982 年版。

［41］叶至诚：《社会科学概论》，扬智文化事业股份有限公司 2000 年版。

［42］尤西林：《人文科学导论》，高等教育出版社 2002 年版。

［43］袁曦临：《学科的迷思》，东南大学出版社 2017 年版。

［44］约翰·S. 布鲁贝克著，王承绪等译：《高等教育哲学》，浙江教育出版社 2001 年版。

［45］郑永年：《郑永年论中国：中国的知识重建》，东方出版社 2018 年版。

［46］中央档案馆：《中共中央文件选集》（11），中共中央党校出版社 1991 年版。

［47］自江华：《世界体系理论研究：以沃勒斯坦为中心》，上海三联书店 2007 年版。

［48］《21 世纪：鲁迅和我们》，人民文学出版社 2001 年版。

［49］《不列颠百科全书》国际中文版修订版，中国大百科全书出版社 2007 年版。

［50］《第二届全国哲学社会科学话语体系建设理论研讨会论文集》，中国人民大学出版社 2017 年版。

［51］《学术论文写作概论》，四川大学出版社 2015 年版。

［52］《中国教育年鉴》编辑部编：《中国教育年鉴 1949～1981》，中国大百科全书出版社 1984 年版。

［53］［美］查理·塞缪尔斯：《古代科学：史前——公元 500 年》，湖北科学技术出版社 2016 年版。

［54］［法］米歇尔·福柯著，谢强、马月译：《知识考古学》，生活·读书·新知三联书店 2003 年版。

［55］［美］迈克尔·哈特、［意］安东尼奥·奈格里著，王行坤译：《大同世界》，中国人民大学出版社 2016 年版。

［56］［美］华勒斯坦等著，刘锋译：《开放社会科学：重建社会科学报告书》，生活·读书·新知三联书店 1997 年版。

［57］［德］狄尔泰著，赵稀方译：《人文科学导论》，华夏出版社 2004 年版。

［58］［德］费尔巴哈：《费尔巴哈哲学著作选集》，上海三联书店 1959 年版。

［59］［德］黑格尔著，贺麟译：《小逻辑》，商务印书馆 2019 年版。

［60］《马克思恩格斯全集》，人民出版社 1995 年版。

［61］［法］雅克·德里达著，张宁译：《书写与差异》，上海三联书店 2001 年版。

［62］［美］华勒斯坦等著，刘健芝等译：《学科·知识·权力》，上海三联书店 1999 年版。

［63］［英］布宁、余纪元：《西方哲学英汉对照辞典》，人民出版社 2001 年版。

［64］［美］伊曼纽尔·沃勒斯坦著，王昺等译：《知识的不确定性》，山东大学出版社 2006 年版。

［65］［英］迈克尔·杨著，朱旭东、文雯、许田第译：《把知识带回来》，教育科学出版社 2019 年版。

［66］［英］彼得·伯克著，刘永华译：《法国史学革命年鉴学派 1929 ~ 1989》，北京大学出版社 2006 年版。

［67］［英］斯图尔特·霍尔著，徐亮、陆兴华译：《表征——文化表象与意指实践》，商务印书馆 2003 年版。

［68］《马克思恩格斯文集》（第 1 卷），人民出版社 2009 年版。

［69］［法］让 – 弗朗索瓦·利奥塔著，岛子译：《后现代状况关于知识的报告》，湖南美术出版社 1996 年版。

［70］［英］约翰·汤姆林森著，郭英剑译：《全球化与文化》，南京大学出版社 2002 年版。

［71］［美］塞缪尔·P. 亨廷顿著，王冠华等译：《变化社会中的政治秩序》上海人民出版社 2008 年版。

［72］［美］罗兰·罗伯森著，梁光严译：《全球化社会理论和全球文化》，上海人民出版社 2000 年版。

［73］［美］乔伊斯·阿普尔比、［美］林恩·亨特、［美］玛格丽特·雅各布著，刘北成、薛绚译：《历史的真相》，中央编译出版社 1999 年版。

［74］［美］凯瑟林·A. 戈里尼：《科学分类手册：几何》，光明日报出版社 2004 年第 1 版。

［75］［美］伊曼纽尔·沃勒斯坦著，尤来寅等译：《现代世界体系》第 1 卷，引自《16 世纪的资本主义农业与欧洲世界经济体的起源》，高等教育出版社 1998 年版。

［76］［美］克拉克著，王承绪等译：《高等教育系统学术组织的跨国研究》，杭州大学出版社 1994 年版。

［77］安维复：《哲学社会科学与意识形态关系的合理化重建》，载于《学术月刊》2010 年第 42 期。

［78］白恩来、赵玉林：《战略性新兴产业发展的政策支持机制研究》，载于《科学学研究》2018 年第 363 期。

［79］毕国帅：《推动中华优秀传统文化创造性转化创新性发展研究》，山东师范大学硕士学位论文，2019 年。

［80］蔡昉：《穷人的经济学——中国扶贫理念、实践及其全球贡献》，载于《世界经济与政治》2018 年第 10 期。

［81］蔡曙山：《科学与学科的关系及我国的学科制度建设》，载于《中国社会科学》2002 年第 3 期。

［82］曹劲松：《以伟大建党精神构筑中国特色哲学社会科学气派》，载于《南京社会科学》2021 年第 8 期。

［83］曹磊、白贵：《培养全球化的文明观与"共情"的沟通能力——"构建人类命运共同体"背景下对新闻传播教育未来的思考》，载于《新闻记者》2018 年第 2 期。

［84］曹月：《构建大数据视阈下的哲学社会科学人才评价机制》，载于《西南石油大学学报》（社会科学版）2021 年第 1 期。

［85］曹志峰、汪霞：《世界一流大学重点学科评价模式的比较分析》，载于《江苏高教》2018 年第 1 期。

［86］陈洪捷：《"双一流"建设，学科真的那么重要吗》，载于《中国科学报》2019 年第 7 期。

［87］陈洪捷：《一级学科还是二级学科？这是个问题！》，载于《中国科学报》2019 年第 4 期。

［88］陈立旭：《中国人精神从被动转向主动》，载于《治理研究》2021 年第 6 期。

［89］陈敏、王轶：《破"五唯"政策视角下的学术成果评价研究》，载于《重庆大学学报》（社会科学版）2021 年第 3 期。

［90］陈霞玲：《"十四五"时期高等教育服务创新驱动发展：新要求，重点领域与推进举措》，载于《现代教育管理》2021 年第 9 期。

［91］程丙、成龙：《新时代高校育人话语青年化何以可能——从"网红思政课"现象谈起》，载于《江苏高教》2019 年第 3 期。

［92］程曼丽：《论国际传播的底气与自信》，载于《新闻与写作》2020 年第 6 期。

［93］程曼丽：《西方国家对中国形象认知变化的辩证分析》，载于《对外传播》2021 年第 3 期。

［94］崔鹏：《提升高校哲学社会科学研究成果转化能力的思考》，载于《学术探索》2014 年第 5 期。

［95］邓小平：《全党重视做统一战线工作》，引自《邓小平文选》第 1 卷，人民出版社 1989 年版。

［96］邓正来：《否思社会科学：学科的迷思》，载于《河北经贸大学学报》1999 年第 3 期。

［97］邓正来：《社会结构的重构与紧张》，载于《中外管理导报》1996 年

第 1 期。

[98] 邓正来:《学术自主性问题:反思和推进——〈学术与自主:中国社会科学研究〉自序》,载于《社会科学论坛》(学术评论卷) 2007 年第 11 期。

[99] 邓正来:《中国社会科学的再思考——学科与国家的迷思》,载于《南方文坛》2000 年第 1 期。

[100] 邓正来:《重塑中国知识分子的学术自主性》,载于《中外管理导报》1996 年第 2 期。

[101] 丁柏铨:《智媒时代的新闻生产和新闻传播——对技术与人文关系的思考》,载于《编辑之友》2019 年第 5 期。

[102] 杜斌:《进一步繁荣高校哲学社会科学刍议》,载于《中央社会主义学院学报》2007 年第 5 期。

[103] 樊丽明:《弘扬中华文明,构建中国特色哲学社会科学体系——习近平总书记给〈文史哲〉编辑部全体编辑人员重要回信学习体会》,载于《中国高等教育》2021 年第 11 期。

[104] 方世南:《遵循学术规律 推进学术体系建设》,载于《中国社会科学报》2019 年 8 月 13 日第 1 版。

[105] 冯俊:《着力构建中国特色哲学学科体系、学术体系、话语体系》,载于《哲学动态》2019 年第 9 期。

[106] 冯友兰:《一件清华当作的事》,载于《清华周刊》1929 年 10 月 25 日。

[107] 傅俊逸、庄倩:《学者学术生命视角下评价指标的实证研究》,载于《情报杂志》2021 年第 8 期。

[108] 傅正华:《人文环境对科学技术发展的影响分析——兼论世界科学活动中心转移的人文因素》,载于《科学学研究》1999 年第 1 期。

[109] 盖逸馨、王姝晴:《高校哲学社会科学育人育才新格局的构建》,载于《学校党建与思想教育》2020 年第 15 期。

[110] 甘晓:《科研范式变革两大问题如何破》,载于《中国科学报》2021 年 4 月 22 日第 1 版。

[111] 高德毅、宗爱东:《从思政课程到课程思政:从战略高度构建高校思想政治教育课程体系》,载于《中国高等教育》2017 年第 1 期。

[112] 高玉:《中国现代学术话语的历史过程及其当下建构》,载于《浙江大学学报》(人文社会科学版) 2011 年第 2 期。

[113] 顾建民:《学科差异与学术评价》,载于《高等教育研究》2006 年第 2 期。

[114] 顾岩峰:《高校哲学社会科学学术话语权:中国语意、现实缺憾与提

升策略》，载于《河北大学学报》（哲学社会科学版）2019 年第 2 期。

[115] 郭台辉：《历史社会学的欧美比较——访伦敦政治经济学院院长克雷格·卡尔霍恩》，载于《中国社会科学报》2013 年 12 月 6 日第 4 版。

[116] 郭熙保、宋晓文：《发展的新方向：以人为本》，载于《探索与争鸣》1999 年第 2 期。

[117] 郭颖、肖仙桃：《国内学者影响力评价 Altmetrics 指标研究》，载于《情报理论与实践》2019 年第 4 期。

[118] 郭忠华：《社会科学概念的双重构建模式》，载于《中国社会科学报》2020 年第 8 期。

[119] 韩璞庚：《文明对话与中国话语体系构建》，载于《光明日报》2015 年 4 月 16 日第 16 版。

[120] 韩庆祥、陈远章：《建构当代中国话语体系的核心要义》，载于《光明日报》2017 年 5 月 16 日。

[121] 韩喜平：《构建具有中国特色的哲学社会科学学术话语体系》，载于《红旗文稿》2014 年第 22 期。

[122] 韩雪青：《坚持理论联系实际》，载于《人民日报》2021 年 6 月 2 日。

[123] 郝亚明、赵俊琪：《"中华民族共同体"：话语转变视角下的理论价值与内涵探析》，载于《北方民族大学学报》（哲学社会科学版）2018 年第 3 期。

[124] 贺雪峰：《本土化与主体性：中国社会科学研究的方向——兼与谢宇教授商榷》，载于《探索与争鸣》2020 年第 1 期。

[125] 胡键：《哲学社会科学创新、技术革命与国家的命运》，载于《当代世界与社会主义》2020 年第 2 期。

[126] 黄平、汪丁丁：《学术分科及其超越》，载于《读书》1998 年第 7 期。

[127] 季羡林：《对 21 世纪人文学科建设的几点意见》，载于《文史哲》1998 年第 1 期。

[128] 贾劝宝、张松柏：《高校哲学社会科学研究方法创新之我见》，载于《中国高等教育》2010 年第 6 期。

[129] 姜春林、孙军卫、田文霞：《人文社会科学成果评价若干指标内涵及其关系》，载于《情报杂志》2013 年第 11 期。

[130] 姜帆、黄孚：《人文社会科学成果评价的思考及建议》，载于《研究与发展管理》2016 年第 4 期。

[131] 姜卫平、邢科：《新中国哲学社会科学的成就与经验》，载于《经济日报》2019 年 9 月 16 日。

[132] 蒋林浩、沈文钦、陈洪捷等：《学科评估的方法、指标体系及其政策

影响：美英中三国的比较研究》，载于《高等教育研究》2014 年第 11 期。

[133] 焦扬：《把握五个着力点，系统推进高校哲学社会科学繁荣发展》，载于《复旦学报》（社会科学版）2017 年第 5 期。

[134] 解德渤、李枭鹰：《中国特色学科评估体系的优化路径：基于第四轮学科评估若干问题的分析》，载于《厦门大学学报》（哲学社会科学版）2019 年第 1 期。

[135] 金碧辉，Ronald R.：《R 指数、AR 指数：h 指数功能扩展的补充指标》，载于《科学观察》2007 年第 3 期。

[136] 靳诺：《加快构建中国特色哲学社会科学话语体系》，载于《红旗文稿》2019 年第 23 期。

[137] 靳诺：《为什么说哲学社会科学是"思想先导"》，载于《光明日报》2016 年 6 月 22 日第 7 版。

[138] 孔繁斌：《原创性来自问题意识》，载于《人民日版》（理论版），2018 年 10 月 8 日。

[139] 蓝志勇：《大力发展哲学社会科学，推进国家治理体系和治理能力现代化》，载于《公共管理评论》2019 年第 1 期。

[140] 雷忠：《高校人才评价的若干思考》，载于《华中农业大学学报》（社会科学版）2009 年第 2 期。

[141] 李大元：《我国学术生态"雾霾"及其治理》，载于《改革》2016 年第 3 期。

[142] 李辉、林亦平：《大学精神的人文解读与回归》，载于《高等工程教育研究》2004 年第 1 期。

[143] 李强、金虹利：《提升中国学术话语权的问题与思考》，载于《对外传播》2020 年第 12 期。

[144] 李卫红：《发挥高校哲学社会科学育人功能提高人才培养质量》，载于《高校理论战线》2011 年第 3 期。

[145] 李卫军：《马克思人学思想的历史演进》，中共中央党校博士论文，2018 年。

[146] 李向荣：《国外典型科研组织创新机制对我国高校科研机构改革的启示》，载于《科学管理研究》2019 年第 4 期。

[147] 李醒民：《知识的三大部类：自然科学、社会科学和人文学科》，载于《学术界》2012 年第 8 期。

[148] 李永进：《构建中国特色哲学社会科学学科体系、学术体系、话语体系》，载于《北京教育（德育）》2016 年第 9 期。

　　[149] 李友梅:《中国特色社会学学术话语体系构建的若干思考》,载于《社会学研究》2016 年第 5 期。

　　[150] 李忠云、邓秀新:《高校协同创新的困境、路径及政策建议》,载于《中国高等教育》2011 年第 17 期。

　　[151] 梁砾文、王雪梅:《中国人文社科学术话语的国际传播力建构》,载于《当代传播》2017 年第 4 期。

　　[152] 梁启超:《尊皇论》,载于《清议报》1899 年 9 月。

　　[153] 梁晓丽:《高校哲学社会科学繁荣发展的路径选择》,载于《教育理论与实践》2018 年第 21 期。

　　[154] 梁永佳:《超越社会科学的"中西二分"》,载于《开放时代》2019 年第 6 期。

　　[155] 林尚立:《社会科学与国家建设:基于中国经验的反思》,载于《南京社会科学》2011 年第 11 期。

　　[156] 林永柏、江桂珍:《关于推进高校哲学社会科学繁荣发展的思考与建议》,载于《东北师大学报》(哲学社会科学版)2014 年第 6 期。

　　[157] 林毓生:《在中西对话的脉络中推动中国人文研究》,载于《科学时报》2010 年 6 月 22 日。

　　[158] 刘东:《熬成传统——写给〈海外中国研究丛书〉十五周年》,载于《开放时代》2004 年第 6 期。

　　[159] 刘方亮、师泽生:《中国特色社会主义哲学社会科学学科体系、学术体系和话语体系何以构建》,载于《探索》2017 年第 4 期。

　　[160] 刘峰、叶南客:《中国特色哲学社会科学的价值维度、取向与发展路径》,载于《哈尔滨工业大学学报》(社会科学版)2020 年第 4 期。

　　[161] 刘慧珍等:《哈佛大学董事会组织机构与治理改革》,载于《现代教育管理》2016 年第 3 期。

　　[162] 刘涛:《新概念　新范畴　新表述:对外话语体系创新的修辞学观念与路径》,载于《新闻与传播研究》2017 年第 2 期。

　　[163] 刘涛雄、尹德才:《大数据时代与社会科学研究范式变革》,载于《理论探索》2017 年第 6 期。

　　[164] 刘筱敏:《从期刊本质看学者发表论文的选择》,载于《情报资料工作》2020 年第 3 期。

　　[165] 刘雪梅、王海花:《基于 I 指数及其扩展指数的学者评价研究》,载于《情报杂志》2018 年第 7 期。

　　[166] 刘雪梅:《作者合作与期刊影响因素视角下的学者评价研究》,载于

《情报理论与实践》2018 年第 11 期。

[167] 刘云山：《充分发挥高校哲学社会科学的重要作用》，载于《高校理论战线》2005 年第 3 期。

[168] 龙小农：《从国际传播技术范式变迁看我国国际话语权提升的战略选择》，载于《现代传播》（中国传媒大学学报）2012 年第 5 期。

[169] 陆军、宋筱平等：《关于学科、学科建设等相关概念的讨论》，载于《清华大学教育研究》2004 年第 6 期。

[170] 罗珉：《繁荣发展哲学社会科学需要进行范式的转换》，载于《经济学家》2004 年第 3 期。

[171] 吕漪萌：《鲁景超：加快交叉学科建设推动高等教育发展》，载于《文艺报》2020 年 5 月 25 日第 4 版。

[172] 马国焘、宁小花、王红梅等：《教育评价转型视角下我国学科评价的挑战与发展方向》，载于《研究生教育研究》2020 年第 3 期。

[173] 迈克·扬、张建珍、许甜：《从"有权者的知识"到"强有力的知识"——麦克·扬与张建珍、许甜关于课程知识观转型的对话》，载于《华东师范大学学报》（教育科学版）2017 年第 2 期。

[174] 毛泽东：《中国农村的社会主义高潮》按语选，引自《毛泽东文集》第 6 卷，人民出版社 1993 年版。

[175] 梅朝阳、孙元涛：《中国话语"人类命运共同体"国际传播的媒介生态思考》，载于《浙江社会科学》2020 年第 9 期。

[176] 梅新林：《中国特色新型高校智库建设的思考与对策》，引自全国高校社会科学科研管理研究会：《哲学社会科学学术话语体系建设》，武汉大学出版社 2016 年版。

[177] 孟凡立、徐明、张慰：《基于云计算的高校数据中心设计与实现》，载于《现代教育技术》2012 年第 3 期。

[178] 孟建伟：《科学与人文精神》，载于《哲学研究》1996 年第 8 期。

[179] 孟威：《构建全球视野下中国话语体系》，载于《光明日报》2014 年 9 月 24 日第 16 版。

[180] 米加宁、章昌平、李大宇、林涛：《第四研究范式：大数据驱动的社会科学研究转型》，载于《学海》2018 年第 2 期。

[181] 莫亮金、刘少雪：《从通识课程改革看人文教育与科学教育融合》，载于《中国高等教育》2010 年第 2 期。

[182] 南荣素：《提升我国智库影响力的关键因素分析》，引自全国高校社会科学科研管理研究会：《哲学社会科学学术话语体系建设》，武汉大学出版社

2016 年版。

[183] 倪晓茹、郭笑笑：《"双一流"建设下学科评价指标体系研究》，载于《中国高校科技》2021 年第 Z1 期。

[184] 潘教峰、刘益东、陈光华、张秋菊：《世界科技中心转移的钻石模型——基于经济繁荣、思想解放、教育兴盛、政府支持、科技革命的历史分析与前瞻》，载于《中国科学院院刊》2019 年第 1 期。

[185] 潘启亮：《人文社科科研量化评价研究》，载于《暨南学报》（哲学社会科学版）2011 年第 3 期。

[186] 潘玥斐：《学术体系建设稳步前行》，载于《中国社会科学报》2019 年 4 月 19 日。

[187] 秦露：《中国学术的文化自觉》，载于《开放时代》2006 年第 1 期。

[188] 渠敬东：《学科之术与问题之学》，载于《开放时代》2022 年第 1 期。

[189] 瞿林东：《学科体系学术体系话语体系建设的使命任务》，载于《人民日报》2021 年 8 月 2 日第 9 版。

[190] 任剑涛：《重思中国社会科学的本土化理想》，载于《广州大学学报》（社会科学版）2020 年第 3 期。

[191] 任少波：《高校哲学社会科学的时代担当》，载于《国家教育行政学院学报》2021 年第 7 期。

[192] 任少波：《新时代高校哲学社会科学的历史使命》，载于《光明日报》2020 年 7 月 4 日第 11 版。

[193] 任宗哲、卜晓军：《提升地方高校哲学社会科学学科社会服务能力》，载于《中国高等教育》2012 年第 23 期。

[194] 邵鹏：《人类命运共同体：全球传播新秩序的中国方向》，载于《浙江工业大学学报》（社会科学版）2019 年第 1 期。

[195] 施旭：《当代中国话语的中国理论》，载于《福建师范大学学报》（哲学社会科学版）2013 年第 5 期。

[196] 时伟、薛天祥：《论人文精神与人文教育》，载于《高等教育研究》2003 年第 5 期。

[197] 史革新：《略论清初的学术史编写》，载于《史学史研究》2003 年第 4 期。

[198] 宋苏轩、杨现民、宋子强：《智能时代高校数据中心的新内涵及其体系架构》，载于《现代教育技术》2020 年第 7 期。

[199] 宋争辉：《不断强化育人功能》，载于《人民日报》2016 年 8 月 7 日第 5 版。

［200］隋岩：《群体传播时代：信息生产方式的变革与影响》，载于《中国社会科学》2018 年第 11 期。

［201］孙歌：《把藩篱变成翅膀——谈谈问题学术的边界》，载于《开放时代》2022 年第 1 期。

［202］孙熙国、周磊：《推动马克思主义基本原理与中华优秀传统文化相结合》，载于《湖北日报》2021 年 7 月 27 日第 11 版。

［203］孙正聿：《当代中国的哲学观念变革》，载于《中国社会科学》2016 年第 1 期。

［204］谭扬芳：《党中央高度重视是哲学社会科学繁荣发展的重要经验》，载于《国外社会科学前沿》2019 年第 6 期。

［205］唐润华：《用共情传播促进民心相通》，载于《新闻与写作》2019 年第 7 期。

［206］田山俊等：《一流大学智库群的崛起》，载于《教育研究》2016 年第 4 期。

［207］田心铭：《学科体系、学术体系、话语体系的科学内涵与相互关系》，载于《光明日报》2020 年 5 月 15 日第 11 版。

［208］汪谦干：《肩负起新时代哲学社会科学工作者的历史使命——学习习近平关于做好哲学社会科学工作的重要论述》，载于《党的文献》2020 年第 2 期。

［209］王栋：《马克思主义学术话语体系建构的历史语境年 1919－1949)》，载于《长白学刊》2020 年第 1 期。

［210］王广：《哲学社会科学学术期刊建设面临的问题与应对之策》，载于《武汉大学学报》（人文科学版）2017 年第 5 期。

［211］王昊、唐慧慧、张海潮等：《面向学术资源的术语区分能力的测度方法研究》，载于《情报学报》2019 年第 10 期。

［212］王卉：《高教当学竺可桢》，载于《科学时报》2010 年 7 月 7 日第 A1 版。

［213］王京清：《繁荣中国学术　发展中国理论　传播中国思想　中国哲学社会科学 70 年的发展历程与经验启示》，载于《人民论坛》2019 年第 1 期。

［214］王铭铭：《西学"中国化"的历史困境》，广西师范大学出版社 2005 年版。

［215］王铭铭：《西方作为他者》，载于《西北民族研究》2012 年第 2 期。

［216］王铭铭：《中国人类学的海外视野》，载于《中南民族大学学报》（人文社会科学版）2006 年第 3 期。

［217］王娜、黄巨臣：《推进跨学科建设：我国世界一流大学形成的路径选

择》，载于《现代教育管理》2018 年第 5 期。

[218] 王树国：《乘势聚力　协同创新　推进世界一流大学建设》，载于《中国高等教育》2011 年第 17 期。

[219] 王爽、王晓滨：《高校哲学社会科学发展的困境与展望》，载于《继续教育研究》2016 年第 10 期。

[220] 王伟光：《学习贯彻落实习近平总书记关于哲学社会科学重要讲话精神，加快构建中国特色哲学社会科学》，载于《中国社会科学》2016 年第 12 期。

[221] 王纬超、陈健、曹冠英等：《对科研组织管理新模式的探索——以北京大学为例》，载于《中国高校科技》2019 年第 3 期。

[222] 王文：《提升我国哲学社会科学的国际话语权》，载于《光明日报》2021 年 5 月 17 日。

[223] 王遐见：《论新时代马克思主义主导的哲学社会科学主体话语体系建构》，载于《世界哲学》2019 年第 1 期。

[224] 王向峰：《从结构主义到德里达的解构主义》，载于《辽宁大学学报》（哲学社会科学版）2018 年第 1 期。

[225] 王晓珊：《融通中外讲好中国英语教育故事》，载于《中国报业》2021 年第 11 期。

[226] 王兴成：《科学学诞生的缘由》，载于《情报科学》1980 年第 1 期。

[227] 王学典：《把中国"中国化"——人文社会科学的转型之路》，载于《中华读书报》2016 年 9 月 21 日。

[228] 王学典：《将评估学术的权力还给学术界》，载于《澳门理工学报》（人文社会科学版）2020 年第 2 期。

[229] 王学典：《一种崭新的国家叙事如何形成》，载于《北京日报》2019 年 12 月 9 日。

[230] 王学典：《中国话语形成之路——西方社会科学的本土化和儒家思想的社会科学化》，载于《济南大学学报》（社会科学版）2019 年第 6 期。

[231] 王学典：《重塑东方伦理型生活方式》，载于《齐鲁晚报》2018 年 5 月 6 日。

[232] 王艳丽：《"中国哲学社会科学研究百年回望"会议综述》，载于《社会科学战线》2021 年第 8 期。

[233] 王震宇、薛妍燕、邓理：《跨越边界的思考：新文科视角下的社会科学实验室探索》，载于《中国高教研究》2020 年第 12 期。

[234] 王正毅：《世界知识权力结构与中国社会科学知识谱系的建构》，载于《国际观察》2005 年第 1 期。

［235］王忠武：《论自然科学、社会科学、人文科学的三位一体关系》，载于《科学学研究》1999 年第 3 期。

［236］王子刚、王占仁：《实施以育人育才为中心的哲学社会科学整体发展战略的科学价值》，载于《东北师大学报》（哲学社会科学版）2018 年第 3 期。

［237］王子刚、王占仁：《习近平"三学一体"哲学社会科学综合发展体系重要论述的理论释义》，载于《重庆大学学报》（社会科学版）2018 年第 3 期。

［238］魏南枝：《世界的"去中心化"：霸权的危机与不确定的未来》，载于《文化纵横》2020 年第 4 期。

［239］温美荣、王申成：《中国特色哲学社会科学研究政府资助模式：内在张力与优化路径》，载于《行政论坛》2021 年第 2 期。

［240］文贵良：《何谓话语?》，载于《文艺理论研究》2008 年第 1 期。

［241］邬大光：《大学人才培养须走出自己的路》，载于《光明日报·教育思想版》2018 年 6 月 19 日。

［242］吴飞：《共情传播的理论基础与实践路径探索》，载于《新闻与传播研究》2019 年第 5 期。

［243］吴国盛：《科学与人文》，载于《中国社会科学》2001 年第 4 期。

［244］吴静、颜吾佴：《高校哲学社会科学人才队伍建设存在的主要问题及对策研究》，载于《北京交通大学学报》（社会科学版）2011 年第 2 期。

［245］吴楠、王宁、洪修平：《加快推进中国学术国际传播》，载于《中国社会科学报》2019 年 5 月 21 日第 1 版。

［246］吴荣生：《大众话语：提升马克思主义话语权的新维度》，载于《理论学刊》2016 年第 3 期。

［247］吴越、马文武：《构建高校哲学社会科学育人功能发挥的实现途径》，载于《太原城市职业技术学院报》2017 年第 11 期。

［248］吴泽群：《构建中国特色哲学社会科学学术体系的原则》，载于《人民日报》2016 年 9 月 16 日第 15 版。

［249］吴泽群：《着力构建中国特色哲学社会科学学术体系》，载于《中国党政干部论坛》2016 年第 7 期。

［250］吴宗杰、胡美馨：《超越表征：中国话语的诠释传统及其当下观照》，载于《文史哲》2010 年第 4 期。

［251］武宝瑞：《新文科建设需要解决好的三个前置性问题》，载于《上海交通大学学报》（哲学社会科学版）2020 年第 2 期。

［252］习近平：《把思想政治工作贯穿教育教学全过程　开创我国高等教育事业发展新局面》，人民网习近平重要系列讲话数据库，2016 年 12 月 9 日。

[253] 习近平：《加强政党合作　共谋人民幸福——在中国共产党与世界政党领导人峰会上的主旨讲话》，载于《中华人民共和国国务院公报》2021 年第 20 期。

[254] 习近平：《决胜全面建成小康社会　夺取新时代中国特色社会主义伟大胜利——在中国共产党第十九次全国代表大会上的报告》，载于《人民日报》2017 年 10 月 28 日。

[255] 习近平：《在全国党校工作会议上的讲话》，载于《求是》2016 年第 9 期。

[256] 习近平：《在哲学社会科学工作座谈会上的讲话》，载于《人民日报》2016 年 5 月 19 日第 2 版。

[257] 项久雨、胡庆有：《当代中国价值观念国际传播的意义、问题与对策》，载于《学习与实践》2015 年第 7 期。

[258] 谢伏瞻：《加快构建中国特色哲学社会科学学科体系、学术体系、话语体系》，载于《中国社会科学》2019 年第 5 期。

[259] 谢桂华：《关于学科建设的若干问题》，载于《高等教育研究》2002 年第 5 期。

[260] 谢利民、代建军：《回到学科之前》，载于《常州工学院学报》2005 年第 3 期。

[261] 谢宇：《走出中国社会学本土化讨论的误区》，载于《社会学研究》2018 年第 2 期。

[262] 熊回香、叶佳鑫、丁玲等：《基于改进的 h 指数的学者评价研究》，载于《情报学报》2019 年第 10 期。

[263] 熊铁基：《试论中国传统学术的综合性》，载于《华中师范大学学报》2002 年第 5 期。

[264] 熊炜、孙少艾：《论思维科学》，载于《南京航空航天大学学报》（社会科学版）2018 年第 20 期。

[265] 徐玖平、李小平：《突破障碍探寻文科综合实验教学中心管理模式》，载于《中国高等教育》2013 年第 24 期。

[266] 宣炳善：《"哲学社会科学"概念的中国语境》，载于《粤海风》2007 年第 5 期。

[267] 宣勇、张凤娟：《大学学科评价与排名中的基本问题》，载于《教育发展研究》2020 年第 19 期。

[268] 宣勇、凌健：《"学科"考辨》，载于《高等教育研究》2006 年第 4 期。

[269] 严书翰：《加强我国哲学社会科学话语体系建设的几个重要问题》，

载于《党的文献》2014 年第 6 期。

[270] 阎步克：《一般与个别：论中外历史的会通》，载于《文史哲》2015 年第 1 期。

[271] 杨炯、吴鹏：《"双一流"建设背景下地方高校人才队伍建设路径研究》，载于《信阳师范学院学报》（哲学社会科学版）2017 年第 4 期。

[272] 杨天平：《学科概念的沿演与指谓》，载于《大学教育科学》2004 年第 1 期。

[273] 杨学功：《从"现代化在中国"到"中国式现代化"——重思全球化背景下的中国现代化道路》，载于《中国文化研究》2021 年第 3 期。

[274] 杨义：《现代中国学术方法综论》，载于《中国社会科学》2005 年第 3 期。

[275] 杨义：《现代中国学术话语建构通论（上）》，载于《海南师范学院学报》（社会科学版）2005 年第 3 期。

[276] 叶继元：《国内外人文社会科学学科体系比较研究》，载于《学术界》2008 年第 5 期。

[277] 叶继元：《学术"全评价"体系与中国特色哲学社会科学学术评价体系的构建与完善》，载于《社会科学文摘》2021 年第 7 期。

[278] 殷红春、闫小丽：《美国研究型大学跨学科研究平台的构建机制——基于项目导向型组织理论》，载于《中国高校科技》2020 年第 6 期。

[279] 尹德树：《文化视域下马克思主义在中国的早期传播与发展》，南京师范大学博士学位论文，2013 年。

[280] 尹韵公：《努力增强国际话语权展现真实立体全面的中国》，载于《人民日报》2020 年 7 月 29 日。

[281] 余英时：《戊戌变法今读——纪念戊戌维新一百周年》，载于《二十一世纪》1998 年第 2 期。

[282] 俞吾金：《意识形态：哲学之谜的解答》，载于《求是学刊》1993 年第 1 期。

[283] 郁建兴：《寻求具有全球意义的本土性》，载于《中国书评》2005 年第 3 期。

[284] 喻阳：《回归学术初心优化学术生态》，载于《澳门理工学报》（人文社会科学版）2020 年第 2 期。

[285] 袁贵仁：《繁荣发展高校哲学社会科学为实现中国梦作出新贡献》，载于《中国高校社会科学》2013 年第 4 期。

[286] 张东刚：《构建具有中国特色的哲学社会科学学科体系、学术体系、

话语体系》，载于《文化软实力》2016 年第 2 期。

［287］张东刚：《以科学发展观为指导，建设高校哲学社会科学创新体系》，载于《中国高等教育》2013 年第 1 期。

［288］张江：《哲学社会科学研究中的科学精神与科学方法》，载于《光明日报》2021 年 5 月 17 日。

［289］张江：《注重学科交叉创新学术体系》，载于《中国社会科学报》2019 年 12 月 20 日。

［290］张涛甫：《传播格局转型与新宣传》，载于《现代传播》（中国传媒大学学报）2017 年第 7 期。

［291］张涛甫：《改变国际舆论场的"话语逆差"》，载于《解放日报》2016 年 4 月 19 日第 10 版。

［292］张小虹：《学术国际在地化研究》，载于《人文与社会科学简讯》2003 年 5 月 1 日第 12 版。

［293］张艳艳、阮正浩：《大数据赋能哲学社会科学新发展——第三届大数据与哲学社会科学研讨会综述》，载于《社会科学动态》2021 年第 3 期。

［294］张洋磊：《研究型大学科研组织模式危机与创新——知识生产模式转型视角的研究》，载于《科技进步与对策》2016 年第 11 期。

［295］张勇：《把握哲学社会科学发展的新要求》，载于《中国社会科学报》2021 年 5 月 25 日。

［296］张越：《中外历史研究的会通与中国史学的发展——"中外历史研究的会通"学术研讨综述》，载于《学术研究》2015 年第 4 期。

［297］张振刚：《发挥高校哲学社会科学育人功能的方法论思考》，载于《中国高等教育》2011 年第 1 期。

［298］张志扬：《是"西方意识形态"，不是"西方的意识形态"》，载于《开放时代》2006 年第 1 期。

［299］赵春丽：《西方社会科学学术话语权建构路径分析》，载于《马克思主义研究》2020 年第 1 期。

［300］赵鼎新：《社会科学研究的困境：从与自然科学的区别谈起》，载于《社会学评论》2015 年第 3 期。

［301］赵鼎新：《我是如何理解韦伯的》，载于《睿信周报》2021 年 6 月 26 日。

［302］赵红艳、张焕金：《新时代中国特色哲学社会科学话语体系的传播路径研究》，载于《黑龙江省社会主义学院学报》2018 年第 3 期。

［303］赵声良：《百年敦煌艺术研究的贡献和影响》，载于《中国社会科学》2021 年第 8 期。

[304] 赵永华、孟林山：《国际传播格局及其影响因素》，载于《中国社会科学报》2021 年 1 月 21 日第 3 版。

[305] 赵宇翔、范哲、朱庆华：《用户生成内容（UGC）概念解析及研究进展》，载于《中国图书馆学报》2012 年第 5 期。

[306] 钟贞山：《守正创新薪火相传推动全省高校哲学社会科学高质量发展》，载于《江西日报》2021 年 6 月 29 日第 19 版。

[307] 周济：《以科学发展观为指导努力开创高校哲学社会科学工作新局面》，载于《中国高等教育》2006 年第 6 期。

[308] 周文辉等：《2017 年我国研究生满意度调查》，载于《学位与研究生教育》2017 年第 9 期。

[309] 周宪：《福柯话语理论批判》，载于《文艺理论研究》2013 年第 1 期。

[310] 周晓虹：《社会学本土化：狭义或广义，伪问题或真现实——兼与谢宇和翟学伟两位教授商榷》，载于《社会学研究》2020 年第 1 期。

[311] 周晓虹：《再论"价值中立"及其应用限度》，载于《学术月刊》2005 年第 8 期。

[312] 周晓虹：《中国研究的可能立场与范式重构》，载于《社会学研究》2010 年第 2 期。

[313] 周屹博、闫涛：《促进学科交叉融合，带动学科建设发展》，载于《现代经济信息》2017 年第 3 期。

[314] 周勇：《立足协同创新，改革科研组织与管理运行机制》，载于《中国高等教育》2013 年第 9 期。

[315] 朱剑：《传播技术的变革与学术传播秩序的重构》，载于《北京联合大学学报》（人文社会科学版）2017 年第 3 期。

[316] 朱明、杨晓江：《世界一流学科评价之大学排名指标分析》，载于《高教发展与评估》2012 年第 2 期。

[317] 朱艳、谢卫红、钟科：《地方重点工科院校智库的内涵属性、发展现状及对策性研究》，引自全国高校社会科学科研管理研究会《哲学社会科学学术话语体系建设》，武汉大学出版社 2016 年版。

[318] 邹广文：《对人类命运共同体的文化哲学思考》，载于《中国社会科学报》2019 年 5 月 31 日。

[319] ［匈牙利］乔治·马尔库什、孙建茵：《马克思的意识形态概念》，载于《马克思主义与现实》2012 年第 1 期。

[320] B. 戈特、З. 谢梅纽克、A. 乌尔苏尔、王兴权：《科学知识整体化的基本方向、因素和手段》，载于《国外社会科学》1984 年第 6 期。

[321]《坚定不移强化党的创新理论武装　始终高举习近平新时代中国特色社会主义思想伟大旗帜》，载于《贵州日报》2021 年 7 月 5 日第 2 版。

[322]《清除害群之马，营造风清气正的学术环境》，载于《科技日报》2020 年 9 月 17 日第 1 版。

[323]《实现"中外历史的会通"，需几代人的持续努力》，载于《学术界》2015 年第 3 期。

[324]《"破四唯"之后：科学的评估体系如何确立》，http：//www. qstheory. cn/llwx/2020 – 04/15/c_1125858231. htm。

[325]《2020 年度国家社科基金冷门绝学研究专项立项名单公布》，http：//www. nopss. gov. cn/n1/2020/1225/c219469 – 31979534. html，2020 – 12 – 25/2021 – 11 – 30。

[326]《QS 大学学科排名》，https：//www. qschina. cn/en/subject-rankings/2021，2021 年 11 月 28 日。

[327]《アジア学術共同体の基盤形成をめざして》，http：//www. scj. go. jp/ja/info/kohyo/pdf/kohyo – 21 – t135 – 3. pdf.

[328]《産学共創の視点から見た大学のあり方ー2025 年までに達成する知識集約型社会》，http：//www. scj. go. jp/ja/info/kohyo/pdf/kohyo – 24 – t271 – 2. pdf.

[329]《党领导哲学社会科学繁荣发展的经验及启示》，http：//theory. people. com. cn/n1/2017/0517/c40531 – 29280288. html，2017 – 05 – 17/2021 – 11 – 30。

[330]《对话姚洋："新型冷战"要到来了吗?》，"北大国发院"官方公众号，2020 年 4 月 28 日，https：//mp. weixin. qq. com/s/FBlgfExnm2MKMRYGJIG3HA.

[331]《关于组织实施冷门"绝学"和国别史等研究专项的通知》，http：//www. nopss. gov. cn/n1/2018/0606/c219469 – 30040343. html，2018 – 06 – 06/2021 – 11 – 30。

[332]《国立大学の教育研究改革と国の支援 – 学術振興の基盤形成の観点から》，http：//www. scj. go. jp/ja/info/kohyo/pdf/kohyo – 23 – t247 – 1. pdf.

[333]《国立大学法人等の組織及び業務全般の見直しについて年通知》，https：//www. mext. go. jp/b _ menu/shingi/chousa/koutou/062/gijiroku/_ _ icsFiles/afieldfile/2015/06/16/1358924_3_1. pdf.

[334]《教育部财政部关于印发〈高等学校哲学社会科学繁荣计划年 2011 ~ 2020 年)〉的通知》，http：//www. moe. gov. cn/srcsite/A13/s7061/201111/t20111107_126304. html。

[335]《教育部办公厅关于成立教育部社会科学委员会学风建设委员会的通

知》，http：//www. moe. gov. cn/srcsite/A13/moe_2557/s3103/200605/t20060516_80516. html。

［336］《教育部办公厅关于印发〈高等学校人文社会科学重点研究基地建设计划实施办法〉的通知》，http：//www. moe. gov. cn/srcsite/A13/moe_2557/moe_2558/201212/t20121226_146418. html。

［337］《教育部办公厅关于召开繁荣发展高校哲学社会科学　推动中国特色新型智库建设座谈会的通知》，http：//www. moe. gov. cn/srcsite/A13/moe_2557/moe_2558/201305/t20130527_152458. html。

［338］《教育部关于撤销社会科学研究与思想政治工作司设立思想政治工作司、社会科学司、直属高校工作司的通知》，http：//www. moe. gov. cn/s78/A12/s7060/201006/t20100610_179049. html，2006 年 1 月 23 日，2021 年 11 月 30 日。

［339］《教育部关于加强和改进高等学校哲学社会科学学报工作的意见》，http：//www. moe. gov. cn/jyb_xxgk/gk_gbgg/moe_0/moe_8/moe_28/tnull_495. html。

［340］《教育部关于进一步改进高等学校哲学社会科学研究评价的意见》，http：//www. moe. gov. cn/srcsite/A13/s7061/201111/t20111107_126301. html。

［341］《教育部关于印发〈高等学校哲学社会科学“走出去”计划〉的通知》，http：//www. moe. gov. cn/srcsite/A13/s7061/201111/t20111107_126303. html。

［342］《教育部关于印发〈教育部人文社会科学研究项目管理办法〉的通知》，http：//www. moe. gov. cn/jyb_xxgk/gk_gbgg/moe_0/moe_1443/moe_1444/tnull_20589. html，2006 年 5 月 29 日，2021 年 11 月 30 日。

［343］《日本の展望－人文・社会科学からの提言》，https：//www. scj. go. jp/ja/info/kohyo/pdf/kohyo－21－tsoukai－1. pdf.

［344］《日本学術会議幹事会声明》，http：//www. scj. go. jp/ja/info/kohyo/pdf/kohyo－23－kanji－2. pdf.

［345］《锐参考·对话｜郑永年：中国有些人思维还处于“被西方殖民”状态》，http：//news. sina. com. cn/o/2018－05－27/doc－ihcaqueu8140869. shtml。

［346］《新たな情報化時代の人文学的アジア研究に向けて》，http：//www. scj. go. jp/ja/info/kohyo/pdf/kohyo－23－t247－10. pdf.

［347］《新时代马克思主义理论学科建设年笔谈》，http：//www. qstheory. cn/llqikan/2019－07/04/c_1124711782. htm，2019 年 7 月 4 日，2021 年 11 月 30 日。

［348］《新文科怎么建？听听他们怎么说》，https：//mp. weixin. qq. com/s/DOzu1KaVXGka0IAeXVl3Qw，2021 年 10 月 14 日，2021 年 11 月 30 日。

［349］《学術の総合的発展をめざして一人文・社会科学からの提言》，http：//www. scj. go. jp/ja/info/kohyo/pdf/kohyo – 23 – t242 – 2. pdf.

［350］《以人为本》，http：//cpc. people. com. cn/GB/134999/135000/8103825. html，2008 年 9 月 25 日，2021 年 11 月 30 日。

［351］《中共中央办公厅、国务院办公厅印发〈关于加强中国特色新型智库建设的意见〉》，http：//www. gov. cn/zhengce/2015 – 01/20/content_2807126. htm，2015 年 1 月 20 日，2020 年 7 月 13 日。

［352］《中共中央发出关于进一步繁荣发展哲学社会科学的意见》，中国政府网，http：//www. gov. cn/test/2005 – 07/06/content_12421. htm。

［353］《中共中央印发〈关于加快构建中国特色哲学社会科学的意见〉》，http：//www. moe. gov. cn/jyb_xwfb/s6052/moe_838/201705/t20170517_304787. html，2017 年 5 月 16 日，2021 年 11 月 30 日。

［354］《中国哲学社会科学百年发展成就及经验》，https：//epaper. gmw. cn/gmrb/html/2021 – 06/16/nw. D110000gmrb_20210616_1 – 06. htm，2021 年 6 月 16 日，2021 年 11 月 30 日。

［355］杜飞进：《对繁荣发展哲学社会科学规律的深刻把握》，http：//www. xinhuanet. com/politics/2016 – 07/13/c_129141188. htm，2016 年 7 月 13 日，2021 年 11 月 30 日。

［356］方世南：《遵循学术规律推进学术体系建设》，http：//skpj. cssn. cn/xspj/xspj/201908/t20190814_4957113. shtml，2019 年 8 月 14 日，2021 年 11 月 30 日。

［357］国务院：《国务院关于印发统筹推进世界一流大学和一流学科建设总体方案的通知》，http：//www. moe. gov. cn/jyb_xxgk/moe_1777/moe_1778/201511/t20151105_217823. html，2015 年 10 月 24 日，2021 年 6 月 28 日。

［358］哈佛大学官网，https：//www. harvard. edu/about-harvard/leadership-and-governance/，2021 年 11 月 28 日。

［359］纪泽苑、颜旭：《深化文明交流互鉴》，http：//www. 81. cn/jfjbmap/content/2020 – 12/30/content_279524. html。

［360］教育部、科技部：《关于规范高等学校 SCI 论文相关指标使用树立正确评价导向的若干意见》，http：//www. gov. cn/zhengce/zhengceku/2020 – 03/03/content_5486229. htm，2020 年 2 月 18 日，2020 年 4 月 19 日。

［361］教育部：《加快构建中国特色哲学社会科学高校要走在前列——教育部部长陈宝生解读〈关于加快构建中国特色哲学社会科学的意见〉》，http：//www. moe. gov. cn/jyb_xwfb/gzdt_gzdt/moe_1485/201706/t20170622_307672. html。

［362］教育部：《中国特色新型高校智库建设推进计划》，http：//old. moe.

gov. cn/publicfiles/business/htmlfiles/moe/s7061/201402/164598. html。

[363] 鲁景超：《加快交叉学科建设推动高等教育发展》，https：//www. sohu. com/a/399573601_99955982。

[364] 维舟：《理解"黑话"盛行的原因，也就理解了当下的中国社会》，载于《南都观察家》2021 年 6 月 22 日，https：//mp. weixin. qq. com/s/Um2q KDGzZ9quqs6g8XSFLQ。

[365] 习近平：《把思想政治工作贯穿教育教学全过程　开创我国高等教育事业发展新局面》，人民网习近平重要系列讲话数据库，http：//jhsjk. people. cn/article/28936173。

[366] 习近平：《中国始终是世界和平的建设者、全球发展的贡献者、国际秩序的维护者》，http：//china. cnr. cn/yaowen/20210707/t20210707_525528812. shtml，2016 年 7 月 1 日。

[367] 习近平：《努力把宣传思想工作做得更好》，http：//www. gov. cn/ldhd/2013 – 08/20/content_2470599. htm，2013 年 8 月 20 日。

[368] 习近平：《在全国宣传思想工作会议上的讲话》，http：//www. gov. cn/xinwen/2018 – 08/22/content_5315723. html。

[369] 习近平：《在哲学社会科学工作座谈会上的讲话》，http：//www. xin-huanet. com/politics/2016 – 05/18/c_1118891128. htm，2016 年 5 月 18 日，2021 年 11 月 30 日。

[370] 习近平：《在知识分子、劳动模范、青年代表座谈会上的讲话》，http：//www. xinhuanet. com/politics/2016 – 04/30/c_1118776008. htm，2016 年 4 月 30 日，2021 年 11 月 30 日。

[371] 习近平：《致信祝贺中国社会科学院建院四十周年》，人民网习近平重要系列讲话数据库，http：//jhsjk. people. cn/article/29282853，2017 年 5 月 18 日。

[372] 习近平：《中国梦必须同人民对美好生活的向往结合起来才能取得成功》，http：//theory. people. com. cn/n1/2018/0103/c416126 – 29742906. html，2015 年 9 月 22 日，2021 年 11 月 30 日。

[373] 新华社中共中央印发《关于加快构建中国特色哲学社会科学的意见》，http：//www. gov. cn/zhengce/2017 – 05/16/content_5194467. html，2017 年 5 月 16 日。

[374] 张荣臣：《专家解读十八大报告——坚持以人为本、执政为民》，ht-tp：//cpc. people. com. cn/n/2012/1123/c351890 – 19679368. html，2012 年 11 月 23 日，2021 年 11 月 30 日。

[375] 郑永年：《中国人为什么讲不好"中国故事"？》，https：//www. sohu.

com/a/237578823_740471，2018 年 6 月 25 日。

［376］郑长忠：《中国特色哲学社会科学的时代使命》，http：//news. hai-wainet. cn/n/2018/1109/c3541083 – 31434093. html，2018 年 11 月 8 日，2021 年 11 月 30 日。

［377］American Academy of Arts and Sciences：The Humanities Indicators. (2019 – 10 – 30) ［2023 – 03 – 24］https：//www. humanitiesindicators. org/content/ document. aspx？i = 176.

［378］Etymonline ＜ DISCOURSE ＞. (2021 – 10 – 13) ［2023 – 03 – 24］ht-tps：//www. etymonline. com/word/discourse#etymonline_v_11403.

［379］European Commission：Horizon Europe (2021 – 2027). ［2023 – 03 – 24］https：//horizoneurope. ie/.

［380］Mapping the Future. (2013 – 06 – 06) ［2021 – 11 – 28］https：// news. harvard. edu/gazette/story/2013/06/mapping – the – future/.

［381］Merton R. K. *The Normative Structure of Science*. Chicago：University of Chicago Press，1942.

［382］Sotudeh H. ，Mazarei Z. ，Mirzabeigi M. CiteULike bookmarks are correlated to citations at journal and author levels in library and information science. *Sciento-metrics*，2015，105：2237 – 2248.

［383］Appadurai A. *Disjuncture and Difference in the Global Economy*. Project，University of Pennsylvania，1990.

［384］Bernstein B. On the Classification and Framing of Educational Knowledge// Edited By Richard Brown. *Knowledge*，*Education*，*and Cultural Change*. London，Routledge，1973：363.

［385］Halperin D. M. Bringing Out Michel Foucault. *Salmagundi*，1993 (97)：69 – 93.

［386］Egghe L. An improvement of the h-index：The g-index. *ISSI Newsletter*，2006，2 (1)：8 – 9.

［387］Europe H. Horizon Europe 2021 – 2027：The next research and innovation framework programme. 2019.

［388］Engineering Committee on Science. In Policy P. ，Institute of Medicine (US)，et al. *Facilitating Interdisciplinary Research*. National Academies Press，2004.

［389］Bonilla H. Immanuel Wallerstein，The Capitalist World – Economy. *Eco-nomia*，1980，3 (5)：246 – 248.

［390］Namazi M. R. ，Fallahzadeh M K. N – index：A novel and easily-calculable parameter for comparison of researchers working in different scientific fields. *Indian Journal of Dermatology*, *Venereology and Leprology*, 2010, 76: 229.

[391] Ortega J. L. Relationship betweenaltmetric and bibliometric indicators across academic social sites: The case of CSIC's members. *Journal of Informetrics*, 2015, 9 (1): 39 – 49.

[392] Pedersen D. B. Integrating social sciences and humanities in interdisciplinary research. *Palgrave Communications*, 2016, 2 (1): 1 – 7.

[393] Sahoo S. Analyzing research performance: proposition of a new complementary index. *Scientometrics*, 2016, 108 (2): 489 – 504.

后 记

　　2018 年，课题组申报的教育部重大课题攻关项目 "面向 2035 我国高校哲学社会科学整体发展战略研究" 获得立项。2018 年 12 月，课题组在北京举行了开题报告，与会专家学者对研究思路提出了非常精到、中肯和真诚的意见及建议。在这个基础上，课题组进一步完善了研究框架，制订了详细的实施方案，并于 2019 年 1 月份正式启动研究。三年中，课题组确定了小组旬会、大组月会的深度研讨机制；跟随教育部社科司领导赴武汉、昆明、西安、杭州等地开展群体性调研访谈；邀请哲学社会科学领域的名家大师开展一对一深度访谈；运用大数据技术对哲学社会科学领域代表性学科的发展趋势与前沿动向进行精细刻画……在这个过程中，课题组发表了近 40 篇中外文学术论文，撰写了数篇咨政报告，参与了重要文件的咨询与研制，一定程度上凸显了学术研究的问题意识、实践意识、战略意识与未来意识，努力实现学理研究与政策研究的会通。

　　本书由课题首席专家任少波教授领衔完成。各章执笔人如下：第一章第一节至第三节：叶映华；第一章第四节、第二章：辛越优；第三章：陈宝胜；第四章：刘超；第五章：沈永东；第六章：张广海；第七章：汪辉、黄萃；第八章：韩双淼；第九章：王树涛；第十章：黄亚婷；结语：任少波。孙元涛、张彦参与了全书的统稿工作。盛世豪、周谷平、郁建兴、黄华新、徐小洲、顾建民、胡铭、包大为、蒋卓人、付慧真、鲁平、陈婵、梅朝阳等专家学者参与了书稿提纲的修订完善、大数据研究报告的撰写等工作，为书稿的完成做出了贡献。全书最后由任少波统稿。

　　习近平总书记指出：一个国家的发展水平，既取决于自然科学发展水平，也取决于哲学社会科学发展水平。一个没有发达的自然科学的国家不可能走在世界前列，一个没有繁荣的哲学社会科学的国家也不可能走在世界前列。生逢盛世，肩负使命，如何在中国特色社会主义的伟大事业中、在具体而微的变革性社会实践中发展、创生新思想、新理论、新方法，如何在对中华优秀传统文化的创造性转化和创新性发展中培育和创建原创性的中国特色哲学社会科学体系，这是每一位哲学社会科学研究者都应当审慎思考的课题。本书呈现出的是课题组三年研究形成的初步思考，期待同行的批评指正。

任少波

教育部哲学社會科學研究重大課題攻關項目
成果出版列表

序号	书　名	首席专家
1	《马克思主义基础理论若干重大问题研究》	陈先达
2	《马克思主义理论学科体系建构与建设研究》	张雷声
3	《马克思主义整体性研究》	逄锦聚
4	《改革开放以来马克思主义在中国的发展》	顾钰民
5	《新时期　新探索　新征程 ——当代资本主义国家共产党的理论与实践研究》	聂运麟
6	《坚持马克思主义在意识形态领域指导地位研究》	陈先达
7	《当代资本主义新变化的批判性解读》	唐正东
8	《当代中国人精神生活研究》	童世骏
9	《弘扬与培育民族精神研究》	杨叔子
10	《当代科学哲学的发展趋势》	郭贵春
11	《服务型政府建设规律研究》	朱光磊
12	《地方政府改革与深化行政管理体制改革研究》	沈荣华
13	《面向知识表示与推理的自然语言逻辑》	鞠实儿
14	《当代宗教冲突与对话研究》	张志刚
15	《马克思主义文艺理论中国化研究》	朱立元
16	《历史题材文学创作重大问题研究》	童庆炳
17	《现代中西高校公共艺术教育比较研究》	曾繁仁
18	《西方文论中国化与中国文论建设》	王一川
19	《中华民族音乐文化的国际传播与推广》	王耀华
20	《楚地出土戰國簡册［十四種］》	陈　伟
21	《近代中国的知识与制度转型》	桑　兵
22	《中国抗战在世界反法西斯战争中的历史地位》	胡德坤
23	《近代以来日本对华认识及其行动选择研究》	杨栋梁
24	《京津冀都市圈的崛起与中国经济发展》	周立群
25	《金融市场全球化下的中国监管体系研究》	曹凤岐
26	《中国市场经济发展研究》	刘　伟
27	《全球经济调整中的中国经济增长与宏观调控体系研究》	黄　达
28	《中国特大都市圈与世界制造业中心研究》	李廉水

序号	书　名	首席专家
29	《中国产业竞争力研究》	赵彦云
30	《东北老工业基地资源型城市发展可持续产业问题研究》	宋冬林
31	《转型时期消费需求升级与产业发展研究》	臧旭恒
32	《中国金融国际化中的风险防范与金融安全研究》	刘锡良
33	《全球新型金融危机与中国的外汇储备战略》	陈雨露
34	《全球金融危机与新常态下的中国产业发展》	段文斌
35	《中国民营经济制度创新与发展》	李维安
36	《中国现代服务经济理论与发展战略研究》	陈　宪
37	《中国转型期的社会风险及公共危机管理研究》	丁烈云
38	《人文社会科学研究成果评价体系研究》	刘大椿
39	《中国工业化、城镇化进程中的农村土地问题研究》	曲福田
40	《中国农村社区建设研究》	项继权
41	《东北老工业基地改造与振兴研究》	程　伟
42	《全面建设小康社会进程中的我国就业发展战略研究》	曾湘泉
43	《自主创新战略与国际竞争力研究》	吴贵生
44	《转轨经济中的反行政性垄断与促进竞争政策研究》	于良春
45	《面向公共服务的电子政务管理体系研究》	孙宝文
46	《产权理论比较与中国产权制度变革》	黄少安
47	《中国企业集团成长与重组研究》	蓝海林
48	《我国资源、环境、人口与经济承载能力研究》	邱　东
49	《"病有所医"——目标、路径与战略选择》	高建民
50	《税收对国民收入分配调控作用研究》	郭庆旺
51	《多党合作与中国共产党执政能力建设研究》	周淑真
52	《规范收入分配秩序研究》	杨灿明
53	《中国社会转型中的政府治理模式研究》	娄成武
54	《中国加入区域经济一体化研究》	黄卫平
55	《金融体制改革和货币问题研究》	王广谦
56	《人民币均衡汇率问题研究》	姜波克
57	《我国土地制度与社会经济协调发展研究》	黄祖辉
58	《南水北调工程与中部地区经济社会可持续发展研究》	杨云彦
59	《产业集聚与区域经济协调发展研究》	王　珺

序号	书　名	首席专家
60	《我国货币政策体系与传导机制研究》	刘　伟
61	《我国民法典体系问题研究》	王利明
62	《中国司法制度的基础理论问题研究》	陈光中
63	《多元化纠纷解决机制与和谐社会的构建》	范　愉
64	《中国和平发展的重大前沿国际法律问题研究》	曾令良
65	《中国法制现代化的理论与实践》	徐显明
66	《农村土地问题立法研究》	陈小君
67	《知识产权制度变革与发展研究》	吴汉东
68	《中国能源安全若干法律与政策问题研究》	黄　进
69	《城乡统筹视角下我国城乡双向商贸流通体系研究》	任保平
70	《产权强度、土地流转与农民权益保护》	罗必良
71	《我国建设用地总量控制与差别化管理政策研究》	欧名豪
72	《矿产资源有偿使用制度与生态补偿机制》	李国平
73	《巨灾风险管理制度创新研究》	卓　志
74	《国有资产法律保护机制研究》	李曙光
75	《中国与全球油气资源重点区域合作研究》	王　震
76	《可持续发展的中国新型农村社会养老保险制度研究》	邓大松
77	《农民工权益保护理论与实践研究》	刘林平
78	《大学生就业创业教育研究》	杨晓慧
79	《新能源与可再生能源法律与政策研究》	李艳芳
80	《中国海外投资的风险防范与管控体系研究》	陈菲琼
81	《生活质量的指标构建与现状评价》	周长城
82	《中国公民人文素质研究》	石亚军
83	《城市化进程中的重大社会问题及其对策研究》	李　强
84	《中国农村与农民问题前沿研究》	徐　勇
85	《西部开发中的人口流动与族际交往研究》	马　戎
86	《现代农业发展战略研究》	周应恒
87	《综合交通运输体系研究——认知与建构》	荣朝和
88	《中国独生子女问题研究》	风笑天
89	《我国粮食安全保障体系研究》	胡小平
90	《我国食品安全风险防控研究》	王　硕

序号	书　名	首席专家
91	《城市新移民问题及其对策研究》	周大鸣
92	《新农村建设与城镇化推进中农村教育布局调整研究》	史宁中
93	《农村公共产品供给与农村和谐社会建设》	王国华
94	《中国大城市户籍制度改革研究》	彭希哲
95	《国家惠农政策的成效评价与完善研究》	邓大才
96	《以民主促进和谐——和谐社会构建中的基层民主政治建设研究》	徐　勇
97	《城市文化与国家治理——当代中国城市建设理论内涵与发展模式建构》	皇甫晓涛
98	《中国边疆治理研究》	周　平
99	《边疆多民族地区构建社会主义和谐社会研究》	张先亮
100	《新疆民族文化、民族心理与社会长治久安》	高静文
101	《中国大众媒介的传播效果与公信力研究》	喻国明
102	《媒介素养：理念、认知、参与》	陆　晔
103	《创新型国家的知识信息服务体系研究》	胡昌平
104	《数字信息资源规划、管理与利用研究》	马费成
105	《新闻传媒发展与建构和谐社会关系研究》	罗以澄
106	《数字传播技术与媒体产业发展研究》	黄升民
107	《互联网等新媒体对社会舆论影响与利用研究》	谢新洲
108	《网络舆论监测与安全研究》	黄永林
109	《中国文化产业发展战略论》	胡惠林
110	《20世纪中国古代文化经典在域外的传播与影响研究》	张西平
111	《国际传播的理论、现状和发展趋势研究》	吴　飞
112	《教育投入、资源配置与人力资本收益》	闵维方
113	《创新人才与教育创新研究》	林崇德
114	《中国农村教育发展指标体系研究》	袁桂林
115	《高校思想政治理论课程建设研究》	顾海良
116	《网络思想政治教育研究》	张再兴
117	《高校招生考试制度改革研究》	刘海峰
118	《基础教育改革与中国教育学理论重建研究》	叶　澜
119	《我国研究生教育结构调整问题研究》	袁本涛 王传毅
120	《公共财政框架下公共教育财政制度研究》	王善迈

序号	书　名	首席专家
121	《农民工子女问题研究》	袁振国
122	《当代大学生诚信制度建设及加强大学生思想政治工作研究》	黄蓉生
123	《从失衡走向平衡：素质教育课程评价体系研究》	钟启泉 崔允漷
124	《构建城乡一体化的教育体制机制研究》	李　玲
125	《高校思想政治理论课教育教学质量监测体系研究》	张耀灿
126	《处境不利儿童的心理发展现状与教育对策研究》	申继亮
127	《学习过程与机制研究》	莫　雷
128	《青少年心理健康素质调查研究》	沈德立
129	《灾后中小学生心理疏导研究》	林崇德
130	《民族地区教育优先发展研究》	张诗亚
131	《WTO主要成员贸易政策体系与对策研究》	张汉林
132	《中国和平发展的国际环境分析》	叶自成
133	《冷战时期美国重大外交政策案例研究》	沈志华
134	《新时期中非合作关系研究》	刘鸿武
135	《我国的地缘政治及其战略研究》	倪世雄
136	《中国海洋发展战略研究》	徐祥民
137	《深化医药卫生体制改革研究》	孟庆跃
138	《华侨华人在中国软实力建设中的作用研究》	黄　平
139	《我国地方法制建设理论与实践研究》	葛洪义
140	《城市化理论重构与城市化战略研究》	张鸿雁
141	《境外宗教渗透论》	段德智
142	《中部崛起过程中的新型工业化研究》	陈晓红
143	《农村社会保障制度研究》	赵　曼
144	《中国艺术学学科体系建设研究》	黄会林
145	《人工耳蜗术后儿童康复教育的原理与方法》	黄昭鸣
146	《我国少数民族音乐资源的保护与开发研究》	樊祖荫
147	《中国道德文化的传统理念与现代践行研究》	李建华
148	《低碳经济转型下的中国排放权交易体系》	齐绍洲
149	《中国东北亚战略与政策研究》	刘清才
150	《促进经济发展方式转变的地方财税体制改革研究》	钟晓敏
151	《中国—东盟区域经济一体化》	范祚军

序号	书　名	首席专家
152	《非传统安全合作与中俄关系》	冯绍雷
153	《外资并购与我国产业安全研究》	李善民
154	《近代汉字术语的生成演变与中西日文化互动研究》	冯天瑜
155	《新时期加强社会组织建设研究》	李友梅
156	《民办学校分类管理政策研究》	周海涛
157	《我国城市住房制度改革研究》	高　波
158	《新媒体环境下的危机传播及舆论引导研究》	喻国明
159	《法治国家建设中的司法判例制度研究》	何家弘
160	《中国女性高层次人才发展规律及发展对策研究》	佟　新
161	《国际金融中心法制环境研究》	周仲飞
162	《居民收入占国民收入比重统计指标体系研究》	刘　扬
163	《中国历代边疆治理研究》	程妮娜
164	《性别视角下的中国文学与文化》	乔以钢
165	《我国公共财政风险评估及其防范对策研究》	吴俊培
166	《中国历代民歌史论》	陈书录
167	《大学生村官成长成才机制研究》	马抗美
168	《完善学校突发事件应急管理机制研究》	马怀德
169	《秦简牍整理与研究》	陈　伟
170	《出土简帛与古史再建》	李学勤
171	《民间借贷与非法集资风险防范的法律机制研究》	岳彩申
172	《新时期社会治安防控体系建设研究》	宫志刚
173	《加快发展我国生产服务业研究》	李江帆
174	《基本公共服务均等化研究》	张贤明
175	《职业教育质量评价体系研究》	周志刚
176	《中国大学校长管理专业化研究》	宣　勇
177	《"两型社会"建设标准及指标体系研究》	陈晓红
178	《中国与中亚地区国家关系研究》	潘志平
179	《保障我国海上通道安全研究》	吕　靖
180	《世界主要国家安全体制机制研究》	刘胜湘
181	《中国流动人口的城市逐梦》	杨菊华
182	《建设人口均衡型社会研究》	刘渝琳
183	《农产品流通体系建设的机制创新与政策体系研究》	夏春玉

序号	书　名	首席专家
184	《区域经济一体化中府际合作的法律问题研究》	石佑启
185	《城乡劳动力平等就业研究》	姚先国
186	《20 世纪朱子学研究精华集成——从学术思想史的视角》	乐爱国
187	《拔尖创新人才成长规律与培养模式研究》	林崇德
188	《生态文明制度建设研究》	陈晓红
189	《我国城镇住房保障体系及运行机制研究》	虞晓芬
190	《中国战略性新兴产业国际化战略研究》	汪　涛
191	《证据科学论纲》	张保生
192	《要素成本上升背景下我国外贸中长期发展趋势研究》	黄建忠
193	《中国历代长城研究》	段清波
194	《当代技术哲学的发展趋势研究》	吴国林
195	《20 世纪中国社会思潮研究》	高瑞泉
196	《中国社会保障制度整合与体系完善重大问题研究》	丁建定
197	《民族地区特殊类型贫困与反贫困研究》	李俊杰
198	《扩大消费需求的长效机制研究》	臧旭恒
199	《我国土地出让制度改革及收益共享机制研究》	石晓平
200	《高等学校分类体系及其设置标准研究》	史秋衡
201	《全面加强学校德育体系建设研究》	杜时忠
202	《生态环境公益诉讼机制研究》	颜运秋
203	《科学研究与高等教育深度融合的知识创新体系建设研究》	杜德斌
204	《女性高层次人才成长规律与发展对策研究》	罗瑾琏
205	《岳麓秦简与秦代法律制度研究》	陈松长
206	《民办教育分类管理政策实施跟踪与评估研究》	周海涛
207	《建立城乡统一的建设用地市场研究》	张安录
208	《迈向高质量发展的经济结构转变研究》	郭熙保
209	《中国社会福利理论与制度构建——以适度普惠社会福利制度为例》	彭华民
210	《提高教育系统廉政文化建设实效性和针对性研究》	罗国振
211	《毒品成瘾及其复吸行为——心理学的研究视角》	沈模卫
212	《英语世界的中国文学译介与研究》	曹顺庆
213	《建立公开规范的住房公积金制度研究》	王先柱

序号	书名	首席专家
214	《现代归纳逻辑理论及其应用研究》	何向东
215	《时代变迁、技术扩散与教育变革：信息化教育的理论与实践探索》	杨浩
216	《城镇化进程中新生代农民工职业教育与社会融合问题研究》	褚宏启 薛二勇
217	《我国先进制造业发展战略研究》	唐晓华
218	《融合与修正：跨文化交流的逻辑与认知研究》	鞠实儿
219	《中国新生代农民工收入状况与消费行为研究》	金晓彤
220	《高校少数民族应用型人才培养模式综合改革研究》	张学敏
221	《中国的立法体制研究》	陈俊
222	《教师社会经济地位问题：现实与选择》	劳凯声
223	《中国现代职业教育质量保障体系研究》	赵志群
224	《欧洲农村城镇化进程及其借鉴意义》	刘景华
225	《国际金融危机后全球需求结构变化及其对中国的影响》	陈万灵
226	《创新法治人才培养机制》	杜承铭
227	《法治中国建设背景下警察权研究》	余凌云
228	《高校财务管理创新与财务风险防范机制研究》	徐明稚
229	《义务教育学校布局问题研究》	雷万鹏
230	《高校党员领导干部清正、党政领导班子清廉的长效机制研究》	汪曦
231	《二十国集团与全球经济治理研究》	黄茂兴
232	《高校内部权力运行制约与监督体系研究》	张德祥
233	《职业教育办学模式改革研究》	石伟平
234	《职业教育现代学徒制理论研究与实践探索》	徐国庆
235	《全球化背景下国际秩序重构与中国国家安全战略研究》	张汉林
236	《进一步扩大服务业开放的模式和路径研究》	申明浩
237	《自然资源管理体制研究》	宋马林
238	《高考改革试点方案跟踪与评估研究》	钟秉林
239	《全面提高党的建设科学化水平》	齐卫平
240	《"绿色化"的重大意义及实现途径研究》	张俊飚
241	《利率市场化背景下的金融风险研究》	田利辉
242	《经济全球化背景下中国反垄断战略研究》	王先林

序号	书　名	首席专家
243	《中华文化的跨文化阐释与对外传播研究》	李庆本
244	《世界一流大学和一流学科评价体系与推进战略》	王战军
245	《新常态下中国经济运行机制的变革与中国宏观调控模式重构研究》	袁晓玲
246	《推进 21 世纪海上丝绸之路建设研究》	梁　颖
247	《现代大学治理结构中的纪律建设、德治礼序和权力配置协调机制研究》	周作宇
248	《渐进式延迟退休政策的社会经济效应研究》	席　恒
249	《经济发展新常态下我国货币政策体系建设研究》	潘　敏
250	《推动智库建设健康发展研究》	李　刚
251	《农业转移人口市民化转型：理论与中国经验》	潘泽泉
252	《电子商务发展趋势及对国内外贸易发展的影响机制研究》	孙宝文
253	《创新专业学位研究生培养模式研究》	贺克斌
254	《医患信任关系建设的社会心理机制研究》	汪新建
255	《司法管理体制改革基础理论研究》	徐汉明
256	《建构立体形式反腐败体系研究》	徐玉生
257	《重大突发事件社会舆情演化规律及应对策略研究》	傅昌波
258	《中国社会需求变化与学位授予体系发展前瞻研究》	姚　云
259	《非营利性民办学校办学模式创新研究》	周海涛
260	《基于"零废弃"的城市生活垃圾管理政策研究》	褚祝杰
261	《城镇化背景下我国义务教育改革和发展机制研究》	邬志辉
262	《中国满族语言文字保护抢救口述史》	刘厚生
263	《构建公平合理的国际气候治理体系研究》	薄　燕
264	《新时代治国理政方略研究》	刘焕明
265	《新时代高校党的领导体制机制研究》	黄建军
266	《东亚国家语言中汉字词汇使用现状研究》	施建军
267	《中国传统道德文化的现代阐释和实践路径研究》	吴根友
268	《创新社会治理体制与社会和谐稳定长效机制研究》	金太军
269	《文艺评论价值体系的理论建设与实践研究》	刘俐俐
270	《新形势下弘扬爱国主义重大理论和现实问题研究》	王泽应